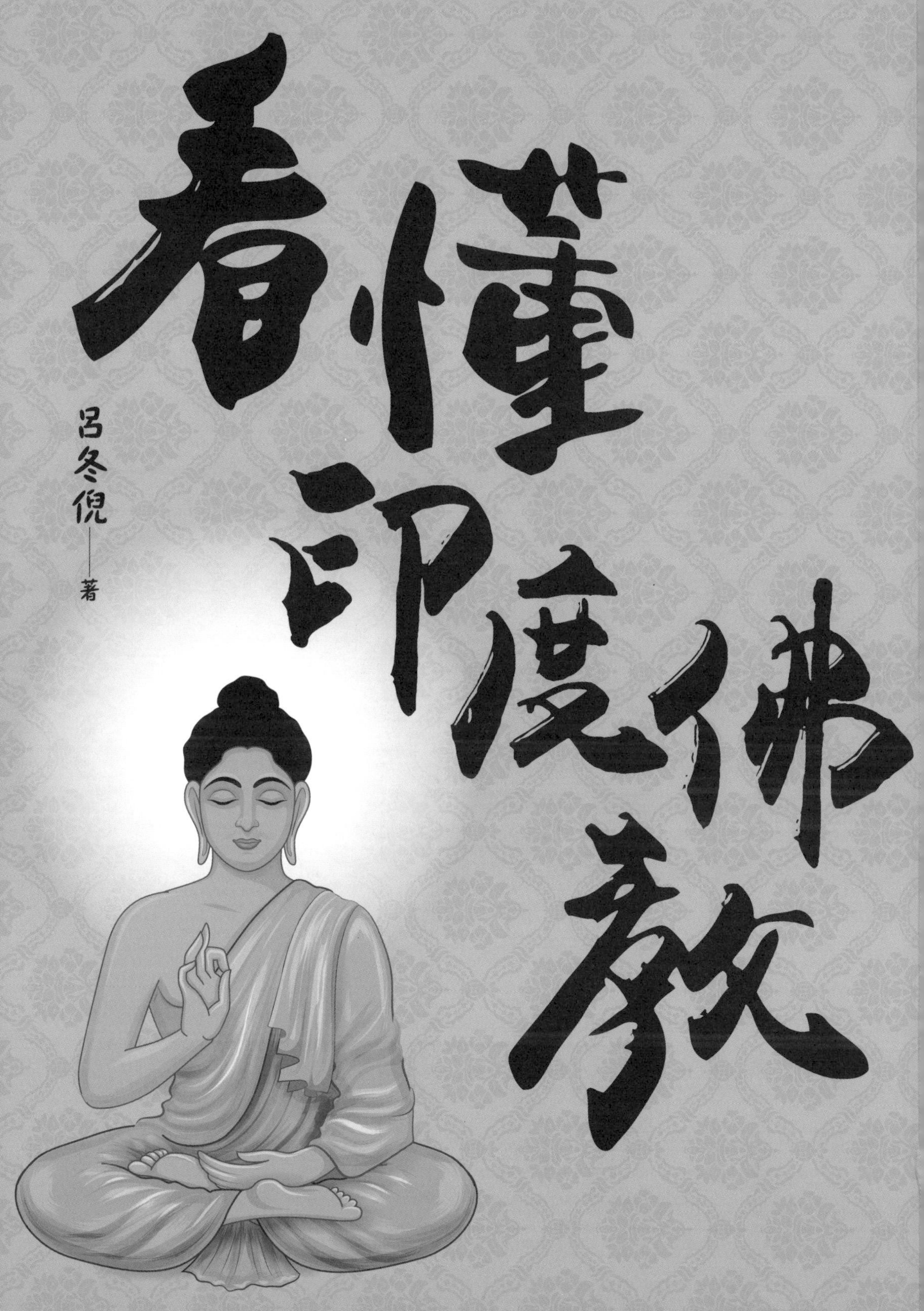
看懂印度佛教
呂冬倪——著

前言

當我的第一本拙作《看懂心經》再版，接下來的《看懂禪機》和《看懂證道歌》也有不錯的銷售成績，我就發下一個誓願：我要把我這三十幾年來，對於各大宗教的研究心得，寫成一套「看懂宗教系列叢書」，來和「有緣的讀者們」分享。

我的心願是，希望讓「讀者們」用最短的時間，看懂各大宗教的教義和內涵，讓「讀者們」可以從中選擇自己喜歡的宗教來信仰。在當今世界的政治、經濟和氣候環境，越來越惡劣的情況下，選擇一個讓自己的心靈安心的宗教來信仰，是非常重要的事情。

於是，我花了一年八個月的時間，剛好是在「新冠疫情的期間」，陸續完成《看懂猶太教》、《看懂基督教》、《看懂伊斯蘭教》、《看懂道家》、《看懂道教》、《看懂印度佛教》、《看懂中國及藏傳佛教》、《看懂一貫道》和《看懂北海老人全書》等書，總計九本探討「猶太教」、「基督教」、「伊斯蘭教」、「道家」、「道教」、「印度佛教」、「中國佛教」、「藏傳佛教」和「一貫道」這些宗教的教義和內涵。

這一本《看懂印度佛教》，除了簡介「印度佛教」之外，還探討「佛教」的修行心法。

起初執筆想要寫一本《看懂佛教》，希望夠把「佛教」的內涵，介紹給想要了解「佛教的世界」，以及有興趣「學習佛法」的「讀者們」。

我雖然不是什麼「佛學大師」，但是畢竟在「浩瀚的佛法」裡，也鑽研了三十年之久，總有一些微薄的心得。我想要分享給有緣的「讀者們」，也想要盡一點力量來「弘揚佛法」。

沒想到當我一頭栽進「寫書的世界」裡，源源不絕地把多年的「學佛心得」挖出來的時候，才寫了三分之一，就發現我的「學佛心得」，不是一本書可以裝訂的下的。可是，我又不想用「套書」的方式來出版。

最後幾經思量，決定把「學佛心得」分成兩本書：《看懂印度佛教》和《看懂中國及藏傳佛教》。另外把三個單元：「佛教」的修行心法、「佛教」的經典以及「佛教」的《唯識學》，分別附帶在這兩本書裡。

「釋迦牟尼佛」說，「世間萬法」都是「因緣和合」而成，從構思到成書，無中生有，《看懂印度佛教》和《看懂中國及藏傳佛教》這兩本書，終於問世了，我的內心真的是法喜充滿。

這兩本書的書名，都冠以「看懂」兩個字，就是希望能夠讓「讀者們」，「看懂」佛教的內涵。我之前還有出版《看懂心經》、《看懂禪機》和《看懂證道歌》這三本書，再加上《看懂印度佛教》和《看懂中國及藏傳佛教》這兩本書，總計有五本有關「佛教」、「佛法」和「修持心法」的一系列書籍。

我只有一個心願，希望有緣的「讀者們」，在閱讀完這五本《看懂》佛教系列的書籍之後，能夠對學習「佛法」大有幫助。

最後，「讀者們」可以掃描本書背面的QR Code，或者上網瀏覽我設立的《看懂系列叢書網頁》，可以獲得更多的資訊，網址如下：https://www.kandonbook.com/

呂冬倪

二〇二三年七月寫於 澳洲・布里斯本・家中

導讀

「佛教」的源頭在「印度」，當時的「印度」，是「婆羅門教」的世界。「釋迦牟尼佛」成佛之前，是「印度」的「悉達多太子」，他當時就是一位「婆羅門教」的信徒。

所以，要了解「釋迦牟尼佛」的思想，必須要先了解「婆羅門教的教義」，因爲許多「佛教的思想」，都源自於「婆羅門教的教義」。

這本《看懂印度佛教》，總共有五大單元，深入探討「印度佛教」的內涵。

這五大單元探討的重點如下：

（一）第一單元：介紹「印度佛教」的前傳，包括：「未來佛」都出自「兜率天」、你相信「佛菩薩」是「自右脅出生」的嗎？「佛經」裡面所說的「億」、「釋迦牟尼佛」和「阿彌陀佛」的因緣、「釋迦牟尼佛」和「彌勒佛」的因緣等。

（二）第二單元：「婆羅門教」的簡介，包括：「雅利安人」的歷史、「婆羅門教」的教義、「婆羅門教」的三大主神、「婆羅門教」的經典等。

（三）第三單元：簡介「釋迦牟尼佛」的一生，包括他著名的「十大弟子」。

（四）第四單元：介紹「印度佛教」的歷史，包括：「佛教經典」的產生、「阿育王時代」的向外傳教、北傳佛教、南傳佛教、部派佛教、第一位「大乘佛教」論師「馬鳴菩薩」、第一

個「大乘佛教」學派「中觀學派」、第二個「大乘佛教」學派「唯識學派」、「印度」的「現代佛教」等。

（五）第五單元：介紹「佛教」的修行心法，包括：「唯識論」心法、「釋迦牟尼佛」傳授「安那般那守意法」給他的獨生子「羅雲」、《楞嚴經》「二十五位菩薩」的修行心得等。

目錄

第三單元　「釋迦牟尼佛」的一生 81

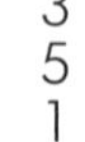

第一單元 「印度佛教」的前傳

一、「未來佛」都出自「兜率天」

「學佛者」大多知道「彌勒佛」的「兜率天淨土」，這是「釋迦牟尼佛」在《佛說觀彌勒菩薩上生兜率天經》裡，向「娑婆世界」的「眾生」介紹的「淨土」，而且「彌勒淨土」是最適合「末法時期眾生」往生的「淨土」。

●《佛說觀彌勒菩薩上生兜率天經》原文：

爾時「優波離」亦從座起。頭面作禮而白佛言。世尊。世尊往昔於「毘尼」中及「諸經藏」說「阿逸多」次當作佛。此「阿逸多（彌勒菩薩）」具「凡夫身」未斷「諸漏」。此人命終當生何處。其人今者雖復出家。「不修禪定」。「不斷煩惱」。佛記此人「成佛」無疑。此人命終生何國土。

佛告「優波離」。諦聽諦聽善思念之。「如來」應正遍知。今於此眾說「彌勒菩薩」摩訶薩「阿耨多羅三藐三菩提」記。此人「從今十二年後命終」。必得往生「兜率陀天」上。

但是，只有少數的「學佛者」知道，降生到「娑婆世界」的「未來佛」，都是出自「兜率天」，都是從「兜率天」下凡來「人世間」普渡眾生的。我們先來看「彌勒菩薩」降生到「娑婆世界」，然後修道「證果成佛」的記載。

●《佛說彌勒下生經》原文：

爾時「彌勒菩薩」。於「兜率天」觀察「父母」不老不少。便降神下應從「右脅生」。……………。爾時「彌勒」在家未經幾時。便當出家學道。爾時去「翅頭城」不遠有「道樹」名曰「龍花」。高一由旬廣五百步。時「彌勒菩薩」坐彼樹下成「無上道果」。當其夜半「彌勒」出家。卽於其夜成「無上道」。

根據《佛本行集經》的記載，每當有「佛」要降生「娑婆世界」之前，都要先在「兜率天」上，爲「諸天」講說佛法。

●《佛本行集經》卷第五「上託兜率品第四上」原文：

又「諸菩薩」，復有一法，命終之後，必生天上，或高或下，不定一天；而其「一生補處菩薩」，多必往生「兜率陀天」，心生歡喜，智慧滿足。何以故？在下諸天，多有放逸，上界諸天，禪定力多，寂定軟弱，不求於生，以受樂故，又復不爲一切衆生生「慈悲」故。「菩薩」不然，但爲「教化諸衆生」故，生「兜率天」。「下界諸天」爲「聽法」故，上「兜率天」，聽受於法；「上界諸天」復爲法故，亦有下來「兜率陀天」，聽受於法。

爲什麼「一生補處菩薩（未來佛）」一定要轉生到「兜率天」呢？因爲在所有「諸天」之中，「兜率天」是「欲界天」的第四層天，離「娑婆世界」很近。所以，大多數的「一生補處菩薩」，都會轉生到「兜率天」。

「一生補處菩薩」已經到達了「不退轉的境界」，準備下生「娑婆世界」，最後在「娑婆世界」

修道證果成佛。因此，所有「當來下生」的「一生補處菩薩（未來佛）」，在來到「娑婆世界」成佛之前，都會在「兜率天」轉生，「釋迦牟尼佛」也不例外。正如現在的「彌勒菩薩」在「兜率天」的「彌勒內院」講經說法，度化眾生，等待機緣成熟出世成佛一樣。

「兜率天」，又譯作「睹史多天、兜駛多天」等，意譯為「妙足天、知足天、喜足天、喜樂天」，為「欲界六天」的「第四層天」。

「兜率天天眾」的「壽量」為「四千歲」。一歲十二個月，一個月三十天。其一「晝夜」相當於「人間」的「四百年」。以此換算，其「壽量」相當於人間「五億七千六百萬年」。

「兜率天天眾」行欲時，「男女執手」即成陰陽。「初生之兒」如人間「八歲小孩」大，四由旬，「天衣」長八由旬，廣四由旬，重「一銖半」。其身長二里；執手熱惱便息。一切時靜，有應觸來，未能違戾，命終之後，上升「精微」，不接「下界」諸人天境，乃至「劫壞」，「三災」不及。又在「兜率天」之人，對於「自身」及「外界」感受，生「喜樂知足之心」，故名「喜足」。

「兜率天宮」分為「內外兩院」，其「內院」是即將降生於人世的菩薩，即「一生補處菩薩」所居之處。「釋迦牟尼佛」為「一生補處菩薩」時，也曾在「兜率天宮」修行，然後由此處下生人間，現為「一生補處菩薩」的「彌勒菩薩」現在也在此處說法教化，待此生盡，則下生於人間，以遞補「釋迦牟尼佛」的佛位。

「一生補處」，原為「最後之輪迴者」之義，意思是：經過此生，來生必定可以在世間成佛，略稱「補處」，即指「菩薩」的最高位「等覺菩薩」，一般皆稱「彌勒」為「一生補處菩薩」。

二、你相信「佛菩薩」是「自右脅出生」的嗎？

我自從開始研讀「佛經」以來，有一件事情一直困擾著我，那就是「佛經」裡說，「佛菩薩」降生人世間，都是「自右脅出生」的，這怎麼可能呢？這不是神話嗎？

「佛經」上說，「護明菩薩」，從「兜率天」下生，投胎到「淨飯王」的大夫人「摩耶」的肚子裡，並且從「右脇」生出，「護明菩薩」就是後來的「釋迦牟尼佛」。

而「彌勒菩薩」從「兜率天」下生人間成佛，也是從「右脇」生出，我們來看一下《彌勒下生經》是怎麼描述的。

《彌勒下生經》是講述「彌勒菩薩」從「兜率天」下生人間成佛的佛典，內容主要描述「彌勒菩薩」下生時，人間五穀豐登，天下太平，「彌勒佛」在「龍華三會」中說法度眾的盛況。

《彌勒下生經》描述「彌勒」將來「下生成佛」的情形，那時候的「閻浮地（地球）」，已經淨化成一個「淨土」。「彌勒菩薩」於「兜率天」觀察父母，降而出世。後來，「彌勒菩薩」出家學道，在「龍華樹」下修行，夜半出家，卽於其夜成無上道。成佛後的「彌勒佛」，在「龍華樹」下說法，度化眾生。「彌勒佛初會」，九十六億人得「阿羅漢」；「彌勒佛二會」，九十四億人得「阿羅漢」；「彌勒佛三會」，九十二億人得「阿羅漢」。

然而，在《佛說彌勒下生經》中，有一段不可思議的經文。

● 《佛說彌勒下生經》原文：

是時「修梵摩（彌勒佛的父親）」有妻名「梵摩越」。王女中最極爲殊妙。如「天帝妃」。口作「優缽蓮華」香。身作「栴檀」香。諸婦人八十四態永無復有。亦無疾病亂想之念。

爾時「彌勒菩薩」。於「兜率天」觀察「父母」不老不少。便降神下應從「右脅」生。如我（釋迦牟尼佛）今日「右脅」生無異。「彌勒菩薩」亦復如是。「兜率諸天」各各唱令。「彌勒菩薩」已降神生。是時「修梵摩」卽與「子」立字。名曰「彌勒」。

「彌勒菩薩」的父親，叫做「修梵摩」，母親，叫做「梵摩越」。「彌勒菩薩」是由「兜率天」降生人世間，由母親的「右脅」出生。

「釋迦牟尼佛」當年也是從「右脅」出生，在《佛本行集經》如來生品第四說：「于時佛星，適與月合；吉瑞應期，從『右脇生』。」

在《佛所行讚》也說：「菩薩『右脅生』。大悲救世間。不令母苦惱。優留王股生。畀偷王手生。曼陀王頂生。伽叉王腋生。菩薩亦如是。誕從『右脅生』。」

在《佛說長阿含經》第一卷說：「佛告諸比丘：『諦聽！諦聽！善思念之，吾當爲汝分別解說。比丘，當知諸佛常法：『毘婆屍菩薩』從『兜率天』降神母胎，從『右脅入』，正念不亂。』」。

好像「佛經」都強調，「諸佛菩薩」都是從「右脅」出生。你相信「佛菩薩」都是「自右脅出生」的嗎？

這裡要解釋一下「從右脇生」這件事情。「脇（ㄒㄧㄝˊ）」同「脅」，是指從「腋下」到「肋骨盡處」的部分。

在一般人的「認知」裡，認爲「胎兒」都是從「母體」的「陰道產門」生出來，怎麼可能從「右脇（右邊腋下）」生出來呢？所以，就衆說紛紜，有各種解釋，我把它整理出來如下：

⑴大多數的人都認爲「從右脇生」是個「神話」，人怎麼可能從「右脅」生下？不可信的。

⑵「佛」是可以「化生」而來的，但是爲了示現「入母胎」，這些「清淨高潔」的「大聖者」能走「穢門」嗎？所以，選擇從「右脅」「化生」出來。其實，古今中外都很多類似的「出生神話」。例如：古希臘神話的「雅典娜」，是從「宙斯」的「大腦」中出生、「耶穌」是「無性而生」、華夏神話「天命玄鳥，降而生商」，直接說是吞了「燕子卵」生的等等。

⑶「佛」爲什麼是從「右脅」出生的，而不是從「左脅」出生的？因爲，「佛」爲化衆生，離「左道」故，「左道」者，非「正法也，所謂「旁門左道」就是「邪道」。

⑷「古印度」的習俗，以「右側」爲「尊貴」。「右脅而生」，表示「釋伽牟尼佛」生於高貴的種族。人不可能是從「右肋」下出生的，「釋迦牟尼佛」是個普通人，只是被教徒神化了。

⑸從「印度」的古文獻中，可以知道「印度人」深信自己是「大梵天」所創造，但是「大梵天」所創造的人，因爲「出生部位」的差異，而有「四姓」的差別。這種「大梵天的創造說」及「四姓階級的分別」，至今仍爲「印度人民」所深信與奉行著。

在「印度思想」的濫觴《梨俱吠陀．原人歌（頌）》裡，講述「人類的形成」，是由「大梵天」生出「印度」的四個「種姓階級」。後來，「種姓階級」發展成「種姓制度」。

「印度」的「種姓制度」，是「印度教社會」特有的「階級制度」，這個制度將人劃分爲四個等級：

①第一等級「婆羅門（祭司）」：生於「大梵天」的「嘴」；掌管「宗教文化權利」的祭祀階層，享有崇高地位；

②第二等級「刹帝利（王族）」：生於「大梵天」的「雙臂」；掌握行政軍權的武士階層，包括「王」在內；

③第三等級「吠舍（庶民）」：生於「大梵天」的「雙腿」；一般平民，以農、牧、工、商爲職業，但多數人沒有政治權利，它和前兩個「種姓」屬於「再生族」，是社會生產的主體；

④第四等級「首陀羅（奴隸）」：從「大梵天」的雙足出生；從事各種低賤職業，包括「漁獵、重體力勞動」等，是「非再生族」，不享有任何「政治權利」。

在「種姓制度」下，「個人社會地位」取決於他的「家庭出身」，嚴格按照「血統」，世代保持不變。各「種姓」之間，原則上不能夠「通婚」，「法律地位」也不平等。

後來，由於「人種」增加，規定「種姓」之間可通婚，但只准「順婚（高種姓男子娶低種姓女子爲妻）」，反之，「逆婚（低種姓男子娶高種姓女子爲妻）」所生子女叫「賤民」，排斥在四個「種姓」之外，地位比「首陀羅（奴隸）」還低。

「釋迦牟尼佛」屬於「刹帝利」種姓，是「古印度」中期「迦毗羅衛國」的「釋迦族人」。按照《梨俱吠陀》的記載，「大梵天」的手臂，化生出「刹帝利種」，「右脅出生」的「釋迦牟尼佛」，恰好是「刹帝利族」。

其實，「四姓階級」本來是「印度社會」的職業分工。「佛經」中說，「悉達多太子」從「右脅」而生，只是在表明他的「父親」是「剎帝利王族」，是屬於「統治階級」，「悉達多太子」當然就是「剎帝利階級」。

「佛經」在傳播到「中國」之後，用文學的手法，將「釋迦牟尼佛出生是剎帝利種姓」，翻譯成「釋迦牟尼佛從右脅出生」。這是因爲「文化差異」的誤解，當時的「中國人」，無法了解這一層「歷史文化」的背景，以致於翻譯錯誤。

在上述的解釋中，我比較接受「印度的種姓制度」這種說法。

雖然，我接受了「印度的種姓制度」的解釋，但是心中總是有點不踏實，我還是有個疑惑：「難道眞的是把『佛菩薩』的出生『神格化』了嗎？或者是翻譯錯誤了呢？」

這個疑惑，一直到有一天，我無意間看到一個「醫學專有名詞」，叫做「異位妊娠（指懷孕）」，才讓我找到一條解惑的線索。「異位妊娠」又稱爲「子宮外孕」，意思是指「胚胎」在「子宮以外部位著床」的「妊娠併發症」。

依照「子宮外孕」的這條線索，我突然間靈光一閃，心裡想著：「古代應該也有『子宮外孕』的記載吧？」然後就開始搜尋古書。

皇天不負苦心人，後來我眞的在《史記》裡，找到「子宮外孕」的記載。在《史記》的「天中記」卷三十九說：「『啟脅』生，『吳回』生『陸終』，『陸終』娶『鬼方國君』之妹，謂之『女嬇』孕而不育，三年啟其母『左脅』三人出，『右脅』三人出。」這是「明朝」的「陳耀文」所撰

寫。

「陳耀文」是誰？經查證，「陳耀文」，字「晦伯」，號「筆山」，「明代」確山縣人，中「進士」，授「中書舍人」。後升「工部給事中」，後遷「南京戶部郎中、淮安兵備副使」，又升「陝西太僕寺卿」，未到任，請告歸。此後累官至「監察副史」，爲「京官、地方官」多年。

政務閒暇，卽以博覽群書娛。後因忤觸權相嚴嵩，辭官歸故里「汝南天中」山下，專心致志於鉤沉纂輯，辨正稽疑。所著有《經典稽疑》二卷、《正楊》四卷、《學林就正》四卷、《學圃萱蘇》六卷、《嘉靖確山縣志》二卷、《花草粹編》十二卷。其中《天中記》六十卷，最爲知名。

天啊！「陳耀文」在他的著作《天中記》裡，已經有記錄「啟脅生」和「其母『左脅』三人出，『右脅』三人出。」的事情。原來，在古代的中國，眞的有有「右脅出生」這種事情。

可是，「右脅出生」的事情，只有這本書有記載嗎？帶著激動的心情，繼續搜尋中國的「古代醫書」。

終於，我找到一本《女科指掌》，《女科指掌》是古代「中國」的「婦產科著作」，共五卷，是「清代」的「葉其蓁（困庵）」所編輯，刊於雍正二年（公元一七二四年）。在「卷三」的《女科指掌．胎前門異產》分述「妊娠疾病」，書中雖無作者的獨特見解，然能集古今「女科臨證醫論」於一帙，頗方便於初學者學習。

我把《女科指掌．胎前門異產》卷之三的重點文章，整理條列如下：

(1)「胞門（指子宮口）」「子髒（卽子宮）」爲奇恆之府，所以爲「生人之戶」，常理也。而

「有自脅產」，「自額產」，「自背產」，「自髀（ㄅㄧˋ，大腿）產者」何也。豈「子髒（即子宮）」受氣駁離，而其系有不同。

(2)《史記》云：「陸終氏」娶「鬼方之女」，孕而「左脅出三人」，「右脅出三人」。

(3)如「修已」背「坼（ㄔㄜˋ，裂開）」而生「禹」，「簡狄」胸坼而生「契」也。

(4)魏黃初六年，孔羨表言汝南屈雍妻王氏生男，「從右脅下小腹上出」，子母全安。

(5)異死曰：晉時李宣妻樊氏義熙中懷孕不生，而「額上有瘡，兒從瘡出」。

(6)又趙宣母妊，「股髀（ㄅㄧˋ，大腿）作癢」，搔之成瘡，「兒從瘡出」。

(7)嵩山記陽翟有婦人妊三十月，「兒從母背出」，五歲便入山學道去。

(8)琅琊鈔雲成化中宿州，「婦孕脅腫如癰（ㄩㄥ，一種皮膚和皮下組織的化膿性炎症，易生於頸、背部，常伴有畏寒、發熱等全身症狀。），及期兒從癰出」，瘡隨合，其子名佛記兒。

(9)隆慶五年二月唐山縣民婦有孕，「左脅腫起，兒脅生」，子母俱無恙，此皆「產理異中之異者」也。

(10)女子「二七（十四歲）」「天癸（月經）」至，「任脈」通，故有子。「七七（四十九歲）」「天癸（月經）」絕，無子常理也。

(11)乃有「十二歲而生子」者，如褚記室所載，平江蘇達卿之女類是也。

(12)有婦人五十、六十而生子者，如遼史所載，亟普妻年六十生二男一女，此則「異中之常者」也。

⒀《玄珠密語》曰：人生三子主太平，人生三女主「淫失（淫蕩；淫亂）」，政人生十子，諸侯競位。人生「肉塊」，天下飢荒，此就人事而論，氣化所感，別有所關也。

⒁如西樵野記載，嘉靖己酉橫涇佣農孔方忽患膨脹，憒憒幾數月，「自脅產一肉塊」，剖視之，一兒肢體，毛髮悉具也。

⒂又有人生於卵，生於馬之類，徐偃王之母產卵，棄之，孤獨老母取伏之，出一兒。

⒃漢末有「馬生人」，名曰「馬異」，此皆「造化無窮之變異」也。

閱讀完《女科指掌．胎前門異產》卷之三的記載，我的內心百感交集，既激動又慚愧。

我學習「佛法」三十幾年，對「佛法」堅信不移，唯獨對「佛自右脅生」這件事情，耿耿於懷。因爲，我眞的無法相信，「母體」的「右脅」可以生出孩子？

甚至，我的「基督教朋友」，也拿「佛自右脅生」這件事情，來嘲笑「佛教」的違反醫學常理；而我當時啞口無言，無言以對，只能惱羞成怒的用「處女生子」來反諷「基督教」也是違反醫學常理。但是，我的內心終究感到遺憾，我眞的無法對外解釋「佛自右脅生」這件事情。

如今，總算眞相大白，既然「凡夫俗子」都可以「自右脅生」，那擁有「神通」的「佛菩薩自右脅生」，也就不足爲奇了。原來，「佛經」所寫的「佛自右脅生」這件事情，是眞實不虛的。

三、「佛經」裡面所說的「億」

有一次，在網路上閱讀到一位修行「淨土法門」的「佛友」，所上傳的文章。他鼓勵大家要皈依「阿彌陀佛」，發願往生以後，要到「西方極樂世界」。

他奉勸皈依「彌勒佛」的朋友，要改皈依「阿彌陀佛」，因爲「佛經」上說，「彌勒佛」要等到「五十六億萬年」以後，才會降生到人世間，這時間太久了。

我看完以後，非常不以爲然，「阿彌陀佛」和「彌勒佛」的「淨土」，都同樣是「釋迦牟尼佛」所介紹的，應該依照「眾生」各自的因緣，去往生「阿彌陀佛淨土」，或是「彌勒佛淨土」，怎麼可以排斥「彌勒佛淨土」呢？

要知道，「釋迦牟尼佛」在《佛說觀彌勒菩薩上生兜率天經》裡說：「佛告『優波離』。汝今諦聽。是『彌勒菩薩』於『未來世』當爲『眾生』。作『大歸依處』。」

什麼叫做「大歸依處」？就是適合「所有眾生」歸依的淨土，「彌勒佛淨土」是適合「所有眾生」去的「淨土」，門檻最低，是比較容易去的「淨土」。事實上，「彌勒佛淨土」是「釋迦牟尼佛」特別爲「末法眾生」設立的「淨土」，所以稱爲「大歸依處」。

而要去「阿彌陀佛」的「西方極樂世界」，是很不容易的，因爲「阿彌陀佛淨土」是最殊勝的淨土，不是一般的眾生，可以隨便去的，所以「西方極樂世界」，不是一般的眾生的「大歸依處」。

我們仔細來看看《佛說阿彌陀經》是怎麼說的。

●《佛說阿彌陀經》原文：

又「舍利弗」。「極樂國土眾生」生者皆是「阿鞞跋致」。其中多有「一生補處」。其數甚多。非是算數所能知之。但可以「無量無邊阿僧祇劫」說。「舍利弗」。眾生聞者。『應當發願』願生彼國。所以者何。得與如是「諸上善人」俱會一處。

什麼是「阿鞞跋致」？什麼是「一生補處」？

「阿鞞（ㄅㄧˋ）跋致」是「梵語」，意譯爲「不退轉」，是「菩薩階位」之名，卽修行佛法的過程中得悟，不退墮於二乘、凡夫、惡趣等，也不退失所證得的果位、觀念、行法。歷經一「大阿僧祇劫」之修行，則至此位。

「一生補處」，略稱「補處」，謂經過此生，來生定可在世間成佛。卽指「菩薩」的最高位階「等覺菩薩」。

天啊！住在「阿彌陀佛」的「西方極樂世界」裡的居民，居然都是「一生補處」，都是「等覺菩薩」，都是準備「來生」要在世間成佛的「大菩薩」。

所以，「釋迦牟尼佛」才說：「眾生聞者。『應當發願』願生彼國。」「釋迦牟尼佛」說「『應當發願』願生彼國」，「應當發願」是「建議」的意思喔！

爲什麼呢？「釋迦牟尼佛」解釋說：「所以者何。得與如是『諸上善人』俱會一處。」因爲，可以和那麼多的「準備成佛」的「等覺菩薩」當「鄰居」，那眞是太棒了！

但是，別高興得太快，「釋迦牟尼佛」在後面補一句警語：「舍利弗。不可以『少善根福德因緣』得生彼國。」請問各位修行「淨土法門」的「佛友們」，你們目前所累積的「善根福德」足夠嗎？

而且，還不只這個基本要件，「釋迦牟尼佛」又繼續說：「『舍利弗』。若有善男子善女人。聞說『阿彌陀佛』。『執持名號』。若一日。若二日。若三日。若四日。若五日。若六日。若七日。『一心不亂』。其人『臨命終時』。『阿彌陀佛』與『諸聖衆』。現在其前。是人『終時心不顚倒』。卽得往生『阿彌陀佛極樂國土』。」

接下來的條件，還有「執持阿彌陀佛名號」到「一心不亂」的境界；臨命終時，還要有「心不顚倒」的定力。

請問各位修行「淨土法門」的「佛友們」，你們有信心做得到嗎？

「釋迦牟尼佛」最後又說一句話：「我『見是利』故說此言。若有衆生聞是說者。『應當發願』生彼國土。」

「釋迦牟尼佛」解釋說，他看到「阿彌陀佛」的「西方極樂世界」，實在太殊勝了，所以才建議衆生「應當發願」，生彼國土。

再反觀「彌勒佛」的「兜率天淨土」，爲什麼「釋迦牟尼佛」說：「佛告『優波離』。汝今諦聽。是『彌勒菩薩』於『未來世』當爲『衆生』。作『大歸依處』。」爲什麼「彌勒佛」的「兜率天淨土」是「大歸依處」呢？因爲要去「兜率天淨土」容易多了。

下面是在《佛說觀彌勒菩薩上生兜率天經》裡，「釋迦牟尼佛」說，想要成爲「彌勒佛弟子」的

五種方法：

⑴欲爲「彌勒」作「弟子」者。當作是觀。作是觀者「應持五戒」「八齋具足戒」「身心精進」「不求斷結」「修十善法」一一思惟「兜率陀天上」上妙快樂。作是觀者名爲「正觀」。若他觀者名爲「邪觀」

⑵佛告「優波離」。「佛滅度後」。「比丘」「比丘尼」「優婆塞」「優婆夷」。「天」「龍」「夜叉」「乾闥婆」「阿脩羅」「迦樓羅」「緊那羅」「摩睺羅伽」等。是諸大衆。若有得聞「彌勒菩薩」摩訶薩名者。聞已歡喜恭敬禮拜。此人「命終如彈指」頃卽得往生。如前無異。但得聞是「彌勒名」者。命終亦不墮「黑闇處邊地」邪見「諸惡律儀」。恒生「正見」眷屬成就「不謗三寶」。

⑶佛告「優波離」。若「善男子」「善女人」。犯「諸禁戒」造「衆惡業」。聞「是菩薩大悲名字」。五體投地「誠心懺悔」。是「諸惡業」速得淸淨。未來世中諸衆生等。聞「是菩薩大悲名稱」。「造立形像」「香花衣服」「繒蓋幢幡」禮拜繫念。此人「命欲終時」。「彌勒菩薩」放「眉間白毫大人相光」。與「諸天子」雨「曼陀羅花」。來迎此人。此人「須臾卽得往生」。値遇「彌勒」頭面禮敬。未舉頭頃便得「聞法」。卽於「無上道」得「不退轉」。於「未來世」得値恒河沙等「諸佛如來」。

⑷佛告「優波離」。汝今諦聽。是「彌勒菩薩」於「未來世」當爲「衆生」。作「大歸依處」。若有歸依「彌勒菩薩」者。當知是人於「無上道」得「不退轉」。「彌勒菩薩」成「多陀阿伽

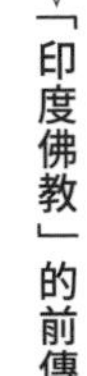

度阿羅訶三藐三佛陀」時。如此行人見佛光明卽得「授記」。

⑸佛告「優波離」。「佛滅度」後「四部弟子」「天」「龍」「鬼」「神」。若有欲生「兜率陀天」者。當作是觀「繫念思惟」。念「兜率陀天」「持佛禁戒」。一日至七日。「思念十善」行「十善道」。以「此功德」迴向願生「彌勒」前者。當作是觀。作是觀者。若見一「天人」見一「蓮花」。若「一念頃」稱「彌勒名」。此人除卻「千二百劫生死之罪」。但聞「彌勒名」合掌恭敬。此人除卻「五十劫生死之罪」。若有敬禮「彌勒」者。除卻「百億劫生死之罪」。設「不生天」「未來世」中「龍花菩提樹」下亦得值遇。發「無上心」。

另外，下面是在《佛說觀彌勒菩薩上生兜率天經》裡，「釋迦牟尼佛」說明，「彌勒佛弟子」命終往生後，上生「兜率天」的情形：

●《佛說觀彌勒菩薩上生兜率天經》原文：

「佛滅度後」我「諸弟子」。若有精勤「修諸功德威儀」不缺「掃塔塗地」。以衆「名香妙花」供養行衆「三昧深入」正受讀誦經典。如是等人應當至心。雖「不斷結」如得「六通」。應當繫念念佛形像「稱彌勒名」。

如是等輩若一念頃受「八戒齋」。修「諸淨業」發弘誓願。命終之後「譬如壯士屈申臂頃」。卽得往生「兜率陀天」。於「蓮華」上「結加趺坐」。百千「天子」作「天伎樂」。持「天曼陀羅花」「摩訶曼陀羅華」。以散其上讚言。善哉善哉善男子。汝於「閻浮提」廣修「福業」來生此處。此處名「兜率陀天」。今此天主名曰「彌勒」。汝當歸依。應聲卽禮禮已。諦觀「眉間白毫相光」。卽得超越「九十億劫生死之罪」。

是時「菩薩」隨其宿緣爲說妙法。令其「堅固不退轉」於「無上道心」。如是等眾生若「淨諸業」行「六事法」。必定無疑當得生於「兜率天上」值遇「彌勒」亦「隨彌勒下閻浮提」第一聞法於「未來世」值遇「賢劫」一切諸佛於「星宿劫」亦得值遇「諸佛世尊」於「諸佛」前受「菩提記」。

我用一個簡單的比喻，來說明發願往生「阿彌陀佛」的「西方極樂世界」，和「彌勒佛」的「兜率天淨土」的差別。

「西方極樂世界」就好比是美國的「哈佛大學」，「兜率天淨土」就好比是澳洲的「墨爾本大學」或者台灣的「台灣大學」。

美國的「哈佛大學」，世界有名，公認名列前茅，但是很難錄取；澳洲的「墨爾本大學」或者台灣的「台灣大學」，也頗有名氣，但是比「哈佛大學」容易錄取。

我本來也嚮往「西方極樂世界」，但是和「兜率天淨土」比較過後，我評估我很難去得成「西方極樂世界」；再加上我崇拜的唐朝「玄奘法師」，也是發願要去「兜率天淨土」，所以我最後決定跟隨「玄奘法師」，也要到「兜率天淨土」。

再回過頭來談一開始的問題：一位修行「淨土法門」的「佛友」，奉勸皈依「彌勒佛」的朋友，要改皈依「阿彌陀佛」，因爲「佛經」上說，「彌勒佛」要等到「五十六億萬年」以後，才會降生到人世間，這時間太久了。

其實，這位「佛友」搞錯了。「兜率天淨土」，早在距今兩千五百年前，「釋迦牟尼佛」還在世

的時候，就已經誕生了。在《佛說觀彌勒菩薩上生兜率天經》裡，「釋迦牟尼佛」說：「卻後十二年二月十五日。還本生處結加趺坐如入滅定。身紫金色光明豔赫如百千日。上至『兜率陀天』。」

而且，許多歷代的「彌勒信仰者」，都發願要去「兜率天淨土」，例如：「阿難尊者」、古印度的「無著菩薩」和「世親菩薩」、「玄奘法師」的印度老師「戒賢大師」、東晉的「法顯大師」、魏晉南北朝「淨土宗」初祖「慧遠法師」的老師「道安法師」、梁武帝時代的「智顗（ㄧˇ）大師」、南朝劉宋的「智嚴法師」、唐朝的「玄奘法師」、「玄奘法師」的徒弟「窺基大師」、唐朝「道宣大師」、明清四大高僧之一的「憨山大師」、近代的「虛雲老和尚」、「太虛大師」、「慈航法師」和台灣「大慈山彌勒道場（慈照寺）」的創建人「常照法師」等。

另外，這位「佛友」有提到「佛經」上說，「彌勒佛」要等到「五十六億萬年」以後，才會降生到人世間，這時間太久了。

我順便解釋一下，「佛經」裡面所說的「億」，這個數字的意思。

在《佛說彌勒下生經》裡提到「龍華三會」，是指「彌勒菩薩」於「龍華樹」下成道後的「三會說法」。又稱爲「龍華會、彌勒三會」，略稱「龍華」。

「龍華三會」的因緣，是「釋迦牟尼佛」入滅後，經過「五十六億萬年」，「彌勒菩薩」自「兜率天」下生到人間，出家學道，坐於「翅頭城」的「華林園」中的「龍華樹」下成「正等覺」，前後分三次說法。過去，於「釋迦牟尼佛」的教法下，未曾得道者，至此會時，以上、中、下根之別，皆可得道。

在《佛說觀彌勒菩薩上生兜率天經》中，「釋迦牟尼佛」對「彌勒菩薩」說：「『閻浮提（地球）』歲數『五十六億萬歲』。爾乃下生於『閻浮提（地球）』。如《彌勒下生經》說。」

在《佛說彌勒下生經》裡，「釋迦牟尼佛」提到「彌勒佛」的「龍華三會」，經中說：

(1)「此名爲最初之會。九十六億人皆得阿羅漢。」

(2)「彌勒佛第二會時。有九十四億人。皆是阿羅漢。」

(3)「又彌勒第三之會。九十二億人。皆是阿羅漢。」

在這裡，我要說明一下，「佛經」中所謂的「億」這個數字，不是今天我們所認知的「億」。古代的「中國」和「印度」的「數字」，都是「十進位法」，所以「十百是千，十千是萬，十萬是億。」」。

《阿毘達磨俱舍論》：「解脫經說六十數中。阿僧企耶是其一數。云何六十。如彼經言。有一無餘數始爲一。一十爲十。十十爲百。十百爲千。十千爲萬。十萬爲洛叉。」

《如意輪陀羅尼經》：「梵云一洛叉唐云十萬」

依據《阿毘達磨俱舍論》和《如意輪陀羅尼經》的記載，「印度」的「數字單位」是：十、百、千、萬、落叉等，以十倍增，「落叉」等於「十萬」。

《梵語雜名》：「十萬攞乞史二合億也」

《梵語千字文》：「十萬爲億」

依據《梵語雜名》和《梵語千字文》的記載，「印度」的「數字單位」，「十萬」又等於

「億」。所以，古印度所謂的「億」，不是我們所知道的「億」，實際上是「十萬」。

所以，古代「佛經」中描寫「時間、長度」等的數字時，動輒數「億」，此中的「億」，實際上是指「十萬」而已。

因此，經中說「彌勒菩薩」於「閻浮提（地球）」歲數「五十六億萬歲」，就下生於「閻浮提（地球）」。此處的「億萬」是指「十萬」，所以「五十六億萬歲」，實際上是「五百六十萬年」。我們可以概略的說，「彌勒菩薩」距今大約「五百六十萬年」之後，下生人間成佛。

另外，我們可以推知，經文中所說「龍華三會」的實際人數：

⑴初會的「九十六億」個比丘衆，實際上是「九百六十萬」個比丘衆。
⑵第二會的「九十四億」個比丘衆，實際上是「九百四十萬」個比丘衆。
⑶第三會的「九十二億」個比丘衆，實際上是「九百二十萬」個比丘衆。

四、「釋迦牟尼佛」和「阿彌陀佛」的因緣

「讀者們」有沒有發現一件事情，「釋迦牟尼佛」說過，宇宙間有數不盡的「佛菩薩」在救渡不同世界的「衆生」。但是，爲什麼在我們這個「娑婆世界」，是以「釋迦牟尼佛」爲主，祂還特別介紹「阿彌陀佛」、「觀世音菩薩」、「大勢至菩薩」、「文殊師利菩薩」、「普賢菩薩」、「阿閦佛」等，衆「佛菩薩」給我們認識呢？其實，這是有原因的。

根據《悲華經》卷二的記載，在「無量劫」以前，久遠的過去，有一個世界叫做「珊提嵐」，「珊提嵐」是「梵名」的音譯，當時有「轉輪聖王」名「無諍（ㄓㄥˋ）念」，「轉輪聖王」有一千個兒子；有一位「梵志大臣」（「梵志」是「梵語」的意譯，指印度「婆羅門教」的教徒。），名叫做「寶海」，勸勉「無諍念國王」發「菩提心」建構「淨土」。「寶海」有個「兒子」出家成佛，號「寶藏」，「寶藏佛」先後度化「轉輪聖王」及祂的一千個兒子。

「無諍念國王」就是「阿彌陀佛」的前身，這位「寶海」梵志大臣，就是「釋迦牟尼佛」的前身，一千個兒子即「觀世音菩薩」、「大勢至菩薩」、「文殊師利菩薩」、「普賢菩薩」、「阿閦佛」等的前身。

「寶海」他在那個時候，曾經發了「五百大願」，被當時的「寶藏如來佛」稱爲「大悲菩薩」。

在「寶海」的「五百大願」中，其中的「一個願」就是「捨淨土成佛，而取穢土成佛。」。因爲他看到了未來的時候，這個「娑婆世界（指地球）」的「人壽」百歲的時候，是最苦難的時候。這個時候，「眾生」的「煩惱」很重，「福報」微淺，「智慧」微小，苦不堪言。

「娑婆」是「梵語」的音譯，漢譯爲「堪忍」，「堪」是「能、可以」的意思。因爲此世界的「眾生」，堪能忍受「十惡（殺生、偷盜、邪淫、妄語、綺語、惡口、兩舌、貪慾、嗔恚、愚癡）」及「諸煩惱」而不肯出離，故名「堪忍世界」。

由於「寶海」不忍心看到「娑婆世界」的眾生受苦，所以發起「大悲心」，要到這個「濁惡深重」的世界，來度化眾生。所以，「釋迦牟尼佛」在人壽百歲的時候，投生到我們這個世界並且成佛。

下面我就根據《悲華經》的經文，來介紹「阿彌陀佛」、「觀世音菩薩」、「大勢至菩薩」、「文殊師利菩薩」、「普賢菩薩」、「阿閦佛」和「釋迦牟尼佛」等的前身。

《悲華經》一開始，就由「寂意菩薩」問「釋迦牟尼佛」，為什麼其他的佛，都各自建立種種，清淨微妙又莊嚴的佛淨土，唯獨「釋迦牟尼佛」選擇這個「五濁惡世」的「穢惡不淨世界」，即「娑婆世界」，就是我們這個「地球」，來作為「佛淨土」呢？「釋迦牟尼佛」就為「寂意菩薩」解釋原委。

●《悲華經》卷第二「大施品第三之二」原文：

爾時，會中有「菩薩摩訶薩」名曰「寂意」，瞻覩「如來」種種神化已，白佛言：「世尊！何因緣故，其餘『諸佛』所有世界，清淨微妙種種莊嚴，離於『五濁』無『諸穢惡』，其中純有『諸大菩薩』，成就種種『無量功德』，受諸快樂，其土乃至無有『聲聞、辟支佛』名，何況當有『二乘』之實？

今我『世尊』，『何因何緣』處斯『穢惡不淨世界』，『命濁、劫濁、眾生濁、見濁、煩惱濁』，於是『五濁惡世』之中，成『阿耨多羅三藐三菩提』？在『四眾』中說『三乘法』？以何緣故，不取如是『清淨世界』，而不遠離『五濁惡世』？」

佛告「寂意菩薩」：「善男子！我於往昔過『恒河沙（譬喻極多之數）』等『阿僧祇劫（阿僧祇，梵語的音譯，意為無量數；劫，為極長遠的時間名稱，有大、中、小三劫之別。）』，此佛世界

名『珊提嵐』，是時『大劫』名曰『善持』。於彼劫中有『轉輪聖王』名『無諍念』，主四天下。

有一大臣名曰『寶海』，是『梵志』種，善知『占相』。時生一子，有三十二相『瓔珞』其身，八十種好『次第莊嚴』，以『百福德』成就一相，『常光』一尋，其身圓足如『尼拘盧樹』，諦觀一相無有厭足。

當其生時，有百千『諸天』來共供養，因爲作字號曰『寶藏』。其後長大，剃除鬚髮法服出家，成『阿耨多羅三藐三菩提（無上正等正覺）』，還號『寶藏如來』、應供、正遍知、明行足、善逝、世間解、無上士、調御丈夫、天人師、佛、世尊。卽『轉法輪（對佛陀宣說佛法的比喻）』，令百千無量億『那由他（意爲多到沒有數目可以計算）』諸衆生等，得生人、天或得解脫。

如是利益諸天、人已，與百千億『那由他』『聲聞』大衆，恭敬圍遶，次第遊行『城邑聚落』，漸到一城，名『安周羅』，卽是『聖王』所治之處。去城不遠有一『園林』，名曰『閻浮』。爾時，『如來』與百千無量億『那由他』『聲聞』大衆止頓此林。」

(1)阿彌陀佛：

又名「無量佛、無量光佛、無量壽佛」等。大乘經載，「阿彌陀佛」在過去久遠劫時曾經立下大願，建立「西方淨土」，廣渡無邊衆生。「大乘佛經」主要如《無量壽經》、《阿彌陀經》、《觀無量壽佛經》，對「阿彌陀佛」及其「西方極樂世界」都有詳述。「漢傳佛教」的「淨土宗」，卽是以往生「阿彌陀佛」的「西方淨土」作爲專修的法門。

●《悲華經》卷第三「諸菩薩本授記品第四之一」原文：

時「轉輪王」復白佛言：「世尊！是『寶海梵志』，乃能勸我及『諸眷屬』發『阿耨多羅三藐三菩提心』。是『梵志』於未來世，爲經幾時當成『阿耨多羅三藐三菩提』？」

佛告「大王」：「是『梵志』成就大悲故，於未來世『師子吼（謂佛陀在大衆中講決定之說而無所畏懼，如獅子大吼。）』時，汝自知之。」

時「轉輪王」復白佛言：「世尊！若我所願成就如佛所記者，我今頭面禮佛，當令十方如『恒河沙』等世界『六種震動（東湧西沒、西涌東沒、南涌北沒、北湧南沒、邊湧中沒、中湧邊沒等地動六相。）』，其中『諸佛』亦當爲我授『阿耨多羅三藐三菩提記』。」

善男子！爾時，「無量淨王」作是語已，尋於佛前，頭面著地。爾時，十方如「恒河沙」等「諸佛世界」「六種震動」，是中「諸佛」即與「授記」作如是言：「『珊提嵐』界『善持劫』中『人壽八萬歲』，有佛出世號曰『寶藏』，有『轉輪聖王』名『無量淨』，主四天下，三月供養『寶藏如來』及『比丘僧』，以是『善根』故，過一『恒河沙』等『阿僧祇劫』已，始入『第二恒河沙』『阿僧祇劫』，當得作佛，號『無量壽』，世界名『安樂』，常身光照縱廣周匝十方，各如『恒河沙』等『諸佛世界』。」

(2)觀世音菩薩：

名號意爲「觀察世間音聲覺悟有情」，或者「觀察自在」，又譯「爲觀音菩薩、觀自在菩薩、光世音菩薩」，手持蓮花的「觀音菩薩」，也被稱爲「蓮花手菩薩」或「持蓮觀音」。

「漢地佛教」自「唐代」開始，主要是以「蓮華部母白衣觀音」爲所有「觀世音菩薩」的本尊；

在「民間信仰」中常被尊稱「觀音佛祖、觀音大士、觀音娘娘、觀音媽、白衣大士」。

在「密教」中，祂爲「蓮華部尊」，在「淨土宗」則是「西方淨土」的「大菩薩」，與「大勢至菩薩」，分別爲「阿彌陀佛」的左脅、右脅侍菩薩，並稱「西方三聖」，與「地藏王菩薩」分別爲「釋迦牟尼佛」的左脅、右脅侍菩薩，並稱「娑婆三聖」，同時祂也是「四大菩薩（觀音、文殊、普賢、地藏）」之一。「觀世音菩薩」還是「阿彌陀佛」的「補儲」，卽「接任的佛」。

●《悲華經》卷第三『諸菩薩本授記品第四之一』原文：

善男子！爾時「寶海梵志」，復白「聖王第一太子」言：「善男子！持此寶物，并及先所於三月中供養『如來』及『比丘僧』種種珍寶，如是『福德和合』集聚，迴向『阿耨多羅三藐三菩提』。」

復作是言：「善男子！以此所施，不應求於『忉利天王、大梵天王』。何以故？今者所有『福報之物』，皆是『無常、無決定相』，猶如『疾風』。是故應當以是『布施所得果報』，令心自在，速成『阿耨多羅三藐三菩提』，度脫無量無邊『衆生』令入『涅槃』。」

是時「太子」聞是語已，答「梵志」言：「我今觀於『地獄衆生』多諸苦惱，『人天』之中或有『垢心』，以『垢心』故，數數墮於『三惡道』中。」

復作是念：「是『諸衆生』以坐親近『惡知識』故，退失『正法』墮『大闇處』，盡『諸善根』，攝取種種『諸邪見』等，以覆其心，行於『邪道』。世尊！今我以『大音聲』告『諸衆生』，我之所有『一切善根』，盡迴向『阿耨多羅三藐三菩提』。願我行『菩薩道』時，若有『衆生』受諸『苦惱、恐怖』等事，退失『正法』，墮『大闇處』，憂愁孤窮、無有救護、無依無舍，若能念我、

稱我名字，若其爲我『天耳』所聞、『天眼』所見，是『衆生』等，若不得免斯苦惱者，我終不成『阿耨多羅三藐三菩提』。」

復白佛言：「世尊！我今復當爲『衆生』故，發『上勝願』。世尊！我今若能逮得『己利』者，願令『轉輪聖王』，過『第一恒沙』等『阿僧祇劫』已，始入『第二恒沙』等『阿僧祇劫』，是時世界名曰『安樂』，大王成佛號『無量壽』，世界莊嚴『衆生』清淨，作正法王，是『佛世尊』於『無量劫』作佛事已，所作已辦，入『無餘涅槃』，乃至『正法』住時，我於其中修『菩薩道』，卽於是時能作『佛事』；是佛『正法』於『初夜』滅，卽其『後夜』，成『阿耨多羅三藐三菩提』。」

復白佛言「『惟願『世尊』爲我授記，今我一心請於十方如『恒河沙』等現在『諸佛』，惟願各各爲我『授記』。」

善男子！爾時，「寶藏佛」尋爲授記：「善男子！汝觀『天人』及『三惡道』一切衆生，生『大悲心』，欲斷衆生『諸苦惱』故，欲斷衆生『諸煩惱』故，欲令衆生『住安樂』故。善男子！今當字汝爲『觀世音』。

善男子！汝行『菩薩道』時，已有百千無量億『那由他』衆生得離苦惱，汝爲『菩薩』時，已能大作『佛事』。善男子！『無量壽佛』般涅槃已，『第二恒河沙』等『阿僧祇劫』後分，『初夜』分中，『正法』滅盡，『夜後』分中，彼土轉名一切珍寶所成就世界，所有種種『莊嚴』無量無邊，『安樂世界』所不及也。

善男子！汝於『後夜』種種『莊嚴』，在『菩提樹』下坐『金剛座』，於一念中間成『阿耨多羅三藐三菩提』，號『遍出一切光明功德山王如來』、應供、正遍知、明行足、善逝、世間解、無上士、調御丈夫、天人師、佛、世尊，其佛壽命九十六億『那由他』百千劫，般涅槃已，『正法』住世六十三億劫。」

爾時，「觀世音」前白佛言：「若我所願得成就者，我今頭面敬禮佛時，當令十方如『恒河沙』等『諸世界』中現在『諸佛』，亦復各各爲我『授記』，亦令十方如『恒河沙』等『世界大地』及『諸山河』『六種震動』，出種種『音樂』，『一切衆生』心得離欲。」

善男子！爾時，「觀世音菩薩」尋禮「寶藏如來」，頭面著地。爾時，十方如「恒河沙」等「世界」，「六種震動」，「一切山林」悉出種種「無量音樂」，「衆生」聞已，即得離欲。

其中「諸佛」皆與「授記」作如是言：「『珊提嵐』界『善持劫』中，人壽八萬歲，時有佛出世，號曰『寶藏』，有『轉輪聖王』名『無量淨』，主四天下，其王太子名『觀世音』。三月供養『寶藏如來』及『比丘僧』，以是『善根』故，於『第二恒河沙』等『阿僧祇劫』『後分』之中，當得『作佛』，號『遍出一切光明功德山王如來』，世界名曰『一切珍寶所成就』也。』」

(3)大勢至菩薩：

翻譯爲「得大勢菩薩」，簡稱「勢至菩薩」。「大勢至菩薩」以「智慧光」普遍照一切，令「衆生」離「三途」，得「無上力」；又彼行時，「十方世界」一切土地皆震動，故稱「大勢至」。

根據《觀無量壽經》，「大勢至菩薩」恆念「阿彌陀佛」，以「智慧之光」普照一切，使人得到「無上力量、威勢自在」，接引「衆生」往生「淨土」。「大勢至菩薩」是「西方極樂世界」「阿彌陀佛」的「右脅侍者」，「八大菩薩（文殊菩薩、普賢菩薩、觀世音菩薩、大勢至菩薩、虛空藏菩薩、地藏王菩薩、彌勒菩薩、除蓋障菩薩）」之一，因爲是以「念佛修行」證果，被「淨土宗」奉爲「法界初祖」，是與「觀世音菩薩、文殊菩薩、普賢菩薩、地藏菩薩」齊名的大菩薩。

●《悲華經》卷第三「諸菩薩本授記品第四之一」原文：

善男子！爾時，「寶海梵志」，復白第二王子「尼摩」言：「善男子！汝今所作福德清淨之業，爲一切衆生得一切智故，應迴向『阿耨多羅三藐三菩提』。」

善男子！爾時，「王子」在佛前坐，叉手白佛言：「世尊！如我先於三月之中，供養『如來』及『比丘僧』，并我所有『身口意業』清淨之行，如此『福德』，我今盡以迴向『阿耨多羅三藐三菩提』。不願不淨『穢惡世界』，令我『國土』及『福德菩提樹』，如『觀世音』所有世界種種『莊嚴寶菩提樹』，及成『阿耨多羅三藐三菩提』。復願『遍出功德光明佛』始初成道，我當先請『轉於法輪』，隨其說法所經時節，於其中間行『菩薩道』。是佛『涅槃』後，『正法』滅已，我於其後次第成於『阿耨多羅三藐三菩提』。我『成佛』時，所作『佛事』，世界所有種種『莊嚴』，『般涅槃』後『正法』住世，如是等事悉如『彼佛』等無有異。」

爾時，佛告「第二王子」：「善男子！汝今所願『最大世界』，汝於來世當得如是『大世界處』，如汝所願。善男子！汝於來世當於如是『最大世界』成『阿耨多羅三藐三菩提』，號曰『善住珍寶山王如來』、應供、正遍知、明行足、善逝、世間解、無上士、調御丈夫、天人師、佛、世尊。善男子！由汝願取『大世界』故，因字汝爲『得大勢』。」

爾時，「得大勢」前白佛言：「世尊！若我所願成就得己利者，我今敬禮於佛，當令『十方』如『恒河沙』等『諸佛世界』，『六種震動』，雨須曼那華，其中現在『諸佛』各授我記。」

(4)文殊師利菩薩：

又稱爲「文殊菩薩、曼殊室利菩薩、聞隨師離菩薩」，「四大菩薩（觀音、文殊、普賢、地藏）」之一，「釋迦牟尼佛」的「左脅侍菩薩」，代表「智慧」。因爲「德才超群」，居「菩薩之首」，故稱爲「法王子」。

「文殊菩薩」的名字，意譯爲「妙吉祥、妙樂」，音譯爲「文殊師利」或「曼殊室利」，意爲「美妙、雅緻、吉祥、美觀、莊嚴」，故亦稱爲「妙吉祥菩薩」。

「文殊師利菩薩」在「佛教」中，是「智慧」的象徵，其注重一切「般若」，被稱「智慧第一」。「文殊師利菩薩」的標準形象爲「乘青獅、持寶劍」，「騎獅」表示「威猛」，「執劍」表示「智慧」。一般在造像中，「文殊師利菩薩」作爲「脅侍」，位於「釋迦牟尼佛」的左側，與「釋迦牟尼佛、普賢菩薩」並稱爲「華嚴三聖」。

●《悲華經》卷第三「諸菩薩本授記品第四之一」原文：

善男子！爾時「寶海梵志」，復白第三王子「王衆」言：「善男子！今汝所作『福德』之聚『清淨之業』，應爲『一切衆生』得『一切智』故，迴向『阿耨多羅三藐三菩提』。」………。

爾時，佛告「第三王子」：「善男子！善哉！善哉！汝是『純善大丈夫』也。聰叡、善解、能作如是甚難『大願』。所作『功德』甚深甚深難可思議，微妙智慧之所爲也。汝善男子！爲衆生故，自

發如是『尊重之願』取『妙國土』，以是故今號汝爲『文殊師利』。

於未來世過『二恒河沙』等無量無邊『阿僧祇劫』，入第三無量無邊『阿僧祇劫』，於此『南方』有『佛世界』，名曰『清淨無垢寶寘（ㄓˋ）』，此『珊提嵐』界亦入其中。彼世界中有種種『莊嚴』，汝於此中當成『阿耨多羅三藐三菩提』，號『普現如來』、應、正遍知、明行足、善逝、世間解、無上士、調御丈夫、天人師、佛、世尊，『諸菩薩衆』皆悉清淨，汝之所願具足成就，如說而得。善男子！汝行『菩薩道』時，於無量億『諸如來』所種『諸善根』，是故『一切衆生』以汝爲藥，汝心清淨能破『煩惱』，增諸『善根』。」

(5)普賢菩薩：

曾經譯爲「遍吉菩薩」，音譯爲「三曼多跋陀羅」，「四大菩薩（觀音、文殊、普賢、地藏）」之一。「普賢菩薩」是象徵「理德、行德」的菩薩，與「文殊師利菩薩」的「智德、正德」相對應，是「娑婆世界」「釋迦牟尼佛」的「右脅侍」，被稱爲「華嚴三聖」。

從《法華經》「普賢勸發品」裡的描述，「普賢菩薩」來自「東方寶威德上王佛國」，至「娑婆世界」參加「法華經聖會」。故有推論「普賢菩薩」來自「東方寶威德上王佛國淨土」。

在《悲華經》「諸菩薩本授記品第四之二」裡，描述「寶藏佛」授記「普賢菩薩未」來將成佛，名爲「智剛吼自在相王佛」。

●《悲華經》卷第四「諸菩薩本授記品第四之二」原文：

善男子！爾時，「寶海梵志」復白第八王子「泯圖」言，乃至發心亦復如是。

爾時，「王子」前白佛言：「世尊！我今所願，要當於是『不淨世界』修『菩薩道』，復當修治莊嚴十千『不淨世界』，令其『嚴淨』如『青香光明無垢世界』，亦當教化無量『菩薩』，令心『清淨』無有『垢穢』，皆趣『大乘』，悉使充滿『我之世界』，然後我當成『阿耨多羅三藐三菩提』。世尊！願我修行『菩薩道』時，要當勝於『餘諸菩薩』。……………。」

爾時，「世尊」讚「阿彌」具言：『善哉！善哉！善男子！汝今世界周匝四面『一萬佛土』『清淨莊嚴』，於『未來世』，復當教化『無量衆生』令心清淨，復當供養無量無邊『諸佛世尊』。

善男子！以是緣故，今改汝字名爲『普賢』，於『未來世』過一『恒河沙』等『阿僧祇劫』，入『第二恒河沙』等『阿僧祇劫』，『末後』分中於『北方界』，去此世界過『六十恒河沙』等『佛土』，有世界名『知水善淨功德』，汝當於中成『阿耨多羅三藐三菩提』，號『智剛吼自在相王如來』、應、正遍知、明行足、善逝、世間解、無上士、調御丈夫、天人師、佛、世尊。」

善男子！爾時，「普賢菩薩」摩訶薩頭面著地禮「寶藏佛」。

(6)阿閦（ㄔㄨˋ）佛：

又名「不動佛、無動佛、阿閦鞞佛、阿芻鞞耶佛、惡乞芻毗也佛、不恚佛、無嗔怒佛、無怒佛、無嗔恚佛、金剛不動佛」以及「寶幢如來」稱號，爲佛教「五方佛（（中央的毗盧遮那佛、東方阿閦佛、西方阿彌陀佛、南方寶生佛、北方不空成就佛）」之中的「東方佛」。

根據《維摩詰所說經》見阿閦品第十二」：「是時佛告『舍利弗』。有國名『妙喜』。佛號『無動』。是『維摩詰』於彼國。沒而來生此。」著名的「維摩詰居士」，就是來自「妙喜淨土」。

●《悲華經》卷第四「諸菩薩本授記品第四之二」原文：

善男子！爾時，「寶海梵志」復白第九王子「蜜蘇」言，乃至發心亦復如是。

爾時，「王子」前白佛言：「世尊！我行『菩薩道』時，願十方如『恒河沙』等世界所有『現在諸佛』爲我作證，今於佛前發『阿耨多羅三藐三菩提心』。……………。」

善男子！爾時，「寶藏如來」讚「王子」言：「善哉！善哉！善男子！汝行『菩薩道』所發『善願』無上最妙，遣此『天輪』至於『無佛五濁之世』，令無量無邊『阿僧祇』億百千衆生，安止住於『無穢濁心』，心無惱害，勸化發於『阿耨多羅三藐三菩提』，以是故今改汝名爲『阿閦』，於未來世當爲『世尊』，汝今當於佛前，如心所喜，願取種種『莊嚴佛土』。……………。」

爾時，「如來」讚「阿閦」言：「善哉！善哉！善男子！汝今已取『清淨世界』，汝於來世過『一恒河沙』等『阿僧祇劫』，入『第二恒河沙』等『阿僧祇劫』，『東方』去此『十佛世界』，彼有世界名曰『妙樂』，所有『莊嚴』如汝所願，皆悉具足，汝於是中當成『阿耨多羅三藐三菩提』，猶號『阿閦如來』、應、正遍知、明行足、善逝、世間解、無上士、調御丈夫、天人師、佛、世尊。」

(7)釋迦牟尼佛：

「釋迦牟尼」意爲「釋迦族之聖者」，本名「喬達摩．悉達多」，是「佛教」的創始人，稱號爲「釋迦牟尼佛、喬達摩佛、佛陀（意思爲「覺悟者」）、世尊、釋尊」等；又簡稱「釋迦文佛、釋迦如來、釋迦佛」。「釋迦」是其「種族名」，意爲「能仁」，「牟尼」則是古梵文對於聖者的尊稱，意爲「寂默」。「釋迦牟尼佛」出生於今「尼泊爾」南部的「王族家庭」，爲「刹帝利」種姓。

在「佛教」中，「釋迦牟尼佛」被認爲是「世間最尊貴者」，故「弟子」與「信徒」們，常以「世尊」來稱呼「釋迦牟尼佛」。

「佛」又稱爲「如來」，從「明朝」開始，「漢地」尊稱「釋迦牟尼佛」爲「如來佛祖」或「佛祖」，或合稱爲「如來佛」，「清朝」則稱「釋迦牟尼爲佛爺」。

●**《悲華經》卷第六「諸菩薩本授記品第四之四」原文：**

善男子！「寶海梵志」說此偈讚佛已，是時「一切大衆」皆讚歎言：「善哉！善哉！大丈夫！善能讚歎『如來法王』。」

爾時，「梵志（寶海）」復白佛言：「世尊！我已教化無量億衆，發『阿耨多羅三藐三菩提心』，是『諸衆生』已各願取『淨妙世界』，離『不淨土』，以『清淨心』種『諸善根』，善攝『衆生』而調伏之。『火鬘摩納』等一千四人，皆悉讀誦『毘陀外典』，『如來』已爲是『諸人』等，授其記莂，於『賢劫』中當成爲佛。……………。」

「世尊！願我爾時從『兜率天』下生『最勝轉輪王家』，若『自在王家』，處在『第一大夫人胎』，爲諸『衆生』調伏其心，修『善根』故。尋『入胎』時，放大光明，其光微妙遍照『娑婆世界』，從『金剛際（世界之成立爲五輪，依《俱舍論》等之說，則最下爲虛空輪，其上爲『風輪』，其上爲『水輪』，其上爲『金剛輪』，即『金剛際』，『地輪』也，此上載『九山八海』。）』上至『阿迦尼吒天（色界十八天之最上天，位於第四禪天之最頂位，爲有形體之天處之究竟，僅有心識而無形體。）』，令彼所有諸『衆生』等，若在『地獄』、若在『畜生』、若在『餓鬼』、若在『天上』、若在『人中』、若『有色』、若『無色』、若『有想』、若『無想』、若『非有想』、若『非無想』，悉願見我『微妙光明』，若光觸身亦願得知。以見知光故，悉得『分別生死過患』，勤求『無上寂滅涅槃』，乃至『一念斷諸煩惱』，是名令諸衆生『初種涅槃之根栽』也。……………。

雖處『母胎』滿足十月，然其實是住『珍寶三昧』，結加趺坐，正受思惟。十月滿已『從右脇出』，以一切功德成就『三昧力』故，令『娑婆世界』，從『金剛際』上至『阿迦尼吒天』，『六種震動』，其中『衆生』或處『地獄、畜生、餓鬼、天上、人中』，悉得惺悟。……………。

我『出右脇』足蹈地時，復願『娑婆世界』從『金剛際』上至『阿迦尼吒天』，『六種震動』，所有『衆生』依『水』、依『地』、依於『虛空』，『胎生、卵生、濕生、化生』，在『五道』者，悉得惺悟。

若有『衆生』未得『三昧』，願皆得之，得『三昧』已，安止令住『三乘法』中『不退轉地』。我既生已，於『娑婆世界』所有『諸天梵王魔天、忉利諸天及日月天、四天王、諸大龍王、乾闥婆、阿修羅、迦樓羅、緊那羅、摩睺羅伽、化生神僊、夜叉、羅刹』，悉令盡來共供養我。

令我生已，『尋行七步』，『行七步』已，以選擇『功德三昧力』故，說於『正法』，令『諸大衆』心生歡喜，住於『三乘』。……………。

我於爾時『悕求洗浴』，願有『最勝大龍王』來洗浴我身，『衆生』見者卽住『三乘』，所得『功德』如上所說。

我為『童子』乘『羊車』時，所可示現種種『伎術』，為悟『一切諸眾生』故。處在『宮殿、妻子、綵女（宮女）』『五欲』之中，共相娛樂，『見其過患』，『夜半出城』，除諸『瓔珞（以珠玉綴成的頸飾）』嚴身之具，為欲破壞『尼揵子（苦行的外道）』等『諸外道師』。恭敬衣服故，我著『袈裟』至『菩提樹』下，『眾生』見我處於『菩提樹』下，皆悉發願，欲令我速以『一切功德』成就『三昧』力說『三乘法』。……………

我自受草於『菩提樹』下，敷『金剛座處』，結『加趺坐』，身心正直，繫念在於『阿頗三昧』，以『三昧力』故，令『入出息』，『停住寂靜』，於『此定』中，一日一夜，日食『半麻半米』，以其餘半，持施他人。

我如是久遠『修集苦行』，『娑婆世界』上至『阿迦尼吒』，聞我名者，皆到我所，供養於我。我如是『苦行』，如是『等眾』悉當為我而作證明。……………

若有『四天下眾生』，修於『外道』，麤食苦行，有諸『非人』往至其所說如是言：「卿等！不能『悉行諸苦』，亦復不得『大果報』也，非是希有。如我地分有『一生菩薩』行於『苦行』，復入如是『微妙禪定』『身口意業』，皆悉寂靜，『滅出入息』，一日一夜，日食『半麻半米』，如是『苦行』大得『果報』，得『大利益』多所開化，是『苦行人』不久當成『阿耨多羅三藐三菩提』。卿若不信我所言者，自可往至其所觀其所作。」

●《悲華經》卷第八「諸菩薩本授記品第四之六」原文：

善男子！爾時，「寶海梵志」取此「月光淨華」供養「寶藏如來」已，白佛言：「世尊！惟願

『如來』與我授『阿耨多羅三藐三菩提記』。』……………。」

善男子！爾時，「寶藏如來」讚「寶海梵志」言：「善哉！善哉！大悲淨行，汝爲『無量無邊衆生』，起此『大悲』，能『大利益』，於世間中作『大光明』。……………。」

善男子！爾時，「寶藏如」來卽便讚歎「寶海梵志」：「善哉！善哉！善能安止『大悲心』故，作是誓願。…………。」

善男子！爾時，「寶海梵志」白佛言：「世尊！若『未來之世』，無量無邊百千萬億『阿僧祇劫』，如是『衆生』來至我所，受我所施，『頭目、髓腦』，乃至飲食如『一毛分』已，我成『阿耨多羅三藐三菩提』已，若『不脫生死』，不得授記於『三乘』者，我則欺誑『十方世界』無量無邊『現在諸佛』，必定不成『阿耨多羅三藐三菩提』。……………。」

善男子！爾時，「寶藏如來」伸「金色右臂」，摩「大悲菩薩（寶海梵志）」頂，讚言：「善哉！善哉！大丈夫！汝所言者，是『大珍寶』，是『大賢善』。汝成『阿耨多羅三藐三菩提』已，是『袈裟衣服』，能成就此『五聖功德』作『大利益』。」

善男子！爾時，「大悲菩薩（寶海梵志）摩訶薩」聞佛稱讚已，心生歡喜，踊躍無量，因佛伸此「金色之臂」，長指合縵，其手柔軟，猶如「天衣」，摩其頭已，其身卽變，狀如「童子二十歲人」。

善男子！彼會「大衆」，「天龍、鬼神、乾闥婆、人及非人」，叉手恭敬向「大悲菩薩（寶海梵志）」，供養散種種華，乃至「技樂」而供養之。復種種「讚歎」，讚歎已，默然而住。

●《悲華經》卷第九「檀波羅蜜品第五之二」原文：

爾時，「東方善華世界無垢功德光明王佛」，「師子之座」及其「大地」，「六種震動」，有大光明，雨於種種「妙寶蓮華」。彼「諸菩薩」見是事已，心生驚疑怪未曾有，卽白佛言：「世尊！何因緣故，『如來之座』如是震動？我等昔來未曾見是。」

其佛卽告「諸菩薩」言：「善男子！『西方』去此八十九億『諸佛世界』，彼有國土名曰『娑婆』，是中有佛號『釋迦牟尼如來』，今現在爲『四部衆』說『本緣法』。彼『佛世尊』爲『菩薩（大悲菩薩）』時，初勸化我發『阿耨多羅三藐三菩提心』，復引導我至『諸佛所』，初令我行『檀波羅蜜』，乃至『般若波羅蜜』。我於爾時，隨所至處，卽得初受『阿耨多羅三藐三菩提記』。彼佛世尊『釋迦牟尼』，卽是我之『眞善知識』，今在『西方處』在大衆，爲『諸四部』說『本緣經』。」

《悲華經》的這些記載，在《法華文句記》中也有提到。

●《法華文句記》卷第二原文：

一代教中「諸大菩薩」宿緣獲記，多在《悲華》第二卷中。經云：「有『菩薩』名曰『寂意』，白佛言：諸佛皆有『淨土』，『如來』何故取此『穢土』？

佛言：『本願』故取。我於過去『恒河沙』『阿僧祇劫』，世界名『珊提嵐』，劫名『善持』，輪王名『無諍念』，主四天下，王有『千子』。有一大臣，名曰『寶海梵志』，唯有一子，三十二相八十種好，常有諸天而來供養，國爲作號名曰『寶藏』，出家成道亦名『寶藏』，說法度人其數無

量。其王『千子』各各供養經於三月，過三月已欲爲『授記』，先入『三昧』現『十方佛土』，集『諸菩薩』，先授『寶海』。

『十方世界』衆生『寶海』教化者，一時成佛。次授『輪王千子』，授『第一子』云，汝『觀六道』起『大悲心』，斷『諸煩惱』令住『安樂』，今當字汝爲『觀世音』，『阿彌陀佛』般涅槃後，『二恒阿僧祇劫』於『夜初』分『正法』滅時，於『夜後』分其土轉名一切珍寶之所成就所有『莊嚴勝安樂界』，於一念頃便成『正覺』，號『一切功德山王』，壽九十六億『那由他』百千萬億劫。

『第二太子』名『大勢志』，『第三』名『文殊』，『第四』名『普賢』，在『東方』十恒沙世界『微塵世界』，名『不瞬』，乃至『第九』名『阿閦』，如是次第授『千太子』。

中有願取『五濁』成佛者，以『大悲』故其土名『娑婆』。何以故？是『諸衆生』忍於『三毒』及『諸煩惱』，『能忍斯惡』故名『忍土』。是『千人』中唯除一人，餘並於『賢劫』而得成佛。」

本單元一開始有提到，《悲華經》一開始，就由「寂意菩薩」問「釋迦牟尼佛」，爲什麼其他的佛，都各自建立種種，清淨微妙又莊嚴的佛淨土，唯獨「釋迦牟尼佛」選擇這個「五濁惡世」的「穢惡不淨世界」，即「娑婆世界」，就是我們這個「地球」，來作爲「佛淨土」呢？然後，「釋迦牟尼佛」就爲「寂意菩薩」解釋原委。

「佛經」中有對「十方佛剎」的描述，與「娑婆世界」相比，「十方佛剎」簡直是「不可思議的莊嚴」，難道「釋迦牟尼佛」所成就的「佛土」是「不淨」的嗎？

其實，「釋迦牟尼佛」的「佛土」，亦如「十方諸佛」一般的「不可思議的莊嚴」。只是在「釋迦牟尼佛」眼裡，才是「淨土」，在「凡夫俗子」的眼裡，卻是「汙穢之土」。那爲什麼我們「凡夫俗子」看到的是一個「五濁惡世」的世界呢？

這個問題，在《維摩詰所說經》中有詳細解釋。在《維摩經》「佛國品」裡面有提到，「舍利弗尊者」懷疑「釋迦牟尼佛」的「娑婆世界國土」不淨，於是「釋迦牟尼佛」以足趾按地，卽時「三千大千世界」，無量莊嚴，大地金色，整個世界都變成「清淨莊嚴的國土」，一下子就把「舍利弗尊者」驚呆了。

「釋迦牟尼佛」再把腿收回來，再盤起腿來，這個「清淨莊嚴的現象」就消失不見了。這是爲什麼呢？《華嚴經》上說得好，「唯心所現，唯識所變」。

其實，「釋迦牟尼佛」出現我們「娑婆世界」，就是要「淨化此土」。「釋迦牟尼佛」教導我們，應該「斷惡法」而「行善法」，應該去除「三毒（貪、嗔、癡）」。

如果我們今天，把「妄想、分別、執著」統統「放下」，這一「放下」，我們居住的環境，是就跟「西方極樂世界」一樣，大地是「琉璃」，你所看到所有的東西，都是「七寶」變現的，跟「西方極樂世界」沒有什麼兩樣，「實報莊嚴土」就現前了，這些都是你自己的「心識」變現的。

●《維摩詰所說經》佛國品第一原文：

爾時「舍利弗」。承佛威神作是念。若「菩薩」。「心淨則佛土淨」者。我「世尊」本爲「菩薩」時。意豈「不淨」。而是「佛土不淨」若此。

佛知其念。卽告之言：「於意云何？『日月』豈不淨耶？而『盲者』不見？」

對曰：「不也『世尊』。是『盲者』過。非『日月』咎。」

「舍利弗。『衆生』罪故不見『如來佛國』嚴淨。非『如來』咎。舍利弗。我此土淨。而汝不見。」

爾時「螺髻梵王」語「舍利弗」：「勿作是念。謂此『佛土』以爲『不淨』。所以者何？我見『釋迦牟尼佛土』。『清靜』譬如『自在天宮』。」

「舍利弗」言：「我見此土。丘陵坑坎。荊棘砂礫。土石諸山。穢惡充滿。」

「螺髻梵王」言：「仁者『心有高下』不依『佛慧』。故見『此土』爲『不淨』耳。『舍利弗』。『菩薩』於『一切衆生』悉皆平等。深心清淨。依『佛智慧』。則能見此『佛土』清淨。」

於是佛『以足指按地』。卽時『三千大千世界』。若干百千『珍寶嚴飾』。譬如『寶莊嚴佛』無量功德『寶莊嚴土』。『一切大衆』歎未曾有。而皆自見坐『寶蓮華』。

佛告「舍利弗」：「汝且觀是『佛土』嚴淨。」

「舍利弗」言：「唯然『世尊』。本所不見。本所不聞。今『佛國土嚴淨』悉現。」

佛語「舍利弗」：「我『佛國土』常淨若此。爲欲度『斯下劣人』故。示是衆惡『不淨土』耳。譬如『諸天』共寶器食。隨其『福德』。飯色有異。如是『舍利弗』。若『人心淨』。便見此土『功德莊嚴』。」

當佛現此「國土嚴淨」之時。「寶積」所將「五百長者子」。皆得「無生法忍」。八萬四千人發「阿耨多羅三藐三菩提心」。「佛攝神足」。於是「世界」還復如故。求「聲聞乘」三萬二千天及人。知「有爲法」皆悉「無常」遠塵「離垢」得「法眼淨」。「八千比丘」不受諸法。「漏盡」意解。

五、「釋迦牟尼佛」和「彌勒佛」的因緣

「彌勒佛」是當今「學佛者」，衆所皆知的一尊佛。但是，實際上現在祂的身分是「一生補處菩薩」，祂是「未來佛」，現在還是「菩薩」的身分。所以，「諸佛經」都稱祂爲「彌勒菩薩」。

「一生補處」，原爲「最後之輪迴者」之義，意思是：經過此生，來生必定可以在世間成佛，略稱「補處」，即指「菩薩」的最高位「等覺菩薩」。一般皆稱「彌勒」爲「一生補處菩薩」，根據《彌勒上生經》等記載，「彌勒菩薩」現在居於「兜率天」，待此生盡，則下生於人間，以遞補「釋迦牟尼佛」的佛位。

「彌勒菩薩」的名字「彌勒」是「梵名」，意譯作「慈氏」。「彌勒菩薩」出生於「婆羅門」家庭，後來成爲「佛弟子」，先「釋迦牟尼佛」入滅，以「菩薩身」爲「天人」說法，住於「兜率天」。

「彌勒」意譯作「慈氏」，是因爲「彌勒菩薩」欲度化諸衆生，由「初發心」即「不食肉」，以此因緣而名爲「慈氏」，又稱爲「慈氏佛」。

「釋迦牟尼佛」曾經預言授記「彌勒菩薩」，當其壽四千歲（約人間五十七億六千萬年）盡時，

將下生此世，於「龍華樹」下成佛，分「三會」說法。以其代「釋迦牟尼佛」說教之意，稱作「一生補處菩薩、補處菩薩、補處薩埵」；至彼時已得「佛格」，故亦稱「彌勒佛、彌勒如來」。

在「密教」中，「彌勒菩薩」爲「胎藏界」「曼荼羅」的「中胎九尊」之一，位居「大日如來」的「西北方」；於「金剛界」「曼荼羅」，則爲「賢劫十六尊」之一。

關於「彌勒佛」的形像，有種種傳說，「中國」一般「寺廟」供奉的「笑口常開胖彌勒像」，爲「五代時期」的「契此和尚」，又稱爲「布袋和尚」，因爲傳說「布袋和尚」圓寂之前，留下一句偈語：「彌勒眞彌勒，化身千百億，時時示時人，時人自不識。」

因此，「布袋和尚」卽爲「彌勒菩薩」化身的說法，便廣爲流傳。「百姓」認爲「布袋和尚」是「彌勒佛」的化身，故後人塑像供奉之。

而「往生兜率天」的信仰，自古卽與「阿彌陀佛信仰」同爲「佛教徒」所重視。

「釋迦牟尼佛」說：「凡事皆有因緣。」，因此「釋迦牟尼佛」指定「彌勒佛」是接替他的「未來佛」，當然是有「因緣」的。

下面我就來介紹，「釋迦牟尼佛」與「彌勒佛」的「宿世因緣」。

⑴「彌勒菩薩」比「釋迦牟尼佛」更早「發心成佛」和「修行」，但是「釋迦牟尼佛」後來居上，以「大精進」，比「彌勒菩薩」早成佛。

●**《彌勒菩薩所問本願經》原文：**

賢者「阿難」卽白佛言：「『彌勒菩薩』得『不起忍（卽無生法忍，斷見惑而生空理。）』，久遠乃爾，何以不速逮『無上正眞道最正覺』耶？」

佛語「阿難」：「『菩薩』以『四事』不取『正覺』。何等爲四？一者、淨國土；二者、護國土；三者、淨一切；四者、護一切。是爲『四事』。『彌勒菩薩』求佛時，以是『四事』故不取佛。」

佛言：「阿難！我本求佛時，亦欲『淨國土』亦欲『淨一切』，亦欲『護國土』，亦欲『護一切』。『彌勒』發意先我之前『四十二劫』，我於其後乃發『道意』，於此『賢劫』以『大精進』，超越『九劫』得『無上正眞之道』成『最正覺』。」…………。

(2)「彌勒菩薩」過去雖然值佛修行，卻注重「名聞利養」，「求名利」無厭倦；常往來於「豪門權貴」之家，不專注修行。後來，因爲「彌勒」遇「日月燈明佛」教他修「唯心識定」，觀察「三界唯心，萬法唯識」；使他明白「一切處境」無非「心識」之所變現。原來「人世間」所有的「富貴功名」，都是「如夢如幻」，無一眞實。從此以後，「彌勒」求「名利的心」，徹底被撲滅掉。

●《大佛頂首楞嚴經》卷五原文：

「彌勒菩薩」，即從座起，頂禮佛足，而白佛言：「我憶往昔經『微塵劫』，有佛出世，名『日月燈明』。我從彼佛而得出家。『心重世名』，『好遊族姓』。爾時『世尊』，教我修習『唯心識定』，入『三摩地』。歷劫已來，以此『三昧』事『恒沙佛』。『求世名心』歇滅無有。至『然燈佛』出現於世。我乃得成『無上妙圓識心三昧』。乃至盡空『如來國土』淨穢有無。皆是我心變化所

現。

『世尊』。我了如是『唯心識』故，『識性』流出『無量如來』。今得『授記』，次補『佛處』。佛問『圓通』，我以諦觀十方『唯識』，識心圓明，入『圓成實』，遠離『依他』及『遍計執』，得『無生忍』，斯為第一。」

(3)「文殊師利菩薩」也提過「彌勒菩薩」，「心常懷懈怠，貪著於名利，求名利無厭，多遊族姓家，棄捨所習誦，廢忘不通利」。

●《妙法蓮華經》「序品第一」原文：

爾時「文殊師利」於大眾中，欲重宣此義，而說偈言……………………。時有一弟子（彌勒），「心常懷懈怠，貪著於名利，求名利無厭，多遊族姓家，棄捨所習誦，廢忘不通利。」以是因緣故，號之為「求名」。亦行衆善業，得見無數佛，供養於諸佛，隨順行大道，具「六波羅蜜」，今見「釋師子」。其後當作佛，號名曰「彌勒」，廣度諸衆生，其數無有量。

(4)往劫中，「釋迦牟尼菩薩」與「彌勒菩薩」，曾經同在「弗沙如來」座下修行。「弗沙如來」觀察二人善根基後，決心先度化「釋迦牟尼菩薩」。於是在「寶窟」中入「火光三昧」，等待「釋迦牟尼菩薩」到來。

「釋迦牟尼菩薩」上山採藥，看見佛坐「寶窟」中放大光明，法相莊嚴，心裡生起歡喜敬信，隨即合掌向佛，一心諦觀，「七天七夜」用一偈贊佛。「釋迦牟尼菩薩」七日七夜以一偈贊佛的功德，令他超越「彌勒菩薩」九劫成佛。這也是一向重視「慧學」，並且喜好從事「社會活動」的「彌勒菩薩」，在「定學」上的勇猛精進，不如「釋迦牟尼菩薩」的結果。

●《大智度初品中菩薩釋論》「第八」卷第四原文：

如經中言：「過去久遠，有佛名『弗沙』。時有『二菩薩』：一名『釋迦牟尼』，一名『彌勒』。

『弗沙佛』欲觀『釋迦牟尼菩薩』心純淑未？卽觀見之，知其心未純淑，而『諸弟子』心皆純淑。

又『彌勒菩薩』心已純淑，而『弟子』未純淑。是時，『弗沙佛』如是思惟：『一人之心易可速化，衆人之心難可疾治。』。

如是思惟竟，『弗沙佛』欲使『釋迦牟尼菩薩』疾得成佛，上『雪山』上，於『寶窟』中入火定。

是時，『釋迦牟尼菩薩』作『外道仙人』，上山採藥，見『弗沙佛』坐『寶窟』中，入『火定』，放光明。見已，心歡喜信敬，翹一腳立；叉手向佛，一心而觀，目未曾眴（ㄒㄩㄣˋ，轉動眼睛以示意），七日七夜，以一偈讚佛：『天上天下無如佛，十方世界亦無比，世界所有我盡見，一切無有如佛者！』『七日七夜』諦觀『世尊』，目未曾眴，超越『九劫，』於『九十一劫』中得『阿耨多羅三藐三菩提』。」

問曰：「若『釋迦牟尼菩薩』聰明多識，能作種種好偈，何以故『七日七夜』一偈讚佛？」

答曰：「『釋迦牟尼菩薩』貴其心思，不貴多言。若更以餘偈讚佛，心或散亂，是故『七日七夜』以一偈讚佛。」

問曰：「『釋迦牟尼菩薩』何以『心未純淑』而『弟子純淑』？『彌勒菩薩』『自心純淑』而『弟子未純淑』？」

答曰：「『釋迦牟尼菩薩』饒益衆生心多，自爲身少故；『彌勒菩薩』多爲己身，少爲衆生故。」

(5)在《悲華經》中提到，「彌勒菩薩」向「釋迦牟尼佛」述說他於往世過「十恒河沙」等劫時，種無量無邊不可稱計「阿僧祇」善根，「種善根」已卽得無量「大功德」聚，以是「善根」故「無量諸佛」與我「授記」。

所以，「彌勒菩薩」請求「釋迦牟尼佛」授予他「佛職位」，令他得「阿耨多羅三藐三菩提」。「釋迦牟尼佛」聽完很欣慰，說：「彌勒！我今爲汝受佛職位。」。

●《悲華經》「陀羅尼品第二」卷第一原文：

爾時，「彌勒菩薩」摩訶薩白佛言：「世尊！我於往世過『十恒河沙』等劫時，有大劫名『善普遍』。於此劫中，是『娑婆世界』微妙清淨一切莊嚴。爾時，有佛出現於世，號『娑羅王如來』、應、正遍知、明行足、善逝、世間解、無上士、調御丈夫、天人師、佛、世尊。

有無量百千億『那由他』『比丘僧』，復有不可計『諸菩薩』摩訶薩恭敬圍遶。爾時，『娑羅王佛』爲『諸大衆』說是解了一切『陀羅尼門』，我於爾時從彼佛所得聞是法，聞已修學，學已卽得，增廣具足。如是『無量無邊劫』中，有不可計『阿僧祇』佛，我於爾時隨其壽命，以『諸菩薩』所得種種『師子遊戲自在三昧』，供養如是『無量諸佛』。

我於爾時便得於此一一『佛所』，種無量無邊不可稱計『阿僧祇』『善根』，『種善根』已，即得『無量大功德』聚，以是『善根』故，『無量諸佛』與我『授記』。以『本願』故，久在生死，以待時故不成『阿耨多羅三藐三菩提』。

世尊！惟願『如來』，於今與我受『佛職位』，令得『阿耨多羅三藐三菩提』。

爾時，佛告「彌勒菩薩」摩訶薩：「如是，如是！如汝所說。『娑羅王佛』現在世時，汝已得是解了一切『陀羅尼法門』。彌勒！汝於過去十大劫中，若欲願成『阿耨多羅三藐三菩提』者，汝於爾時尋應具足速疾成就『阿耨多羅三藐三菩提』，入『無餘涅槃』。彌勒！汝久住生死，以『本願』故，所以不成，以待時故。彌勒！我今為汝『受佛職位』。」

(6)在《一切智光明仙人慈心因緣不食肉經》中提到，在過去無量無邊「阿僧祇劫」時，「釋迦牟尼佛」是一隻「白兔王」，「彌勒菩薩」是一位「誦經仙人」，他們之間有一段令人動容的因緣。

●《一切智光明仙人慈心因緣不食肉經》原文：

佛告「式乾梵志」：「汝今諦聽！善思念之！吾當為汝分別解說，令汝歡喜！乃往過去無量無邊『阿僧祇劫』時，有世界名『勝花敷』，佛號『彌勒』，恒以『慈心四無量法』教化一切。彼佛說經，名『慈三昧光大悲海雲』；若有聞者，即得超越百億萬劫『生死之罪』，必得成佛，無有疑慮。時彼國中有『大婆羅門』，名『一切智光明』，聰慧多智，廣博衆經；世間技藝，六十四能，無不綜練。聞佛出世，說《慈三昧光大悲海雲經》，卽以『世間一切義論難』詰（ㄐㄧˊㄝ，追問）彼佛，盡其辭辯而不能屈。卽便信伏爲『佛弟子』，尋發『阿耨多羅三藐三菩提心』，而作是言：『我今於佛法中，誦持《大慈三昧光大悲海雲經》，以此功德，願於未來過算數劫，必得成佛而號彌勒。』

於是捨家卽入深山，長髮爲相，修行『梵行』；八千歲中，少欲無事，乞食自活，誦持是經，一心除亂。

彼時世間，有『雨星』現，國王婬荒，『彗星』橫流，連雨不止；洪水暴漲，『仙人』端坐，不得乞食，經歷七日。

時彼林中，有『五百白兔』，有一『兔王母子』二獸；見於『仙人』七日不食，而作是言：『今此仙人，爲佛道故，不食多日，命不云遠；法幢將崩，法海將竭。我今當爲無上大法，令得久住，不惜身命。』

卽告『諸兔』：『一切諸行，皆悉無常，衆生愛身，空生空死，未曾爲法；我今欲爲一切衆生作大橋梁，令法久住，供養法師。』爾時，『兔王』卽爲『群兔』，而說偈言……………………。

爾時，『兔王』說此偈已，告『諸兔』言：『我今以身欲供養法，汝等宜當各各隨喜。所以者何？我從多劫喪身無數，三毒所使爲鳥獸形，唐生唐死未曾爲法；吾今欲爲無上法故，棄捨身命供養法師。』

時，『山樹神』卽『積香薪』以火然之，『兔王母子』圍遶『仙人』足滿七匝，白言：『大師！

我今爲法供養尊者。』

『仙人』告言：『汝是畜生，雖有慈心何緣能辦？』

『兔』白『仙人』：『我自以身供養仁者，爲法久住，令諸衆生得饒益故。』作此語已，即語其子：『汝可隨意求覓水草，繫心思惟正念三寶。』

爾時，『兔子』聞母所說，跪白母言：『如尊所說，無上大法，欲供養者，我亦願樂。』作此語已，自投火中，母隨後入。當於『菩薩』捨身之時，天地大動，乃至『色界』及以『諸天』，皆雨天華持用供養。

肉熟之後，時『山樹神』白『仙人』言：『兔王母子爲供養故，投身火中，今肉已熟，汝可食之。』

時彼『仙人』聞『樹神』語，悲不能言，以所誦經書置樹葉，又說偈曰：「寧當然身破眼目，不忍行殺食衆生。……………………。

時彼『仙人』說此偈已，因發誓言：『願我世世不起殺想，恒不噉肉，入白光明慈三昧，乃至成佛制斷肉戒。』作此語已，自投『火坑』與『兔』併命。

是時，天地『六種震動』，『天神』力故，樹放光明，金色晃曜照千國土。

時彼國中『諸人民』等，見『金色光』從『山樹』出，尋光來至，既見『仙人』及以『二兔』死在火中；見『所說偈』并得『佛經』，持還上王。王聞此法傳告共宣，令聞此者皆發『無上正眞道心』。」

佛告「式乾」：「汝今當知，爾時『白兔王』者，今現『我身釋迦文尼佛』是；時『兔兒』者，今『羅睺羅』是；時『誦經仙人』者，今此衆中『婆羅門』子『彌勒菩薩』摩訶薩是。我『涅槃』後五十六億萬歲，當於『穰佉轉輪聖王』國土，『華林園』中『金剛座』處，『龍華菩提樹』下得成『佛道』，轉『妙法輪』。

時『五百群兔』者，今『摩訶迦葉』等『五百比丘』是；時『二百五十山樹神』者，『舍利弗，目犍連』等『二百五十比丘』是。」

(7)「彌勒菩薩」皈依「釋迦牟尼佛」之後，「釋迦牟尼佛」在他的衆多弟子中，對「彌勒菩薩」總是另眼看待。雖然「彌勒菩薩」在修行上看起來不精進也比較懶惰，還有一些「愛吃穿、愛旅遊、愛交有錢的朋友」等的「毛病」。

「釋迦牟尼佛」還在衆多弟子面前「授記」「彌勒菩薩」，確定他爲接班人：「彌勒十二年以後，將要滅度，然後會往生到『兜率天內院』。各大天人護法迎請，仙樂齊鳴，放大光明，振動『十方世界』，他以『一生補處菩薩』的身分住於『兜率天』，爲『天人』說法解疑。經過『五十六億萬年』，『彌勒』當下生於『閻浮提』，在『龍華樹』下『證得佛果』，以救度衆生。」

「彌勒菩薩」被選作「接班人」，「次當作佛」的事情，引起一些「比丘」的非議。「釋迦牟尼佛」的「持戒第一」的大弟子「優波離尊者」，對於佛以前授記「阿逸多」比丘「次當作佛」不大理解，就請教佛：「這個『阿逸多』，是『凡夫身』，而且沒有『斷離諸漏』。他雖然出家，卻『不修禪定』，『不斷煩惱』，而『釋尊』授記，說他『成佛』無疑，那麼他命終之後，會往生什麼地方呢？」

●《佛說觀彌勒菩薩上生兜率天經》原文：

爾時「優波離」亦從座起。頭面作禮而白佛言。世尊。世尊往昔於「毘尼」中及「諸經藏」說「阿逸多」次當作佛。此「阿逸多」具「凡夫身」未斷「諸漏」。此人命終當生何處。其人今者雖復出家。「不修禪定」。「不斷煩惱」。佛記此人「成佛」無疑。此人命終生何國土。

佛告「優波離」。諦聽諦聽善思念之。「如來」應正遍知。今於此衆說「彌勒菩薩」摩訶薩「阿耨多羅三藐三菩提」記。此人「從今十二年後命終」。必得往生「兜率陀天」上。

爾時「兜率陀天」上。有五百萬億「天子」。一一「天子」皆修甚深「檀波羅蜜」。爲供養「一生補處菩薩」故。以「天福力」造作「宮殿」。各各脫身「栴檀摩尼寶冠」。長跪合掌發是願言。我今持此無價「寶珠」及以「天冠」。爲供養大心「衆生」故。此人來世不久當成「阿耨多羅三藐三菩提」。

(8)在《佛說彌勒下生經》裡，「釋迦牟尼佛」述說「彌勒菩薩」下生「娑婆世界」，然後在「龍華樹」下「證得佛果」，以救度衆生的過程。

●《佛說彌勒下生經》原文：

爾時「彌勒菩薩」。於「兜率天」觀察「父母」不老不少。便降神下應從「右脅生」。如我今日「右脅生」無異。「彌勒菩薩」亦復如是。

「兜率諸天」各各唱令。「彌勒菩薩」已降神生。是時「修梵摩」卽與子立字。名曰「彌勒」。

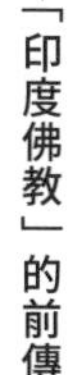

「彌勒菩薩」有三十二相八十種好。莊嚴其身身黃金色。

爾時「人壽」極長無有諸患。皆壽「八萬四千歲」。「女人」年「五百歲」然後「出嫡」。爾時「彌勒」在家未經幾時。便當出家學道。爾時去「翅頭城」不遠有「道樹」名曰「龍花」。高一由旬廣五百步。時「彌勒菩薩」坐彼樹下成「無上道果」。當其夜半「彌勒」出家。卽於其夜成「無上道」。

時「三千大千剎土」「六返震動」。「地神」各各相告曰。今時「彌勒已成佛」。轉至聞「四天王宮」。「彌勒已成佛道」。轉轉聞徹「三十三天。豔天。兜率天。化自在天。他化自在天」。聲聞展轉至「梵天」。「彌勒已成佛道」。爾時「魔王」名「大將」。以法治化。聞「如來」名音響之聲。歡喜踊躍不能自勝。七日七夜不眠不寐。是時「魔王」將「欲界」無數「天人」至「彌勒佛所」。恭敬禮拜。「彌勒聖尊」與「諸天人」。漸漸說法微妙之論。

第二單元 「婆羅門教」的簡介

一、「雅利安人」的歷史

要了解「中國佛教」，就要先了解「印度佛教」；要了解「印度佛教」，就要先研究「印度婆羅門教」；要研究「印度婆羅門教」，就要先明白「印度歷史」；要明白「印度歷史」，就要先溯源「雅利安人的歷史」。

「雅利安人」一詞，源於「梵語」，意爲「光榮的，可敬的、高尚的」。「雅利安人」在歷史上，原來是「俄羅斯」「烏拉爾山脈」南部草原上的一個古老民族，是「世界三大古遊牧民族（亞非語系遊牧民族、阿爾泰語系遊牧民族和印歐語系遊牧民族）」之一。「雅利安人」屬於「高加索人種」，該人種身材較高，皮膚淺白，瞳孔顏色淺，髮色多變。

在歷史上，「古代雅利安人」原來是「俄羅斯」「烏拉爾山脈」南部草原上的一個古老民族，以「畜牧」爲生，擅長「騎射」，是「父系社會」型態，崇拜多神。後來，「古代雅利安人」遷移至「中亞」的「阿姆河」和「錫爾河」之間的平原上定居下來，這些人被稱爲「雅利安．旁遮普人」。

大約在公元前十四世紀，或許是因爲「人口增長的壓力」，或許是因爲「自然災害的因素」，「雅利安．旁遮普人」從「南俄、中亞」一帶的「印歐草原」，翻過「伊朗高原」，越過「興都庫什

山口」，向「歐亞大陸」四散遷徙。

他們中的一支，南下至「印度河上游流域」定居，一支向西南進入「波斯」，另一支遷入「小亞細亞」。晚些時候，這些南下的「印歐語民族」的後裔，一部分到了「伊朗」，一部分到了「印度西北部」。

進入「印度西北部」的「雅利安‧旁遮普人」，被稱爲「雅利安‧旁遮普人‧印度人」。他們往南部驅逐「印度」西北部的「德拉維達人」，創造了「吠陀文化」和建立了「種姓制度」，把「雅利安‧旁遮普語族」的語言帶到了「印度」。這就是「印度」古代文獻中，所稱的「雅利安人」。

世界上的民族，除了「印歐語系民族」之外，其他民族都是「黑頭髮、深棕色眼睛」。在「古印度」的傳說中，那些「雅利安人」有著「金頭髮、藍眼睛」，所以「學者」大多認爲「雅利安人」是「印歐語系民族」的共同祖先。

公元前一五〇〇年，「印度」在經歷了史前的「巴拉哈文明」之後，「雅利安人」入侵「印度」。「雅利安人」在征服「印度」的過程中，與當地的土著「達羅毗荼人」進行了大約六個世紀的漫長戰爭，最終「雅利安人」獲得勝利，把大多數的土著「達羅毗荼人」趕走，少數則變成了「印度雅利安人」的奴隸。於是「印度」進入了「吠陀時代」。

入侵「印度」的這一部分「雅利安人」，被稱爲「印度雅利安人」，他們的語言，稱爲「吠陀語」，並且有了「祭神」用的聖典《吠陀》。

「印度」的「古典文明」，是從早期的「吠陀文明」發展而來，而「吠陀文明」則是「雅利安

人」所創造的。

在公元前二千年以前，「雅利安人」收編一些「宗教頌詩」，集結編成了《梨俱吠陀》。「印度」在「吠陀時代」，境內「雅利安人」的知識，主要得自這一本著作。後來，「雅利安人」以《梨俱吠陀》爲中心內容，創立了「吠陀教」。

「吠陀教」是早期的「印度教」，「英國人」稱爲「婆羅門教、吠陀婆羅門教」，興盛了一千年之久。在「中世紀」以後，「婆羅門教」又融合一些民間信仰，成爲「印度教」，十九世紀之後，逐漸改革爲「新印度教」。

「婆羅門教」的許多教義，被後來的「印度佛教」所吸收，因爲「釋迦牟尼佛」在未證道之前，是印度「迦毗羅衛國」的「悉達多太子」，而「悉達多太子」就是一位「婆羅門教」的教徒。

二、「婆羅門教」的教義

下面就來介紹「婆羅門教」的教義，「讀者們」就會了解「婆羅門教」對「印度佛教」的影響層面。

「婆羅門教」是現在的「印度」國教「印度教」的古代形式，以《吠陀經》爲主要經典，以「種姓制度」作爲核心教義，崇拜「三大主神」而得名。

「婆羅門教」的「等級」森嚴，把人分爲四種姓氏：「婆羅門，剎帝利，吠舍，首陀羅」。這是

「印度」的「社會等級制度」，即「種姓制度」，簡介如下：

⑴婆羅門：最高的等級，「婆羅門教士」和「婆羅門學者」。

⑵剎帝利：下個等級，「貴族」和「戰士」。

⑶吠舍：下位等級，「農夫」和「商人」。

⑷首陀羅：最低的等級，「農奴」和「奴隸」。

「婆羅門教」的三大綱領是：「吠陀天啟、祭祀萬能、婆羅門至上」，簡介如下：

⑴吠陀天啟：「婆羅門教」認爲，《吠陀》是由「古代聖人」受神的啟示而誦出，最後由廣博編集而成的，乃是神聖的知識。所以，「吠陀文獻」只有「再生族」才有資格閱讀，「一生族」無權問津。「天啟」原意爲「聽」，引申爲「神的啟示」。

⑵祭祀萬能：「婆羅門教」認爲，「祭祀活動」具有特別重要的意義。「祭司」是人與神之間的「中介」，通過「祭祀活動」，既代表人向神「獻祭」，又代表神向人「傳諭」。

⑶婆羅門至上：「婆羅門教」認爲，「婆羅門」是「最勝種姓」、「人間之神」。「婆羅門」意思是「清淨」，據說是從「原人」的「頭部」生出來的。他們是「一切知識」的壟斷者。《摩奴法典》規定，「婆羅門」有「六法」：「學習《吠陀》、教授《吠陀》、爲自己祭祀、爲他人祭祀、佈施、受施」。

「婆羅門教」的「三大綱領」是由《梵書》確立的。《梵書》又稱爲《婆羅門書》、《淨行書》，是「婆羅門教」的重要典籍，大約形成於公元前一千年至公元前五百年間。

《梵書》的主要內容有：

⑴儀軌：「祭祀儀式」的具體規定；

⑵釋義：對「儀軌」的解釋；

⑶吠檀多：卽《奧義書》，是對研究「吠陀」的最終目的的哲學說明。

現存的《梵書》有十五部，例如附屬《梨俱吠陀》的《愛達羅氏梵書》、附屬《夜柔吠陀》的《百道梵書》等。

「婆羅門教」的其他重要觀念如下：

⑴靈魂不滅論：「婆羅門教」認爲，人以及「一切有生命者」都有「靈魂」。

⑵輪迴轉世論：「婆羅門教」相信「輪迴」，認爲，「軀體」死後，「靈魂」可以轉入另外一個「軀體」復活。傳說「第一個人類」叫做「閻摩」，他死後掌管「亡靈的國度」，後來這個傳說，成爲中國的「閻羅王」。

⑶善惡因果論：「婆羅門教」認爲，一個「靈魂轉世」可有各種可能的形態：投胎爲「神、婆羅門、刹帝利、吠舍、賤民、畜牲、下地獄」等。這一切取決於他在「現世的行爲」，尤其是奉行「婆羅門教」的虔誠程度。

⑷解脫論：「婆羅門教」認爲，達到「梵我一如」，卽可獲得「解脫」，尋求「解脫」是終極的目標。

所謂「梵我一如」，爲《奧義書》所代表「婆羅門系統」世界觀之根本思想。卽「宇宙根本原

理」的「梵」與「個人本體之我」是「同一不異」之思想。

根據此「根本原理」，「一切萬物」依照「一定順序」發生，「人類」乃至「一切生物」的「靈魂」，從其「業力」而有各種形式之「輪迴」。從此「輪迴」中求「解脫」，即是人生最高目的，而由於覺悟「梵我一如」之根本眞理，消滅「業力」，即能免「再生」之痛苦。

所謂「業報輪迴」，與「梵我一如」是相輔相成的思想。「輪迴業報思想」在《梨俱吠陀》中尙未出現；《梵書》中間或談到「死後轉生」的問題，但是並不一致；在《奧義書》中則「有系統的論述」。

其主要內容是：每一個人的「靈魂」，在死後可以在「另一個軀殼」裡復活，一個人「重新轉世」的形態，首先取決於他「本人的行爲」，稱爲「業（羯磨）」，即依照「人的行爲」決定那個人將來要成爲什麼樣，「行善的」成善，「行惡的」成惡。

如果「崇信神明」，奉行「吠陀的規定」，死後可以投入「天道（神的地位）」；次之，可投入「祖道（人的地位）」，轉生爲「婆羅門、剎帝利、吠舍」等；至於「不信奉神明」，違逆「種姓義務」的人，則沉淪於「獸道」，即「地獄」之中，來世變爲「旃（ㄓㄢ）陀羅」和「動植物」等。「旃陀羅」意譯爲「嚴熾、暴厲、執惡、險惡人、執暴惡人、主殺人、治狗人」等。

《奧義書》據此把「有情（有生命的物類）」分爲「胎生、卵生、濕生、種生」四種。所謂「胎生」是從母胎生，如「人、獸」等；「卵生」是從卵化生，如「鳥、雞」等；「濕生」是從「濕氣」生，如「蚊蚋」等；「種生」是從「種子生」，如「草木」等。這就是所謂「三道四生」的教義。

《奧義書》也規定了各個「種姓斷滅輪迴」的「解脫方法」，主要是證悟「梵我一如」和從事「艱苦的修行」，即「苦行、佈施、正行、不殺生、實語、禁慾、同情」等。

三、「婆羅門教」的三大主神

「婆羅門教」有三大主神，簡介如下：

(1)創造神「梵天」：他創造了世界萬物，他的坐騎爲「孔雀」，妻子是「辯才天女」，由於在「宗教觀點」上，他已經完成了「創世的任務」，因此不廣爲「印度教」教徒崇敬，全國四千多座「印度教寺廟」當中，只有一座是供奉他的。

「梵天信仰」在「印度」雖然被忽視，但是在「泰國」影響力相當大，「泰國人」稱之爲「四面神」，而「華人」因爲「泰國」盛行「佛教」的關係，錯將「四面神」當作「佛」，而稱之爲「四面佛」。

但是，「梵天」爲「神」，因此正確是要稱之爲「四面神」。「佛教」吸收「梵天」到它的體系，稱爲「大梵天王」，是「釋迦牟尼佛」成道之前的「保護神」。

(2)保護神「毗（ㄆㄧˊ）濕奴」：「佛教」吸收「毗濕奴」到它的體系，稱爲「遍入天」，有衆多化身，其中最著名的是「黑天神克里希納」。他的坐騎爲「大鵬金翅鳥」，妻子是「吉祥天女」，「印度教徒」有一派專門供奉他，全國有一千多座廟宇。

⑶破壞、再生和舞蹈神「濕婆」：佛教吸收「濕婆」到它的體系，稱爲「大自在天」，妻子爲「雪山神女」，祂在「印度」的影響最大，全國有三千多座廟宇供奉他或他的妻子，專門崇拜祂妻子的爲「性力派」。

「婆羅門教」除了「三大主神」之外，還有其它的「神祇」，簡介如下：

⑴因陀羅：「佛教」吸收「因陀羅」到它的體系，稱爲「帝釋天」，意思爲「最勝、最優秀、最優越、征服」。「因陀羅」曾經一度是「諸神的領袖」、「雷電神」和「戰神」、「空界的主宰」等。祂的妻子在《梨俱吠陀》稱爲「舍脂」，對她的信仰在「後吠陀時期」，逐漸地弱化。

⑵烏莎女神：又稱爲「黎明女神」，是「太陽神」的妻子，每天爲「丈夫」開啟日昇的道路。

⑶伐樓那：意譯爲「遍攝天」，是「司法神」，「時間秩序」的製造者和維護者，曾經是「婆羅門教」最重要的大神之一，同「因陀羅」一樣，是「雅利安人」從遠古就崇拜的古神，所以地位崇高。但是，後來地位日漸降低，最後成爲了「水神」。

⑷利普神群：意譯爲「聰明、才能、技巧、技能」的意思，作爲普通名詞則是「藝術家、工藝匠、鐵匠、車匠」的意思，是神話中三個「半人半神」的共名，他們分別是「利普、伐者、毗婆梵」，傳說三人生活在「太陽城」中，是神的工匠。

⑸蘇利耶：太陽神。

⑹伐由風神：又名「伐陀」。

(7)蘇摩月神：「蘇摩」也指一種可以釀「酒、飲料」的植物，「因陀羅」及其他「衆神」常飲「蘇摩」使自己充滿力量。

(8)阿耆尼：是「火神」，由於「祭祀」必須通過「火」，才能成爲神的食品，所以有「燃火祀天」的儀式，「火」被當作上天的口，把供物放入火中燃燒的話，上天可以吃到供品，就可以「降福人類」。

所以，「火神」同時也具有「神的信使」的性質。「吠陀神話」也記述了「阿耆尼」與「閻摩」，有很深的關係，正是通過祂（火葬），「人類的靈魂」才得以進入「死者的國度」。

四、「婆羅門教」的經典

「婆羅門教」的經典文獻如下：

《吠陀》：「吠陀」意譯爲「智、明、明智、明解、分」，《吠陀》是古印度「婆羅門教」根本聖典的總稱，原義爲「知識」。《吠陀》是「婆羅門教」基本文獻的神聖知識寶庫，爲與「祭祀儀式」有密切關聯的宗教文獻。

《吠陀》成書的年代，一般推斷，應該開始於「雅利安人」自西北入侵，定居「印度河流域」的五河地方（卽今「旁遮普」），完成於其後移居「恆河流域」時。

《吠陀》原來有三種，卽《梨俱吠陀》、《沙摩吠陀》、《夜柔吠陀》，此三者稱爲「三明、三

吠陀、三韋陀論、三部舊典」。加上《阿闥婆吠陀》，卽成「四吠陀」。這四部書又可分爲兩組，第一部是一組，其餘三部是另一組。

「四吠陀」簡介如下：

(1)《梨俱吠陀》：意譯「讚誦明論、作明實說」，卽有關「讚歌」的《吠陀》。太古之時，「雅利安人」移居「印度」的「五河地方」，崇拜「自然神」，收集了對於「自然界諸神」的「讚歌」和「祭祀禱文」，爲《梨俱吠陀》，是「四吠陀」的根本。

《梨俱吠陀》是「勸請僧」的「祭典書」，招請「諸神」降臨「祭場」，並且讚唱「諸神」之威德。《梨俱吠陀》是《吠陀》中最古老的聖典，約形成於西元前一千四百年至前一千年。凡十卷，「讚歌」共一〇一七篇，一〇五八〇首頌。

(2)《沙摩吠陀》：意譯「平、等、歌詠明論、作明美言、禮儀美言智論」，卽有關「歌詠」及「旋律」的《吠陀》。《沙摩吠陀》是「蘇摩祭」等祭祀中，「詠唱祭官」配合一定的「旋律」而歌唱，所唱的「讚歌」及其「歌曲」的集成，是「祭祀用」的聖典。凡二卷，一八一〇頌。多抄自《梨俱吠陀》書中，「新頌」僅七十八首。《沙摩吠陀》出現的時間，大約在公元前十世紀以後。

(3)《夜柔吠陀》：意譯「祠、祭祠、作明供施、祭祀智論、祭祀明論」。卽有關「祭祠」的《吠陀》。《夜柔吠陀》是「行祭祭官」所唱的「咒文」及其註釋的集成，內容主要是說明在「祭祀」時，如何應用這些「詩歌」。《夜柔吠陀》出現的時間，大約在公元前十世紀以後。

《夜柔吠陀》編纂於《梨俱吠陀》之後。所傳有二種：

①《黑夜柔吠陀》：這是融合《吠陀》的本文（讚歌、祭祀、咒詞等）及《梵書》所成，凡四種十三卷。

②《白夜柔吠陀》：這是分離「本文」與《梵書》，整理《黑夜柔吠陀》，並彙集「咒文」的解說而成。

(4)《阿闥婆吠陀》：意譯「咒、術、咒術、禳災、作明護有、異能護方智論、禳災明論」，爲「招福、咒咀禳災」等咒詞的集成。其中，「招福之咒詞」由「祭火祭官」司之，「咒咀禳災之咒詞」由「央耆羅僧」司之。凡二十卷，七三一篇，六千首頌。內有一千二百頌，是由《梨俱吠陀》中抄出。

《阿闥婆吠陀》大約形成於公元前十世紀前後，是「巫術、咒語」的彙集，記錄了各種「巫術」和「咒法」；它與「民間信仰」有著密切的關係，雖然主要記錄的是「巫術、神話」，但是也包含著一些「天文學、醫學」思想的萌芽。

四部《吠陀》各有「副吠陀」，如《梨俱吠陀》的「副吠陀」爲《阿輪論》，意譯《壽命論》，即「醫書」；《沙摩吠陀》的「副吠陀」爲《揵闥婆論》，即《音樂論》；《夜柔吠陀》的「副吠陀」爲《陀菟論》，即《射法論》；《阿闥婆吠陀》的副吠陀爲《武器論》，即「軍學」。

因爲四部《吠陀》向來皆被視爲「天啟文學」，「婆羅門教徒」以之爲「神之啟示」，而非出自於「人類的思惟創作」，「編纂者」僅爲神意傳述至人間的媒介而已，故《吠陀》於「婆羅門教」傳統中，一向具有絕對的權威性與恆久性。

因此，四部《吠陀》自古僅可由「婆羅門」，以「口誦」代代相傳，而嚴禁形之於筆墨紙張；而且於「印度社會」的「四種姓」之中，僅准許前三階級讀誦，而絕對禁止最下種姓（即奴隸階級）的「首陀羅」學習。

四部《吠陀》的內容，廣泛而言，包四部《吠陀》本集、《梵書》、《森林書》、《奧義書》、《薄伽梵歌》等。其後，《梵書》、《奧義書》等，都被獨立研究。

四部《吠陀》本集是集錄「讚歌、咒句、祭詞」等；《梵書》分《儀軌》、《釋義》二部，《儀軌》規定「祭祀」的「順序、方法、讚歌」的用途，《釋義》則解說「讚歌」的意義、語源，及「祭祀」之起源與意義；《森林書》及《奧義書》旨在考察「人生的意義」；《薄伽梵歌》爲宗教詩。

(1)《梵書》：說明與《吠陀》本集有關的「祭祀」的起源、目的、方法及讚歌、祭詞、咒術的意義的文集。四部《吠陀》本集，都有各自的《梵書》。尚存十四部左右，如《愛達羅氏梵書》是《梨俱吠陀》的《梵書》，《百道梵書》是《耶柔吠陀》的《梵書》。

由於對《梵書》的「解釋」或「流行地區」的不同，還形成了衆多的派別。《梵書》的主要內容，雖然是「宗教儀式、神話、巫術」，但是也涉及到當時的「社會生活、歷史」和「自然科學」。

形成年代，大約在「雅利安人」從次大陸西北「五河流域」，漸次向東南遷移，定居在「恆河」和「朱木那河」流域以後，年代一般推定爲公元前十到前八世紀前後。

(2)《森林書》：是取「森林中遁世者所讀誦」之義爲名，是供「婆羅門」或「刹帝利」等，上層種姓的「婆羅門教徒」，過「隱居生活」時，學習之用，爲《梵書》的附屬部分。《森林書》與《奧義書》可說是《梵書》的續編，主要內容在闡述「祭祀理論」，以及人與「自然、神」等關係的哲學問題，其說幽微，在性質及形式上與《梵書》無大差別。現存的《森林書》、有《廣森林書》、《鷓鴣氏森林書》、《他氏森林書》、《憍尸多基森林書》等四種。

(3)《奧義書》：是《森林書》的附屬部分，也是《吠陀》的最後部分。《奧義書》往往和《森林書》相混，不易辨別。《奧義書》的「梵文」原義是「近坐、祕密的相會」，引申而成爲「師生對坐所傳的祕密教義」。《奧義書》也被稱爲「吠檀多」，意爲「《吠陀》的末尾」或「《吠陀》的最高意義」。流傳下來的《奧義書》有二百多種，一般認爲成書於公元前七到前五世紀，最晚的是十六世紀的作品，內容極爲龐雜，而且相互矛盾；其中最古老的部分，根據考證爲十三種，重要的有《廣森林奧義》和《唱徒奧義》等。《奧義書》在很多方面，已經開始擺脫「宗教神話」的內容，以探討「人的本質」、「世界的根源」、「人和精神世界的關係」、「死後的命運」等哲學問題。因此，有人認爲《奧義書》的哲學思辨，是和《吠陀》的「祭祀儀式主義」相對立的。

(4)《薄伽梵歌》：意譯爲「世尊歌」，爲「婆羅門教」的「宗教詩」。卽《大敍事詩》第六卷

「毘須摩品」中，第二十五章至四十二章部分。

《薄伽梵歌》的「作者」與「著作年代」不詳，大約作於西元一世紀左右。意謂「神聖的神歌」，爲「婆羅門教」「毘濕奴派」的聖典，至今全「印度教徒」仍視爲聖典而普遍讀誦。《薄伽梵歌》的內容主要攝取「數論、瑜伽、吠壇多」三派的哲學思想與倫理觀念，宣揚通過「修練瑜伽」，使個體靈魂「我」及宇宙靈魂「梵」相結合，以達到脫離「生死輪迴」的最高境界（涅槃）。

《薄伽梵歌》卽藉由「阿耳柔那王子」與「毘濕奴」的化身「吉栗瑟拏」的對話，強調「無執著之行爲」，是「人類」唯一應盡之道，卽依「正智」而發展出「智行合一思想」，視爲「解脫之道」。而易行之「解脫道」，則端賴於對「唯一神」的「絕對信愛」，此說遂成爲「毘濕奴派」發展的起源。「婆羅門教」哲學思想的發展，卽常以註釋《薄伽梵歌》之形式出現。

公元前六到前五世紀，「印度思想界」的鬥爭十分激烈，出現了與「婆羅門思潮」相對立的沙「門思潮」。這是當時的「自由思想家」及其「派別」的統稱，其中包括「佛教」的創始人「釋迦牟尼佛」、「耆那教」的「大雄符馱摩那」，「生活派（佛教稱爲邪命外道）」的領袖「末伽梨．俱舍羅」，「順世派」的「阿耆多．翅舍欽婆羅」等。他們的主張雖然不同，但是否定《吠陀》的權威和「婆羅門」的政治、思想統治是相同的。

第三單元 「釋迦牟尼佛」的一生

想要了解「佛教」的內涵，就要先了解「印度佛教」，又稱爲「原始佛教」。而要了解「印度佛教」，就要先了解「釋迦牟尼佛」的一生。因爲，「印度佛教」是從「釋迦牟尼佛」苦修悟道證道之後才創立的。

在這個單元裡，我以《佛本行集經》作爲依據，來簡介「釋迦牟尼佛」的一生。因爲，在我的「學佛經驗」，有太多人改編「釋迦牟尼佛」一生的事蹟，內容與原著不符合。

《佛本行集經》總共有六十卷，又名《本行集經》，於「隋代」開皇七年到十一年（公元五八七年到五九一〇年），由「北印度犍陀羅國」的譯經僧人「闍那崛多」所翻譯。

《佛本行集經》是以「曇無德部」所傳的「佛傳」爲主，集合「摩訶僧祇、薩婆多、迦葉維、尼沙塞」四部所傳，以及《譬喻經》等異說而成的一部「綜合佛傳」，並以「曇無德部」的《釋迦牟尼佛本行》的經名爲本書名，而稱爲《集經》。

《佛本行集經》爲佛傳中最詳盡者，異於其他「佛傳文學」的四項特色爲：初揭「佛統譜」、次出「王統譜」、含有「多數本生」、雜糅「各種異傳」，因此《佛本行集經》又爲研究「印度古代社會」與「佛教歷史」的重要資料。

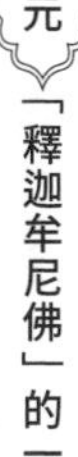

《佛本行集經》的內容，敍述「世尊」的「誕生、出家、成道」等事蹟，以及「佛弟子歸化」的因緣，集「佛傳」之大成，內容分爲三部六十品。

另外，由於《佛本行集經》只述說「釋迦牟尼佛」十大弟子中的「富樓那、摩訶迦旃延、大迦葉、舍利弗、大目犍連、優波離、羅睺羅、阿難」等八人，其餘兩人「須菩提、阿那律」，另外補充說明。

一、「釋迦牟尼佛」的前世「護明菩薩」

「釋迦牟尼佛」在來到「娑婆世界」之前，也曾經住在「兜率天」爲「天人們」演說佛法。「釋迦牟尼佛」的前世叫做「護明菩薩」，「護明菩薩」是經過「燃燈佛」授記以後，又經過了多生多劫，繼續不斷堅持的修行，最後才在「迦葉佛」出世的時候，轉生到了「兜率天」。「護明菩薩」來到了「兜率天」，「諸天天人」都無比的歡喜，上至「三十三層天」，下達「欲界天」。「天主」及「天人」都來到「護明菩薩」處，聽聞「護明菩薩」開講佛法。所有聽聞佛法的「天人」，都心不迷惑，不曾忘失，正念本緣。

● **《佛本行集經》「上託兜率品第四上」卷第五原文：**

爾時，「護明菩薩大士」，從於「迦葉佛世尊」所護持禁戒，梵行清淨，命終之後，正念往生「兜率陀天」。……………。

然「此菩薩」，亦生「兜率」，其「兜率陀」所居諸天，卽喚「菩薩」，名爲「護明」，以是因緣，號爲「護明」。諸天展轉，稱喚「護明」，其聲上徹至「淨居天」，及到「阿迦膩吒天頂」。時「諸天」等，皆同唱言：「『護明菩薩』，已來生於『兜率天』中。」此聲下至「三十三天」，乃至達到「四天王天」，并復徹「諸阿修羅宮」，各共相謂：「『護明菩薩』，已得上生『兜率陀天』。」極下至於「阿修羅宮」，最上到彼「阿迦尼吒」，皆悉來集「兜率陀天」，聚於「護明菩薩宮」所，聽受於法。……………。

「護明菩薩」生「兜率天」，設見最勝最妙「五欲」，心不迷惑，不曾忘失，正念本緣，乃至爲化「諸衆生」故，住「兜率天」，天數壽命，滿四千歲，爲彼諸天，說法教化，顯示法相，令心歡喜。……………。

「護明菩薩」在經過「四千年」的「天人壽命」之後，在「兜率天」度化了無量無數的「天人衆生」。

但是，好景不常，「護明菩薩」的天壽已滿，現出「五衰相」。什麼是「五衰相」呢？就是「天人」於壽命將盡時，身體所顯現的五種「衰亡相」。卽：

⑴頭上花萎：頭上的「花冠」枯萎。

⑵腋下汗出：原本「腋下」不會出汗，現在「兩腋」出汗，臭氣飄散。

⑶衣裳垢膩：原本「衣裳」華麗，現在污穢不堪。

⑷身失威光：原本「身體」有光芒，現在光芒消失。

(5)不樂本座：不能安坐於自己的座位上，而焦慮踱步。

●《佛本行集經》「上託兜率品第四上」卷第五原文：

爾時，「護明菩薩大士」天壽滿已，自然而有「五衰相」現。何等爲五？一者「頭上花萎」，二者「腋下汗出」，三者「衣裳垢膩」，四者「身失威光」，五者「不樂本座」。

時「兜率天」，見彼「護明」「衰相」現已，出「大音聲」，嗚呼嗚呼！共相謂言：「『苦哉苦哉！『護明菩薩』不久應當捨離於此『兜率天宮』，退失威神。我等今者何可得住？………。」

彼等「諸天」，今見「護明菩薩大士」「五衰相」現，必定知下於「閻浮提」。………。

爾時「護明菩薩大士」，見「彼天衆」及「梵釋天、護世、諸龍、毘舍闍」等，觀察彼衆，心意泰然，不恐不驚，不疑不畏，出柔軟語，而告之言：「汝諸仁者！各各當知！如我今見有此『五種衰相』出時，不久從於『兜率天』下生於『人間』。………。」

「護明菩薩」復告「天」言：「我以是故，見『人天』中有是過失。我今從此下生『人間』，爲諸世間『一切衆生』，滅盡諸苦。」

一般的「天人」，現出「五衰相」時，都會恐懼憂慮。因爲，不知道下一生要投胎到哪裡去？「讀者們」不要誤以爲，一定投胎到「人世間」，有可能會投胎到「畜生道」，甚至是「地獄道」。

例如，在《佛頂尊勝陀羅尼經》裡，就有記載：在「三十三天」的「善法堂會所」，有一位「天子」名叫「善住」，與「諸天女」享樂。「善住天子」在半夜聽到一個聲音說：「『善住天子』，你七天之後，天命將盡。命終之後投胎於『娑婆世界』輪迴，先做『七種畜生』，然後墮落『地獄』。在『地獄』受盡種種痛苦之後，才能投胎『做人』。但生在『貧賤之家』，而且你在『母胎』之中，雙目已盲。」「善住天子」一聽大驚，變得憂愁不快樂。

●《佛頂尊勝陀羅尼經》原文：

爾時「三十三天」於「善法堂會」。有一「天子」名曰「善住」。與「諸大天」遊於園觀。又與「大天」受勝尊貴。與「諸天女」前後圍繞。歡喜遊戲種種音樂。共相娛樂受諸快樂。

爾時「善住天子」卽於「夜分」聞有聲言。「善住天子」卻後七日命將欲盡。命終之後生「贍部洲」。受「七返畜生身」。卽受「地獄苦」。從「地獄」出希得「人身」生於「貧賤」。處於「母胎」卽「無兩目」。

爾時「善住天子」聞此聲已。卽「大驚怖」身毛皆豎「愁憂不樂」。

但是，「護明菩薩」不是一般的「天人」，他是「一生補處菩薩」，準備下生到「娑婆世界」，繼續修行，最後在人世間「證果成佛」。所以，他心意泰然，不恐不驚，不疑不畏，還安慰「諸天人」說，他不久將從「兜率天」下生於「人間」，爲諸世間的「一切衆生」，滅盡諸苦。

在「兜率天宮」中，「一生補處菩薩（護明菩薩）」卽將降生「娑婆世界」，並於此世「圓滿佛道」，廣度衆生。住在「兜率天宮」中的「六十六億天子」，爲此熱烈地討論著，「護明菩薩」將要降生的國度。

正當衆說紛紜之際，一位名爲「幢英」的「天子」，來到「護明菩薩」所居住的宮殿，請問「護

明菩薩」即將降生到那一個「國度種姓」？

「護明菩薩」回答：「『一生補處菩薩』所降生的『國度種姓』，具有『六十種福德』，即今『釋迦王族』，其『國勢』強盛、五穀豐熟，人民安居樂業，並且『廣積功德』。『迦毘羅衛國』百姓和睦、上下一心，他們並殷切渴盼仰慕修行『解脫之道』。『淨飯王』是一位愛民如子的『賢仁君王』，王妃『摩耶夫人』姿容殊妙，猶如『天上玉女』，溫厚賢淑、性情貞良，守護『身業、口業、意業』的清淨，如『金剛』般堅固，於『過去五百世』皆爲『菩薩的母親』，所以我應該由『摩耶夫人』胎中降生。」

●《釋迦譜》卷第一「釋迦降生釋種成佛緣譜第四」原文：

「菩薩」住「兜率天」。其「諸天子」各「六十六億」。咸共講議。當使「菩薩」現生何種。……………。

有一「天子」。名曰「幢英」。詣「菩薩所」而前諮問。究竟「菩薩一生補處」。所可降神種姓云何。「菩薩」報曰。其國種姓有「六十德」。「一生補處」乃應降神。

今此「釋種」熾盛。五穀豐熟快樂無極。人民滋茂殖衆德本。「迦維羅衛」。衆人和穆上下相承。一切諸釋「渴仰一乘」。其「白淨王（淨飯王）」性行仁賢。「夫人（摩耶）」妙姿性溫貞良。猶天玉女。護身口意。強如金剛。前五百世爲「菩薩母」。應往降神受彼胞胎。

「護明菩薩」回答完「幢英天子」的問題之後，又問「諸天子」，要以何種形貌來降生「母胎」呢？

那時候有位從「仙道」來的「梵天」，名叫「強威」，他建議「諸天」，認爲「象形」是第一選擇，以「六牙白象」威神巍巍的形貌來降生「母胎」。

他說根據「梵典」所記載，世上有「三獸」，「一兔、二馬、三白象」。「兔」代表「聲聞」，「馬」代表「緣覺」，「聲聞」和「緣覺」雖然可以渡「生死關」，但是還不究竟。「大乘菩薩」譬如「白象」，可以救度衆生，跳脫三界。

●《釋迦譜》卷第一「釋迦降生釋種成佛緣譜第四」原文：

於時「菩薩」問「諸天子」。以何形貌降神「母胎」。彼有梵天名曰「強威」。從「仙道」來。報「諸天」言。「象形」第一。「六牙白象」威神巍巍。「梵典」所載。所以者何。世有「三獸」。「一兔二馬三白象」。兔之渡水趣自渡耳。馬雖善猛。猶不知水之深淺。「白象」之渡盡其源底。「聲聞緣覺」其猶「兔馬」。雖渡生死不達法本。「菩薩大乘」譬如「白象」。解暢三界「十二緣起」。了之本無。救護一切莫不蒙濟。

「護明菩薩」又說，「一生補處菩薩」在「兜率宮」，欲下託生於「人間」之前，必須在「天衆」面前，宣暢說「一百八法明門」，留給「諸天」的「天人」，以作憶念，然後下生「人間」。

●《佛本行集經》卷第六「上託兜率品下」原文：

爾時，「護明菩薩」觀「生家」已，時「兜率陀」有一「天宮」，名曰「高幢」，縱廣正等，六十由旬，「菩薩」時時上彼宮中，爲「兜率天」，說於「法要」。是時「菩薩」，上於彼宮，安坐訖已，告於「兜率諸天子」言：「汝等『諸天』！應來聚集。我身不久，下於『人間』，我今欲說

『一法明門』，名『入諸法相方便門』，留教化汝，最後汝等憶念我故，汝等若聞此法門者，應生歡喜。」……………。

彼「大微妙師子高」座，「菩薩」坐上，告於一切諸天衆」言：「汝等『諸天』！今此『一百八法明門』，『一生補處菩薩大士』，在『兜率宮』，欲下託生於『人間』者，於『天衆』前，要須宣暢說此『一百八法明門』，留與『諸天』，以作憶念，然後下生。汝等諸天！今可至心諦聽諦受，我今說之。『一百八法明門』者何？」……………。

爾時，「護明菩薩」說是語已，告彼一切「諸天衆」言：「『諸天』當知！此是『一百八法明門』，留與『諸天』。汝等受持，心常憶念，勿令忘失。」

二、「護明菩薩」從「兜率天」下生「人間」

「護明菩薩」演說完「一百八法明門」之後，「護明菩薩」就一心正念，從「兜率天」下生，投胎到「淨飯王」的最大夫人「摩耶」的肚子裡，並且從「右脇」生出。

●《佛本行集經》卷第七「俯降王宮品第五」原文：

時，「護明菩薩」一心正念，從「兜率」下，託「淨飯王」最大夫人「摩耶」右脇，安庠（ㄒ一ㄤˊ，養）而入。……………。

又復「菩薩兜率下時」，「右脇入胎」，自餘「衆生」，從「產門」入。佛得成道，爲「諸衆

生」，說「清淨法」，迴邪入正，此是於先示現瑞相。

爲什麼「一生補處菩薩」從「兜率天」下生「人間」時，要從「右脇入胎」呢？《釋迦譜》解釋說，是因爲「一生補處菩薩」不走「旁門左道」。

●《釋迦譜》卷第一「釋迦降生釋種成佛緣譜第四」原文：

「菩薩」從「兜率天」化作「白象」。口有六牙。諸根寂定光色巍巍。現從日光降神「母胎」趣於「右脇」。所以處右。「所行不左」。

「護明菩薩」觀察降生的時機已經成熟，便乘著莊嚴的「六牙白象」，從「兜率天宮」下生「人間」。無數的「天人」奏「諸天樂」、散「天妙花」，隨從的「菩薩」遍滿虛空，放大光明，普照「十方世界」。

「護明菩薩」由「兜率天宮」入於「母胎」。「摩耶夫人」於睡夢中，看見有位「菩薩」乘著「六牙白象」騰空而來，從她的「右脅」進入，頓時「摩耶夫人」的身體宛如「琉璃」，好像飲用了「甘露」一般的清涼安樂，身體彷彿被「日月之光」照耀，「摩耶夫人」當下心中湧現無限的歡喜。

「摩耶夫人」自夢中甦醒，對此「夢兆」生起希有難得之想，於是立刻前往「淨飯王」的寢宮，告訴「淨飯王」：「我剛剛在夢裡看見了極爲奇特的瑞相，有位『菩薩』乘著『六牙白象』騰空而來，從我的『右脅』進入，當下我的心中湧現無限的歡喜，『大王』可否請『占夢師』來爲我解夢？」

「淨飯王」聽完，甚爲驚奇，也萬分欣喜，就派人請來善於看相的「婆羅門」入宮解夢。

●《佛本行集經》卷第七「俯降王宮品第五」原文：

「菩薩」正念，從「兜率」下，託「淨飯王」第一大妃「摩耶夫人」右脇住已。是時「大妃」，於睡眠中，夢見有一「六牙白象」，其頭朱色，七支拄地，以金裝牙，乘空而下，入於「右脇」。「夫人」夢已，明旦即白「淨飯王」言：「大王當知，我於昨夜，作如是夢，當入於我右脇之時，我受快樂，昔所未有，從今日後，我實不用世間快樂。此夢瑞相，誰『占夢師』，能爲我解？」

「婆羅門」稱歎說：「啟稟『大王』，『夫人』腹中所懷『太子』，有諸多良善妙相，難以用言語形容，略而說之，『太子』將來必能光顯『釋迦種族』。他降胎的時候放大光明，『帝釋』與『諸梵天人』更圍繞奉侍，這正是將來成就『正覺』的瑞相。如果『太子』不出家，則將成爲『轉輪聖王』，統領四方天下，無量七寶自然具足，千子圍繞。」

「淨飯王」聽了「婆羅門」的預言，深自慶幸，無限歡喜，隨即以金銀財寶、象馬車乘供養這位「婆羅門」。

●《佛本行集經》卷第七「俯降王宮品第五」原文：

爾時，「占夢婆羅門師」白「大王」言：「『夫人』所夢，其相甚善！『大王』今者當自慶幸，『夫人』所產必生『聖子』，彼於後時，必成『佛道』，名聞遠至。」時，「淨飯王」聞「諸占夢婆羅門師」說此頌已，心大歡喜，踊躍無量，不能自勝。

三、「護明菩薩」從「摩耶夫人」的「右脅」降生

「護明菩薩」住在「母胎」中將滿十月時，身體四肢悉皆具足，相好莊嚴，同時令的「色身六根」寂靜安定，樂意長處幽靜的園林中，不喜憒鬧紛擾。「摩耶夫人」派人前往稟報「淨飯王」：「夫人希望前往『嵐毘尼園』遊園踏青。」

「淨飯王」聽到非常歡喜，旋卽下令掃灑佈置「嵐毘尼園」，又命令「文武百官」隨行侍從。於是「摩耶夫人」登上華貴的寶車，在「百官」和「宮女」的前後引導隨從下，離開王宮。此時，「天龍八部」遍滿虛空，也同時跟隨「摩耶夫人」前往「嵐毘尼園」。

在「嵐毘尼園」中，有一棵特別的樹，名叫「波羅叉」。「摩耶夫人」走到這棵樹下，由於「護明菩薩」的威德力，樹枝自然彎曲，柔軟低垂，「摩耶夫人」就舉起右手，握住「波羅叉」垂下彎曲的樹枝，抬頭仰觀虛空。這時候，「護明菩薩」就從「摩耶夫人」的「右脇」生出。

●《佛本行集經》卷第七「樹下誕生品第六上」原文：

爾時，「善覺（淨飯王）」「釋種大臣」，於彼「春初二月八日」鬼宿合時，共女「摩耶」相隨，向彼「嵐毘尼園」，欲往觀看「大吉祥地」。到彼園已，「摩耶夫人」從「寶車」下，先以種種微妙「瓔珞」莊嚴其身，復以種種雜好「熏香」用以塗拭。衆多「婇女（宮女）」，伎樂音聲，前後圍遶，安庠徐步，處處觀看，從於此林，復向彼樹，如是次第，周匝而行。然其園中，別有一樹，名「波羅叉」，其樹安住，上下正等，枝葉垂布，半綠半靑，翠紫相暉，如孔雀項，又甚柔軟如「迦隣

提衣」，其花香妙，聞者歡喜。「摩耶夫人」，安庠漸次，至彼樹下。

「是時，彼樹以於「菩薩」威德力故，枝自然曲，柔軟低垂，「摩耶夫人」卽舉右手，猶如空中出「妙色虹」，安庠頻申，執「波羅叉」垂曲樹枝，仰觀虛空。……………。

爾時，「菩薩」見於其母「摩耶夫人」，立地以手攀樹枝時，在胎正念，從座而起。……………。是時「摩耶」立地以手執「波羅叉樹枝」訖已，卽生「菩薩」，此是「菩薩」希奇之事，未曾有法。

「護明菩薩」一出生，就行走「七步」，每一步都踩出一朵「蓮花」。然後一手指天，一手指地說：「天上天下，唯我獨尊。」

●《佛本行集經》卷第八「樹下誕生品下」原文：

「菩薩」生已，無人扶持，卽行四方面「各七步」，步步舉足出「大蓮華」。行七步已，觀視四方，目未曾瞬，口自出言，先觀東方，不如彼小嬰孩之言，依自句偈，正語正言：「世間之中，我爲最勝，我從今日，生分已盡。」此是「菩薩」希奇之事，未曾有法。餘方悉然，初生之時，無人扶持，於「四方面」「各行七步」。「如來」得成於「佛道」已，得「七助道菩提法分」，此是「如來」往先瑞相。

「護明菩薩」行走「七步」和「舉手」說話的意思，在《釋迦譜》有解釋。

●《釋迦譜》卷第一「釋迦降生釋種成佛緣譜第四」原文：

《大善權經》云。「菩薩」行地「七步」亦不「八步」。是爲「正士（修行正法之士，卽菩薩。）」應「七覺（七覺支，包括念覺支、擇法覺支、精進覺支、喜覺支、輕安覺支、定覺支）」「意覺（心意所覺到的）」不覺也。「舉手」而言。吾於世間設不現斯。各當自尊。

我們經常看到文章寫著，「護明菩薩」說：「天上天下。唯我獨尊。」，這是出自於《五燈會元》和《指月錄》。

●《五燈會元》卷第一原文：

「世尊」纔生下。乃一手指天。一手指地。周行「七步」。目顧四方曰。「天上天下惟吾獨尊。」

●《指月錄》卷之一原文：

四月初八日。自「摩耶右脅」誕生。生時放大智光明。照十方世界。地涌「金蓮花」。自然捧雙足。一手指天。一手指地。周行「七步」。目顧四方曰。「天上天下惟吾獨尊。」

四、「相師」和「阿私陀仙人」的預言

「護明菩薩」一出生，卽爲「悉達多太子」，「淨飯王」相當高興，立卽召見「相師們」，來替「悉達多太子」占卜他一生的吉凶之相。

「相師們」占卜完畢，向「淨飯王」回報說，「悉達多太子」有二種可能的果報。第一，若「在家受世樂者」，則得作於「轉輪聖王」；第二，「若捨王位」，出家學道，得成「如來」。

●《佛本行集經》卷第九「相師占看品第八上」原文：

時，「淨飯王」即召「相師」解占觀者，呼使前來，令看「太子」，作如是言：「汝諸相師婆羅門等，占是『太子』，在我族中，爲好爲惡？汝等好看吉凶之相。」

是時，「諸相師婆羅門」等，聞王敕已，一心瞻仰「太子」形容，各依先聖所有諸論，共相量宜。量宜訖已，白於王言：「大王！今者『大得衆利』。何以故？此『太子』者，有『大威德』，是大衆生，今生『王家』。大王！當知，此『太子』身有『三十二大丈夫相』，凡有一人具『三十二丈夫相』者，於世間中，則有二種果報不差，更無餘異。何等爲二？一若『在家受世樂者』，則得作於『轉輪聖王』，王四天下，護持大地，七寶具足，乃至不用刀杖化人，自然如法，遍於海內。『若捨王位』，出家學道，得成『如來』、應、正遍知，名稱遠聞，充滿世界。」……………。

時，「淨飯王」聞「諸相師」說是語已，心大歡喜，遍體踊躍，不能自勝，即出種種百味飲食，設「彼相師婆羅門」等，令其自恣隨意飽滿。

此時，在「三十三天」上安居的「阿私陀仙人」，也感應到「護明菩薩」降生人間，成爲「太子」。所以，來拜訪「淨飯王」，探視「太子」。

「阿私陀仙人」一看完「太子」，就向「淨飯王」斷言，「太子」長大成人之後，必定「出家學道」，最後成就「佛道」。但是，一想到自己現在已經老邁，等不到「太子成佛」的時候，錯過了「隨佛修行」的機會，就懊惱不已，一時悲從中來，放聲嚎啕大哭。

●《佛本行集經》卷第九「相師占看品第八上」原文：

爾時，有一「阿私陀仙」，在「三十三天」上安居，……………。時，「阿私陀」至「淨飯王宮」門前已，……………。卽入宮門，漸漸而行，到於王前，具以白王。

時，「淨飯王」聞此語已，心大敬仰，歡喜無量，卽從座起，語彼通事「守門人」言：「汝急疾引『仙人』將來，勿使淹遲。」……………。

時，「淨飯王」白「仙人」言：「『尊者』何求故屈到此？……………。」

時，「阿私陀」，諮「白王」言：「大王！……………。然我今者故從遠來，欲見大王『最勝童子』。大王慈恩，願當示我『善勝童子』。」……………。

時，「阿私陀」整理衣服，偏袒右臂，右膝著地，伸其兩手，抱持「童子」，安其頂上，還復本座。本座坐已，還下「童子」，置於膝上。……………。

時，「阿私陀」復白「王」言：「大王！當知，我齒衰邁，餘殘無幾。今此『童子』，幼稚少年，春秋方盛，長大成就，當向山林出家學道；恨我朽耄，不覿慈顏。」

時，「淨飯王」白「仙人」言：「大仙尊師！今是童子，決出家耶？」

「阿私陀仙」報於「王」言：「『大王』今者不須疑慮。」

●《佛本行集經》卷第十「相師占看品下」原文：

爾時，尊者「阿私陀仙」爲王說已，作是思惟：「今此『童子』，幾時出家，得成『佛道』，轉於『最上勝妙法輪』？』彼作如是思惟之時，自心生智，卽能知見，從今已去三十五年，此之『童

子』，必得成於『阿耨多羅三藐三菩提』，轉於『無上最勝法輪』。」

時，彼「仙人」，因此「繫念思惟」之時，復自見己「諸根純熟」，覆自呵責，如是歎言：「嗚呼嗚呼！我今在於如是『童子』法教之外，不值此時。」如是觀已，悲號啼哭，歔欷哽咽，淚流滿面。」

時，「淨飯王」見「阿私陀仙人」如是啼哭懊惱，不能自勝，王亦悲哀，失聲而哭；「摩耶夫人」既見是已，亦復流淚，……。

時，「淨飯王」涕淚交橫潸然滿面，白「阿私陀大仙人」言：「大德『尊師』！……。彼等見此『童子』形容，皆大歡喜，踊躍充遍，不能自勝。唯獨『尊師』，今見『童子』，何故悲啼？何故流淚？而令我等『眷屬』狐疑。『大師』！爲我辯說此由，爲我『童子』，有於『災禍不祥事』乎？爲自身祟？爲從外來？」

時，「阿私陀」見「淨飯王」，涕淚交瞼愁憂悵怏，而白「王」言：「大王今者莫愁莫憂。所以者何？我今非是見於『童子』有災有變，亦不見有諸餘苦惱，不見身內及外不祥。……。大王！此之『童子』兼有『八十微妙種好』，大王！如是諸相，非是『轉輪聖王』之種。大王！如是相者，皆是『諸佛菩薩之相』。

大王！是故我見『童子』，決定得成『阿耨多羅三藐三菩提』，轉於『無上清淨法輪』，爲彼『諸天世間人等』說法，安樂『一切衆生』。而彼『法寶』，初中後善，乃至說於『清淨梵行』，若於是邊聽『受法』已，『應生衆生』卽斷『生法』，『應老衆生』卽斷『老法』，應病斷病，應死斷死，憂悲苦惱一切衆生，皆蒙解脫。

大王！我今自恨，年耆根熟，衰朽老邁，當於爾時，不得覩見，失此大利，是故我今悲惋自傷；非彼不吉。」

五、「悉達多太子」的母親「摩耶夫人」命終往生「忉利天」

「摩耶夫人」生下「悉達多太子」七日之後，就命終往生「忉利天」。「淨飯王」將「悉達多太子」付囑姨母「摩訶波闍波提」來養育。

●《佛本行集經》卷第十一「姨母養育品第十」原文：

爾時，「太子」既以誕生，適滿七日，其太子母「摩耶夫人」，更不能得諸天威力，復不能得「太子」在胎所受快樂，以力薄故，其形羸瘦，遂便命終。

或有師言：「『摩耶夫人』，壽命算數，唯在『七日』，是故命終。雖然但往昔來常有是法，其『菩薩生滿七日』已，而『菩薩母』皆取命終。何以故？以『諸菩薩』幼年出家，母見是事，其心碎裂，卽便命終。」……………。

爾時，「摩耶國」大夫人命終之後，卽便往生「忉利天」上。……………。

時，「淨飯王」卽將「太子」，付囑姨母「摩訶波闍波提」，以是太子「親姨母」故，而告之言：「善來夫人！如是『童子』，應當養育，善須護持，應令增長，依時澡浴。」……………。

其「淨飯王」，產生二子：一者「太子」，字「悉達多」；二名「難陀」。……………。

其「斛（ㄏㄨˊ）飯王」，亦有二子：第一名「阿難多」，第二名爲「提婆達多」。……………。

六、「淨飯王」安排「悉達多太子」享受「五欲樂」以防出家

「淨飯王」想辦法不讓「悉達多太子」出家，首先安排「悉達多太子」迎娶「耶輸陀羅」爲妻，再派「五百婇女（宮女）」相隨，共相娛樂，享受「五欲（財欲、色欲、飲食欲、名欲、睡眠欲）樂」。

●《佛本行集經》卷第十二「捔（ㄐㄩㄝˊ，競爭）術爭婚品第十三上」原文：

時，「淨飯王」既見「太子」年漸向大，心中復憶「阿私陀仙」授記之語，集「諸耆舊釋種大臣」，而作是言：「汝等『親族』！曾聞知不？我此『太子』，初生之時，召『諸解相』及『婆羅門阿私陀』等，皆記之言：『其若在家，定當得作轉輪聖王，若捨出家，必得成就於無上道。』而我等今作何『方便（謂以靈活方式因人施教，使悟佛法眞義。）』，令此『童子』得不出家？」

「諸釋親族」即報「王」言：「大王！今當速爲『太子』別造宮室，令『諸婇女』娛樂嬉戲，是則『太子』不捨出家。」……………。

時，「淨飯王」復語「釋種諸親族」言：「汝等當觀，誰『釋女堪與我『太子悉達』爲妃？」

爾時，「五百諸釋種族」，各各唱言：「我女堪爲『太子』作妃。」……………。

●《佛本行集經》卷第十三「捔術爭婚品下」原文：

爾時，大臣「摩訶那摩」，見於「太子」一切技藝、勝妙智能最爲上首，而作是言：「唯願『太子』！受我懺悔。我於先時，謂言太子不解多種技巧藝能，令我心疑不嫁女與。我今已知，願受我女，用以爲妃。」

爾時，「太子」占良善日及吉宿時，稱自家資而辦具度，持大王勢、將大王威，而用迎納「耶輸陀羅」，以諸瓔珞，莊嚴其身。又復共於「五百婇女」，相隨而往，迎取入宮，共相娛樂，受五欲樂。

●《佛本行集經》卷第十四「常飾納妃品下」原文：

時，「淨飯王」爲其「太子」立「三等宮」，以擬安置於「太子」故，第一宮內，所有「婇女」，當於「初夜」，侍衛「太子」。第二宮內，其諸「婇女」，於「夜半」時，供承「太子」。「第三宮」內，諸「婇女」輩，於「後夜」時，侍奉「太子」。其「第一宮」，「耶輸陀羅」最爲上首，二萬「婇女」，圍繞侍立。……………。

時，「淨飯王」念「阿私陀仙人」所說，故於宮內復更別造「一大好殿」，猶如秋雲靉靆光潤，作事微妙實難思議，順一切時而受快樂，鉤蘭闍道一切正等，無有偏頗。何以故？「恐畏太子處處遊行，見諸濁穢。」……………。

復教宮內，色別置立「諸雜音聲」，……………。一千種歌，一千種舞，其手及聲，常於「宮內」晝夜不絕，猶「大雲」內，出於隱隱甚深之聲。如是「太子」在於最妙最勝「婇女」百千之中，前後圍繞，受諸快樂，……………。

復以「金釧七寶璩環」串於手臂，而作音聲，猶如「帝釋」，受諸「玉女」，娛樂歌舞，最勝最妙，語言姿媚，相囑相笑，相抱相鳴，……………。能令「太子」歡娛受樂，不須遠涉「出宮外遊」，如「帝釋天」玉女娛樂。如是如是，「太子」在於「女寶」之中，受諸歡樂，乃至其中「諸婇女」等，巧解「五慾」，常能沃弱，令「太子」歡，不聽更「出至於宮外」。……………。

如是次第，「太子」在於「父王宮內」，唯獨一人具足「五慾（財欲、色欲、飲食欲、名欲、睡眠欲）」，娛樂逍遙，嬉戲自恣，足滿十年，「不曾外出」。……………。

七、「悉達多太子」四門出遊見「老人、病人、死者、沙門」

「淨飯王」為了避免「悉達多太子」出家，下令將「太子」的起居行止限制在「王城」內，並將「王城」內的「老者、病者、貧者」遷出，又以「鮮衣美食」伺候他，將貌美的「耶輸陀羅」嫁給他，試圖以「世間欲樂」斷除他出家的念想。

「虛空」有一位「作瓶天子」施法術，讓「悉達多太子」的心中生出「出遊心」。某一日，「悉達多太子」離開了「王城」，並在「東門」第一次見到銀髮佝背的「老者」，在「西門」第一次見到飽受痛苦的「病人」，在「北門」第一次見到「死者屍體」，這讓「悉達多太子」認識到「人生無常」，衆生都將受到「病、老、死」的折磨。最後，他在「南門」看到了莊嚴相好的「沙門」，爲了「離苦」而出家修行。「悉達多太子」於是下定決心，計畫離開「王城」，以「沙門」爲榜樣，出家求道。

●《佛本行集經》卷第十四「空聲勸厭品第十五」原文：

爾時，「虛空」有一「天子」，名曰「作瓶」，彼天見是「太子」，十年在於宮內受「五慾樂」，作是思惟：「此之『護明菩薩大士』，縱極多時在彼宮內受諸五慾，莫爲貪著是『五慾』故，心醉荒迷情放盈溢。百年迅速，時不待人，『護明菩薩』今須覺察，早應『捐棄捨俗出家』。我若不先爲彼作於『厭離之相』，則彼耽湎，未有醒寤發出家心。我今應當讚助其事，爲成就故。」……………。

爾時，空中「作瓶天子」說此偈已，威神感動發勸因緣，復以「太子」宿世「善根福德力」故，令彼「宮內婇女」伎兒所作音聲歌曲，不順「五慾之事」，唯傳「涅槃住持信解」微妙之聲，……………。

時，彼宮內「諸婇女」等，作音聲時，其音聲內，皆出如是「諸法之聲」，欲令「太子」厭離「世間心」生「覺悟」。

●《佛本行集經》卷第十四「出逢老人品第十六」原文：

爾時，「作瓶天子」欲令「太子」出向「園林」，觀看好惡「發厭心」故，漸教捨離於彼宮中。是時宮中，所有「婇女」，作諸音聲歌唱，疲極自然次第，更復讚歎「園林功德」，其音稱言：

「『聖子』諦聽！『園林之地』，甚可愛樂，所謂其地，布青軟草，樹木可喜，枝葉扶踈，華果敷榮，蓊欝滋茂。復有諸鳥，所謂種種鴻鶴孔雀、鸚鵡鸜鵒，及拘翅羅鴛鴦等鳥，出於如是微妙之聲。」

爾時，「太子」聞是聲已，發「出遊心」，卽喚「馭者」而謂之言：「汝善馭者！今可速疾嚴飾莊挍賢直好車，我今欲向於彼『園林』觀看『善地』。」是時「馭者」聞此語已，白「太子」言：「謹依命教，不敢有違。」……………。

是時，「馭者」莊飾「車乘」，駕善調馬，悉嚴備已，白「太子」言：「『聖子』當知！今已駕被車馬訖了，正是行時，可乘而出觀看善地。」

爾時，「太子」從座而起，至輦乘所，登上「寶車」上已，秉持「大王」威神，巍巍勢力，從「城東門」，引導而出，欲向「園林」觀看「福地」。

是時，「作瓶天子」於街巷前，正當「太子」，變身化作一「老弊人」，傴僂低頭，口齒疏缺，鬚鬢如霜，形容黑皺，膚色黧黮，曲脊傍行，唯骨與皮，無有肌肉，咽下寬緩，如牛垂頡（ㄒㄧㄝˊ，頭），身體萎摧。唯仰杖力，上氣苦嗽，喘息聲麤，喉內吼鳴，猶如挽鋸，四支戰挑，行步不安，或倒或扶，取杖爲正，如是相貌，在「太子」前，順路而行。

「太子」見彼老人身體如是戰慄，不祥衰相如上所說，於「太子」先，困苦匍匐。「太子」見已，卽問「馭者」：「此是何人？身體皺赧，肉少皮寬，眼赤涕流，極大醜陋獨爾鄙惡，不似餘人，兼其頭顱，髮稀脫落；如我所見，餘人不然。又復眼深，與衆特異，口齒缺破，無可觀瞻。」……………。

爾時，「馭者」因被「作瓶天子」神力，白「太子」言：「大聖太子！如此人者，世名爲『老』。」

「太子」復問於「馭者」言：「世間之中，何者名『老』？」

「馭者」卽事報「太子」言：「凡名『老』者，此人爲於『衰耄』所逼，諸根漸敗，無所覺知，氣力綿微，身體羸瘦，旣到苦處，被親族驅無所能故，不知依怙；兼且此人，亦不能久，非朝卽夕，其命將終。以是因緣故名『老壞』。」……………。

爾時，「太子」聞此偈已，問「馭者」言：「此人爲是『獨一家法』使其如是？爲當『一切諸世間相』悉皆如斯？」

是時，「馭者」報「太子」言：「聖子！當知，此人非『獨自一家法』使其如斯，但是『一切世間衆生』，皆有是法。」

「太子」復問彼「馭者」言：「我今此身，亦當如是受『老法』耶？」

「馭者」答言：「如是如是，大聖太子！『貴賤』雖殊，凡是有生，悉皆未過如是『老法』，卽今人身具有如是『老弊之相』，但未現耳。」

「太子」復問於「馭者」言：「若我此身，不離是『老老法』，未過有是『醜陋衰惡相』者，我今不假向彼『園林』遨遊戲笑，宜速迴駕還入宮中，我當思惟作『何方便（謂以靈活方式因人施教，使悟佛法眞義。）得免斯』苦。」

是時，「馭者」答「太子」言：「如聖子敕，我不敢違。」卽迴車乘，還入於城。

是時，「太子」至其宮內，坐「本座」上，正念思惟：「我亦當老，『老法』未過；云何縱逸，自放身心？」

●《佛本行集經》卷第十五「見病人品第十八」原文：

爾時，「作瓶天子」復更思惟：「此之『護明菩薩大士』，在彼宮內，著於五慾，放逸情蕩，已經多時。世間無常，盛年易失，『護明菩薩』應當早捨宮內出家。我今可先爲其作相，勸請覺悟，令速厭離。」如是念已，「作瓶天子」神通力故，亦是「護明菩薩大士」宿福因緣，坐於宮內，忽然發心，欲出「園林」觀看遊戲。……

是時，「太子」，卽乘「寶車」，乘已執持「大王」威神巍巍盛德，從「城南門」，漸漸而出，欲向「園林」觀矚嬉戲。

爾時，「作瓶天子」卽於「太子」前路，化作一「病患人」，連骸困苦，水注腹腫，受大苦惱，身體羸瘦，臂脛纖細，痿黃少色，喘氣微弱，命在須臾。臥糞穢中，宛轉呻喚，不能起舉，欲語開口，纔得出聲，唱云叩頭，乞扶我坐。

是時，「太子」，見彼「病人」，乃至口言唱扶我起。「太子」見彼「病患人」已，問馭者言：「謂『善馭者』！此是何人？腹肚極大，猶如大釜，喘息之時，身遍戰慄，臂脛纖軟，身體尪羸，痿黃無色，或復唱言：『嗚呼阿孃！』或復稱言：『嗚呼阿爺！』悲切酸楚，不忍見聞，依託他身，方能起止。」

時，「作瓶天子」以「神通力」，教「馭者」報於「太子」言：「願聖子聽！此名『病人』。」

「太子」復問彼「馭者」言：「稱『病人』者，此是何名？」

「馭者」報言：「大聖太子！此人身體，不善安隱，威德已盡，困篤無力，死時欲至，無處歸依；父母併亡，無處告訴。已無歸依，無告訴故，此人不久，自應『命終』。欲得求活，極大困苦，必當不濟；望覓差日，無有是處，唯待時耳。大聖太子！以是因緣故名『病』也。」……………。

「太子」復問於「馭者」言：「此人為『當獨一家法』？為『當一切世間衆生』悉有是法？」

「馭者」報言：「此之『病法』，非『獨一家』，一切『天人衆生雜類』，皆悉未免。」

「太子」復言：「我亦『此病』，未過未脫，會當似彼成如此事，嗚呼可畏！」

「太子」卽告其「馭者」言：「謂汝『馭者』！若我此身，不脫是病，具茲『病法』，難得度者，我今不假至彼『園林』遊戲受樂，可迴車駕還入宮中，我當思惟。」

「馭者」答言：「如太子敕。」是時「馭者」，既受教已，迴車向宮。

是時，「太子」，還入宮內，端坐思惟：「我亦『當病』，病法未現，豈得縱情？」……………。

● 《佛本行集經》卷第十五「路逢死屍品第十九」原文：

爾時，「作瓶天子」復於一時發如是念：「此之『護明菩薩大士』，在於宮內，極意歡娛。今時已至，『護明菩薩』宜早出家。我今可為彼大士故，勸請令出『厭離五慾』，捨家出家。」

是時，「作瓶天子」心欲勸發於「護明」故，「作意」令從宮內而出向彼「園林」觀看「善地」。

是時「太子」告「馭者」言：「謂善『馭者』！汝可速駕駟馬寶車，我欲出城詣園遊戲。」……………。

是時「馭者」，即爲「太子」嚴備好車，訖已進上白「太子」言：「聖子！善聽！莊挍車訖，唯願知時。」

「太子」坐車，威神大德，從「城西門」出，向於外觀看「園林」。

時，「作瓶天子」於「太子」前，化作「一屍」，臥在床上，衆人舁（ㄩˊ，抬舉）行。復以種種妙色「芻衣（麻衣）」張施其上，作於斗帳。別有無量無邊「姻親」，左右前後圍遶哭泣，或有散髮，或有搥胸，或復拍頭交橫兩臂，或復二手取於塵土持坌面頭，或出種種悲咽音聲，淚下如雨，大叫號慟，酸哽難聞。

「太子」睹之，心懷慘惻，問「馭者」言：「謂善『馭者』！此是阿誰臥之床上？以種種華，莊嚴圍遶，乃至雜色，『芻摩（麻衣）』衣服，作於斗帳，人舁而行，大衆周匝，稱冤叫哭。」……………。

爾時，「作瓶天子」以「神通力」，令「善馭者」報「太子」言：「『大聖太子』！此名『死屍』。」

「太子」復問「善馭者」言：「『死屍』是何？」

「馭者」報言：「大聖太子！此人已捨世間之命，無有威德，今同『石木』，猶如『墻壁』，

無有別異。捐棄一切『親族知識』，唯獨『精神』，自向彼世。從今已後，不復更見，『父母兄弟』『妻子眷屬』，如是『眷屬』，生死別離，更無重見，故名『死屍』。」…………。

「太子」復問「善馭者」言：「謂『善馭者』！我亦有此『死法』以不？又此『死法』，我已超未？」

「馭者」報言：「大聖太子！『太子』尊身，於此『死法』，亦未免脫。世間一切，若天若人，所有『親族眷屬識知』，各各有是別離之事，彼不見此，此不見彼。」

爾時，「太子」聞說此已，報「馭者」言：「若我此身，同有是『死』，『死法』未過，又我卽今不得見天及以天中所有『眷屬』，彼等又亦不見於我，我今何假向彼『園林』遊戲快樂？可速迴車還入宮內，我當思惟。」

是時，「馭者」，聞「太子」命如是言已，卽迴車駕，還向宮中。…………。

●《佛本行集經》卷第十五「耶輸陀羅夢品第二十上」原文：

爾時，「作瓶天子」見「太子」出觀死屍，迴厭離「世間五慾之事」，還宮內坐，經六日後，復更如是。重思惟言：「此之『護明菩薩大士』，以著『五慾』，心迷放逸，不肯棄捐。今時已至，『護明菩薩』應須速疾『捨離出家』，我今可爲作勸請緣。」

時，「作瓶天子」爲發「太子」「出家心」故，亦是「作瓶天子」宿福因緣感動，自令「太子」興意，欲向「園林」內遊。

爾時，「太子」召喚「馭者」而敕之言：「謂『善馭者』！急嚴駕乘，我欲入園。」

「馭者」受命，卽往啟奏「淨飯王」言：「『大王』！當知『太子』今欲出向『園林』遊戲觀看。」

時，「淨飯王」敕令淸淨種種莊嚴「迦毘羅城」，如前不異，乃至振鐸，告城內言：「莫使一人在『太子』前，『老病及死』，六根不具，令『太子』見，生『厭離心』。」

「馭者」受教，進好「賢車」，「太子」知時，卽坐車上，威德尊重，從「城北門」引駕而去。

爾時，「作瓶天子」以「神通力」，去車不遠，於「太子」前，化作一人，剃除鬚髮，著「僧伽梨」，偏袒右肩，手執錫杖，左掌擎鉢，在路而行。

「太子」見已，問「馭者」言：「謂『善馭者』！此是何人？在於我前，威儀整肅，行步徐庠，直視一尋，不觀左右，執心持行，不似餘人；剃髮剪鬚，衣色純赤，以樹皮染，不同白衣，鉢色紺光，猶如石黛（古代婦女用以畫眉的青黑色顏料）。」

時，「作瓶天子」以「神通力」，教彼「馭者」白「太子」言：「大聖太子！此人名爲『出家之人』。」

「太子」復問彼「馭者」言：「稱『出家』者，此行何行？」

「馭者」報言：「大聖太子！此人恒常行『善法行』，遠離『非行』，善『平等行』，善『布施行』，善『調諸根』，善『伏自身』，善『與無畏』，能於一切『諸衆生』邊生『大慈悲』，善『不恐怖於諸衆生』，善『不殺害於諸衆生』，善『能護念於諸衆生』。太子！以如是故，名爲『出家』。」

「太子」復問彼「馭者」言：「汝『善馭者』！此人善能『造作諸業』。何以故？言法行者，此是善行，乃至善能『不害衆生』。是故汝今將車向彼『出家人』邊。」

「馭者」承命，白「太子」言：「如太子敕。」卽引車向「出家人所」。

是時，「太子」至已諮問彼「出家人」，作如是言：「尊者大士！汝是何人？」

時，「作瓶天子」以「神通力」，教彼「出家剃髮之人」，報「太子」言：「太子！我今名爲『出家之人』。」

「太子」復問：「仁者！何故名『出家人』？」

彼復報言：「太子！我見一切『世間諸行』，盡是『無常』。觀如是已，捨於一切『世俗衆事』，遠離『親族』，求『解脫』故，捨家出家，作是思惟：『行何方便（謂以靈活方式因人施教，使悟佛法眞義。），能活諸命？此事知足，善行法行，乃至善能不行殺害一切諸命。』太子！以如是故我名『出家』。」

「太子」又言：「仁者所爲此業大善，汝若能觀『一切諸行』是『無常法』，能知如是，乃至善與『一切衆生』無怖畏者，乃至心能『不起殺害於諸衆生』，又能活命施其安隱。」

爾時，「太子」爲「敬法」故，從車而下，徒步向彼「出家人所」，頭面頂禮彼「出家人」，三匝圍遶，還上車坐，卽敕「馭者」，迴還宮中。

是時宮內，有一「婦人」，名曰「鹿女」，遙見「太子」歸來入宮，因於「欲心」而說偈言：

「『淨飯大王』受快樂，『摩訶波闍』無憂愁，宮內『婇女』極姝妍，誰能當此『聖子處』？」

爾時，「太子」聞此所說「偈頌聲」已，「遍體戰慄，淚下如雨」，心內愛樂「涅槃之處」，清淨諸根，趣向「涅槃」，而作是言：「我今應當取彼『涅槃』，我今應當證彼『涅槃』，我今應當行彼『涅槃』，我今應當住彼『涅槃』。」

爾時，「淨飯王」在宮殿內，「諸臣百官」左右圍遶，「太子」忽然入到王邊，合十指掌，曲躬而立，白「父王」言：「唯願『大王』！今可聽我，『我欲出家』，志求『涅槃』。大王！當知一切眾生，皆有別離。」

時，「淨飯王」聞其「太子」作是言已，如象搖樹，遍體戰動，支節怡解，淚下盈目，……………。

爾時，「淨飯王」聞是語已如是思惟：「『大仙私陀』言不虛妄，定恐『太子』捨家『出家』，我今更可增益『五慾』，令其染著『勿使出家』。」……………。

爾時，「淨飯王」，更爲「太子」，廣設「五慾」所有功德，事事加益，悉使增多。復於「舊宮城郭」之外，四面周匝，守護牢防，別更築於崇巨高壘，遶於舊院，坑塹極深，其墉堞頭，安置種種「七寶羅網」，羅網節目悉懸鳴鈴，宮閤門扉，嚴加禁衛。……………。

復置無量「兵車象馬」，及人團隊相捉，皆被鞍甲，悉使精牢。其次，復於宮院之外，安置無量「百千壯士」，形容端正，可喜無雙，悉能破他所有「怨敵」。身帶甲冑，手執三叉弓箭長刀戟矟鑹棒，諸如是等種種武仗，防護「太子」，內外城門。復教宮內，嚴加約敕，「諸婇女」等，晝夜莫停，奏諸音樂，顯現一切娛樂之事。所有「女人幻惑之能」，悉皆顯現，以慾枷縛，使著慾心，勿捨

出家。

八、「悉達多太子」私自出宮邁向出家修行之路

「悉達多太子」的太子妃「耶輸陀羅」，感覺有身孕。

「作瓶天子」於夜半時，告訴「悉達多太子」，不宜久留，今日一切「諸天諸人」，願幫助「悉達多太子」捨離出家，修學「聖道」。

到了「中夜」，那時「色界、淨居諸天」下來到「迦毘羅城」，施展法術，使城內的所有人民迷悶，沉重睡眠，包括「淨飯王」和「諸左右」，以及「宮人婇女」，全部疲乏重眠。

「悉達多太子」見狀，立即叫喚「同日所生」的僕人「車匿」，要「車匿」，帶著和他同日所生的馬王「乾陟（ㄓˋ）」前來，勿令我家所有眷屬聽到馬聲。

「車匿」立即到「馬廄」，牽出馬王「乾陟（ㄓˋ）」，隨著「悉達多太子」離開「王宮」。

●《佛本行集經》卷第十六「耶輸陀羅夢品下」原文：

……………。其太子妃「耶輸陀羅」，即於是夜便覺有娠（ㄕㄣ，胎兒在母體中微動，泛指懷孕。）。……………。

●《佛本行集經》卷第十六「捨宮出家品第二十一上」原文：

爾時，「太子」在於宮內，夜睡眠時，……………。

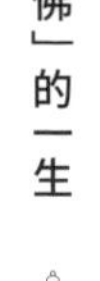

「初分」已過，次入「中夜」，漏刻未半，爾時「色界、淨居諸天」下來至於「迦毘羅城」。是時城內，所有人民，皆悉迷悶，沉重睡眠，「淨飯王」身，并諸左右，及「太子」廏當馬諸臣，「宮人婇女」，皆悉迷惑，疲乏重眠。

是時，衆中有一「天子」，名曰「法行」，來至宮內，以「神通力」，令「諸婇女」身體服飾縱橫不正，或復褰袒，不能收斂其中。……。或有「宮人」，形容端正，從來俯仰，具知羞慚，一切功能，皆悉備足，今以「重睡因緣」所纏，「放氣（放屁）出聲」，大小麤（ㄘㄨ，同粗）細，臭處蓬勃，都不覺知。……。或有擲卻諸雜華鬘，或棄衣裳張目而眠，「猶如死屍」一種無異，傍人觀看，不作「活想」。……。或有面孔青白「失色極醜」而眠。……。或有伏面猶如「塚間死屍」而眠；或有「失於大小便利不淨」而眠。

爾時，「太子」忽然而寤（ㄨˋ，睡醒），睹其宮內，蠟燭及燈，或如拳麤，或如臂大，顯赫朗耀，極甚光明，見諸宮人如是睡臥，或執銅鈸笙瑟笳簫、琴筑琵琶竽笛螺貝，口出白沫，鼻涕涎流，見如是等種種相貌，見已「太子」作是思惟：「『婦人』形容，止如是耳，不淨惡露，有何可貪？外飾粉脂，瓔珞衣服，華鬘釵釧，假莊嚴身，癡人不知，橫被誑惑，於色境界，妄生欲心。若有『智人』，正念觀察『婦人身體』，體性如是空無有主，猶如夢幻，是中應無有人可得放逸生貪，以『邪念』故，『無明』所縛。……。」

爾時，「作瓶天子」於夜半時，既見「太子」睡眠已覺，安庠而至，向「太子所」，白「太子」言：「太子！……。不宜久耽，今日一切『諸天諸人』，願令『太子』捨離出家，修學『聖道』。」

爾時，「太子」聞彼「作瓶天子」如是語已，……………。「太子」觀見諸方，仰瞻「虛空」及「諸星宿」，并睹「護世四大天王」，以諸上妙種種瓔珞莊嚴身體，頭戴天冠，次第而行，安庠徐步，共「乾闥婆」及「鳩槃茶」，一切「諸龍」并「夜叉」等，「百千眷屬」左右圍遶，各從其方「東南西北」，而來至此，依方面住。復見天主「釋提桓因」，將領百千「諸天眷屬」，前後閡塞，在於「虛空」，周匝集聚。

復見「鬼星已與月合」，時「諸天」等唱大聲言：「大聖太子！『鬼宿已合』，今時至矣，欲求『勝法』，莫住於此。人王『師子』，時至速疾，棄捨出家。」

「諸天」如是，更復佐助，讚唱此言：「出莫住。」

爾時，「太子」仰瞻「虛空」，如是思惟：「今中夜靜，『鬼宿』已合，『諸天』大眾，地及虛空，並皆佐助，決定我今時至不虛，宜『出家』也。」

「太子」如是心思惟已，卽喚「同日所生」奴子「車匿」告言：「車匿！汝速疾來，莫違於我，急被帶我同日所生馬王『乾陟（ㄓˋ）』，將前著來，勿令我家所有眷屬一釋種子聞彼馬聲。」……………。

●**《佛本行集經》卷第十七「捨宮出家品下」原文：**

爾時，「車匿」卽至「廄」中，於槽櫪上，搦取「乾陟」，卽以純金，作迦毘遮，七寶莊嚴，串於馬口。牽出離槽，……………。

爾時，「太子」…………，即乘「乾陟」馬上，…………，「太子」亦坐「乾陟」馬王鞍上之時，一切無量「阿脩羅眾，迦婁羅、緊那羅、摩睺羅伽、羅刹眾，毘舍遮、地居諸天」及「首陀會」，乃至「阿迦膩吒天」等，隨逐「乾陟」馬王而行。…………，

是時，「太子」出家之時，其「虛空」中有一「夜叉」，名曰「鉢足」，彼「鉢足」等「諸夜叉眾」，在「虛空」中，各以手承「馬之四足」，安徐而行。…………，

是時「太子」，從「內宮門」出於外已，作是唱言：「此我最後出於宮門，從今已去，當更不出。」…………。

爾時，「太子宮」內所有「婇女」睡寤，忽然唱言：「不見『太子』！不見『太子』！」「耶輸陀羅」既睹臥床獨自一身，不見「太子」，而大唱叫作如是言：「嗚呼嗚呼！我等今被『聖子』誑逗。」…………。

爾時，宮內「婇女」侍人奏「淨飯王」，作如是言：「『大王』當知，今夜睡寤不見『太子』。」…………。

時，「淨飯王」聞此語已，大聲叫喚而口唱言：「嗚呼嗚呼！我所『愛子』。」如是唱已，悶絕倒地，傍臣手持「栴檀冷水」以灑其上，少時還穌，復其本心。然後召喚「防守城將」而敕之言：「卿等速疾莊嚴『四兵』善著鎧甲，速求『太子』，令知所在。」

時，彼「防衛守城將軍」，聞王如是嚴重敕已，從宮內出，遍告「諸餘大征將」言：「汝等『諸將』各各當知！『淨飯大王』有如是敕：『所在境界，百官大臣，其有受食我封祿者，或有依我而活

命者，如是人輩皆悉集聚，速疾分頭行求太子。若得見者，善言慰喻，勿聽住彼山林磎谷，迎將迴還。』」…………。

爾時，「釋種諸臣百官」，并及一切「迦毘羅城」所居「人民」，其有食祿及不食者，皆從城出，行求「太子」。…………。

●《佛本行集經》卷第十七「剃髮染衣品第二十二上」原文：

爾時，「太子」從「迦毘羅城門」出已，敕其「車匿」作如是言：「謂汝『車匿』！我今語汝，汝於我前，引導直向『羅摩村』行。」

是時，「車匿」白「太子」言：「如太子敕，不敢有違。」引前直向「羅摩村」邊，其馬「乾陟」，輕便行疾，舉足安隱，從夜半行，至「明星」出，行十二「由旬（長度單位。一由旬相當於一隻公牛走一天的距離，大約七英里，即十一點二公里）」。…………。

至一「聚落」，名「彌尼迦」，至日出時，到「跋伽婆仙人」居處。到彼處已，問「車匿」言：「『謂汝車匿！此何處所？」

爾時，「車匿」報「太子」言：「大聖太子！此之處所，去『羅摩村』，勢不遙遠。」

爾時，「太子」見此樹林，乃往「仙人」所居之處，并諸鳥獸，流水井泉，池渠河等，知其「車匿」及馬「乾陟」行來已乏，告「車匿」言：「汝善車匿！今若知時，宜於此處，停下歇息。」

是時，「太子」從其馬王「乾陟」而下，口如是稱大弘誓願：「此今是我最後所乘所下處也，此今是我最後所乘所下處也。」…………。

●《佛本行集經》卷第十八「剃髮染衣品下」原文：

爾時，「車匿」從地而起，合十指掌，淚下如流，舉聲大哭，白「太子」言：「以如是故，我今欲將『聖子』還家，勿令『大王』種姓斷絕。」

是時，「車匿」從地起已，馬王「乾陟」前膝胡跪，出舌舐於「太子」二足，兩眼流淚。

是時，「車匿」白「太子」言：「大聖太子！此馬雖復是『畜生身』，猶尚慈悲垂淚而泣，況復『聖子諸眷』屬心，當見何殃？唯願『聖子』！正觀於此『乾陟』馬王，今見『聖子』不欲還家，是以胡跪屈前兩膝，開口出舌舐『聖子』足，以慈哀心，二目淚下。」

爾時，「太子」以「諸功德萬字」莊嚴千輻相輪，猶如「芭蕉」，內心柔軟，金色右掌網縵手指，摩其馬王「乾陟」頂上，而語之言：「乾陟！汝今具作馬事，以得度於大負重任，從今已後，汝『乾陟』馬，還家自養。此今是我最後從家騎乘之務，行大遠路，賴汝今日得濟於我。『乾陟』！汝今莫生憂惱，莫泣莫悲，汝所載我當得大報，我今欲求『阿耨多羅三藐三菩提』，於後證時，當將『甘露』分布與汝。…………」

是時，「車匿」白「太子」言：「大聖太子！『太子』若『定作是心』者，我今不敢違『聖子』敕，如『聖子』教，我還向家。」

爾時，「太子」讚「車匿」言：「善哉善哉！大善車匿！汝今如是，順從我意，獲大善利，汝作事善。」

是時，「太子」，身上所有「諸寶瓔珞」皆悉自解，口作如是大弘願言：「此是我今最後『在家莊嚴身飾』，此是我今最後『在家莊嚴身飾』。」解已手持將付「車匿」，付「車匿」已，復作是言：「車匿！汝將此等『諸寶瓔珞』，歸付與我『諸眷屬』等。」……………。

「太子」又言：「車匿！汝若至家，爲我頂禮『父王淨飯』并及『姨母摩訶波闍波提』，自餘『尊者一切眷屬』，悉皆問訊。車匿！爲我諮啟『淨飯大王』，作如是言：『我今實知父王恩深，但我爲證阿耨多羅三藐三菩提故，所以違離；若得證已，卽當還家奉見大王。』」又別爲我，諮白『姨母摩訶波闍波提』國大夫人：「勿爲我故生大憂愁，聖子必得成大善利，迴還共母，歡喜相見。」又我宮內『一切婇女』及『諸親族』，時年『童子』并『餘釋種』，作如是言：「我今欲破無明暗網，當得智明；得智明已，我當迴還入迦毘羅。」

爾時，「太子」，從「車匿」邊，索取「摩尼雜飾莊嚴七寶把刀」，自以右手執於彼刀，從鞘拔出，卽以左手，攬捉「紺青優鉢羅色螺髻之髮」，右手自持利刀割取，以左手擎，擲置空中。時「天帝釋」，以「希有心」，生大歡喜，捧「太子髻」不令墮地，以「天妙衣」承受接取。爾時「諸天」，以彼「勝上天諸供具」而供養之。……………。

爾時，「淨居諸天」大衆，去於「太子」不近不遠，有一「華鬘」，名「須曼那」。其「須曼那華」，下化作一「淨髮師」，執利剃刀，去於「太子」不遠而立。「太子」見已，作如是言：「謂淨髮師！汝能爲我『淨髮以不？』」其「淨髮師」報「太子」言：『我甚能爲。』「太子」報言：「汝若能者，今可知時。」

爾時，彼化「淨髮之師」，卽以「利刀」，剃於「太子」無見頂相「紺螺髻髮」。當「剃頭」

時，「帝釋天王」生「希有心」，「所落之髮」不令一毛墜墮於地，一一悉以「天衣」承之，受已將向「三十三天」而供養之。從此已來，令諸天上因立節名，供養「菩薩髮髻冠節」，至今不斷。

爾時，「太子」自解其身一切「瓔珞」及以「天冠」，剃去髮鬚，剪落既訖，觀於體上猶有「天衣」，見已念言：「此衣非是『出家之服』，『出家之人』，在於山間，誰能與我『袈裟色衣（和尚披的法衣，由許多長方形布片拼綴而成。）』？如『出家法』，居在山林，須如『法衣』。」

時，「淨居天」，知「太子」心如是念已，應時化作「獵師之形」，身著「袈裟染色之衣」，手執弓箭，漸漸來至「太子」之前，相去不遠，默然而住。

是時，「太子」，見彼「獵師」身著「袈裟」手執弓箭，見已卽語，作如是言：「山野仁者！汝能與我此之『袈裟色衣』已不？汝若與我，我當與汝『迦尸迦衣』，此衣價直百千億金，復爲種種『栴（ㄓㄢ，檀香）檀香』等之所熏修。汝何用是『麤弊衣服袈裟色』爲？可取如是『迦尸迦衣（絲綢衣）』。」……………。

爾時，「獵師」報「菩薩」言：「善哉仁者！我今與汝，實不吝惜。」

是時「化人（佛教謂佛、菩薩變形爲人，以化度衆生者。）」，卽與「菩薩」袈裟之衣，從「菩薩」取「迦尸迦衣」，價數直於百千金者，復以種種「栴檀」所熏。

「菩薩」爾時，心大歡喜受「袈裟衣」，深自慶幸，卽脫身上「迦尸迦衣」與彼「獵師」。

時，「淨居天」所化之人，從「菩薩」邊取「迦尸迦微妙衣」已，卽於其地以「神通」飛上「虛空」中，如「一念頃」還至「梵天」，爲欲供養彼「妙衣」故，於「菩薩」前，以「天神通」乘空而行。「菩薩」見已，生大歡喜，希有勝上奇特之心，於此「袈裟染色衣」邊，復更倍生殷重至到歡喜之心。

爾時，「菩薩」以「剃頭」訖，身得「袈裟染色衣著」，形容改變，既嚴整訖，口發如是大弘誓言：「我今始名『眞出家』也。」

是時，「菩薩」遣「車匿」還，淚流滿面以送「車匿」。分別訖了，獨一無雙，體上既披「袈裟色服」，安庠徐步向「跋伽婆仙人居處」。……………。

九、「悉達多太子」開始「禪坐修行」

「悉達多太子」開始修習「禪坐修行」，在此經文中，居然有描述「禪定」的方法和過程，實在難得，建議「讀者們」可以好好學習。「悉達多太子」就是用經文中，所敍述的「禪定」的方法，達到「不動三昧」的境界。

「悉達多太子」想要更精進，就想起有「沙門」及「婆羅門」，修練「斷一切食」的「苦行」，他就接著學習「斷食苦行」，每天只吃少許「小豆」來活命。

結果，因爲長期「斷食苦行」的結果，造成養不良，身體消瘦，喘息甚弱，就好像八九十歲，衰朽的老人一樣，全身無力，手腳不聽使喚，無法站立。

「悉達多太子」經過六年的「苦行」，漸漸體會到「苦行」並不能夠讓自己解脫。其實注重「身

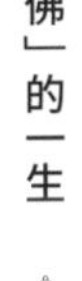

苦」，就意味著「執著」自己的身體；以爲「身苦」才是「修行」，這也是一種「分別心」。眞正的「道」，應該是超越「苦樂兩邊」的，必須能夠超越一切，才能夠解脫。

於是，「悉達多太子」決定放棄「苦行」，在接受二位「婆羅門女」的食物供養之後，逐漸恢復了力氣。後來，「悉達多太子」在「尼連禪河」沐浴之後，恢復了精神，走到山邊的一處樹林裡，看見一棵枝葉繁茂的「菩提樹」，就決定在這棵樹下繼續「禪坐」，並且堅定的發願，若不成就「正等正覺」，誓不起坐。

在這一段故事裡，最常見的說法是，「悉達多太子」修行「苦行」，後來體力不支昏倒，被一位「牧羊女」用「羊奶」餵食救活。其實，原版的經文，不是這樣寫的，「讀者們」看完下面的經文，就知道了。

「悉達多太子」在「菩提樹」下「禪坐」，並且發願，若不成就「正等正覺」，誓不起坐。「悉達多太子」在心中發出這個「願力」之後，從「眉間白毫相」中，放出一道「能降伏散魔軍衆」的光明，震動了「魔王波旬」的宮殿，也震驚了「魔王波旬」。

●《佛本行集經》卷第二十「觀諸異道品第二十四」原文：

……。「菩薩」行路，諦視徐行，有人借問，默然不答。彼等人民，各相語言：「此『仙人』者，必『釋種子』。因此得名『釋迦牟尼』。」……。

爾時，「菩薩」從彼「阿尼彌迦聚落」，漸漸欲向於「毘耶離」中，路有一「仙人居處」，彼「舊仙人」名「跋伽婆（隋言瓦師）」。「菩薩」入彼「仙人處」時，光明顯赫，照彼山林，「菩薩」既除「諸瓔珞具」，并捨一切「迦尸迦衣」，直是身威猶尙「出光」，耀彼山林「諸仙人」眼。……………。

●《佛本行集經》卷第二十四「勸受世利品下」原文：

爾時，「菩薩」見此地已，如是思惟：『此中地勢，快好方平，暫睹卽便爲人所樂，乃至堪可「修道行禪」。若有「丈夫」欲求「無上最勝之利、斷諸惡者」，此地足堪安止而住。我今既欲摧伏諸惡、修諸善根，宜應停止，坐於此處，以求「菩提」，必令成就。』

「菩薩」如是心思惟已，卽便取草鋪坐此地，欲「修習禪」。……………。

爾時，「菩薩」如是觀察「專正思惟」，「坐訖合口，以齒相柱，舌築上顎，一念攝心。如是繫念，調伏身意，以齒舌顎，攝心繫念，」修習之時，腋下汗流。

「菩薩」既見汗如是流，更復重發「勇猛精進」，「心無所著，不錯不亂，住寂靜心，一定不動」，如是最上苦身意口，悉皆不動。是時復作如是念言：「我今可入『不動三昧』。」

爾時，「菩薩」從「口喘息」及以「鼻氣」，悉皆除滅。口鼻滅已，卽時便從「兩耳孔」中，出「大風聲」，其風聲氣，猶如「攢酥在大甕裏」，搖攪於酪，出大音聲。如是如是，「菩薩」閉其「口鼻之氣」不使出時，於「兩耳孔」出風氣聲，亦復如是。

「菩薩」復念：「我今已發『精進之心』，無處染著，捨於懈怠，乃至如是，最上苦行，最勝難行。」重復思惟：「我可更入『不動三昧』。」

爾時，「菩薩」既寂定身及口意已，還止「口鼻及耳」喘息，一切皆杜。既「口鼻耳」悉寂定已，「內風」壯大，不得出故，氣衝於頂。譬如勇健，最大力人，取好利斧，打棒他腦。如是如是，「菩薩」從其「口鼻及耳」閉氣不出，「內風壯」故，打腦之聲，亦復如是。「菩薩」復念：「我今已發『精進之心』，『無處染著』，捨於懈怠，乃至如是『最上苦行』，『最勝苦行』。」思惟是已，即便更入「不動三昧」。……………。

爾時，「菩薩」復更如是思惟：「世間或有『沙門』或『婆羅門』，『制限食』故而建立行，各守清淨。彼等或復唯食於麥，或食煮麥，或食麥屑，或以麥作種種諸食，而以活命。如是更復或食『烏麻』，或食『粳米』，或食『小豆』，或食『大豆』，乃至或食『純大豆飯』，或『大豆汁』，或『大豆屑』，或『以大豆作種種食』，持用活命。或有『沙門』及『婆羅門』，『斷一切食』，建立『淨行』。我今亦可『斷一切食』而行『苦行』。」「菩薩」如是內心思惟。……………。

爾時「菩薩」，但以手掌日別從受，隨得「少許而食活命」，或「小豆臛」及「赤豆」等。是時「菩薩」，受食既少，隨掌所容，如上所說，諸豆汁食，「菩薩」如是食彼食已，身體羸瘦，喘息甚弱，如八九十衰朽老公，全無氣力，手腳不隨。如是如是，「菩薩」支節連骸亦然。

「菩薩」如斯減少食飲，精勤苦行，身體皮膚，皆悉皺赧。譬如苦瓠，未好成熟，割斷其蔕，置於日中，被炙萎黃，其色以熟，肌枯皮皺，片片自離，如枯頭骨。

如是如是，「菩薩」髑髏，猶是無異。「菩薩」既以少進食故，其兩眼睛深遠陷入，猶井底水，望見星宿。

如是如是，「菩薩」兩眼，睹之纔現，亦復如是。又復「菩薩」以「少食」故，其兩脅肋，離離

相遠，唯有皮裹，譬如「牛舍」，或復「羊舍」，上著椽木。時彼聚落，所有「羊子牛子馬子」，行於彼林，見於「菩薩」如是「苦行，」見已各各生大歡喜發「希有心」，恒常承事供養「菩薩」。

●《佛本行集經》卷第二十五「精進苦行品下」原文：

……………。

爾時，「菩薩」在彼「優婁頻螺聚落」，行「苦行」時，羸瘦困弊，欲起行動，力不勝身，立便倒地。……………。

爾時，「菩薩」復作如是思惟念言：「……………。如我今求『自利益故』身心受苦，唯『未證得上人之法』，『未得知見』，未證增益，更復何道而取『菩提』？」

「菩薩」更復如是思惟：「我念昔在『父王宮內』，觀作田時，值一涼冷『閻浮樹蔭』，我見彼已，坐彼蔭下，捨離『一切諸欲染心』，厭薄『一切不善之法』，起『分別心』，樂於『寂定』而生喜樂，證得『初禪』。我今可還念彼『禪定』，此路應向『菩提之道』。」

「菩薩」如是思惟念已，如法正觀，一心而入彼之「寂定」，望因此道至於「菩提」。」……………。

「菩薩」更復如是思：「我欲成就『知見樂者』，應得『生樂』，但我羸瘦無有氣力，豈可以『身瘦無力故』，能得彼樂？我今可『爲身求力故』，而食麤食，或復煮豆，或麨或麫，或油或酥而塗此身，然後求於『暖水澡浴』。」

爾時，「菩薩」語彼「侍者婆羅門」言：「提婆仁者！我從今更不用如前飲食活命，我意欲『求勝於此食』，食以活命。或飲食麨麩煮豆等，或酥油脂欲塗此身，及暖水浴。汝能爲我辦此事不？」

是時「提婆」白「菩薩」言：「我今無有如是諸事，又我家貧，不能堪辦此等諸物，兼復我今若卽與仁，亦未卒得，仁但立誓，我當爲仁方便（謂以靈活方式因人施教，使悟佛法眞義。）求覓。」……………。

爾時，「提婆婆羅門」，聞「菩薩」如是印可其已，卽便奉辭「菩薩」而去，還詣向彼「斯那耶那婆羅門家」，到已語彼「婆羅門」言：「『仁者』庶幾復樂『法行』，今此『聚落』相去不遠，有一『沙門』行『大苦行』，彼不食來年月淹久，今欲『求食』，或『飯麨麩酥脂蜜』等，或復『煮豆』及『塗身油』，并須『澡浴』，『仁者』今可與彼辦之。」

爾時，「軍將斯那耶那婆羅門家」，有於「二女」，一名「難陀（隋言喜）」，二名「婆羅（隋言力）」。然彼「二女」，極大端正，可喜無比，世間少雙。……………。

爾時，「軍將斯那耶那」，從彼「提婆婆羅門」邊，傳聞「菩薩」此消息已，語「二女」言：「汝『姊妹』等，心願應成。所以者何？汝等今速往詣於彼『最大沙門』苦行之處。何以故？汝至彼已，請彼『沙門』布施及食，尊重供養，奉『油并酥』以用塗身，然後別供『暖水澡浴』。如是因緣，後應得成汝等心願。」

爾時，「軍將二女」聞父如是敕已，將於家常所有之食及油酥等，至於「菩薩」苦行之處。到已頂禮於「菩薩」足，將所齎食，奉上「菩薩」，作如是言：「大善尊者！願食於我此所奉食。」

爾時，「菩薩」從彼「二女」受於食已，隨意而食，取酥及油，塗摩其身，然後「暖水」以用

「澡浴」。是時「菩薩」，以彼油酥，用塗摩身，各隨毛孔，悉入其體。譬如「土聚」，或復「疏沙瀉酥及油」，悉皆浸入，並不復現。如是如是，菩薩身體，所塗「酥油」，皆悉入盡，並不復現。「菩薩」是時猶未得復本形身相。

爾時，「菩薩」飯食已訖，告彼「二女」，作如是言：「『汝姊妹』等！藉此功德，欲求何願？」

時，彼「二女」白「菩薩」言：「大善尊者！我等昔聞有一『釋種』，生一『太子』，可憙端正，世所無雙，我願彼人作於我夫。」

「菩薩」報言：「汝『姊妹』等！我卽是『彼釋種太子』，我從今去，願不更受『五慾之樂』，我於當來，欲成就『阿耨多羅三藐三菩提』，願欲轉於『無上法輪』。」

是時，彼女「姊妹」二人聞此語已，白「菩薩」言：「大聖仁者！此事若然，『仁者』必定得成於彼『阿耨多羅三藐三菩提』，成已當至我等之家，願見我等，我等當爲『尊者』作於『聲聞弟子』。」

「菩薩」復報彼「二女」言：「如是如是，如汝『姊妹』二人所願。」

從此已去，彼之「二女」日別送食以與「菩薩」，并將酥油，先以塗摩「菩薩」之身，然後別將「暖水洗浴」「菩薩」身體，乃至漸漸，令「菩薩」復本身飾相。

爾時，「菩薩」告彼「二女」，作如是言：「汝『姊妹』等！從今已去，莫作別意，將息身法，但送我食。何以故？我從今後，我若當共『女人身根兩相』觸者，無有是處。我意不樂，我意不然。」

是時，有一「牧羊之子」見於「菩薩」，以「苦行」故，身大瘦損，彼「羊子」見「菩薩」如是「大精勤苦」，向於「菩薩」心生歡喜，卽便長跪白「菩薩」言：「大聖尊者！我今意欲承事『尊者』供養尊重，未審『尊者』納受已不？」

「菩薩」報言：「若知時者，汝欲所作，如是早辦。」

時，彼「羊子」，卽爲「菩薩」，塗摩身體，將「羊乳汁」，奉上「菩薩」，以用爲食。又爲「菩薩」折「尼拘陀大樹之枝」，插於地上，作於蔭涼。

時，彼所折「尼拘陀枝」，因以「菩薩」威神力故，卽從地生，更著枝柯葉花子等，皆悉具足。時人見之，喚彼樹爲「羊子所種尼拘陀樹」。

爾時，「菩薩」食麤食時，彼「五仙人」共相謂言：「『悉達太子』，今已『失禪』，復其本性，何況不失於『持戒』也？此今成是『懈怠之人』，不得『寂定』，心生憒亂。」彼等如是平量訖已，於「菩薩」邊生「疲倦心、誹謗之心」，捨離「菩薩」而別他行。漸至向於「波羅㮈國」，入「鹿野園」，而修「禪定」。

……………。

●《佛本行集經》卷第二十五「菩提樹品第三十上」原文：

爾時，「菩薩」受彼食已，從於「優婁頻蠡聚落」正念而出，安庠漸至「尼連河」岸。到已卽便持所得食，安置一邊清淨之地，脫衣入彼河中澡浴，除身熱氣。「菩薩」澡浴身體之時，「虛空諸天」，以天種種「微妙香末」和「彼水雨」，種種雜下雨於水上。

爾時，彼處「尼連禪河」，以「諸末香」種種衆花彌滿水上，合雜而流。是時「菩薩」，於彼水中既澡浴已，取其「袈裟」，於水中濯出捩曬乾，著於體上，欲渡彼水，波流湍疾，身體尫羸，不能得越，兼復六年精勤苦行，身力劣弱，不能得濟彼河之岸。

爾時，彼河有一大樹名「頞誰那（隋言今者）」，彼樹之神，名「柯俱婆（隋言小峰）」，住依彼樹。時彼「樹神」，以「諸瓔珞莊嚴之臂」，引向「菩薩」。是時「菩薩」，執「樹神」手，得渡彼河。「菩薩」所浴河內香水，一切「諸天」各各分取，將還宮殿，以此「功德吉祥水」故，將灑自宮。

●《佛本行集經》卷第二十六「向菩提樹品中」原文：

爾時，「菩薩」於河澡浴，食乳糜休身體光儀，平復如本，威力自在。安庠面向「菩提樹」時，作是行步，猶如往昔諸「菩薩行」，……………。

爾時，「菩薩」復作如是思惟念言：「我今至此『菩提道場』，欲作何座證『阿耨多羅三藐三菩提』？」卽自覺知應坐「草上」。

是時，「淨居諸天子」等，白「菩薩」言：「如是如是。大聖仁者！所有過去『諸佛如來』欲證『阿耨多羅三藐三菩提』者，皆悉坐於『鋪草之上』而取『正覺』。」

爾時，「菩薩」復作如是思惟：「誰能與我『如是之草』？」心思惟已，左右前後四顧觀看。

是時，「忉利帝釋天王」，以「天智」知「菩薩心」已，卽化其身爲「刈草人」，去於「菩薩」

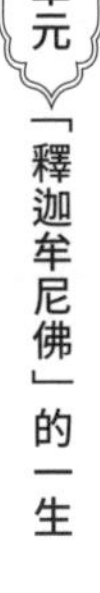

不近不遠，右邊而立，刈取於草。其草青綠，顏色猶如「孔雀王項」，柔軟滑澤，而手觸時，猶如微細「迦尸迦衣」，其狀如是，色妙而香，右旋宛轉。

爾時，「菩薩」見於彼人去已不遠，在右邊刈如是等草，見已漸漸至彼人邊，………………。「菩薩」以此如是衆聲，告語於彼刈草之人，作如是言：「仁者！汝能與我草不？」其「化人」報言：「我能與。」是時「帝釋」所化作人，卽便「刈草」，以奉「菩薩」。其草淨妙，「菩薩」卽取「彼草」一把，手自執持。當「菩薩」取「彼草」之時，其地卽便「六種震動」。是時「菩薩」，將於此草，安庠面向「菩提樹」下。………………。

爾時，「菩薩」聞是偈已，安庠而行，向「菩提樹」，於其中間，心如是念：「此『欲界』內，是彼『魔王波旬』爲主自在統領，我今應當語彼令知，若不告彼而取證於『阿耨多羅三藐三菩提』者，我則不成名爲『大覺』。所以者何？爲欲降伏『魔波旬』故，攝受彼故，亦兼攝受降伏『一切欲界諸天』。彼之『魔衆』，『魔宮殿』中，復有無量無邊『諸魔眷屬諸天』，已於往昔，種『諸善根』。若聞我作『師子吼聲』，若見我證『阿耨多羅三藐三菩提』時，則彼悉來向於我邊，當發『阿耨多羅三藐三菩提心』。」

爾時，「菩薩」思惟是已，從於「眉間白毫相」中，放一光明，名「能降伏散魔軍衆」。放此光已，應時卽至「魔之宮殿」，翳彼一切「諸魔舊宮本業之光」。又復斯光傍遍「三千大千世界」，作「大光明」，一切皆滿。時「菩薩」放彼光明中，「魔王波旬」，自然而聞如是偈聲………………。

爾時，欲界「魔王波旬」，從「光明」中聞是偈已，於「睡眠」中，心忽驚動，自然夢見，三十二種，不吉祥相。……………。

爾時，欲界「魔王波旬」，見如是等「三十二夢不祥相」已，從睡而寤，遍體戰慄，心意不安，內懷恐懼。普喚一切魔家眷屬，皆令集聚，及其宮內，左右侍臣，并大兵將，當諸城門守護之人，向說夜夢所見之事。……………。

●《佛本行集經》卷第二十七「向菩提樹品下」原文：

爾時，「菩薩」臨欲至彼「菩提樹」側，是時其地，自然掃除，清淨嚴麗，香汁塗灑，可憙端正，令心樂觀，又無一切砂礫瓦石、蒺梨棘刺、諸惡草等。

是時「菩薩」，初執草行用於左手，後至樹下，即以右手柔軟五指，羅網莊嚴，赤色猶如「燕脂」所塗，從左手取彼一把草，安穩欲置「菩提樹」下。東面持草，擲於地上，根即向樹。「菩薩」心發如是之願：「我今於此處所坐已，越煩惱海，度至『彼岸』。」

時，「菩薩」擲彼一把草至地，猶如缾中置華，或如河漩，或如「萬字」。

爾時，「菩薩」見自所執草漫擲地自然不亂，有如是等「吉祥之相」，口作是言：「如我今日所擲之草，應亂不亂，此『吉祥相』，表我在於『亂世』間中，必定當證『不亂之法』。」「菩薩」如是擲草鋪已，是時彼地「六種震動」。……………。

十、「悉達多太子」降伏「魔王波旬」

「悉達多太子」在「菩提樹」下繼續修習「禪定」，結果驚動了「魔王波旬」。「魔王波旬」就親自帶著「魔兵魔女」，要來阻擾「悉達多太子」的修行。這段經文非常精采，好像在看五砸小說一樣。

有人說，這段「悉達多太子」降伏「魔王波旬」的過程，是在說明每個「禪修者」，在修習「禪定」的過程中，都要和自己內心的「心魔」鬥爭一番，這種說法也蠻有道理的。

●《佛本行集經》卷第二十七「魔怖菩薩品第三十一上」原文：

爾時，「菩薩」在於「菩提樹」下坐已。時「菩提樹所守護神」，生大歡喜，心意踊躍，遍滿其體，不能自勝，即解其身所有「瓔珞」，并散頭髻，速疾而向於「菩薩所」，以「最勝妙吉祥之事」，讚美「菩薩」。內心殷重，發大希奇，悉命「諸親」及其「眷屬」，守護菩薩，恭敬儼然。……………。

爾時，「菩薩」坐彼「菩提樹」下之時，發是要誓：「我不成道，不起此座。」

是時，「魔王波旬」，內心生大恐怖，……………。

爾時，「魔王波旬」不取長子「商主」諮諫，告其「諸女」，作如是言：「汝等『諸女』！各各相共聽用我言，汝宜至彼『釋種子』邊，試觀其心，有『欲情』不？」

其「諸魔女」，聽父敕已，相與安庠向「菩薩所」。到彼處已，去離「菩薩」，不近不遠，示

現種種「婦女媚惑諂曲之事」。……………。復將「香花」，散「菩薩」上，復以種種「五欲之事」，勸請「菩薩」，觀看其面，觀其心情，爲有「欲心」姿態以不？彼今復以「欲心」，觀察我等以不？或「無欲心」觀我以不？

彼等「魔女」，見於「菩薩」，深心「寂定」，本來清淨，無濁無垢，面目清淨，猶如「滿月」從於「羅睺阿修羅王」手中所出，清淨無垢；如日初昇，光焰顯赫；如融金鋌，清淨無染；猶如「蓮花」從水中出而不染著；如火光焰；如「須彌山」，確然不動；如「鐵圍山」，峻嶒高峻。善攝「諸根」，調伏心意，彼等既見「菩薩」如是，皆生「慚愧羞恥之心」。

●《佛本行集經》卷第二十八「魔怖菩薩品中」原文：

……………。

爾時，「菩薩」諦心熟視「諸魔女」目不暫捨，正念微笑「歛攝諸根定」，其身體「無愧無慚」不急不緩，端直安住猶如「須彌」心意不傾。……………。

爾時「波旬諸魔女」等，力既不能幻惑「菩薩」，心生愧恥，各自羞慚，相與曲躬，禮「菩薩」足，圍遶三匝，辭退而行，安庠還向「魔波旬」邊，……………。

時，「魔波旬」不納長子「商主」勸言，亦復不受己之「諸女」諮諫之語，身卽自往「菩提樹所」，到「菩薩」邊。

到已卽白「菩薩」是言：「汝『釋沙門』！今何求故，來在於此『多毒惡龍雲雨野獸』、可畏可驚『黑夜處所』，獨自入斯林樹下坐？汝之『比丘』，可不畏彼一切『諸怨賊盜之人』？」

時，「菩薩」報「魔波旬」言：「魔王波旬！我今欲求『寂滅涅槃』，往昔『諸佛』所行之處，最上無畏諸有盡處，以求是故，獨自在此『阿蘭若（原意是森林，引申為寂靜處，也泛指一般的佛寺。）』中樹下而坐。」……………。

時，「魔波旬」復語「菩薩」作如是言：「釋子！汝速起離此處，定當必得『轉輪聖王』，治四天下，作『大地主』，具足七寶，乃至統領一切山川。……………。」

時，「菩薩」報「魔波旬」言：「魔王波旬！汝今不須作如是語。何以故？我意不樂『五欲之事』。魔王波旬！我久已知『五欲諸患』，一耽『五欲』，不可知足，暫時受樂，不得久停。『無常苦空』無我不固，……………。如夢如泡，如幻如焰，無有眞實。……………。波旬！汝還『本所來處』，不用住此，汝多漫言，無利益言，愚癡人言。」……………。

時，「魔波旬」從其腰間，拔一「利劍」，手執速疾，走向「菩薩」，口唱是言：「謂釋比丘！我今此劍，截汝身體，猶如『壯士』斫於『竹束』。」……………。

爾時「菩薩」說是偈已，復語「魔王」作如是言：「汝魔波旬！若諸衆生，有千萬億，悉如汝身，盡力來此，作我障礙，欲妨菩提，令我不得取『阿耨多羅三藐三菩提證者』，我終不起離於此處餘樹下坐。」……………。

時，「魔波旬」從「菩薩」聞如是語已，瞋恚增上，瞋已復瞋遍滿其體，普喚「夜叉羅剎」等言：「謂大善將、亂衆、赤眼！汝等速來！將『諸山石樹木、弓箭刀劍、金剛杵棒槌矛戟槊鈇鉞種種器仗』，雨於剎利『釋子』頭上，悉令墮落如霰而下。」

爾時，「夜叉大善將」等，聞「魔波旬」如是言已，卽便莊束「四種兵衆」，悉著鎧甲，將諸器仗，速疾而來。……………。

●《佛本行集經》卷第二十九「魔怖菩薩品下」原文：

爾時，「魔衆」如是異形，或乘「白象」，或復「騎馬」，或「乘駱駝水牛犀牛諸車乘」等，四面雲集。……………。如是「兵衆」，「夜叉羅刹」，及「鳩槃茶、毘舍遮」等，無量無邊「百千萬億」，閡塞塡噎「菩提樹」前。

南至於海，遍滿「魔軍」，其間無有「針鼻空地」。變狀可畏，欲搦「菩薩」，欲殺「菩薩」。唯待「魔王波旬」一敕，其等正向「魔王」面覷。諸如是等「一切鬼神」，逼「菩提樹」飢渴疲乏，而意專欲殺害「菩薩」。

其「菩提樹」，東西及北三面，無量「淨居諸天」遍滿停住。復有無量「色界諸天」，合十指掌頂禮「菩薩」，口如是言：「諸仁者看！是今應證『阿耨多羅三藐三菩提』。或有『諸天』作如是唱：『刹利大姓！甘蔗種子！速離此處，此處恐畏，有如是等種種器仗，損害汝身。』……………。

爾時，「菩薩」唯思念法，心不擾亂，亦復不作餘異意情。……………。時，彼衆中更有「一鬼」，生瞋恨心，將「一長刀」，向「菩薩」擲，而刀自粘彼手不脫。或有擎山及將大石向「菩薩」擲，彼山及石，還粘其手，皆不墮地。或在虛空，將山將石，將樹將槌、斧鉞戟戈，向「菩薩」擲，復有住在虛空不下；或有下來自然碎末，百段分散，墮於餘處；或在空裏猶如日天。

雨大火雨，熾然雲下，而彼火雨，「菩薩」力故，卽皆變成「赤拘勿頭華雨」而下。或復來有在「菩薩」前，口吐「諸蛇」令螫「菩薩」，彼等「諸蛇」，至地癡住，如被呪禁，不能搖動。……………。

其「魔波旬」卽拔利劍，手執前趨，欲嚇「菩薩」疾走而進，口中唱言：「汝釋比丘！若安『此座』敢不起者，我必害汝。」而彼「魔王」，東西交過，欲近「菩薩」，不能得前。……………。

時，「魔波旬」從彼「淨居諸天」邊，聞如是語已，起「增上慢」，倍生瞋心，復速疾走向「菩薩所」，欲害「菩薩」。……………。

爾時，色界「淨居諸天」，復共同以「十六種相」，毀辱「魔王」，挫其勢力。……………。是等「天神」，以「十六種」毀「魔波旬」。其「魔波旬」，聞「諸天神」如是毀辱勸諫之時，向「菩薩」走，欲殺害故，違失勸諫，被「諸天神」之所毀辱，猶不解心，不還本宮，更復增忿敕兵衆言：「汝等速起！

急疾打散撮此『仙人』，莫與其命。是人今既『自度彼岸』，於我界內，復教無量無邊衆生，出我之境，我不放汝，若汝自知得脫我手，唯汝『沙門』！速起馳走，遠離於此『菩提樹』下，則命久活，不遭困苦。」

●**《佛本行集經》卷第二十九「菩薩降魔品第三十二上」**原文：

爾時，「魔衆」盡其威力，脅「菩提樹」，不能驚動「菩薩」一毛。……………。

是時，「魔軍夜叉衆」等，以諸形貌種種身體，如是恐怖「菩薩」之時，「菩薩」爾時，不驚不怖，不動不搖。而彼「魔王波旬」，更復增瞋恚心，內懷愁憂，遍滿其體不能自安。……………。

爾時，「菩薩」手指此地作是言已，是時此地所負「地神」，……………。從於地下忽然湧出，示現半身，曲躬恭敬向於「菩薩」，白菩薩言：「最大丈夫！我證明汝，我知於汝。往昔世時，千億萬劫，施『無遮會（原指佈施僧俗的大會。無遮，寬容而無遮現之謂。不分賢聖道俗貴賤上下，平等行財施及法施之法會，稱爲無遮會。無遮會意思是賢聖道俗上下貴賤無遮，平等行財施和法施的法會。）』。」

作是語已，是時其地遍及「三千大千世界」，「六種震動」，作大音聲，猶如打於「摩伽陀國」銅鍾之聲，震遍吼等，如前所說，具「十八相」。

爾時，「彼魔一切軍衆」及「魔波旬」，如是集聚，皆悉退散，勢屈不如，各各奔逃，破其陣場，自然恐怖，不能安心，失腳東西南北馳走。……………。

時其「波旬」，聞「大地聲」，心大恐怖，悶絕躃地，不知東西於上空中，唯聞是聲：「打某撮（ㄘㄨㄛ，抓取）某，捉某斫（ㄓㄨㄛˊ，用刀、斧等砍）某，殺某斷某，黑闇（ㄢˋ，同暗）之行，悉令滅盡，莫放『波旬』。」

●《佛本行集經》卷第三十「菩薩降魔品下」原文：

爾時，彼處別有「地神」，將於一瓶「涼冷之水」，灑「魔王」上，而告之言：「汝魔波旬！速疾急起！走向自宮，今爲汝故，當有種種器仗，欲來害於汝身，節節解汝。」

而彼「魔衆」，本時所作，雜類形容，殊異身體，變現而來，執持種種兵戈器械，如是怖已，「不能復形」。還如是歸，至本來處，各相迷失，經由七日，於後或有得相見者，或不相見，其相見者，各相借問。

或復哭母，或復哭父，或兄或弟，或姊或妹，互相謂言：「我等今者值此『大厄』，是我等殃，我等今得本命而還，深是我等不可思議。」

爾時，「魔王波旬」長子名曰「商主」，即以頭頂禮「菩薩」足，乞求懺悔，……………。但願「聖子」！恕亮「我父」。「我父」無智，不識道理，……………。大聖王子！願仁所誓，早獲成就速證「阿耨多羅三藐三菩提」。

爾時，所有「一切諸天」，向於「菩薩」生信行者，若「虛空中」及在「地上」，或復「諸方」，彼等悉「大歡喜」踊躍遍滿其體，不能自勝，以歡喜心，口唱是言：「……………。嗚呼希有『菩薩』！今已降伏『諸魔』及『魔軍衆』。」以作天樂，以作天歌，讚歎「菩薩」。……………。

十一、「悉達多太子」證得「佛果」

「悉達多太子」降伏「魔王波旬」之後，心得「清淨」，光明現前，正念圓滿，得「清淨心」。

「悉達多太子」繼續修習「禪定」，陸續證得「二禪、三禪、四禪」的境界，也陸續獲得「五神通」，最後更證得「漏盡神通」。

「悉達多太子」於「後夜」夜空的「明星出時」，得成「阿耨多羅三藐三菩提」，此時「世間」有「最大光明」，地有「六種震動」。「悉達多太子」終於變成「如來」，終於「成佛」，「號釋迦牟尼佛」。

當時，這道「最大光明」及「六種地動」，讓「淨飯王」從睡眠中驚醒，驚訝不已，不知所措。這時，佛母「摩耶夫人」從「忉利天宮」下來，以「玉女形態」告知「淨飯王」及「羅睺羅」的母親「耶輸陀羅」說，今夜王子「悉達多」已經成就「阿耨多羅三藐三菩提」，成為「如來」，所以才會「放最大光明」及「大地震動」，不用害怕。

●《佛本行集經》卷第三十「成無上道品第三十三」原文：

爾時，「菩薩」既已降伏「一切魔怨」，拔「諸毒刺」建立「勝幢」，坐「金剛座」已，滅一切諸世間「內諍鬪之心」。滅諍鬪已，內外調伏，心清淨行，…………。自已滅除「睡眠纏蓋」，心得「清淨」，光明現前，正念圓滿，…………。自斷「一切疑悔之心」，離暗弊行，於「諸善惡一切法」中，無有疑滯，得「清淨心」。

爾時，「菩薩」得斷如是「五種心」已，「煩惱」漸薄。…………。

爾時，「菩薩」復如是念：「我今已生此『二增心』，乃至『捨離一切諸惡』，成眾行已入『二禪』。」

時，「菩薩」厭離歡喜，捨行清淨，正念正慧，身受安樂，如聖所歎，捨於諸惡。已得安樂，如

是增上，證「第三禪」法中而行。

爾時，「菩薩」復如是念：「此我『第三增益之心』，乃至在於『蘭若行者』。

是時「菩薩」，欲捨「樂欲」捨「苦」，如前所捨「分別苦樂」，無苦無樂，悉捨正念清淨，證「第四禪」法中而行。

爾時，「菩薩」復更思惟：「此我增心，『第四現見』法安樂行，已得證知，心不放逸。善男子！應正念一心，在『阿蘭若』寂靜而行。」

爾時，「菩薩」如是一心，清淨無垢，無障無翳，「一切苦患」悉皆除滅，調和柔軟可作諸業，已住決定。其「夜初」更欲成「身通」，受於種種「神通境界」，……………。

如是如是，「菩薩」亦然，如是成就「清淨之心」，無濁穢心，無隔礙心，無恚累心，柔和軟心，成就業心，眞寂定心。於「夜初」更，修習造作「種種神通」，成就「智心」，出現種種「神通境界」，所謂一身作於多身，略說乃至身至「梵天」。「菩薩」心得如是「寂定」，如是清淨，如是無垢，如是無翳，除滅「一切煩惱患累」。造諸業已，心得寂滅。

爾時，「菩薩」還於是「夜初更」之中，更欲證知「宿命神通」，成就「心行」，欲於「自心」知「他人心」種種念數。……………。

爾時，「菩薩」如是定心，如是清淨，如是無垢，如是無惱，如是柔軟，可作靜業，於彼夜半，欲得成就證知「天耳」，而發是心：「彼以『天耳』善清淨故，過於『人耳』。」聞種種聲，所謂或聞「地獄之聲」，或「畜生聲」，「天聲人聲」，遠聲近聲。……………。

爾時，「菩薩」寂定清淨，無垢無惱，於彼夜半，成就欲證彼「天眼」時過於「人眼」，遍見一切，或復命終墮落衆生，或生衆生，上界衆生，下界衆生，端正衆生，醜陋衆生，或墮惡道一切衆生，或生善道一切衆生。……………。

爾時，「菩薩」如是寂心，如是淨心，無垢之心，如是遠離一切諸惡，心調柔軟，可作於業，已得寂定。還於彼時，「後夜」將盡，心欲證知「如意通」故，而自發起，既發知已，復知他意，從何處生，思惟何事，一切遍至，如實通知。……………。

如是如是，「菩薩」如是寂定其心，如是清淨，如是無垢，如是無惱，柔軟調和，可作於業，已得寂定，還彼後夜，以清淨心，欲得證取「宿命智通」，如是自心他心亦然。從何發心，何處起心，心心遍盡，如實通知。若有欲心。若離欲心，如實通知。乃至解脫，不解脫心，如是通知。

而「菩薩」得如是定心清淨之心，無垢穢心，離一切惡，柔軟之心可作於業，已得寂靜。還彼「後夜」，欲得證知「漏盡神通」，內發智心，彼如是念：「此諸衆生，沒『煩惱海』，所謂數數『生老病死』，從此命終，至於彼處，受後生時，還得如是一切衆苦，不能知離此等衆苦，所謂『生老病死』等苦。」……………。

爾時，「菩薩」如是知時，如是見時，心從「欲漏」而得解脫，心從「有漏」而得解脫，從「無明漏」而得解脫。既「解脫」已，生「慧解脫」，生已卽知，我生已盡，「梵行」成立，所作已辦，畢竟更不受後世生。其「夜三分」已過，第四於「夜後分」，「明星」將欲初出現時，夜尚寂靜，一切衆生行與不行，皆未覺寤。是時「婆伽婆（爲諸佛通號之一）」卽生「智見」，成「阿耨多羅三藐三菩提」。……………。

爾時，「世尊」既成「阿耨多羅三藐三菩提」已，卽作如是「師子音吼」，……………。爾時，如來初成佛已，最先說此口業之偈。

●《佛本行集經》卷第三十一「昔與魔競品第三十四」原文：

爾時，「如來」於彼「後夜」「明星出時」，得成「阿耨多羅三藐三菩提」已，於時「世間」自然而有「最大光明」，「地六種動」。

時，彼「光明」及「地動」已，「淨飯王宮」，睡眠驚寤，喚「諸相師」并「婆羅門」「天文師」等，而敕之言：「婆羅門輩！此事云何？爲我解說。」

作是語已，時諸「占相天文師」等，卽白王言：「唯願大王！且少時忍，我等『占仰』然後白王。」

爾時，佛母「摩耶夫人」，已得「天身」，作「玉女形」，從天上下，告「淨飯王」及「羅睺羅」母「耶輸陀羅」等，作如是言：「大王！當知，今夜王子『悉達多』已成『阿耨多羅三藐三菩提』，以是相故，大地震動。『如來』既成『三菩提』已，降伏衆魔，無有怨敵，於世間中，無所可畏。」

十二、「大梵天王」勸請「釋迦牟尼佛」住世說法

「釋迦牟尼佛」於「菩提樹」成就圓滿的「無上佛果」。初成道時，「釋迦牟尼佛」思惟「五濁惡世眾生」迷惑顛倒，難可教化，久住世間，實無益處，而欲入「無餘涅槃」。（要離開人世間了）

當時，居住在色界天「初禪天」頂層天的「大梵天王」，知道「釋迦牟尼佛」的想法，立即前往面見「釋迦牟尼佛」，恭敬禮拜，長跪合掌，勸請「釋迦牟尼佛」慈悲住世，大轉「法輪」。

「釋迦牟尼佛」告訴「大梵天王」說道：「一切眾生皆為塵垢染污，貪著世間欲樂，蒙蔽了清明智慧。若住世說法，皆是徒勞無功，不如速入涅槃。」

「大梵天王」聽完「釋迦牟尼佛」所說，再次禮拜懇請說道：「佛陀！現今『法海』已滿，『法幢』已立，化導『眾生』的因緣已經成熟，能夠蒙佛救度的『眾生』也非常多，『世尊』怎能選擇『入滅』，令『眾生』錯失『得度因緣』呢？而且，您過去『無數劫』以來，發『無上菩提心』，為『眾生』廣集『法藥』，乃至為求『一偈』，捨卻自身、妻兒性命，如今為何不顧念『眾生』而欲自入『涅槃』呢？」

於是，「大梵天王」一一提起過去世，「釋迦牟尼佛」為「眾生」求法之事。由於「大梵天王」的勸請，「釋迦牟尼佛」便同意住世，他首先前往「波羅㮈國鹿野苑」中說「四諦法」，化導「眾生」。

●《佛本行集經》卷第三十一「二商奉食品第三十五上」原文：

食。

爾時，「世尊」初始得成於「菩提道」，在樹下坐，經七日夜，加趺不起，以「念解脫快樂」為食。

爾時，「世尊」過七日已，一心正念，從「三昧」起，坐「師子座」，初夜正觀「十二因緣」，下觀至上，上觀至下，善念善觀，不失不異，因彼生此，因有於彼則復有此，所謂緣「無明」有「諸行」，緣「諸行」有「識」，緣「識」有「名色」，緣「名色」有「六入」，緣「六入」有「觸」，緣「觸」有「受」，緣「受」有「愛」，緣「愛」有「取」，緣「取」有「有」，緣「有」有「生」，緣生有「老病死」憂悲惱等苦生。……………。

爾時，「世尊」還彼「夜半」，觀「十二緣」，從始至終，逆觀至心，善觀善念，不失不亂。因無彼故則此自無，因滅彼故則此自滅，所謂「無明滅」即「行滅」，「行滅」乃至「生老病死」憂悲苦惱一切悉滅。……………。

●《佛本行集經》卷第三十三「梵天勸請品下」原文：

爾時，「世尊」作如是念：「我所證法，此法甚深，難見難知，如微塵等，不可覺察，無思量處，不思議道。我無有師，無巧智匠可能教我證於此法。但『眾生輩』，著『阿羅耶（阿剌耶識）』，樂『阿羅耶』，住『阿羅耶』，憙樂著處，心多貪故，此處難見，其處所謂『十二因緣』，『十二因緣』，有處相生，此之處所，一切眾生，不能睹見，唯佛能知。

又一切處，疑道難捨，一切邪道，滅盡無餘，愛之染處，盡皆離慾，寂滅涅槃。我今雖將如是等法向於他說，彼『諸眾生』未證此法，徒令我勞虛費言說。』……………。

以如是故，「如來」見是甚深事已，其心欲樂「阿蘭若處（原意是森林，引申爲寂靜處）」，不欲向他說於此法。……………。

爾時，「娑婆世界」之主「大梵天王」，在於「梵宮」，遙見「世尊」發如是心，知已卽作如是思惟：「此世界中『諸衆生』等，多壞多失，今日『如來』、多陀阿伽度、阿羅呵、三藐三佛陀，既證如是『無上法寶』，獲成辦已，世間未知，而心忽然願樂『蘭若』，『不欲說法』。」

時，「梵天王」，譬如「壯士屈申臂」頃，從「大梵宮」隱身來下，至「世尊」前，頂禮佛足，卻住一面，合掌向佛而白佛言：『「善哉！世尊！今此世界一切衆生，無有歸依，善壞失盡；今者『世尊』，既得如是『無上法寶眞證』，見已而心忽欲入『阿蘭若』，『不樂說法』。我今勸請『無上世尊，』爲『諸衆生』，莫寂靜住，唯願『世尊』！慈悲說法，願修『伽陀（教說）』，憐愍說法。現今多有諸衆生輩，少於塵垢，諸根成熟，結使微薄，利根易化，不聞法故，自然損減。若當『如來』爲說法要，使得證知『世尊法相』。」………………。

爾時，「世尊」聞「梵天王」勸請偈已，爲「衆生」故，起「慈悲心」，以「佛眼」觀一切諸世。「佛眼」觀已，見諸衆生，生於世間，增長世間，或有「利根」或有「鈍根」。諸衆生等，或以成就易證於道，或有衆生，見未來世一切過患，心生恐怖而不放逸，或當來世，亦可「得道」。……………。

如是如是，「世尊」「佛眼」觀諸世間一切衆生，生於世間，增長世間，或有「利根」，或有「鈍根」，或有易化，或易得道。

如是知已，向「梵天王」而說偈言：「大梵天王善諦聽，我今欲開甘露門，若有聽者歡喜來，至心聽我說法味。」

爾時，「梵天」聞此偈已，……………。心生歡喜，踴躍充遍，不能自勝。頂禮佛足，圍遶三匝，在於佛邊，沒身不現。

十三、「釋迦牟尼佛」初渡化「鹿野苑五比丘」

「悉達多太子」出家時，他的父親「淨飯王」，從「王族」中選出「阿若憍陳如、阿說示（又譯馬勝）、跋提、十力迦葉、摩訶男拘利」等五人，前去侍奉他。

後來，這「五比丘（五仙人）」見到「悉達多太子」放棄「苦行」，就捨他而去，一起到「波羅棕國」的「鹿野園（苑）」自修。

「悉達多太子」成道之後，號「釋迦牟尼佛」，首次到「鹿野園（苑）」為他們說法，於是這五人出家，從此便有了最初的「五比丘」和「比丘僧團」。

●**《佛本行集經》卷第三十三「轉妙法輪品第三十七上」**原文：

爾時，「世尊」作是思惟：「諸世間中，有何衆生，身口清淨，少塵少垢，諸結使薄，根熟利智，而我今『初說法』之時，不惱於我，而能速疾證知我法，不妨廢我『轉於法輪』？」

爾時，「世尊」如是思惟：「有『五仙人』，彼『五仙』者，昔日與我大有利益，我在『苦

行』，承事於我。彼等『五仙』，並皆清淨，少垢少塵，薄使利智，彼等堪能受我『最初轉於法輪』所說妙法，應不違我。我今應詣彼『五仙』邊，初爲說法。」

爾時，「世尊」復如是念：「彼等『五仙』，今在何處？」

是時「世尊」，以「淨天眼」過於「人眼」，觀彼「五仙」，今日在彼「波羅㮈城鹿野苑」內，經歷遊行。……………。

爾時，「世尊」飛度「恒河」，達到彼已，從於彼岸，復作「神通」，飛騰而向「波羅㮈城」。……………。

爾時，「五仙」遙見「世尊」漸至其邊，見已各各共相謂言：「我等要誓，諸長老等，此之來者，是彼沙門『瞿曇釋種』，向我邊來。此『懈怠人』，喪失『禪定』，以『懈怠』故，全身纏縛。而我等輩，不須敬彼，不須禮彼，不須迎彼，不須與彼安置坐處。雖然，但且隨其意樂，隨其自坐。」唯「憍陳如」，獨一人心不同此誓，而口不違。……………。

爾時，「世尊」漸漸近彼「五仙人」邊，既逼近已，而彼「五仙」，各各相與坐不能安，忽自違誓，各各欲起。……………。

爾時，「世尊」隨其鋪設，安庠而坐。……………。

爾時，「五仙」見佛坐已，而白佛言：「長老瞿曇！身色皮膚，快好清淨，面目圓滿又足光明，諸根寂定。『長老瞿曇』！必當值遇『妙好甘露』，或得『清淨甘露聖道』。」

爾時，「世尊」卽便告彼「五仙人」言：「汝等仙人！莫喚『如來』爲『長老』也。所以者何？

汝等『仙人』！當來長夜，應值苦患。何以故？我今已證『甘露之法』，我今已得『甘露之道』。汝隨我教，汝聽我言，我能教示於汝等輩。汝隨我語，不得乖違，若依我教，清淨而行，若『善男子』及『善女人』，正信捨家，剃除鬚髮，出家欲求『無上梵行』，盡『梵行』源，現見諸法，自在神通，證得行行，自能唱我，已斷生死，已立『梵行』，所作已辦，更不復受於後世有。汝等各當如是自知。』……………。

爾時，「世尊」從口出舌，至二耳孔，至二鼻孔，以舌拄塞二鼻孔已，還復以舌，自舐於舌，遍覆其面，覆已還縮，依舊還置舌本居處安置已，告「五仙人」言：「汝等仙人！曾自眼見，或復耳聞，若人妄語，有如是『舌神通力』不？」

彼等仙言：「不也。尊者！」……………。

爾時，「世尊」以如是教，誨彼「五仙」。彼仙所有外道之形、外道之意、外道之藏，皆悉滅隱不現，身上所著之服卽成三衣，手執鉢器，頭髮髭鬚，自然除落，猶如剃來經於七日，威儀卽成，形容譬如「百夏比丘」，威儀行步，坐起舉動，如是而住。……………。

爾時，「世尊」善能教誨彼「五比丘」，令其內心各生歡悅，使其獲證，隨順正理，各各歡喜。時「五比丘」，心開意解，隨順「世尊」，諮承世尊，聽「世尊」教，隨「世尊」心，不違「世尊」所說教法，聞說諦受奉侍「世尊」，無暫時捨。

●《佛本行集經》卷第三十四「轉妙法輪品下」原文：

……………。

爾時，佛告「諸比丘」言：「汝等比丘！至心諦聽！有『四聖諦』。何等爲四？謂『苦聖諦』，『苦集聖諦』，『苦滅聖諦』，『得道聖諦』，如此名爲『四種聖諦』。」……………。

「諸比丘！我以此『四聖諦』三種轉如實十二相證，然後始得『阿耨多羅三藐三菩提』，如是可言『我覺了』也。」……………。

佛說如是法相之時，長老「憍陳如」，卽於彼坐，遠塵離垢，除諸纏縛，淨諸煩惱。於諸法中，得「淨眼智」，所有集法，一切皆滅。……………。

時，「憍陳如」，知彼法行，從坐而起，頂禮佛足，胡跪合掌，而白佛言：「善哉！世尊！我入『佛法』，『世尊』度我，以爲『沙門』，與『具足戒（僧尼所受戒律之稱。意謂戒條圓滿充足，故名。）』，願作『比丘』。」

爾時，佛告「憍陳如」言：「善來比丘！入我法中，行於『梵行（謂清淨除欲之行）』，盡苦邊故。」

是時，長老「憍陳如」，身卽便「出家」，成「具足戒」；餘「四比丘」，各說法要，隨機教授。……………。

十四、十大弟子之一「富樓那（說法第一）」

「富樓那」爲「釋迦牟尼佛」的十大弟子之一，全名「富樓那彌多羅尼子」，意譯爲「滿慈子」，「滿」是其名，「慈」是其母姓，從母得名，故稱「滿慈子」。

「富樓那」為「迦毗羅婆蘇（即迦毗羅衛）人」，「淨飯王國師」之子，屬「婆羅門種」。容貌端正，自幼聰明，能解《韋陀》等諸論，長而厭俗，欲求解脫，遂於「悉達多太子」出城之夜，與朋友三十人同時於「波梨婆遮迦法」中出家，入「雪山」，苦行精進，終得「四禪五通」。

等到「悉達多太子」成道，於「鹿野苑」轉「法輪」，「富樓那」就來到「佛所」求「出家受具足戒」，後來證得「阿羅漢果」。

因為「富樓那」專長於「辯才無礙」，善於「分別義理」，後來專事「演法教化」，因為聞其說法而「解脫得度者」，多達九萬九千人，故被「釋迦牟尼佛」譽為「說法第一」。

●《佛本行集經》卷第三十七「富樓那出家品第四十」原文：

爾時，「憍薩羅聚落」，去「迦毘羅婆蘇都城邑」其間不遠，有一「村陌」，彼村有一「大婆羅門」，為「淨飯王」作於「國師」，其家巨富，多饒財寶，乃至屋宅，猶如「北方毘沙門天宮殿」無異。

彼「婆羅門」，有於一子，名「富樓那彌多羅尼子（隋言滿足慈者）」，極大端正，可喜少雙，為諸衆人之所樂睹。巧智聰慧，細意細心，能誦一切「韋陀論」徹，既自解已，復能教他。具解三種「韋陀舊解尼乾陀論」，「祁輸婆論」，「解破字論」，又能宣說往昔諸事「五明之論」，一句半句，一偈半偈，皆能分別，亦復通解受記之論，於世辯中，悉皆具解六十種事，有「大人相」。

「淨飯大王」「悉達太子」當生之日，其「彌多羅尼子」亦共同時而生。彼人本性，厭離世間，志求解脫，於煩惱中，恒有驚怖，心常寂定。往昔已曾見諸佛來，彼諸佛邊，種諸善根，作多福業，薰習其心，志「涅槃門」，不樂煩惱。於一切有諸生死內，皆悉遠離，已作於行，諸纏壞爛，取因為力，至「成熟地」，到「聖法」故。

時，「富樓那」獨坐思惟：「我父既為『輪頭檀王』而作『國師』，須多經營，備多種技，處『王法』中，代王斷事。又復其兒『悉達太子』，決定與彼『輪頭檀王』一種無異，應當必作『轉輪聖王』。我父若無，我身決定與彼『悉達轉輪聖王』而作『國師』。

我父既為『小王國師』，今以如是無暫閑時，況復欲作『轉輪聖王』大國之師，普於國內，辨事有閑，終無是處。我今預前，當作何事？當作何計？我今唯有『捨家出家』。」

時，「富樓那」如是念已，當「菩薩」夜出家之時，夜半默然，不諮父母，共其朋友，足三十人，從家而出，逕往至於「波梨婆遮迦法」之中，請乞「出家」，居在「雪山」，苦行求道。彼等諸人，勇猛精進，不暫休息，其三十人，一時成就，獲得「四禪」并及「五通」。

時，「富樓那苦行仙人」，自思惟言：「我今應可內自觀察『悉達太子』受『聖王位』時節至未？」而「富樓那」以「天眼」觀，睹見「世尊」在「波羅㮈鹿野苑」中，證得「無上阿耨多羅三藐三菩提」，已轉「無上微妙法輪」，為「諸天人」分別說法。

見已，卽至「諸朋友」邊而告之言：「汝等今可生『歡喜心』作大踊躍，今彼『悉達大聖太子』出家，已證『無上菩提』，『證菩提』已，已轉『無上清淨法輪』。『世尊』今日，現在於彼『波羅

棕城鹿野苑』內，為『諸天人』說法開示，汝等今可共我相隨至於彼邊行於『梵行』。」

是時，彼等「諸朋友輩」，歡喜報言：「仁語善也，我等順從。」

時，「富樓那苦行仙人」，舉身卽共三十朋友，從「雪山」下，飛昇而行猶如「鴈（ㄧㄢˋ，同雁）王」騰於「虛空」，至「波羅棕鹿野苑」下，往詣佛邊。到佛所已，頂禮佛足，以兩手執「世尊」之足摩挲頂戴，舉頭以口嗚「如來」足，起在佛前「胡跪」，以偈讚歎佛言……………。說是偈已，「富樓那」等若干仙人，舉聲從佛，乞求「出家」，如是白言：「唯願世尊！哀愍我等！我等心願，欲得『出家』，慈悲怜故，度脫我等。」

爾時，佛告「富樓那」言：「汝富樓那！今可速起，當隨汝意，我與汝等，從心所願。」

時，「富樓那」得「如來」聽其「出家」已，乞受「具足」，及其朋友二十九人。彼「長老輩」，既得「出家」受「具戒」竟，未久之間，各各用心，獨臥獨行，獨坐獨立，勇猛精進，行坐空閑「阿蘭若」處，各各別行用心謹慎，不曾放逸，恒住空閑，時節不久。……………。彼等一切，諸「長老輩」，既證知已，悉成「羅漢」，以「心善」得一切解脫，皆成「大德」，一切皆悉能作大事，利益衆生。

爾時，「世尊」告「諸比丘」，作如是言：「汝等當知！『說法人』中最第一者，卽此『富樓那彌多羅尼子』是也。」……………。

十五、十大弟子之二「大迦旃延（論義第一）」

「大迦旃（ㄓㄢ）延，又稱作「摩訶迦旃延」，意譯「大剪剔種男」，原名「那羅陀」，爲「釋迦牟尼佛」的「十大弟子」之一，西印度「阿槃提國人」。「那羅陀」的本種族姓是「迦旃延」，以本姓故，衆人稱言「大迦旃延」。

「大迦旃延」是「獼猴食聚落」「大迦旃延婆羅門」的第二子，名「那羅陀」。初入國都「優禪耶尼城」附近的「頻陀山」中，跟從外舅「阿私陀仙人」學習「吠陀之教」。

後來，「阿私陀仙人」見「釋迦牟尼佛」出生時的相好莊嚴，預言將來必能成佛，遂於命終遺言，令「大迦旃延」禮拜「釋迦牟尼佛」爲師。「大迦旃延」出家歸佛後，從其本姓稱「大迦旃延」，勤行不懈，證得「阿羅漢果」。

「釋迦牟尼佛」滅度後，「大迦旃延」尚存，仍從事「教化」，屢與「外道」論戰，於「釋迦牟尼佛」弟子中，被「釋迦牟尼佛」稱爲「論議第一」。

●**《佛本行集經》卷第三十七「那羅陀出家品第四十一上」原文：**

爾時，「閻浮」「南天竺」地有一國土，名「阿槃提」，彼國土中有一聚落，名「獼猴食」。其聚落內，有一「巨富婆羅門」，姓「大迦旃（ㄓㄢ）延」，其家多有資財珍寶，奴婢六畜，穀麥豆麻，屋宅園林，種種豐足，乃至如彼「毘沙門宮」，無有殊異。

彼「婆羅門」，聰明智慧，讀誦受持「三韋陀論」，博通諸物，「一事十名」祇輈婆等，文句字

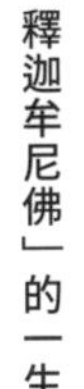

論，往昔過去，一切諸事，「五明之論」，知句半句，分別世間「諸受記論」，及六十種大丈夫相，皆悉具足讀誦通知，與「嚴熾王」作「國大師」。

時，彼「國師大婆羅門」，第一長子，辭家遊歷他國學問，不知厭足，處處尋師，具解「諸論」，技成就已，還歸本家。既奉見父，卽諮白言：「善哉阿爺！我今學問種種通達，爲我聚集一切大衆，我欲誦出『韋陀論』等及諸技能。」

父聞歡喜，卽爲集衆。兒見人集，卽在衆前，所誦一切「韋陀論」等及諸技能，皆不隱藏，悉並誦出。而彼大衆，卽便共尊彼「國師子」，推爲「上座」，其父卽將種種珍寶，而供養之。

時，彼「國師大婆羅門」，復更別有第二之子，名「那羅陀（隋言不叫）」，其父告彼第二子言：「汝那羅陀！今可捨家出至他國，受學誦習『韋陀諸論』，令如汝兄。」而「那羅陀童子」之兄，當誦一切「韋陀論」時，其「那羅陀」一聞卽便一切受持。

時，「那羅陀」聞此語已，卽白父言：「善哉阿爺！我已通解一切『韋陀』及『呪術』等，『阿爺今可爲我，聚集一切大衆，我於衆前，誦『諸韋陀』及以技能。

其父聞子如是語已，心生希有！卽集大衆，集大衆已，諸種安置。時，「那羅陀」在大衆前，誦「諸韋陀一切論」等。

爾時大衆，聞已各各心生歡喜，讚歎彼言：「善哉善哉！『大智童子』！快能誦習『諸韋陀論』。」其父復將種種財寶，以用供養。

爾時，「長兄」聞「弟」誦通「一切諸論」，心生苦惱，作如是念：「我無量年遊歷諸國，學習

種種所誦『呪論』，心慮煩勞，方始誦持『諸呪』術得。其『那羅陀』，云何聞已，皆少時間，受持淨遍？

而其少年，尚得如是，若後成長，必定應當作『王國師』。以是因緣，我須方便（謂以靈活方式因人施教，使悟佛法眞義。）除滅其體，如是則我得成大利；若不然者，終奪我位。」

爾時，其父知自「長子」內心，如是於「那羅陀」私生惡念，既覺知已，作是思惟：「我此『小兒』，聰慧可憐，勿令爲兄之所奪命。」作是念已，「應須方便（謂以靈活方式因人施教，使悟佛法眞義。）莫令其知。」

爾時，南方有一城，名「優禪耶尼」，去城不遠，有「頻陀山」，其山中有一「老仙人」，名「阿私陀」，在中居住。彼「仙洞」解一切「韋陀」并及「諸論」，以得「四禪」，具「五神通」。是「那羅陀童子」外舅。

是時，「國師大婆羅門」并及其婦，卽將其子「那羅陀」身往彼山中，對共付囑「阿私陀仙」，以爲「弟子」。其「阿私陀」既受領得「那羅陀」已，教詔顯示，不久成就，獲得「四禪」、具「五神通」。

爾時，梵志「阿私陀仙」，將其弟子「那羅陀」身，卽出山向「波羅㮈城」，卽於城外，造立「草庵」，在中居住。晝夜六時，作如是教，大聲唱言：「善哉善哉！汝『那羅陀』，佛今出世（如是三稱）。汝應彼邊，剃落出家，修行『梵行』，必當長夜大得利益，大得快樂，自利身已復應利他。」

爾時，彼「老阿私陀仙」作如是語，教其弟子「那羅陀」已，不經多時而取命終。「阿私陀仙」命終之後，時彼梵志「私陀仙人」所有世間利養名聞，悉是弟子「那羅陀」得。時，「那羅陀」以世利養名聞多故，貪戀著心，無有正念，更不作想求覓勝上，不信「有佛有法有僧」。

爾時，海內「伊羅鉢龍（隋言藿香葉）王」，既受「龍身」，心生厭離，欲求解脫，不樂於彼穢濁惡想，而作是念：「往昔世尊『迦葉如來』、多陀阿伽度、阿羅呵、三藐三佛陀，親授我記：『汝大龍王！從今已去，過若千年，若干百年，若干千年，若干百千年，若干百千萬億年，當有一佛出現於世，號釋迦牟尼多陀阿伽度、阿羅呵、三藐三佛陀。』而今已過如是無量無邊億數百千萬年，叵有彼佛『釋迦如來』出世以不？」

爾時，復更有一「龍王」，名曰「商佉（隋言螺）」，彼「龍王宮」，常有無量「龍眾」聚會。而彼會處，多「諸龍王」百千雲集，「伊羅鉢龍王」亦在彼宮。

是時，有一「夜叉之王」，名曰「金齊」，與「伊羅鉢龍王」善友，亦在彼「龍眾會」中坐。

爾時，「伊羅鉢龍王」卽於眾中，告「夜叉王」作如是言：「仁者！汝今頗知世間『釋迦如來』、多陀阿伽度、阿羅呵、三藐三佛陀出現世未？」

是時，「夜叉」報「龍王」言：「大善龍王！我實不知『釋迦如來』出現已未？雖然，『龍王』！但我今知，彼曠野中有於一城，其城本是『夜叉宮殿』，名『阿羅迦槃陀（隋言壙野宮殿）』，彼城先來有『二偈文』，而彼偈云：「若無有佛出現世間，終無人能讀此偈者；設復有讀，亦不能解此之偈意。若當有佛出現世時，卽得讀知，無人『解義』，唯有『如來』、多陀阿伽度、阿羅呵、三藐三佛陀，能說此義，或有從佛聞而得解。」

爾時，「伊羅鉢龍王」告彼「夜叉王」如是言：「仁者！汝今可往至彼讀取彼偈得來以不？」

是時，「金齊夜叉之王」，從「伊羅鉢龍王」邊受如是言已，卽便往至彼「阿羅迦槃陀宮殿」，受讀彼偈，得已速疾還向「伊羅鉢龍王」邊。到已卽白「伊羅鉢」言：「大善龍王！今日應當心生歡喜。

所以者何？『釋迦牟尼』多陀阿伽度、阿羅呵、三藐三佛陀大聖如來，今已出世。何以得知？遂能令我得讀彼偈，我已受持彼偈將來，若有人能解此偈意復能宣說，卽應當知此是『眞佛』。」

爾時，「伊羅鉢龍王」心大歡喜，踊躍遍身，不能自勝，卽從「金齊夜叉王」邊受取彼偈。

爾時，「商佉龍王」有女，名曰「常分」，端正可喜，最上花色，衆人所愛，世無有雙。

爾時，彼會「諸龍王」等作如是念：「我今應當至月八日、十四、十五，或二十三及二十九并三十日，將『好金器』滿盛『銀粟』，於『銀器』內滿盛『金粟』，將此『龍女』，莊飾其體，以『妙種種瓔珞』嚴身，從此『龍宮』出，置於彼『恒河』岸上，著於露地，說此『二偈』，以示衆人。」

「在於何自在，染著名爲染，彼云何清淨？云何得癡名？癡人何故迷？云何名智人？何會別離已，名曰盡因緣。」

時，彼「龍王」說此偈已，遍告一切「諸世間」言：「若有能解誦此偈者，我等卽當以此『金銀盛滿粟』等，并及『龍女』，持用布施，卽取彼人，作於佛想。若當有人傳從他聞來爲我說，亦然布

施。」

時，「商佉王」及「伊羅鉢諸龍王」等，欲見「世尊」，渴仰「世尊」，思遲「世尊」，恒以白月黑月八日、十四、十五，將「好金器」滿盛「銀粟」，於「銀器」內復盛「金粟」，及彼「龍女」種種嚴身，將至「恒河」岸上，安置住於陸地。

彼「二龍王」相與而說「此二偈」言：「在於何自在，乃至盡因緣。」復作是言：「若有人能解此偈義，我等將此二器金銀，并及端正可憙龍女，以用布施。」…………。

時，「那羅陀童子仙人」，居止在於「摩伽陀國」，爲諸人民而作「導師」，彼國男女，尊重供承讚歎歌詠「那羅陀仙」，…………。

是時，彼國「摩伽陀內」所有人民，作如是念：「此『那羅陀仙聖童子』，既自知見，教他知見，我等於『彼二龍王』邊，聞斯『二偈』，無人能誦，無人能答，我等今可至『那羅陀童子仙』邊，到已應說如此之事。」

作是念已，「摩伽陀國」諸「婆羅門」及「長者」等，卽便往至「那羅陀仙童子」之所，到已詳共白「那羅陀童子仙」言：「仁若知時，『恒河岸』上有『二龍王』，一名『商佉』，二名『伊羅鉢』，常以白月黑月六日，從『恒河水』出於陸地，將『金銀器』，盛粟及女，乃至『誰能解此偈義』，卽施與彼說此二偈，偈云：『在於何自在，乃至盡因緣。』」

爾時，「那羅陀仙人童子」…………。卽便告彼「摩伽陀國」諸「婆羅門大長者」等，作如是言：「我共汝等！一時往詣『二龍王』邊，請說『二偈』，尋取其義。」

爾時，「童子那羅陀仙」，共「摩伽陀」長者人民「婆羅門」等，左右圍遶，推「那羅陀童子仙人」最爲「上首」，向「二龍」邊。到已告言：「二大龍王！願爲我等說於『二偈』，我得聞已，思惟取義。」

爾時，「商佉二龍王」等，卽爲「彼仙」，說二偈云：「在於何自在，乃至盡因緣。」

爾時，「童子那羅陀仙」告彼「二龍」，作如是言：「我今於汝二龍王邊，受此『二偈』，從今已去，過七日外，當來汝邊答報偈意。」

時，彼「二龍」白「那羅陀童子仙」言：「如仁者教，作如是事。」……………。

爾時，「恒河」此彼兩岸，有於八萬四千衆類，悶然集聚，皆共欲聽「那羅陀仙」及「二龍王」解說偈時。

時，「波羅㮈」居住在城，有「諸六師」，各自稱言：「我是『尊者』。」所謂「富蘭迦葉、摩薩迦梨瞿奢梨迦、阿耆多祁奢迦摩羅、波羅浮多迦遮耶那、刪闍夷毘羅師誰富多羅、尼乾他若祁富多羅」等。

時，「那羅陀童子仙人」，卽便向彼「諸六師」邊，欲問「偈義」，到已卽問此二偈意。而「彼六師」，既不能解此偈義意，更復增上，於「仙人」邊起瞋恚心，還反問於「那羅陀仙」，作如是言：「此之二偈，有何意也。」

爾時，「世尊」初證「正覺」，居住在彼「波羅㮈城鹿野苑」內「舊仙人林」。時，「那羅陀童子仙人」，自心如是思惟念言：「此『沙門』在『波羅㮈城鹿苑舊仙』所居林內，我今可向彼邊借問

此二偈意。」………。

爾時，「童子那羅陀仙」卽詣「佛」邊，到「佛所」已，共佛相瞻，慰喻面款，種種善言，巧語談話訖已，卽便卻一面坐。

其「那羅陀摩那婆仙」一面坐已，卽白佛言：「大德尊者！沙門『瞿曇』！我欲諮問『尊者』一義，未審『尊者』，許我以不？」

是時，「佛」告「摩那婆」言：「汝摩那婆！隨所有問，我當爲解。」

時，「那羅陀摩那婆仙」得「佛」許已，卽便說偈，而問佛言：「在何自在王，染著名爲染，彼云何清淨？云何得癡名？癡人何故迷？云何名智者？何會別離已，名曰盡因緣。」

爾時，「世尊」聞彼說已，卽還以偈答「那羅陀摩那婆」言：「第六自在故，王染名曰染，無染而有染，是故名爲癡。以沒大水故，故名盡方便（謂以靈活方式因人施教，使悟佛法眞義。），一切方便盡，故名爲智者。」

爾時，「童子那羅陀仙」從「佛」得聞如是偈已，心意開解，生大歡喜，踊躍遍身，不能自喻。聞已卽便奔走往詣彼「商佉」所，及「伊羅鉢」二龍王邊，到彼「二大龍王」邊已，卽便告彼「二龍王」言：……………。『第六自在故，乃至名爲智。』

爾時，「伊羅鉢龍王」說偈讚歎「佛世尊」已，復更重白「那羅陀仙」作如是言：「那羅陀仙！仁言佛也！」

時，「那羅陀摩那婆仙」答「龍王」言：「我言佛也（梵本再問再答）。」

「龍王」復言：「那羅陀仙！如此嗚吼，出世甚難，所謂彼佛『佛世尊』也。那羅陀仙！彼阿羅呵、三藐三佛陀，今在何方？」

時，「那羅陀摩那婆仙」即整衣服，偏袒右肩，合十指掌，向佛在方，示「龍王」言：「汝等龍王！若欲知者彼佛、如來、多陀阿伽度、阿羅呵、三藐三佛陀，今在某方。」

時，「伊羅鉢龍王」知「佛處」已，即整衣服，偏袒右肩，右膝著地，向「佛所在」，合十指掌，三稱此言：「南無世尊、多陀阿伽度、阿羅呵、三藐三佛陀（如是三說）。」

時，「伊羅鉢龍王」白「那羅陀童子仙」言：「摩那婆仙！相隨共向彼『世尊』、多陀阿伽度、阿羅呵、三藐三佛陀所，禮拜供養。」

時，「那羅陀」報「龍王」言：「善哉龍王！我等共去。」

時，「伊羅鉢」并及「商佉」二大龍王，自餘無量「諸龍眷屬」，「那羅陀仙摩那婆」等，八萬四千「諸衆生輩」，欲向「佛所」。……………。

爾時，「世尊」既遙睹見「伊羅鉢龍」漸漸而來，見已告言：「善來善來！『伊羅鉢龍王！經歷多時不曾相見，王今身體安隱以不？少病少惱，及『諸親眷』，並無疾耶？」

●《佛本行集經》卷第三十八「那羅陀出家品」原文：

……………。時，「伊羅鉢」即隱本形，別更化作「摩那婆」身，近「世尊」前，頂禮佛足，卻住一面。住一面已，即更親誦彼二偈文，而重問佛：「在何自在王，染著名爲染，彼云何清淨？云何得癡名？癡人何故迷？云何名智者？何會別離已，名曰盡因緣。」

爾時，「世尊」復還以偈答龍王言：「第六自在故，王染名曰染，無染而有染，是故名爲癡，以沒大水故，故名盡方便（謂以靈活方式因人施教，使悟佛法眞義。），一切方便盡，故名爲智者。」……………。

爾時，「世尊」說此偈已，其「那羅陀摩那婆仙」，卽「離欲法」。

爾時，「伊羅鉢龍」見佛聞法，瞻仰尊顏，悲喜相交，淚下如雨。……………。「世尊！我以是緣，今復問『佛世尊』，我何時得脫此『龍身』？更何時得復於『人身』？」

爾時，「世尊」告「伊羅鉢大龍王」言：「汝大龍王！從今已去，過若干年，乃至如前若干億年，於後當有佛出於世，名曰『彌勒』、多陀阿伽度、阿羅呵、三藐三佛陀，汝於彼時，當得『人身』。時彼世尊，度汝出家，修行『梵行』，得盡諸苦。』

爾時，「世尊」爲「伊羅鉢」，更復說法，令其歡喜，勸示教言：「來汝龍王！『歸依佛、歸依法、歸依僧』，受持『五戒』，而汝當得長夜利益，大得安樂。」

「伊羅鉢龍」旣從佛聞如是語已，卽白佛言：「如世尊教，我今歸依『佛法僧寶』，受持『五戒』。」……………。爾時，「伊羅鉢龍王」頂禮佛足，遶佛三匝，辭佛而還。

爾時，「世尊」告彼八萬四千衆等，其「那羅陀」最爲「上首」，次第爲說，所謂「教行布施持戒，得上生天」，又說欲中多諸過患，令生厭離，證於「漏盡」，又教「出家讚歎功德，助成解脫」。而「世尊」知彼諸大衆，「那羅陀」等最爲「上首」，各各皆生歡喜之心，生踊躍心，生柔軟心，得「無礙心」。

爾時，「世尊」所有教法，令他歡喜眞正要趣，謂「四聖諦」，「苦集滅道」。「世尊」既將此「四聖諦」，種種「方便（謂以靈活方式因人施教，使悟佛法眞義。）」，解說顯示，教誨建立，分別宣揚，教行學習，如是「生苦」，如是「苦集」，如是「苦滅」，如是「得道」。「世尊」以此「四種聖諦」種種因緣，顯示宣說，乃至教行。………………。

爾時，「童子那羅陀仙」，已見諸法，已得諸法，已證諸法，已入諸法，度諸所疑，度諸所惑，無復疑網，已得無畏，不隨他語，已知「世尊」法教微密，卽從坐起，頂禮佛足，而白佛言：「唯願世尊！與我『出家』及『具足戒』。」

爾時，佛告彼「童子」言：「善來比丘！入我法中，行於『梵行』，正盡諸苦，令到其邊。」

時，彼長老，便成「出家」，「戒行具足」。是時，「長老那羅陀比丘」，既「出家」已，「具戒」成就，未經幾時，獨行獨坐，捨於衆鬧，謹愼身口，不曾放逸，精勤勇猛，無懈怠故。

不久之間，其善男子，所爲出家「無上梵行」，進於彼岸，現見諸法，自證諸通，證已自知，自見自覺，而口唱言：「生死已盡，『梵行』已立，所作已辦，更不受後有，如是了知。」

而「彼長老」卽成「羅漢」，心善解脫，慧善解脫。而「那羅陀長老比丘」，既得「羅漢」無著之果，空閑獨處，作如是念：『我今可詣佛世尊所，以偈問佛。』爾時，長老那羅陀比丘，於晨朝時，從房而出，往詣佛所，到佛所已，頂禮佛足，卻坐一面，坐一面已，時那羅陀卽便以偈，問佛義言………………。

爾時，「世尊」說此偈已，其「那羅陀」，心意開解，歡喜踊躍。」

（又有師言：「而此長老『那羅陀』者，其本種族姓『迦旃延』，以本姓故，衆人稱言『大迦旃延』。」）

又復「長老大迦旃延」，佛曾記言：「汝等比丘！今應當知！我此『聲聞大衆』之中，捷利取義，聞有廣說，而其聰敏，悉能領悟，或少聽受，而能爲他廣分別說，最第一者，所謂卽此『大迦旃延比丘』是也。」……………。

十六、十大弟子之三「大迦葉（頭陀第一）」

「大迦葉」又稱爲「摩訶迦葉、迦葉波、迦攝波」，是「釋迦牟尼佛」的「十大弟子」之一，而且居上首，意譯爲「飮光」。

「大迦葉」生於「王舍城」近郊的「婆羅門家」。於「釋迦牟尼佛」成道後，第三年成爲「佛弟子」，八日後卽證入「阿羅漢」境地，爲佛陀弟子中最無執著之念者。

「大迦葉」人格清廉，深受「釋迦牟尼佛」的信賴，於「佛弟子」中，曾受「釋迦牟尼佛」分予半座。在「佛弟子」中，「大迦葉」是修「無執著行」之第一人，被「釋迦牟尼佛」譽爲「頭陀第一」。

在「靈山會」上，「大梵天王」持「金色波羅花」獻佛請法，「釋迦牟尼佛」拈花示衆，與會百萬人天均不明所以，唯有「大迦葉」心領神會，破顏微笑，「釋迦牟尼佛」遂開口道：「我有正法眼藏、涅槃妙心，已咐囑摩訶迦葉。」

「釋迦牟尼佛」入滅後，成為「教團」的統率者，於「王舍城」召集「第一次經典結集」。在付法「阿難」之後，「大迦葉」始入「雞足山」入定，承擔將「釋迦牟尼佛」衣缽傳予「彌勒菩薩」的使命，方行「涅槃」。

禪宗以「心印心」的公案，由此流傳兩千五百年，尊奉「大迦葉」為「西天第一代祖師」。

「大迦葉」還有一個「夫妻同修」的故事。

話說「大迦葉」生於「摩竭陀國」「王舍城」近郊，為「大富婆羅門」的「獨子」。由於身具三十相好，紫磨金色光明晃曜，取名為「大迦葉」，意為「飲光」。

「大迦葉」性喜恬靜，不樂嬉戲，自幼卽憧憬「修道生活」，雖然出身富貴之家，卻不為「塵世俗物」所羈。

「大迦葉」成年時，「父母」想要「大迦葉」娶妻生子，以免家業後繼無人。但是，「大迦葉」的「向道心志」篤切，屢次婉謝「父母」的美意，卻始終無法改變「父母」迫切安排「親事」的心意。

不堪煩擾的「大迦葉」，為了推掉婚事以絕後慮，特地尋找巧手工匠，鑄造一尊「純金女神像」交給「父母」，言明若非「貌美賢德」如「此金像女子」不娶。

「婆羅門夫婦」於是派人四處尋訪，終於尋獲一位端莊高貴的婆羅門女「跋陀羅迦卑梨耶」。沒想到，新婚妻子「跋陀羅迦卑梨耶」竟亦深切嚮往「修行」，於是二人相約，共度「清淨無欲」的

「居家修行生活」，不論「父母」如何阻撓，兩人「修道」的願望卻是不改於心。

十二年後，雙親先後辭世，「大迦葉」夫妻二人體悟「世間無常」，眾生流轉於「生死輪迴」，造業不止，於是決定「出家修行」。正當「大迦葉」遣散奴僕，離家訪師那天，正是「釋迦牟尼佛」成道的日子。

後來的故事，我們直接看原文吧！

●《佛本行集經》卷第四十五「大迦葉因緣品第四十七上」原文：

爾時，去彼「王舍大城」，不近不遠，有於一村，名「新豎立」。………………。而彼村內，有一「大富婆羅門」，名「尼拘盧陀羯波（隋言堪用樹）」。彼大長者，巨富饒財，多有「驅使（ㄑㄩ，隨從）」，乃至其家，猶如北方「毘沙門天宮宅」無異。而彼「長者大婆羅門」，領五百村，處分「驅使」，受其節度。………………。而彼「大富婆羅門婦」，至其園中，遊戲觀看，彼婦因在一「畢鉢羅樹」下而坐。

爾時，彼婦先舊「懷娠」，卽便在彼樹下而產生一童子，可憙端正，眾人樂觀，世間無比，猶如金像。而彼童子初生之時，於彼樹上，卽自然出一妙天衣。彼衣現已，其父母見，作是思惟：「此之『天衣』，必是『童子』福德故生。」是故卽因此之瑞相，名「畢鉢羅耶那（隋言樹下生）」。………………。

爾時，「童子」福德因緣，養育未幾，漸向增長，不久之間，成就智慧，乃至稍大，能行能走。而其父母，及胎年數至滿八歲，卽爲其受「婆羅門戒」，既受戒已，卽便付囑父母家業，諸雜技藝，

祭祀法式，悉遣令教，所謂書畫算數刻印，及「四韋陀諸授記法」，世辯言談，受持杖法，大呪術法，「闡陀之論」，種種文章，五行星宿，度數陰陽，渧漏知時。一日一夜，凡若干時，如是則凶，如是則吉。

又復「童子」，……………。既自學已，復能教他，受他物時，或施他物，皆悉學得。於世間中，無所不達，無處不知，叡智捷疾，黠慧聰明，敏博辯才，利根多巧。

而彼「童子」，本性質直，常「厭世間」，知慾不淨，心生捨離。以昔曾見「諸佛世尊」，於彼佛邊種諸善根，修諸功德，已得成就，知諸食相，心多欲入向「涅槃門」，常欲求出，捨諸煩惱，不受一切世間有爲，不受一切生老病死，往昔修行，以爛一切諸業繫縛，因此智力，至成熟地「一生補處」。

時，「畢鉢羅耶那童子」父母見其年漸長成，堪受世慾，如是知已，卽告彼言：「耶那童子！我欲爲兒『娉娶女子』與兒爲侍。」作是語已，時「畢鉢羅耶那童子」，白父母言：「波波摩摩！我心不樂『娶妻畜婦』，我意願樂『欲修梵行』。」

爾時，「耶那童子」父母告其子言：「我所愛子兒，今先須『生子立世』，然後任當『修於梵行』。何以故？此事相承傳聞說言：『若人無子，無有繼後，彼人終不得生天上。』」

時，彼「童子」報父母言：「波波摩摩！我今不用立世相傳，亦復不用繼續於後，我當『梵行』。」

如是父母再過三過告「畢鉢羅耶那童子」，作如是言：「『愛子』要須『立世娶婦』。何以故？

畏我等家當『絕嗣胤』。」

時，「畢鉢羅耶那童子」，乃至三過，被其「父母」如是惱時，卽便捉取「閻浮檀金（流經閻浮樹間之河流所產之沙金）」，教於「工匠」，作「婦女形」，作已將向其「父母」邊，出以示現，向其「父母」，作如是言：「波波摩摩！我不用受『五欲之樂』，願修『梵行』。若必『波波摩摩』，要欲爲我『娶婦持立世』者，必當須覓如是顏色如『閻浮檀金』形狀者。」

時，「畢鉢羅耶那童子」父母，既見如是事已，心大憂愁，悵怏不樂，心作是念：「我等何處能得『婦女』如『閻浮檀金色』形者？」

時，「拘盧陀大婆羅門」，坐於樓上，心裏不歡，默然而住。爾時，彼家有「婆羅門」，爲其「門師（在家人的佛門師父）」，恒常來往，至彼「大富婆羅門」家。

時，彼「門師婆羅門」來入其家已，而呪願彼「富婆羅門」，作如是言：「大施檀主！願汝增加一切財錢，吉祥果報，無所乏少，妻妾子息，願多增益。」復更重問其「家人」言：「汝之『大家』！今在何處？」

「家人」報言：「大婆羅門！我『大家』今在於樓上，心大悵怏，愁憂不樂，默坐而住。」

時，彼「門師婆羅門」卽至於「大富婆羅門」邊，如是白言：「願大施主！增長家計，宿昔何如？於『夜臥』時『食消』以不？又復夜共『愛人』相戲，受於快樂，『稱意』以不？」而彼「主人富婆羅門」，默然不報。

彼復問言：「汝今何故默然不報？我今如是與汝小來，同苦同樂，汝今何故不共我語？」

時，「拘盧陀大婆羅門」，向其「門師婆羅門」邊，委說前事，說已語彼「婆羅門」言：「我今何處得如是女如『閻浮檀金色』形者？」

爾時，「門師婆羅門」，報「大婆羅門」，作如是言：「汝大施主富婆羅門！莫愁莫苦！汝既為我作於『施主』，我所須者，衣食具度，常從汝得，我為汝覓求於如是『閻浮檀形金色』之女。汝心莫疑，我覓決得，我須『道糧』，并及『道伴』，汝覓與我，我共彼等，相隨而去，四方求覓。」

爾時，「大富婆羅門」聞如是語已，稱其所言皆悉辦具，及「徒伴」與。

時，彼「門師婆羅門」，得種種「資糧」，相發遣已，即作「四色神明繖蓋」，種種「莊挍」，立為「神明」，於其前作種種「音樂」，前後圍遶。或有傘蓋底打金作，其「神明面」或以銀作，或「頗梨（狀如水晶的寶石）」作神明之面，或「琉璃」作神明之面，作已別遣「三傘蓋」行向於餘方，其一自隨。

告彼「別道諸人」等言：「汝輩所至村邑方處，普告一切諸村女言：『此是神明，阿誰女能施設供養？若供養者，稱彼女心所欲求願，即得成就。』汝等當觀，其諸女內，若見有女作於金色，汝等當問其姓氏族名字住處，宜速疾來還向我邊。」如是語已，即便別去。……………

爾時，去彼「毘耶離城」不遠，有於一大村，名「迦羅毘迦（隋言赤黃色）」，時彼村內，有一「巨富大婆羅門」，名「迦毘羅（隋言黃赤）」。彼「婆羅門」，富足資財，多饒驅使，乃至彼家，猶如北方「毘沙門宮」，一種無異。

彼「婆羅門」，有於一女，名「跋陀羅迦卑梨耶（隋言賢色黃女）」，彼女可憙，端正殊絕，眾人樂見，世無有雙，不短不長，不麤不細，不白不黑，不紫不青，其在盛年，堪爲「天下玉女之寶」。

爾時，彼處「毘耶離城」，有一「節日」名爲「燃火」，其「節日」內，有「五百女」共來集聚，「跋陀羅女身」亦來集在彼會中。爾時，彼將「傘蓋神明大婆羅門」，詣向於彼「諸女」之邊，到已從囊卽出「神明」，示現彼等「一切諸女」，口作是言：「汝諸女輩！此是『天神』，最勝最妙，汝等各當供養祭祀，若有『女人』，供養『此神』，可有心願皆悉得成。」

爾時，彼等「一切諸女」，各將種種「末香」塗香花鬘散花，速走向彼「神明」之邊，口作是言：「我今供養『此天神明』。」唯自有彼「跋陀羅女」，獨不肯往近彼「神明」，而彼「一切諸女」伴輩強抱其將往「神明」邊，亦到彼處。其威光力，彼「閻浮檀金色之形」卽無威光，便失本色。

爾時，彼處「跋陀羅女」，於「女伴」邊出力挺身，卽便得脫，走向自家，白己父母，作如是言：「波波摩摩！願莫將我與於餘人。何以故？我今不用人作夫主，我心中欲『修行梵行』。」……………。

爾時，彼所求女「門師大婆羅門」，將「閻浮金女形」行者，既睹於彼「跋陀羅女」見已，問彼「諸別」女言：「此女是誰？誰家所生？」

時，「彼諸女」報於「彼客婆羅門」言：「此處有一『最勝巨富大婆羅門』，名『迦毘羅』，彼是其女。」

爾時，「彼客婆羅門」聞此因緣已，日將欲沒，至黃昏時，漸到於「彼富婆羅門迦毘羅家」。到其家已，從乞寄宿，而彼家人，卽便許可，借其宿處。

時，「彼寄宿客婆羅門」，過其夜已，至彼後日於晨朝時，詣「迦毘羅婆羅門」邊，到其邊已，卽在其前而呪願言：「願此仁者『婆羅門家』，常勝增長。」作於如是呪願畢已，卻坐一面。

其「迦毘羅」問於「彼客婆羅門」言：「仁者！昨夜安隱以不？宿昔何如？」

是時，「彼客婆羅門」，報作如是言：「我昨夜中，甚大安隱，快樂無惱。」

爾時，彼家「跋陀羅女」，於晨朝時從眠臥起，至其父邊，到已頂禮於其父足，卻立一面。

時，「彼求女客婆羅門」，白「迦毘羅富婆羅門」，作如是言：「善哉仁者！此是誰女？」

其「迦毘羅」報「彼客」言：「是我之女。」

「彼婆羅門」復問：「仁者！此女頗有與處以不？」

「迦毘羅」言：「此女未有許與他處。」

時，「彼求女客婆羅門」，卽白主人「迦毘羅」言：「大富仁者！『摩伽陀國』有一『聚落』，名『摩訶娑陀羅』，彼『聚落』內有於一村，其村還名『摩訶娑陀羅』，其中有一『大婆羅門』，名『尼拘盧陀羯波』，巨富饒財。

彼有一子，名『畢鉢羅耶那摩那婆』，諸義自解，復能教他，於『三韋陀』，悉皆洞解。復解『一事十名之論』，及『尼乾輸書論』，『往事五明論』等，一句半句，一偈半偈，皆能分別。授記世辯，六十種論，『解大丈夫諸要相』等，一切技藝，無所乏少。」

爾時，「彼客婆羅門」說如是語已，白「主人」言：「今勸仁者！將此女與彼『摩那婆』，持以爲妻。」

是時，彼「大富婆羅門」及「諸兒子」，報於「彼客婆羅門」言：「大婆羅門！此女若嫁，索多錢財，有誰能取？」

「客婆羅門」問「主人」言：「索幾多財？」

彼等報言：「稱此女形，索若干金。」

爾時，「彼客婆羅門」聞，卽從袋出彼「閻浮檀金女之形」，示現於彼父母兄弟，訖作是言：「此『閻浮檀金色之形』，應稱是女，汝等當取與我此女。」

爾時，彼女「父母兄弟」作如是念：「應彼處人聞我『此女』如是端正，集聚多許『閻浮檀金』，造作女形，使若干大。」

爾時，彼女「父母兄弟」共如是言：「我等今者若取此『形閻浮檀金』，不觀彼家錢財多少，又不諳悉其『國禮儀法則』高下，我女脫若至於彼家，當見苦惱，今須密使私觀彼家。」

作是念已，告彼「求女婆羅門」言：「善使仁者大婆羅門！我今欲遣使觀彼家『法用（方法）』云何？然後思量可與以不？」

是時，「彼客大婆羅門」報言：「如是！任意當觀。」

爾時，「彼客大婆羅門」作是語已，卽辭主人，歸還本國，到「尼拘盧陀羯波婆羅門」邊，到已白言：「善勝仁者大婆羅門，心應歡喜，我求得女如『閻浮檀金色形』者，彼甚可憙端正無雙，衆人

樂見。」

時，「彼大富婆羅門」，問於「彼求女婆羅門」言：「大婆羅門！仁者何處得見是女？」「彼婆羅門」卽報之言：「彼女舍去『毘耶離城』，其間不遠，有於一村名『迦毘羅』，其內有一『富婆羅門』名『迦毘羅』，彼『婆羅門』有女名曰『跋陀羅迦卑梨耶』。」

爾時，「畢鉢羅耶那」父母聞是事已，心大歡喜，遍滿其體，不能自勝。

是時，「尼拘盧陀羯波大婆羅門」，卽便置立從己坐村連接，乃至「毘耶離城」，其間步地「半由旬」道安一牛群，并造「客舍」，如是處處安置訖了。

時，「迦毘羅大婆羅門」，告於彼等當「牧牛人」，作如是言：「汝等各應如是備擬，若其有人，從『毘耶離城』來於此，彼等所須一切諸物，汝等迎接供奉彼人，勿令乏短。」

爾時，「跋陀羅卑梨耶女」兄弟從其家出，向「摩伽陀」，至「王舍城」。彼等值初「第一牛群」所居之處，彼處諸人，曲躬出迎，口作是言：「善來人輩！從於何方遠來到此？」卽引將入「客舍」之中，以「諸香湯」與令「澡浴」，復以種種香塗其身，復將種種「無價之衣」，與其令著，復將種種「雜好香花」，結用作鬘，置其頭上。然後別將種種「甘美餚膳飲食」，與其令噉，所謂咬味嚼齧嘗啜，種種味具，皆悉充足。

自恣飽已，始告語言：「此中卽是我等牛舍，可停一宿，後日早起，隨意而行。」

時，「彼等客」問「牛子」言：「此誰牛舍？」

「牛子」報言：「此是『尼拘盧陀羯波富婆羅門』牧牛之舍，故爲仁等，客行安立，恐畏仁等行來疲乏，飢渴困極，所須不得。」而彼客人，一夜安臥，後日起行。

如是次第值於「第二牛群之舍」，如是第三第四第五第六第七，悉皆如是出迎承接，復口白言：「汝等仁輩！從何遠來？乃至令宿一夜，安樂眠臥，後日隨意而行。」

時，彼等客問主人言：「如是『牛舍』，可有幾許？」

「牛子」報言：「從彼『摩訶娑陀羅村』已來，至於『毘耶離城』，『半由旬（長度單位。一由旬相當於一隻公牛走一天的距離，大約七英里，卽十一點二公里）』間，置一『牛』舍。」

爾時，「跋陀羅迦卑梨耶女」兄弟，共聞如此語已，卽作是念：「彼人『牛舍』，尚有若干，其餘錢財，更何須說？我等從此應須迴反還向『本家』，我等當以我之『姊妹』，嫁與彼家，以爲其婦。」

時，彼「兄弟」卽遣使人告彼「大富婆羅門」言：「汝來可取我之姊妹爲汝新婦。」作是語已，從彼迴還。

時，「畢鉢羅耶摩那婆」，聞於使人以得「稱其心意之女」，聞已卽作如是念言：「我今應當自往觀看彼女，實有如是德行智慧以不？」

是時，「畢鉢羅耶童子」卽便至己「父母」之邊，長跪白言：「菴婆多多！我心實亦『不用五欲』願『修梵行』，而『尊長』今既強爲我求於『匹對』，是故我今自應往彼次第乞食，觀看彼女，實如使人言語以不？」

時，其「父母」卽告子言：「若知時者，汝當自行。」而彼「童子」，卽便辭行，次第乞食，漸

漸至「迦卑羅迦村」。

時，彼國內，有如是法，若有「沙門」若「婆羅門」來乞食者，女手將食出與彼人。爾時，跋陀羅女，卽從其家，自將食出，授與彼客「摩那婆（婆羅門的青年）」手。

爾時，「畢鉢羅耶」見彼女已，作如是念：「此決定應是彼女也。」是時其女，自手授與「彼摩那婆」飯食訖已，頂禮其足，卻住一面。

時，「摩那婆」問彼女言：「仁者善女！有嫁處未？」

爾時，「彼女」卽便報言：「仁者『摩那婆』！『摩伽陀國』有一『聚落』，其『聚落』名『摩訶羯波』，彼處有一『婆羅門村』，彼村有一『富婆羅門』名『尼拘盧陀羯波』，彼有一子名『畢鉢羅耶』，我之『父母』，以將我許與彼爲妻。」

爾時，「畢鉢羅耶」卽便報彼「跋陀羅女」，作如是言：「善女！我聞彼『摩那婆』，內心不用行於『五慾』，願修『梵行』。」

是時，「彼女」卽便諮白「摩那婆」言：「大婆羅門！我今得聞如是言者，甚大歡喜，我亦不用行於『五慾』，願修『梵行』。今日許他，此是『父母』世間之意，我實不用。今強以我，隨同世人，適彼爲妻。」

爾時，畢鉢羅耶童子」聞是語已，問彼女言：「謂仁善女！汝昔曾見『畢鉢羅耶摩那婆』不？」

彼女報言：「善『摩那婆』！我未曾見。」

時，「摩那婆」復更重語於「彼女」言：「謂汝善女！卽我是彼『畢鉢羅耶摩那婆』身，我實不

用行於『五慾』，我今內心願行『梵行』。此之事情，是我『父母』眷屬之意，直是『父母』，故強與我，取汝爲妻。」

爾時，「跋陀羅女」聞是語已，卽便白彼「摩那婆」言：「善哉仁者大摩那婆！我得是言，甚大歡喜，仁必不用世『五慾』者，今莫久住，速宜取我，莫令於彼有無『梵行』世間之人而求索我。」

爾時，「畢鉢羅耶」得是語已，卽從彼處迴還向家，至「父母」邊，到已長跪白「父母」言：「菴婆多多！我實不用行世『五慾』，願修『梵行』，二尊爲我欲娶婦者，但速疾爲我迎彼婦來。」

爾時，「畢鉢羅耶」父母，卽共「迦卑羅迦大婆羅門」，立於言契，交關下財，隨索多少辦具種種「飲食雜味」，無價瓔珞，妙寶衣等，選求「吉祥善好宿日」，多「齎（ㄐㄧ，贈送）」財寶，往彼迎取「跋陀羅迦卑羅」之女，與兒作妻。迎入家已，於一室內鋪二合「榻（ㄊㄚˋ，狹長的矮床）」。既安置已，而彼二人在一室內，各各收斂不相染觸。

爾時，「畢鉢羅耶」父母聞此事已，作如是念：「彼之二人，在一室內不相染觸，此事云何？」卽更「方便（謂以靈活方式因人施教，使悟佛法眞義。）」，卻一合榻，止留一榻，其既同眠，自應相合。

而彼二人，猶不相觸，若「畢鉢羅耶」著於睡眠，其「跋陀羅女」卽起「經行（因養身散除鬱悶，旋迴往返於一定之地）」。若「跋陀羅女」，著於睡眠，其「畢鉢羅耶」卽復「經行」。如是更互周歷年載，終不同寢。

●《佛本行集經》卷第四十六「大迦葉因緣品中」原文：

爾時，「跋陀羅」身正著睡眠，其夫起立「經行」之時，彼地方所有一「黑蛇」欲得行過。時「跋陀羅」既著睡眠，而其一手懸垂床「梐（ㄅㄧˋ，木架）」，「畢鉢羅耶」見於「黑蛇」欲從彼過，「跋陀羅」手既垂下懸，心作是念，畏彼「黑蛇」蜇螫其手，卽衣裹手，擎（向上託；舉）「跋陀羅」臂安床上。

爾時，「跋陀羅」以觸臂故，睡眠卽覺，心生恐怖，愁憂不樂，意中疑怪，卽便諮白「畢鉢羅耶」，作如是言：「賢善聖子！仁於前時，可不與我有是『要誓』，我意不憙行於『五慾』，願修『行梵』。今爲何故？發如是心？」

「畢鉢羅耶」報言：「如是！我不行慾。」

「跋陀羅」言：「聖子！今若不行於慾，何故向者忽觸我臂。」

爾時，「畢鉢羅耶」依實報言：「向有『黑蛇』從此而過，我見汝臂懸在床前，我於彼時作如是念，恐畏彼蛇吐毒螫汝。我於彼時以衣裹手擎持汝臂，安置床上，實不故觸。」

如是「次第（情形）」，彼之二人一處居止經十二年，同在室內各不相觸。過十二年，後有一時，「畢鉢羅耶」父母命終，家業既廣，卽便經營，「畢鉢羅耶」身自「撿挍（ㄐㄧˋㄠ，查看）」家外田作，其「跋陀羅」修緝家內所有一切資生之業。

爾時，「畢鉢羅耶」曾於一時，語「跋陀羅」作如是言：「賢善仁者！汝處分教壓『烏麻油』，今欲將與『諸牛』等飮。」

其「跋陀羅」卽報夫主：「如聖子教，我不敢違。」

聞是教已，喚諸「使女」而告之言：「汝等速疾壓『烏麻油』，『聖子』欲將飲於『諸牛』。」

爾時，「使女」聞「跋陀羅」如是言已，卽將「烏麻」，置日中曬，而見「諸虫」，百千蠕動。見已各各共相謂言：「我等當得無量諸罪。」

或復有言：「我等今者知有何罪？此之罪過屬『跋陀羅』，其使我等作如是事。」

「跋陀羅」聞「諸使女」等作是言已，卽語之言：「若有如是衆罪過者，汝等當更莫壓於油。」

爾時，「跋陀羅」遣人摒擋彼「烏麻」已，入於室內，閉門思惟，心中不樂，低頭默然寂靜而坐。其「畢鉢羅」，撿挍田地，觀看迴還，見「諸衆生」受彼種種無量苦惱，復睹「諸牛」受於困厄，作使驅（ㄑㄩ，同驅）逐暫不得停，見已憂惱，低頭默然，作是思惟：「嗚呼一切『諸衆生輩』！受是苦惱。」還至其家，心大憂愁，顏色不樂，低頭念坐。

其「跋陀羅」見「畢鉢羅」如是憂惱低頭思惟，見已到邊，到已白言：「聖子！何故如是憂愁？心內不樂，低頭而坐。仁今可不作如是念，我處分汝『跋陀羅』令使人『壓油』，不爲我壓，以此因緣，心不樂也？」

彼卽報言：「賢善仁者！我今不以如此因緣，心中不樂，低頭而住。我於今朝，從此而去，撿挍田作，見『諸衆生』，受種種苦，來去行住，不得暫安。復見『諸牛』，種種作事，不曾停息，我見是已，作如是念：『嗚呼嗚呼！諸衆生等，乃受是苦。』我以是故，心中不樂，低頭而住。」

時，「跋陀羅」復報夫言：「善仁聖子！我今亦見如是『大患（大的禍患、災難）』。」

其夫問言：「賢善仁者！汝見何患？」

其「跋陀羅」次第即說如是因緣。爾時，「畢鉢羅耶」語「跋陀羅女」作如是言：「賢善仁者！住在家內，難行清淨，無缺無犯，無損無害，終不能盡，一形一命，可得稱心，修行『梵行』。」

其「跋陀羅」報言：「聖子！是故我等二人，詳共捨家出家。」

是時「畢鉢羅耶」，即便報彼「跋陀羅」言：「賢善仁者！汝今且住，我當求師，若尋得已，當告汝知，汝於後時，『捨家出家』。」

爾時，「畢鉢羅耶」即喚家內所有作「使諸男女」等，而告之言：「汝輩可有當我錢財，或復穀米，皆屬汝等，皆放爲良，我欲出家『修行梵行』，爲厭離故。」

爾時，「畢鉢羅耶」取己白氎（ㄉㄧㄝˊ，細棉布）無價之衣，即時用作彼「僧伽梨」，即請一人，剃其鬚髮，而作是言：「世間可有大阿羅漢而出家者，我今隨其『出家修道』。」

當於彼時，世間未有一「阿羅漢」，唯除「如來」、多陀阿伽度、阿羅呵、三藐三佛陀。

爾時，「世尊」於晨朝時，明相現已，證「阿耨多羅三藐三菩提」。爾時，「畢鉢羅耶迦葉」，當於是日，夜分已過，日始初出，尋亦出家。

是「畢鉢羅耶迦葉」，生於「大迦葉（ㄕㄜˋ）種姓」之內故，於世間得「迦葉（ㄕㄜˋ）」名。

彼「出家」已，於「聚落」內，次第乞食，漸次而行。復一時間，次第遊行到「摩伽陀國」，「摩伽陀聚落」，至「那荼陀村」「王舍大城」，其間忽見「如來」在彼一「神祇處」，爾時是神名曰「多子」，在於彼坐，甚大端正，其身正直，猶如「虛空」之內「衆宿」莊嚴。

「迦葉（ㄕㄜˋ）」見已，即得清淨，得無二想：「我於今者，必見教師；我於今者，必見『婆伽婆（佛之果號）』；我於今者，必見『一切智』；我於今者，必見『世尊』一切見者，我見『世尊』；我見『無礙知見者』，我見『世尊』。」

彼「大迦葉」，如是得「淨心」已，心心相續，正念不散，頂禮「世尊」足下已畢，右膝著地，在於佛前，白佛言：「世尊！我是世尊『聲聞弟子』，唯願『世尊』，與我爲師，我是世尊『聲聞弟子』也。」……………。

於時，長老「摩訶迦葉」既蒙「世尊」作是教已，生是不淨，常乞食食，經於七日，至於八日，如教生智。於時「世尊」如是教已，從座而起，於是長老「摩訶迦葉」，侍送「世尊」。……………。

爾時，「諸比丘」白佛言：「世尊！是長老『摩訶迦葉』，往昔之時，作何『善業』，生『富貴家』，資財具足，乃至所作已辦？身相端正，衆所樂觀，世間無比，最上最勝，狀如『金像』？作何『業因』，復得『出家』，具足衆戒，證『羅漢果』？又佛授記：『諸比丘中，少欲知足，頭陀第一，摩訶迦葉比丘是也。』」

作是語已，佛告「諸比丘」言：「諸比丘！我憶往昔過去之時，有一『辟支佛（『三乘』中的『中乘聖者』。因其觀『十二因緣法』而得道，故亦意譯爲『緣覺』；因其身出『無佛之世』，潛修獨悟，又意譯爲『獨覺』。）』，名曰『多伽羅尸棄』，恒住在彼『波羅棕城』。於彼時間，『波羅棕處』，穀貴飢儉，白骨滿地，人民多死，乞食難得，出家之人，不能『舉措（指言行舉動；措施）』。

爾時，『辟支佛』日在東方，於晨朝時，著衣持鉢，入『波羅棕城』，次第乞食不得，如先洗鉢，空鉢而出。

爾時，『波羅棕城』中有一人，其家貧苦而少居積。而彼『貧人』，見『辟支佛』『多伽羅尸棄』，漸進而前，威儀庠序，視地而行，進止得所，舒顏平視，威儀具足，心得正念。

於時『貧人』，見『辟支佛』，心得清淨，漸到彼已，白『辟支佛』，作如是言：『善哉大仙！於此城中，求乞飲食，可得以不？』

尊者報言：『善哉仁者！我於此城，乞食不得。』

時，彼『貧人』，白『辟支佛』言：『善哉大仙！來詣我家。』

於時，彼人家內，唯有『稗飯』一升成熟已訖，遂將『辟支佛』來入家中，敷設安坐，以飯奉獻。而『諸辟支佛』，有如是法，以『神通力』，教化『衆生，』不以餘通。

爾時，『多伽羅』『辟支佛』，於彼人所，受得食已，憐愍彼故，從彼『貧舍』，騰空而去。

時，彼『貧人』，見彼尊者『辟支佛』騰空而去，彼既見已，歡喜踊躍，身心遍滿，頂戴十指合掌恭敬，頭面作禮，乞如是願：『願於將來，值遇如是辟支聖人，或復勝者；若彼聖人，所說法要，願得聞持速疾解悟；又願生生世世，不墮惡道之中。』

「汝等比丘！欲知爾時『波羅棕城』『貧苦之人，』請『多伽羅』『辟支世尊』到其家內而施食者，『摩訶迦葉』比丘是也。時彼『貧人』，以少貯積，能以好心，施『多伽羅』『辟支世尊』一食緣故，千返生於『北鬱單越』處，於無量世，往返恒生『刹利大姓婆羅門種』居士大家。藉是業報因緣力故，於『迦葉佛』出世之時，得為『迦尸國王』『訖利尸』子。

其『迦尸國王』『訖利尸』子，恭敬尊重『迦葉如來』、阿羅訶、三藐三佛陀，盡於一世，然後『涅槃』。是『迦尸國王』，為『佛舍利』造『七寶塔』，其『七寶』者，所謂金、銀、頗梨、琉璃、虎珀、瑪瑙及車璩等，其『寶塔』內七寶莊挍，外以石砌覆其寶塔，其塔高妙，極『一由旬』，廣『半由旬』。其王子名『奢婆陵伽（隋言攀緣）』，於其塔上，造七寶蓋，遍覆其塔。……………。

「諸比丘！此是『摩訶迦葉』，往昔所造『功德業報』因緣力故，生於『大富婆羅門家』，乃至無所乏少，身相端正，最妙最勝，狀如金像，復得出家，具持衆戒，證『阿羅漢果』。故我授記：少欲知足，『頭陀第一』者，卽『摩訶迦葉比丘』是也。」……………。

於時，「諸比丘」問佛言曰：「希有世尊！是長老『摩訶迦葉』，何故乃能為多『衆生』，作『大利益』？」

作是語已，佛告彼等「諸比丘」言：「諸比丘！是『摩訶迦葉』，非但現今為衆多人作『大利益』，過去之世，亦為多人，作『大利益』。」……………。

●《佛本行集經》卷第四十七「大迦葉因緣品下」原文：

……………。是『摩訶迦葉』，於彼時中，如是『方便（謂以靈活方式因人施教，使悟佛法眞義。）』，為衆多人，作『大利益』，以『過去世因緣力』故，今亦復爾，為衆人民，作『大利益』。諸比丘！是『摩訶迦葉比丘』，於『未來世彌勒世尊』法教之中，亦為多人作『大利益』。」

時，「諸比丘」白佛言：「世尊！是摩訶迦葉，於彼云何當作利益？」

佛告「諸比丘」言：「諸比丘！是『摩訶迦葉』，我『涅槃』後，攝護『我法』及『諸戒律』，令久住世，當作法會，盡其形壽，將命終時，入於山間，以『神通力』，住持此身，起如此願：『願我此身，勿令散壞，乃至彌勒如來、多陀阿伽度、三藐三佛陀出，見我身也。』作是思惟已，遂捨身命，入『無餘涅槃』。彼『涅槃』後，二山還合，於後『彌勒』得『阿耨多羅三藐三佛陀』時，廣顯法教，於彼時間，『彌勒世尊』憶念是『大迦葉』舍利，生憶念已，告『諸比丘』，作如是言：『汝等比丘！欲見釋迦牟尼多陀阿伽度、三藐三佛陀聲聞弟子，少欲知足頭陀第一者，所謂摩訶迦葉已不？』

彼等比丘白言：『唯然世尊！我等樂見。』

爾時，『彌勒如來』、阿羅漢帝、三藐三佛陀，與無量千衆，左右圍遶，至於彼所。至彼處已，時彼兩山，卽便兩開。爾時，『彌勒多陀伽多』、三藐三佛陀，見『大迦葉比丘』舍利，不散不壞，唯著『僧伽梨』。見已告『諸比丘』言：『諸比丘！此是釋迦多陀伽多、三藐三佛陀聲聞弟子，頭陀第一，名大迦葉，卽其人也。』

爾時，『彌勒多陀伽多』、三藐三佛陀，在於彼處，爲『諸比丘』而說其法，作如是言：『諸比丘！『迦葉比丘』所行如是，我如是教，汝等今者應如迦葉比丘所行。』

爾時，衆中多千『比丘』，乘如是法，行如是法，如『摩訶迦葉』比丘所當行也。於彼衆中，無量千數衆等，於彼法中，當得『淸淨法眼』。」

佛告「諸比丘」：「如是次第，是『大迦葉比丘』，爲當來時『大利益』也。諸比丘！我今誡勸汝等！學『大迦葉比丘』，願汝等行如『迦葉比丘』也。」

●《佛本行集經》卷第四十七「大跋陀羅夫婦因緣品第四十八」原文：

爾時，「跋陀羅迦卑梨耶女」以不得「善師」，遂至外道「波離婆闍迦」所出家學道，精勤修習，成就彼法，剋獲「四禪」，具足「五通」。於彼法中，得大名稱，成就威力。

爾時，「世尊」已開「女人聽其出家」。于時「摩訶波闍波提」，爲「五百釋女」，皆悉出家，光顯佛法，建立「比丘尼衆」。

於彼時間，長老「大迦葉」作是思惟：「我於往昔，已許『跋陀羅迦卑梨耶女』，得『善教師』，要當相示，必令汝得，出家學道。」

復作是念：「彼『跋陀羅迦卑梨耶女』，今在何處？」卽便入定，觀察是女，以「淸淨天眼」過於「人眼」，觀見是女，在彼「波離婆闍迦」外道之處，出家學道，住在「恒河」河岸之處，修「外道行」。

見已便喚一箇「得通比丘尼」來，而告言曰：「善哉姉妹！汝若知時，其『跋陀羅迦卑梨耶女』，於『波離婆闍迦』外道之所，出家學道，今在『恒河』河岸之所。善哉姉妹！汝應詣彼如實告言：『善哉姉妹！汝夫迦葉，我共同師，出家學道，汝今亦可往詣彼所，於我師邊，出家學道，修行梵行。』」

時，彼「得通比丘尼」，聞長老「摩訶迦葉」如是語已，譬如「壯士屈伸臂頃」，彼「比丘尼」，如風迅疾，從「舍衛城」而沒其身相，遂至於「跋陀羅迦卑梨耶」「波離婆闍迦」「外道女」前現身，卻住在於一面。

彼「比丘尼」卽便慰問「波離婆闍迦」外道之女，慰問已訖，而復告言：「善哉姊妹！汝應知時，汝夫『迦葉』，與我同師，出家學道，修行『梵行』，汝今亦可往詣彼所，於我師邊，出家學道，修行『梵行』也。」

爾時，「跋陀羅迦卑梨耶」「波離婆闍迦」外道之女，問彼「比丘尼」言：「善哉姊妹！汝等教師，當何所似？」

作是語已，彼「比丘尼」報「跋陀羅」外道女言：「善哉姊妹！我等教師，以三十二大人之相，莊嚴其身，具足八十種好，十八不共佛法、十力、四無所畏，大慈大悲，無邊戒衆具足，無邊定衆具足，無邊智慧衆具足，無邊解脫衆具足，無邊解脫知見衆具足。我彼大師，一切『聲聞諸弟子』等，亦復如是，戒衆具足，定衆具足，智慧衆具足，解脫衆具足，解脫知見衆具足。」

時，彼「比丘尼」於「跋陀羅迦卑梨耶」女前，如是如是，歎「佛功德」及「聲聞弟子」。

時，彼「跋陀羅迦卑梨耶」外道之女聞已，遂於「如來」及「比丘僧」所，心得「清淨」。得「清淨」已，告彼「比丘尼」言：「善哉姊妹！若如是者，我當隨去。」

時，彼「比丘尼」，語「跋陀羅迦卑梨耶」外道女言：「善哉姊妹！乘我『神通』，相隨而去。」

爾時，「跋陀羅」報彼「比丘尼」，作如是言：「善哉姊妹！然我身自有『神通』也。」

爾時，彼「比丘尼」共「跋陀羅迦卑梨耶」外道女，於彼發引，亦如「壯士屈伸臂頃」，從「恒河」所卽便沒身，於「祇陀林」中，忽然出現，往詣佛所。其「跋陀羅迦卑梨耶」外道之女，遙見「世尊」，端嚴殊妙，乃至猶如「虛空」衆星莊嚴，見已心得清淨，卽至佛前，到已頂禮佛足，而白佛言：「善哉！世尊！聽我出家，授我具戒。」

爾時，「世尊」告「阿難」言：「長老阿難！將此『跋陀羅迦卑梨耶』外道之女，付囑『摩訶波闍波提憍曇彌』，敕教言曰：『此跋陀羅迦卑梨耶外道之女，教令出家授具足戒，是女當得神通具足威力並備。』」

爾時，長老「阿難」，奉佛敕命，白佛言曰：「如『世尊』教，不敢違也。」遂將彼女，向於「摩訶波闍波提憍曇彌」比丘尼所，到已具陳如上之事。

爾時，「摩訶波闍波提憍曇彌」比丘尼，度「跋陀羅迦卑梨耶」外道之女，令得「出家」授「具足戒」。具戒未久，至空閑處，獨自安靜，遠離諸濁，精勤苦行，心不放逸，思惟而住。

爾時，「跋陀羅迦卑梨耶」外道之女，旣得「出家」授「具足戒」，乃至心不放逸，思惟而住，不久彼衆，諸「善男子」，「善女人」等，正信出家，求無上「梵行」，現得見法，自得「神通」，所作已辦，得安樂住，口自唱言：「生死已斷，『梵行』已立，所作已辦，不受『後有（未來之果報、後世之身心）』。」

是「長老女」，見知是已，遂得「阿羅漢果」，心得解脫。「世尊」復記，告「諸比丘」，作如是言：「是『比丘尼』，於『聲聞比丘尼』識宿命中，是『跋陀羅迦卑梨耶』比丘尼，最爲第

一。」……………。

十七、十大弟子之四「舍利弗（智慧第一）」和之五「大目犍連（神通第一）」

這段經文述說「十大弟子」中的「舍利弗」和「大目犍連」兩位弟子，因爲他們兩位是很要好的「親友關係」，最後兩人一起皈依「釋迦牟尼佛」。

「舍利弗」是「釋迦牟尼佛」的「十大弟子」之一，以「智慧第一」著稱。「舍利弗」意譯「鶖鷺子、秋露子、鴝鵒子」，梵漢並譯，則稱爲「舍利子、舍梨子」。「舍利弗」的母親爲「摩伽陀國」「王舍城」「婆羅門論師」之女，出生時。以眼似「舍利鳥」，乃命名爲「舍利」。故「舍利弗」之名，卽謂「舍利之子」。

「大目犍連」也是「釋迦牟尼佛」的「十大弟子」之一，以「神通第一」著稱。「大目犍連」意譯爲「天抱」，爲古代印度「摩揭陀國」「王舍城」外「拘律陀村人」，屬於「婆羅門種」。

「大目犍連」生而容貌端正，自幼卽與「舍利弗」交情甚篤，同爲外道「刪闍耶道」的弟子，各領徒衆二百五十人。「大目犍連」曾經與「舍利弗」約定，先「得悟解脫者」，必須告知對方，兩人共同競相「精進修行」。

後來，「舍利弗」因爲遇到「釋迦牟尼佛」的弟子「阿濕波踰祇多比丘」對他說法，而領悟「諸

法無我」之理，並且告訴「大目犍連」，「大目犍連」就率弟子一同拜謁「釋迦牟尼佛」，蒙其教化，時經一個月，證得「阿羅漢果」。

●《佛本行集經》卷第四十七「舍利目連因緣品第四十九上」原文：

爾時，「摩伽陀聚落」去「王舍城」不遠，有一村柵，名「那羅陀」。彼村之中，有一「巨富大婆羅門」，名曰「檀孃耶那（隋言吉至）」，住在彼村。（又有師說：「彼婆羅門，名曰檀那達多（隋言財與）。」）彼「婆羅門」，甚大巨富，多有資財，如「毘沙門」，一種無異。

彼「婆羅門」，具有八子，其第一子，名曰「優婆低沙」……………。

其「優波低沙摩那婆」，於兄弟內最爲處大，善能誦習，亦教他人，於「四韋陀」，莫不曉悟，誦習成就，善能解釋自餘諸論，所謂「尼揵陀雞晝婆」等，及其名字，一一能釋，明宿世事，巧能分別。於「五明」處，曉了無礙。「授記別論」，縷練在心，六十四能具足成就，善能曉達大丈夫相。……………。

爾時，「王舍大城」，去城不遠有一「聚落」，名「拘離迦」。於彼村內，有一種姓「大婆羅門居士」，是「大居士」，依彼村住，大富饒財，乃至彼家，猶「毘沙門天王宮殿」，無有異也。

彼「婆羅門」，產生一子，名「拘離多」，容顏端正，衆所樂觀，一切書論，皆悉通曉，復能教他，乃至能了丈夫之相。其「優波低沙童子」，共爲親友。

時彼二人，互相愛念，常懷歡喜，和顏悅色，若少時別，大生愁惱。彼等往昔千生之中，愛戀相縛。……………。

●《佛本行集經》卷第四十八「舍利目連因緣品下」原文：

爾時，「王舍大城」去城不遠，有一山，名「祇離渠呵」。於彼山中，常有一時「施設大會」，其會卽名「祇離渠呵」；復有山，名「離師祇離」，亦常設會，其會亦名「離師祇離」；復有一山，名「倍呵羅」；如是般塗山，如是「毘富羅山」，各有一會，其會亦名「毘富羅」等，如是彼山。祇離渠呵，隨節設會，於彼會處，聚集大衆。

時，有無量千數「無量百千數」，乃至「億數人民」交集，乘種種乘，所謂象馬車步，從八方來，欲觀彼會。其「王舍城」一切人民，莫不皆出，於彼時間去「王舍城」「那羅陀村」，去「拘離迦聚落」可「半由旬。」

時，「低沙童子」，作是思惟：「我於今者，可至『祇離渠呵處』，詣彼觀看，若至彼者，令我必當剋獲一事，謂心厭離。」於時「優波低沙童子」乘四象車，從「那羅陀聚落」而出，至「祇離渠呵設會」之所，爲觀看故。

其「拘離多童子」亦作是念：「我於今者，可往詣彼『祇離渠呵大會』之處，乃至心生厭離。」乘其象背，漸進而行，是「童子」前使諸人戲，或歌或舞，從「拘離迦聚落」而出，至「祇離渠呵設會」之處，爲觀看故。

時，彼二人顏容端正，能悅人心，乃至技藝，莫不了達，堪爲衆首。時彼會中，敷諸高座，彼人至已，各昇高座。

是時，「優波低沙童子」，見彼大衆，以種種伎，作諸音樂，或歌或舞，嬉戲受樂。旣見此已，卽作是念：「此事希奇未曾有也。今是人民，乃能於此苦惱之中、諸穢濁內、衰老垢處，受樂放逸。如是病垢，無有安隱，如是死穢，命非久長；如是大衆，而生樂想，放逸自恣，種種歌舞，作衆音樂，受諸戲樂。」

時，「優波低沙」，觀大衆已，作如是念：「過百年已，如是大衆，無一在者。」作是念時，卽生悔恨，不生欣慕，便從勝座，安徐而起，漸離會處，至空閑林，詣一樹下，悵怏而坐，諸根閉塞，思惟「禪定」。

時，彼會中有一技人，以戲弄故，令大衆喜。時，「拘離多童子」，見彼大衆呵呵大笑，卽作是念：「今此大衆，於百年已，頷車頰骨，更可合不？」作是念已，生大憂苦，不生貪樂，便從坐起，覓「優波低沙童子」，卽作念言：「優波低沙童子，今何所在？」

四向顧覓，遙見「優波低沙童子」，在彼林樹，安坐思惟，其心不樂，諸根閉塞，思惟念定。顧瞻見已，卽便詣彼，而白言曰：「汝今何故，其心不悅，於此之處，獨坐思惟？汝於今者，得無災怪不祥之惱殃苦事耶？」……………。

爾時，「優波低沙童子」，告「拘離多童子」：「奇哉親友！汝見如是大會事不？以於種種『音聲歌詠』，受大喜樂，是『大會衆』，於百年已，無有一在。」……………。

爾時，「拘離多童子」復白「優波低沙童子」言：「優波低沙！我之心念，亦復如是。」……………。

爾時，「拘離多童子」復問「優波低沙童子」言：「我等今者欲何所作？」

時，「優波低沙童子」報「拘離多童子」作如是言：「知友若爾，今者我等，應當『出家』求『勝甘露』。」

時，「拘離多童子」便報「優波低沙童子」作如是言：「如汝意樂，我亦隨喜。優波低沙！我等今者，既已『捨家』，宜從此去求索『出家』。」

時，「優波低沙童子」告「拘離多童子」言：「汝『拘離多』！應當知時，我等今者，衆人識知，若家不許，誰度我等？彼恐父母，生留難心。我等於今，宜諮父母。」時，二童子，遂從衆會，還至家中。

爾時，「優波低沙童子」，詣父母所，而白言曰：「善哉父母！我今意者，樂欲『出家』，唯願聽許。」

爾時，「父母」私共評論：「今者家內，誰爲『繼嗣』？一切『資生』，以誰爲主？如是『童子』！我等愛念，將欲捨我，『出家求道』，我有何心，而能別彼？」

於時「父母」共評論已，卽告「優波低沙童子」言：「童子！我等今日雖有衆子，於汝偏愛，蹔時不見，生大憂惱，常樂見汝，不欲相離，汝從生來，未曾勤苦，如我等意，乃至絕命，不欲相離，況我現存而當相放？若許『出家』，終無是事。」如是二請，乃至三請，亦不聽許。如是三請，不蒙許已。

爾時，「優波低沙童子」，既不蒙許，遂於一日，不飲不食，乃至七日。爾時「父母」、一切「親屬」及「諸知識」，各共集會，白「父母」言：「善哉聖者！汝等應許『優波低沙』『捨家出家』，其人若得『捨家出家』，樂彼『求道』，容存活路；身命若存，汝等何憂而不見耶？若不樂彼會自當歸，勿令汝前取命終耳。」

爾時，「童子父母」即告言曰：「若必然者，我今聽許。」

爾時，「拘離多童子」即詣「父母」而白言曰：「善哉父母！我今將欲『捨家出家』，唯願聽許！」是「拘離多父母」，唯有一息，愛之甚重，不欲蹔捨，若少不見，生大憂愁。

時，「拘離多童子父母」，昔於家內先有「要誓」：「汝等家內大小，於『拘離多童子』邊有所作者，勿得違也。凡所發言，皆悉從命。」

於時，彼等「善知」時已，告「拘離多童子」言：「隨汝意樂，任情所作。」

爾時，「王舍大城」有一「外道」，名「波離闍婆刪闍耶」，住在彼城，有五百眷屬。

爾時，「優波低沙童子」及「拘離多童子」未有「歸依」，不知何去？時，二童子，遂剃鬚髮，於「刪闍耶（隋云彼勝）外道」之所，「出家學道」。

時，彼二人，念行捷利，少欲知足，智慧深遠，其「刪闍耶毘羅瑟智（隋云別異杖）之子」，遂向二人，說己「道術」，種種技藝，醫方藥草，非想禪定。時，二童子既聞是已，於七日七夜，皆悉通達。時，彼二人通達是已，於「波離婆闍迦外道」之所，及五百眷屬，爲「教授師」。

時，彼二人，如是次第，主領大衆。雖復如此，而於內心，未得安靜。時，「優波低沙童子」，告「波離婆闍迦（隋云遠離）拘離多」曰：「善哉『拘離多』！此『刪闍耶波離婆闍迦法』，『不究竟』窮盡苦際。拘離多！汝應共我更求『善師』。」

時，「拘離多波離婆闍迦童子」，告「優波低沙波離婆闍童子」言：「如『優波低沙』所言，我不違也。雖然，此師亦復不得全棄捨之更餘別覓。」

時，彼二人，同心立誓：「我等二人，若復更得勝是師者、爲我等說『甘露勝道』者，必相啟悟。」

爾時，「世尊」因「頻婆娑羅」等，教化十二「那由他（多到沒有數目可以計算）」衆生已，住「王舍城」「迦蘭陀竹園」之內，與「大比丘衆」一千人俱，皆悉剃髮，捨家「出家」。

爾時，有一「長老比丘」，名「優婆斯那」，威儀庠序，「諸比丘」中，最爲第一。於晨朝時，著衣持鉢，入「王舍城」，於其城中，次第「乞食」。（摩訶僧祇師作如是說。）…………。

爾時，「優波低沙童子」見彼長老「阿濕波踰祇多比丘」，於「王舍城」次第「乞食」，威儀庠序，進止有方，著「僧伽梨」及「涅槃僧」，嚴持食器，悉皆齊整，巧攝諸根，安心諦視思惟諸法，正念直行而爲諸人，…………。

爾時，「優波低沙波離婆闍迦」即作是念：「世間所有諸『阿羅漢』，一切『聖人』及成向道。今是『大德』，應在一數，我當詣彼問其心疑。」

爾時，「優波低沙波離婆闍迦」復作是念：「若往問者，今非其時。所以者何？以『乞食』故。夫『求法』者，應捨『我慢』，宜當隨逐詣何方所。」作是念已，其「優波低沙波離婆闍迦」，即隨後行，觀覓去所。

爾時，「阿濕波踰祇多比丘」，從「王舍大城」乞食已，持食出城。時「優波低沙波離婆闍

迦」，即詣大德「阿濕波踰祇多比丘」之所，到已共彼長老「阿濕波踰祇多比丘」，對自慰喻，共談說已，卻住一面。

時，「優波低沙波離婆闍迦」白大德「阿濕波踰祇多比丘」言：「仁者！汝是『正師』，爲當是他『聲聞弟子』耶？」

說是語已，時長老「阿濕波踰祇多」，告「優波低沙波離婆闍迦」言：「別有『大師』，我是餘尊『聲聞弟子』。」

爾時，「優波低沙波離婆闍迦」，問大德「阿濕波踰祇多比丘」言：「大德！汝師是誰？依誰『出家』樂誰『法行』？」

爾時，「世尊」初成「正覺」，時「諸人輩」皆悉號「佛」，爲「大沙門」，是「摩訶沙門」也，作是名號。

爾時，「阿濕波踰祇多」大德比丘，告「優波低沙波離婆闍迦」言：「善哉仁者！有『大沙門』！是『釋種子』，於『釋迦』種類，於彼『出家』。彼是我師，依彼『出家』，憙樂彼法。」

爾時，「優波低沙波離婆闍迦」，復白大德「阿濕波踰祇多」言：「善哉仁者！彼汝大師，顏容端正，於汝勝不？所有德術，亦勝汝耶？」……………。「然彼我師，於『三世法』，皆悉明了，得『無礙智』。仁者！我師於一切法，事皆成就。」

爾時，「優波低沙波離婆闍迦」，白大德「阿濕波踰祇多」言：「仁者！汝師說何等法？論何等事？」……………。

爾時，大德「阿濕波踰祇多」告「憂波低沙」言：「仁者！我生年幼，學法初淺，少知少聞，豈能廣說？今當爲汝略言之耳。」

爾時，「憂波低沙」白「阿濕波踰祇多」言：「善哉大德！要略說之，如我今者不好多語。」……………。

爾時，大德「阿濕波踰祇多」，告「優波低沙」言：「仁者！我彼『大師』，說『因緣法』，談『解脫路』，我師偈說如是之法。」（摩訶僧祇師作如是說。迦葉惟師又復別說。）「是義云何？」

「仁者！我師說是法句：「諸法從因生，諸法從因滅，如是滅與生，沙門說如是。」

爾時，「優波低沙波離婆闍迦」，善達「文字之法」。時，大德彼「阿濕波踰祇多」比丘，能解文義，又能攝彼義及文字，是何多耶？「諸法因生者，彼法隨因滅，因緣滅卽道，大師說如是。」

時，「優波低沙波離婆闍迦」，觀見如此「法行（自思如法而行）」之時，卽於是處，遠塵離垢，盡「諸煩惱」，得「法眼淨」，諸「有爲法」，皆得滅相，如實觀知。譬如「淨衣」，無有垢染，遠離「黑膩」，易受染色。如是如是，「優波低沙波離婆闍迦」，觀此「行法」，卽於是處，遠塵離垢，乃至如實觀知時已。

彼「優波低沙波離婆闍迦」，如實觀見彼「諸法」已，得「諸法」已，觀「諸法」已，入「諸法」已，度「諸法」已，無復疑網，是非之心，皆悉滅沒，得「無畏地」，不隨他教，自然能知如來法已。……………。

爾時，「優波低沙波離婆闍迦」，已見「諸法」，已得「諸法」，已得生智，捨「三奇木」，整理衣服，向大德「阿濕波踰祇多」，頂禮足下，禮已還起，右遶三匝，從是別去，詣「拘離多波離婆闍迦」所。

到已，其「拘離多波離婆闍迦」，遙見「優波低沙波離婆闍迦」，面目清淨，儀容光澤，見已白言：「仁者『優波低沙波離婆闍迦』！汝於今者，諸根已淨，皮膚光澤，面目清淨。汝於今者，頗『證甘露』不？頗『得甘露道』耶？」

時，「優波低沙波離婆闍迦」，告「拘離多波離婆闍迦」言：「仁者！我已值遇『甘露勝法』，得『甘露道』。」

時，「拘離多」即報彼言：「仁者！如是『甘露』誰邊所得？」

時，「優波低沙波離婆闍迦」報言：「仁者！我於彼『大沙門』邊所得。」

「拘離多波離婆闍迦」復言：「仁者！彼『大沙門』，說何等事？論何等法？汝於今者，云何而得『甘露勝道』？」

爾時，「優波低沙波離婆闍迦」，向「拘離多波離婆闍迦」，而說偈言：「諸法因生者，彼法隨因滅，因緣滅即道，大師說如是。」

爾時，「拘離多波離婆闍迦」聞是偈已，即於是處，遠塵離垢，盡「諸煩惱」，得「法眼淨」，一切行法，皆得滅相，如實能知，如實能解。譬如「淨衣」，無有垢染，遠離「黑膩」，易受染色。乃至如實能觀知已，而說偈言：「如是之行法，如我今所得，數劫那由他，未曾獲此法。」

時，「拘離多」復以偈頌告「優波低沙波離婆闍迦」言：「汝遇甘露故，面目淨光澤，汝讚說是

法，聞已得淨眼。」

爾時，「拘離多」告「優波低沙波離婆闍迦」言：「善哉仁者！速往速往，宜從此到『大沙門所』，當行『梵行』。彼『佛世尊』，是我『教師』。」

爾時，「優波低沙波離婆闍迦」，告「拘離多」言：「仁者！我等今日不得失恩，應詣本師『刪闍耶所』。何以故？彼於我等，多作利益，先於我邊，有大重恩，救度我等，令得『出家』，應詣彼別。又復『五百眷屬徒黨』，依附我等，修學行法。須告彼知，若彼印可，我亦共行。」

爾時，「優波低沙波離婆闍迦」，共「拘離多波離婆闍迦」，往詣彼師「刪闍耶波離婆闍迦」邊，到已白言：「善哉仁者！我等今欲至『大沙門佛世尊所』行於『梵行』。」

時，「刪闍耶波離婆闍迦」，告「優波低沙波離婆闍迦」等言：「仁者！彼所莫往，我共汝等，教習此眾。」

如是第二，「優波低沙波離婆闍迦」，復告「刪闍耶波離婆闍迦」言：「善哉仁者！我等欲去至『大沙門佛世尊所』行於『梵行』。」

時，「刪闍耶波離婆闍迦」，再語「優波低沙波離婆闍迦」等言：「仁者！莫至彼所，是諸弟子，付囑於汝，我於今者，獨到一邊，縱情無預。」

如是第三，時「優波低沙波離婆闍迦」，共「拘離多波離婆闍迦」等，語「刪闍耶波離婆闍迦」言：「我等不欲是諸弟子，但我唯願速詣彼師『大沙門』邊，行於『梵行』。彼『大沙門』，是我『世尊』，是我『教師』。」說是語已，卽於此處，背「刪闍耶」而去不還。

爾時，彼「五百波離婆闍迦外道之衆」，卽作是念：「此『優波低沙、拘離多』是二人等，多解多知，聰明細意，我等多年，疲勞勵意，讀誦技藝呪術等事。然是二人，於七日七夜，一切通達。此非凡庶，此等應曉能求勝處。若彼求處，我亦隨求，其所行法，我亦當行，所修梵行，我亦隨修。」作是思惟已，便卽隨行。

時，「刪闍耶波離婆闍迦」，復告於「彼大衆」言曰：「汝等人輩！莫去莫去。」雖復如是言說遮斷，不能留礙，遂爾而去。

時，「刪闍耶波離婆闍迦」，卽作是念：「今此『大衆』，必定捨我。」以此「大衆」捨離因緣故大愁惱，卽從口中吐大熱血，而取命終。

爾時，「優波低沙波離婆闍迦」，與「拘離多波離婆闍迦」，將「五百眷屬」，詣「迦蘭陀竹林」之處。

爾時，佛告「諸比丘」言：「汝『諸比丘』！應善知時，於此院內，須敷『淨座』。」

彼「諸比丘」白佛言：「世尊！唯然受教。」

時，「諸比丘」卽爲「世尊」，於其院內，敷設「淨座」，「世尊」於是坐彼座。

時，長老「憍陳如」，遙望見彼「優波低沙」及「拘離多」二人，與彼「外道徒衆」左右圍遶，欲來至已，卽白佛言：「世尊！今此二人『優波低沙波離婆闍迦、拘離多波離婆闍迦』等，有大技藝，多聞多知，於諸道術，無復疑網，名聞流布，遍至四方。今若來至『世尊』前者，如我意見量此二人，決欲共佛論議來也。」

作是語已，佛告長老「憍陳如」言：「汝「憍陳如」！我今知彼二人之心，求勝故來，不以論議。」……………。

爾時，「世尊」告「諸比丘」，作如是言：「汝『諸比丘』！見此二人『波離婆闍迦』，一名『優波低沙』、二名『拘離多』不？」

時，「諸比丘」而白佛言「見也。世尊！」

佛復告「彼諸比丘」言：「汝諸比丘！今此二人，是我『聲聞弟子』之中，各有第一：一者『智慧第一』，二者『神通第一』。」……………。

爾時，「優波低沙波離婆闍迦」等，與「諸波離婆闍迦」等，詣向佛所，頂禮佛足，長跪白言：「善哉！世尊！我等今者，欲『世尊』前『出家修道』。唯願『世尊』！聽我『出家』，受『具足戒』。」

佛告彼言：「善來比丘！今來入我『自證法』中，行於『梵行』，『盡諸苦』故。」作是語已，彼「諸比丘」，自然即得「三衣」著身，各執「瓦鉢」，鬚髮自落，狀如「童兒初剃其髮」始經七日。時諸「長老」，即成「出家」，具足衆戒。

爾時，長老「優波低沙」在佛右邊，長老「拘離多」在佛左邊，各坐一面。而是長老「優波低沙」，從「出家」後，始經半月，「盡諸結漏」，現「神通力」，及得「神通智波羅蜜」，證「羅漢果」。

時，「拘離多」，止經七日，即「盡結漏」，現「神通力」，及得「神通智波羅蜜」，證「羅漢果」。

時，彼長老「優波低沙」及「拘離多」等，如是因緣漸次而有「五百眷屬」，悉得「出家」，成「具足戒」。

爾時，長老「優波低沙」母名「舍利（隋言鴝鵒），以是因緣，世間號曰「舍利弗多（弗多者隋言子）」，其彼長老「目揵連延」，是彼「種姓」，以是義故，世間號曰「目揵連延」。

又復，「世尊」而記之言：「汝『諸比丘』！於我『聲聞弟子』之中，『大智慧』者，『舍利弗多』最爲第一。『神通』之內，『目陀揵連』最爲第一。」……………

「諸比丘！此『舍利弗、目揵連延』，往昔種彼『諸善根』故，今得『出家』，證『羅漢果』，我復『授記』：於我『聲聞諸弟子』中，『智慧者勝』，『舍利弗』是；『神通勝者』，『目揵連』是。」

十八、十大弟子之六「優波離（持律第一）」

「優波離」是「釋迦牟尼佛」的「十大弟子」之一，意譯作「近執、近取」。古印度「迦毘羅衛國人」，出身「首陀羅種」，爲宮廷的「理髮師」。

「釋迦牟尼佛」成道的第六年，「五百釋種童子」出家時，「優波離」亦隨同出家，而且比「五百釋種童子」早一步成爲「釋迦牟尼佛」的弟子，成爲「五百釋種童子」的「師兄」。這實在爲

「釋迦牟尼佛」實施廣開門戶，「四姓平等」渡化的第一步。

「優波離」精於「戒律」，修持嚴謹，被「釋迦牟尼佛」譽爲「持律第一」。後來在「第一次經典結集」時，誦出「律部」。

●《佛本行集經》卷第五十三「優波離因緣品第五十五上」原文：

爾時，「輸頭檀王（淨飯王）」還宮未久，有一童子名「優波離」，從其前衆來至「佛所」。

時，「優波離童子」之母，牽捉其子「優波離」手，將以奉佛，唱如是言：「此『優波離』，曾爲『世尊』，剃除鬚髮。」時「優波離」，卽爲「世尊」而剃鬚髮。

時，「優波離童子」之母白佛言：「世尊：『優波離童子』，剃佛鬚髮，善能已不？」

佛告「優波離童子」母言：「雖復善能剃除鬚髮，身太低也。」

爾時，「優波離童子」之母，告「優波離」作如是言：「汝『優波離』！汝爲『如來』，剃除鬚髮，身莫太低令尊心亂。」時「優波離」，卽入「初禪」。

時，「優波離童子」之母，復白佛言：「世尊！『優波離童子』剃除鬚髮善能已不？」

佛告「優波離童子」母言：「雖復善能剃除鬚髮，其身太仰。」

爾時，「優波離童子」之母，復告「優波離童子」言：「汝『優波離』！身莫太仰令尊心亂。」時「優波離」入「第二禪。」

時，「優波離童子」之母，復白佛言：「世尊！『優波離童子』，剃除鬚髮善能已不？」

佛告「優波離童子」母言：「雖復善能剃除鬚髮，但以『入息』稍復太多。」

時，「優波離童子」之母，告「優波離」作如是言：「汝與『如來』剃除鬚髮，勿使『入息』如是太多令尊心亂。」時「優波離童子」，於卽入「第三禪」。

佛告「優波離童子」之母，復白佛言：「世尊！『優波離童子』剃除鬚髮善能已不？」

爾時，「優波離童子」母言：「雖復善能剃除鬚髮，然其『出息』稍太多也。」

爾時，「童子優波離」母，語「優波離」作如是言：「汝與『如來』剃除鬚髮，勿令『出息』如是太多令尊心亂。」時「優波離童子」，於卽入「第四禪」。

爾時，「世尊」告「諸比丘」言：「諸比丘！汝等速疾取『優波離』手中『剃刀』，勿使倒地。所以者何？其彼『童子』，已入『四禪』。」時，「優波離童子」之母，從「優波離童子」手中卽取刀也。

爾時，「輸頭檀王（淨飯王）」入「迦毘羅婆蘇都城」，喚「諸釋種」悉皆來集，於大殿庭而敕之言：「汝等『釋種』應當知我『王子悉達』，若不出家，必定當作『轉輪聖王』，汝等『釋種』亦應承事。何以故？而彼『出家』，已成『阿耨多羅三藐三菩提』，已能轉『於無上法輪』，人天中勝。

彼既『剎利種姓王子』，可喜端嚴，猶如『金像』，人皆樂見，而彼乃用『婆羅門種』，以爲『弟子』，左右圍遶，此實非宜。既是『剎利釋種王子』，還應『剎利釋種』圍遶，乃可爲善。」

爾時，「諸釋」咸皆共白「輸頭檀王」言：「大王！今者欲於我等先作何事？」

爾時，「輸頭檀王」告「諸釋」言：「汝等『諸釋』！若知時者，必須家別一人出家。若其釋

種，兄弟五人，令三出家，二人在家；若四人者，二人出家，二人在家；若三人者，二人出家，一人在家；若二人者，一人出家，一人在家；若一人者，不令出家，何以故？不使斷我『諸釋種』故。」

爾時，「諸釋」咸復共白「輸頭檀王」言：「大王若爾，必須分明立其言契。」

「輸頭檀王」卽集「諸釋」，而問之言：「我子今者旣已『出家』，誰能隨從而『出家』也？若能隨從而『出家』者，可自抄名署以爲記。」

爾時，「五百諸釋童子」，各自手抄己之名字，咸謂能隨「太子」出家。

爾時，「五百釋種童子」，各解己身所服「瓔珞」，自相謂言：「阿誰合取我等『瓔珞』？」作籌量已，復作念言：「此『優波離』！昔於長夜，勤事我等『諸釋種』來，是『優波離』，堪受我等所脫『瓔珞』。」

爾時，「五百諸釋童子」，各脫「瓔珞」，付「優波離」。旣付囑已，俱還本家，諮其「父母」。

時，「優波離」，尋作是念：「彼等『諸釋』，今旣能捨『珍寶瓔珞』，我若受用，是所不應；而『諸釋子』，有大威勢，有大神德，旣能棄捨『所重官位』及『諸財寶』，尚欲『出家』，我今何事不『出家』也？」

時，「優波離」剃鬚髮師，見「諸釋子」，各往諮白「父母」之時，便卽捨彼所施「瓔珞」，卽詣佛所，頂禮佛足，卻住一面。其「優波離」，住一面已，而白佛言：「善哉！世尊！唯願聽我『隨佛出家』。」爾時，「世尊」卽聽「出家」受「具足戒」。

時，彼「五百釋種童子」，各至已家，諮「父母」已，還復來至「輸頭檀王」邊而白之曰：「大王！今者可將我等至『世尊所』，彼既『出家』，我亦應當隨從『出家』。」

時，「輸頭檀王」，共彼「五百諸釋童子」，往詣「佛所」，頂禮佛足，卻坐一面，既安坐已，「輸頭檀王」而白佛言：「世尊！善哉大德『剎利種姓』，不合將彼『婆羅門種』共相圍遶，實謂非宜。

今者『世尊剎利種姓』，還應以此『剎利』圍遶，乃可爲善。然今『世尊釋種』之內，『五百童子』，欲於『世尊』法中『出家』受『具足戒』，唯願『世尊』！哀愍聽許，兼受具戒。」

爾時，「世尊」聽彼「五百釋種」出家受「具戒」已，教學威儀而告之言：「汝等比丘！咸可俱來禮『優波離』上座比丘。」

時，彼「五百諸比丘」等先禮佛足，然後頂禮彼「優波離」上座比丘，修禮已畢次第而坐。

爾時，「世尊」復告「輸頭檀王」言曰：「大王！今可頂禮比丘『優波離』已，次第應禮『五百比丘』。」

爾時，大王，聞佛教已，卽白佛言：「唯然世尊！我不敢違。」卽從坐起，頂禮佛足，然後禮彼上坐比丘『優波離』已，次第復禮『五百比丘』，禮已次第還其本坐。

爾時，「世尊」威顏悅豫，作如是言：「今者『釋種』，已自降伏『釋種憍豪』。亦復摧撲『諸釋傲慢』。」

時，「諸比丘」卽白佛言：「希有世尊！其『優波離』，今因『世尊』，得此『五百釋種比

丘』，及『輪頭檀王』尊敬禮拜。」

作是語已，佛告「諸比丘」：「汝諸比丘！此『優波離』非但今日因我得此『五百比丘、輪頭檀』等恭敬禮拜。汝諸比丘！『過去世』時，其『優波離』，亦因我故，曾得『五百大臣』跪拜，亦得『彼王』名曰『梵德』之所敬禮。」……………。

●《佛本行集經》卷第五十五「優波離因緣品下」原文：

……………。

「汝『諸比丘』！彼『優波離』，於『過去世』，作如是業，今得報生『剃髮師家』。復以造彼願業因緣，現今得報，於我法中，如是『出家』，及受『具戒』，證『羅漢果』。我今又復授彼記言：『於我持律弟子之中，最爲第一。』」

十九、十大弟子之七「羅睺羅（密行第一）」

「羅睺羅」意爲「覆障、障月」，因爲他是在「月食之夜」出世的。「羅睺羅」是「釋迦牟尼佛」在做「悉達多太子」時，和妻子「耶輸陀羅」所生的「獨生子」。後來成爲「釋迦牟尼佛」的「十大弟子」之一，有「密行第一」的稱呼。

「釋迦牟尼佛」爲「羅睺羅」剃度，並且要「羅睺羅」拜「舍利弗」爲「戒師」，「舍利弗」爲他授「沙彌十戒」，成爲「僧團」中有「沙彌」之始，當時「羅睺羅」十五歲。「羅睺羅」誦經十分

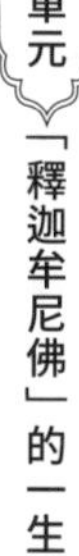

勤奮，二十歲成道，又嚴守戒規，被稱謂「密行第一」的「阿羅漢」。

●《佛本行集經》卷第五十五「羅睺羅因緣品第五十六上」原文：

……………。於時，「世尊」方便（謂以靈活方式因人施教，使悟佛法真義。）教化「輪頭檀王」，說法顯示，令其解悟，令歡喜已，從座而起，還於本處。

「輪頭檀王」，又於一時，因「舍利弗」得「法眼淨」，兼得證於「須陀洹果」，而「淨飯王」，已得「諸法」，已證「諸法」，已入「諸法」，已度「諸疑」，心無有惑，已得無畏，更不復問自餘法行，悉證知已，詣向「佛所」，而白佛言：「善哉！世尊！唯願度我，出家入道，受具足戒。」……………。

其「羅睺羅」，「如來」出家六年已後，始出「母胎」，「如來」還其父家之日，其「羅睺羅」，年始六歲。

爾時，「如來」至「迦毘羅婆蘇都城」，「羅睺羅母」，作如是念：「我昔因此『羅睺羅』故，爲『諸眷屬』之所誹謗，今日時至，我於彼事，應自清淨，以明其身。以是因緣，必須請佛及『比丘僧』，布施飲食，及請一切『諸眷屬』等，以自明白。」

「耶輸陀羅」作是念已，於其彼夜，辦具種種「微妙飲食」，既備辦已，過於彼夜，即遣使人往白佛言：「所設飲食，辦具已訖，世尊知時。」兼告一切諸眷屬等，悉令聚集來赴所請。……………。

爾時，「羅睺羅母」別作一枚「大歡喜丸」，喚「羅睺羅」，內著手裏，作如是言：「汝『羅睺羅』！往至『比丘僧衆』之內是『汝父者』，施『歡喜丸』。」

「羅睺羅母」，復告一切「諸眷屬」言：「是『羅睺羅』，今當覓父。」……………。

爾時，「輸頭檀王」白佛言：「世尊！此事云何？『耶輸陀羅』頗有如此『過患（過失與憂患）』已不？」

爾時，「世尊」告「輸頭檀王」作如是言：「大王今日，莫作是疑。『耶輸陀羅』無此『過患』，其『羅睺羅』，眞我之子。但是『往昔業緣』所逼，在胎六年。」……………。

爾時，「羅睺羅母」遣「羅睺羅」，往向父邊，乞取「父封」。

時，「羅睺羅」隨佛而行，且行且語，作如是言：「惟願沙門！與我『封邑（古時帝王賜給諸侯、功臣以領地或食邑）』，唯願沙門！與我『封邑』。」

爾時，「世尊」自授「手指」與「羅睺羅」，時「羅睺羅」執「佛指」已，傍佛而行。

爾時，「世尊」將「羅睺羅」，至於「靜林」，遙喚長老「舍利弗」言：「汝舍利弗！將『羅睺羅』，令其『出家』。」

時，「舍利弗」而白佛言：「如『世尊』教。」承佛教已，度「羅睺羅」而「出家」也。

爾時，「世尊」爲「諸比丘」「制禁戒」時，其「羅睺羅」甚大歡喜，遂受「禁戒」，如法奉行。所以者何？教法應爾，其「舍利弗」，依佛教戒，攝受教示。

其「羅睺羅」，亦復如是，自證其心，得「正解脫」。「世尊」卽記，告「諸比丘」：「當知我之『聲聞弟子』『持戒之中』，其『羅睺羅』，最爲第一（此摩訶僧祇師作如是說）。」

其「迦葉」維復有別說：「當爾之時，『輸頭檀王』辦諸食已，卽喚宮內『諸眷屬』等，敕告之言：『汝等今者勿令一人，示『羅睺羅』，言『悉達多』是汝之父。何以故？恐『羅睺羅』聞已，卽隨其父出家。』

時，「淨飯王」於其彼夜，備辦種種甘美飲食「飧噉唼唻」，辦具已訖，過彼「夜分」，始「晨朝」時，鋪設諸座，將「羅睺羅」，及「諸侍從童男童女」，左右圍遶，並遣將入「阿輸迦林」。然後發使往白佛言：『食時已至，飲食已辦，願尊知時。』⋯⋯⋯⋯⋯。

時，「羅睺羅」，見彼「童男及童女」等，各各亂行漫遊漫戲，而「諸傅母」，亦不「遮斷（阻斷）」，共相戲笑，遂私便從「阿輸迦林」，漸入「王宮」。往見「世尊」及「比丘衆」，見已頂禮。禮已卽便昇「樓閣」上，當於彼時，「羅睺羅母」，先在「樓閣」，觀見「世尊」，剃頭鬚髮，身著「袈裟」，見已悲泣，⋯⋯⋯⋯⋯。

時，「羅睺羅」問其母言：『聖者何故悲啼如此？』

其母報子「羅睺羅」言：「身體金色，在『沙門衆』，卽是『汝父』。」

時，「羅睺羅」復白母言：『如是聖者，我生已來，未曾憶念，有如是等快樂之事。』作是語已，從「樓閣」上速疾而下，詣向「佛所」，入「佛衣」裏，隱藏而住。

時，「諸比丘」卽欲「遮斷」，佛告之言：「汝諸比丘！莫復『遮斷』，但令入我衣內而住。」⋯⋯⋯⋯⋯。

爾時，「輸頭檀王」於後撿挍事務東西行時，其「羅睺羅」已逐「世尊」，出於宮外。既出宮

已，還欲來入。於時，「世尊」自授手指與「羅睺羅」，令其執捉。時「羅睺羅」，其身上分，安隱快樂，譬如以繩繫諸鳥足，更不復離，如是依附著世尊已，卽將往至「尼拘陀林」。

爾時，「世尊」告「羅睺羅」，作如是言：「汝『羅睺羅』！汝能隨我『出家』以不？」時，「羅睺羅」而報佛言：「我實如是，能『出家』也。」

爾時，「世尊」告「諸比丘」，作如是言：「汝『諸比丘』！我於今者，令『羅睺羅』，捨家『出家』。遣『舍利弗』，以爲『和上（指和尚）』。」

爾時，「諸比丘」作如是念：「世尊昔日，曾告我等，作如是言：『若有年歲不滿二十，不得爲受具足禁戒。』而『羅睺羅』，今始十五，我等爲當依佛昔教，爲當更復別有所以？」作是念時，卽將前事，具白「世尊」。

爾時，佛告「諸比丘」言：「汝『諸比丘』當知！十五而出家者，可爲『沙彌』。」時，「諸比丘」蒙佛教已，卽令「出家」，請「舍利弗」，以爲「和上（指和尚）」。

爾時，「輸頭檀王」發遣「世尊」，及「比丘僧」，「諸眷屬」等，然後方自欲坐食時，而作是言：「汝等當喚『羅睺羅』來，與我共食。」

爾時，左右處處求覓，了不能得，還至「王所」，俱白王言：「大王！我今求『羅睺羅』，莫知所在。」

爾時，「輸頭檀王」復告之言：「汝等往至『阿輸迦林』，及『諸宮內』，處處求覓。」

時，彼「左右」，復卽往至「阿輸迦林」，及「諸宮內」求亦不得，來告王言：「往至彼處求亦不見。」

爾時，「輸頭檀王」復告之言：「速往至於『尼拘陀園』，或非『世尊』將令『出家』如是去也。」

爾時，「左右」聞王此敕，速卽至彼「尼拘陀園」，處處求覓，見「羅睺羅」已爲「世尊」遣令「出家」。

見已還宮，而白王言：「大王！當知，其『羅睺羅』，已被『世尊』，放令『出家』。」

王聞是已，迷悶躃地，經於少時，還得醒悟。從城出至「尼拘陀林」，到於「佛所」，頂禮佛足，卻坐一面，而白佛言：「世尊！往昔在家之日，諸『解相師』『婆羅門』等，已曾『授記』：若其在家，必當得作『轉輪聖王』。

世尊！今已『捨家出家』，我見『世尊』出家之後，作是思惟，欲以『王位』付與『難陀』；『世尊』於後，復令『出家』。彼既出家，我復思惟，令『阿難陀』紹其『王位』；復爲『世尊』已放『出家』。

彼『出家』後，我復作念，當欲令彼『阿尼樓陀』紹其『王位』；復爲『世尊』放令『出家』。彼『出家』後，我復作念，『婆提唎迦』紹其『王位』；『世尊』亦復放令『出家』。今者望欲留『羅睺羅』，擬付『王位』；復爲『世尊』將『出家』也。『世尊』如是，將『羅睺羅』出家之後，豈不斷我『王種姓』耳？」……………。

爾時，佛告「輸頭檀王」：「如『大王』意，我不違也，我必當教作如是事。」作是語已，爾時「世尊」向「淨飯王」，說諸法義，顯示教化，令王欣悅，加其威力，復令歡喜。

爾時，「輸頭檀王」既歡喜已，從坐而起，頂禮佛足，遶佛三匝，辭退而去，還其宮內。……………。

爾時，「世尊」以此因緣，集「比丘僧」而告之言：「汝等比丘！當知『兒子』於其『父母』，『報恩』最難。所以者何？然其『父母』難作能作，顯示世間，長育諸陰，故令乳哺養成身體。是故汝等『諸比丘輩』！

從今已去，若『善男子善女人』等，『求出家』者，先須令彼『諮其父母』，然後乃聽。若『不許可放出家』者，須如『法治』。我今日後，立如是制，凡人來『投請出家』者，先須問言：『汝之父母，生存已不？』彼人若報云：『我父母現今生在。』方更問言：『復當聽汝出家已不？』」……………。

二十、「釋迦牟尼佛」渡化「難陀」

「難陀」是「釋迦牟尼佛」同父異母的「弟弟」，全稱是「孫陀羅男陀」。「難陀」娶了一個如花似玉的妻子「孫陀利」，夫婦恩愛。「釋迦牟尼佛」想要渡化「難陀」，但是他無法捨棄美麗的妻子「孫陀利」，所以一再婉拒。

「釋迦牟尼佛」知道說再多的道理，也感動不了「難陀」，唯有用「事實」才可使他覺悟回頭，願意「出家」修行。

因此，「釋迦牟尼佛」就用一種「方便法門」，來渡化「難陀」，這個「方便法門」非常適合世間大多數的人，因爲大多數的人，都貪戀美色、財富、權力和福報。因爲，這段經文的內容，實在太精彩了，所以我特別節錄出來與「讀者們」分享。

上述所謂「方便法門」，是指「隨機渡人的一種方法」，是能夠使人「便利得益」的途徑。所謂「方便」是指「善巧、權宜」，是一種能夠利益他人、渡化衆生的智慧和方式，是一種能夠隨時設教、隨機應變的智慧；所謂「法門」，是指「釋迦牟尼佛」所說之法，是「衆生」超凡入聖的門戶，所以稱爲「法門」。衆生的「根器」不同，只有選擇最適合自己的，以及自己最容易接受的「法門」，才是「方便法門」。

一日清晨，「難陀」正在爲美麗絕倫的妻子「孫陀利」調勻香粉妝點眉間。妻子的美貌，讓「難陀」既陶醉又驕傲。

忽然，叩門聲輕輕響起。「難陀」一見，竟然是「釋迦牟尼佛」親自來托缽。

「難陀」急忙呼喚「僕役」準備上味珍饌，「難陀」恭敬地捧著，要來供養「釋迦牟尼佛」。

「難陀」一踏出房門，「咦！才一會兒功夫，世尊怎麼不見了？」再仔細一瞧，「釋迦牟尼佛」已經走到街口了。

「難陀」追隨在後，儘管加快腳程，卻始終趕不上「釋迦牟尼佛」的步伐。

這一追，竟然追到了「精舍」。

「難陀」終於將「缽飯」送到「釋迦牟尼佛」的手中。出乎意料的，「釋迦牟尼佛」一把抓住「難陀」的手臂，運用「神通」，兩人瞬間移動，來到「香醉山」上。

「釋迦牟尼佛」指著一隻「瞎眼母猴」問「難陀」道：「難陀！你的妻子『孫陀利』和這一隻『瞎眼母猴』相比怎麼樣？」

「難陀」不高興的回答道：「佛陀！請不要開我的玩笑！我的妻子有傾國傾城的美貌，有無雙的嬌容，對我的恩愛難分難捨，她好像天上的『仙女』，怎麼能和這隻『瞎眼母猴』相比呢？」

「釋迦牟尼佛」笑而不答，又一把抓住「難陀」的手臂，運用「神通」，兩人瞬間移動，來到「三十三天」。

在「三十三天」裡，「難陀」見到了富麗堂皇的「瓊樓玉宮」，聽到的是悠揚悅耳的音樂，嗅到的是馥郁芬芳的花香，讓「難陀」的神魂飄蕩起來。

突然間，「難陀」看見了五百位美妙絕倫「仙女」，在那裡嘻戲，「難陀」被她們的美貌驚呆了！她們見了「佛陀」，都來作禮，鞠躬問訊。

「釋迦牟尼佛」轉頭問「難陀」說道：「難陀！你的妻子『孫陀利』和這五百位「仙女」相比怎麼樣？」

「難陀」看著眼前這五百位「仙女」，神魂顛倒的回答道：「佛陀！我的妻子『孫陀利』，雖然有傾國傾城的美貌，但是無法和這五百位『仙女』相比，這五百位『仙女』眞是太漂亮了。我人間的

『妻子』，哪裡比得上這五百位『仙女』的美麗的百千萬分之一呢！」

「釋迦牟尼佛」對「難陀」說道：「你要是願意『出家修道』，好好的修習我所傳授的『佛法』，將來往生之後，依你修習『佛法』的福報，就可以往生到這『三十三天』的天界，投胎做『天人』，並且有五百位『仙女』和你作伴。」

「難陀」一聽，眞是高興極了，立卽催促「釋迦牟尼佛」，趕快帶他回人間，他要馬上「出家」，跟隨「釋迦牟尼佛」修習「佛法」。「釋迦牟尼佛」點頭微笑，一把抓住「難陀」的手臂，運用「神通」，兩人瞬間移動，回到「人間」。

「難陀」一回到「人間」，迫不及待的剃頭「出家」，並且不懈怠的用功，精進的修習「佛法」。

過了一段時間，「釋迦牟尼佛」對「難陀」說道：「今天我要帶你去一個地方參觀。」

「難陀」問「釋迦牟尼佛」說道：「佛陀！我們要去哪裡？」

「釋迦牟尼佛」沒有回答，一把抓住「難陀」的手臂，運用「神通」，兩人瞬間移動，來到「鑊（ㄏㄨㄛˋ古代一種烹人的刑具）湯地獄」。

走在冷風颼颼、幽暗冥冥的「鑊湯地獄」裡，「難陀」不禁毛骨悚然，害怕起來，小心翼翼的跟隨「釋迦牟尼佛」走著。「鑊湯地獄」裡，一鍋鍋的沸湯，烹煮一個又一個哀嚎哭吼的「罪魂」。

「難陀」注意到，有一鍋沸湯，熱滾滾卻空無一人，一時的好奇心，暫時忘了恐懼，順口問一旁的「鬼卒」，這是怎麼一回事？

「鬼卒」回答道：「這是準備留給『佛陀』的弟子『難陀』用的，他雖然出家修行，得以升天，但是因為『發心不正』，『天福』享盡以後，就會墮落到這裡來受報，我已經做好要烹煮『難陀』的準備工作了。」

「難陀」聽完，嚇得魂不附體，汗毛直豎，冷汗直流。他瞬間明白了，不「了脫生死」，縱然升到「天上」，還是在「三界」之中，還是要受「六道」的生死輪迴。

「三界火宅」，都不是我們久居的地方；「天堂」和「地獄」，都是「因果業報」，實在可怕！世間的「富貴安樂」都是短暫、空幻和無常的，我們要放下對世間的執著，及早醒悟，生起「出離心」，去追求真正的解脫。

於是，「難陀」決心不再貪戀「天福」，更加精進的修習「佛法」。短短七日之內，「難陀」就證得了「羅漢」的果位。

雖然，「難陀」不在「釋迦牟尼佛」的「十大弟子」之中，但是於「佛弟子」中，被「釋迦牟尼佛」譽為「調和諸根（謂信、勤、念、定、慧五根及其他一切善根）第一者」。

● **《佛本行集經》卷第五十六【難陀出家因緣品第五十七上】原文：**

爾時，「世尊」教化「難陀釋種」之子，捨家「出家」，數數為說出家因緣，亦復讚歎出家因緣，而作是言：「汝來『難陀』！當就『出家』。」

作是語已，「釋子難陀」白言：「世尊！我不出家。所以者何？我以『四事（衣服、飲食、臥具、醫藥）』，供養『世尊』及『比丘僧』，乃至盡其一形，供養『衣服臥具飲食湯藥』。」

如是「世尊」第二第三，教化「難陀」，讚歎「捨家出家功德」，乃至數數說其「出家因緣」之事，及以讚歎「勸其出家」，而彼「難陀」，不肯「出家」，猶言求以「衣服臥具飲食湯藥」，盡形供養佛及「衆僧」因緣之事。……………………。

●《佛本行集經》卷第五十七「難陀因緣品下」原文：

………………。

爾時，「世尊」雖以「善言」教示「難陀」，而彼「難陀」猶戀「王位自在之樂」，憶「孫陀利五欲之事」，於「佛法」中猶不欣樂，欲捨「梵行」，欲捨「具戒」，還從家事。

爾時，「世尊」知彼長老「難陀」心已，作如是念：「然此『難陀』『煩惱』熾盛，豈能『小教』破彼『煩惱』，我於今者須作『方便（謂以靈活方式因人施教，使悟佛法眞義。）』，喻如世間『以火滅火、以毒治毒』。」

作是念已，執彼長老「難陀」之手，從「尼俱陀樹林」而出，以「神通力」隱沒其身，忽然在於「香醉山」上，出現而住。

爾時，彼山以「風吹」故，「兩樹相揩（ㄎㄞ，擦）」遂即出火，燒然彼山，出大煙炎。時彼山內，多有「獮猴」，其數五百，被火燒毛，皆悉存地，摩滅身火。

爾時，「世尊」見有一箇「雌瞎獮猴」在彼群內，亦復以手撲滅身火。

爾時，佛告長老「難陀」：「汝今見此『雌瞎獮猴』在彼群內，亦復以手滅其身火如此已不？」

爾時，「難陀」白佛言：「世尊！如是如是，我今已見。」

爾時，「世尊」尋復告彼長老「難陀」，作如是言：「汝意云何？汝『孫陀利』，可憙端嚴，與此『獼猴』，是誰為勝？」

爾時，「難陀」遂向「世尊」，顰眉蹙面，默然不言。

爾時，「世尊」執持長老「難陀」手臂，從「香醉山」沒身往至「三十三天」，現於「波利質多羅樹」。時，彼樹下有一「大石」，名曰「婆奴唫（逆林反）摩羅（隋言黃褐）」，住於彼處。

爾時，「帝釋天王」往入彼園，遊戲其園，名曰「伊迦分陀利」，將領「五百宮人婇女（宮女）」，左右圍遶，作倡伎樂。

於時，「世尊」見「帝釋王」，在彼「伊迦分陀利園」將領「五百婇女」，音聲歡娛受樂。時，佛即告長老「難陀」作如是言：「汝今見此『五百婇女』作倡伎樂遊戲已不？」

「難陀」白言：「如是世尊！我今已見。」

爾時，「世尊」尋復告彼長老「難陀」作如是言：「汝意云何？為當『釋女孫陀利』好？為當『五百婇女』端正？」

長老「難陀」白言：「世尊！……………。我今如是『孫陀利女』，欲令比此『婇女五百』，亦復不如百倍千倍，至百千倍『世間』算數所不能及。今者云何可為比喻？」

爾時，佛告長老「難陀」：「汝今意欲共此『婇女』相娛樂不？」

爾時，「難陀」歡喜踊躍，白言：「世尊！如我意者，實欲與彼『五百婇女』共相娛樂。」

爾時，佛告長老「難陀」：「汝今不可以此『凡身』共彼娛樂，若欲然者，必須以汝『歡喜之心』，於我法中行於『梵行』，我當報汝：『今者若能隨順此法，行清淨行，命終捨身，於未來世，必得受報生於此處，共此五百諸婇女輩共相娛樂。』」

爾時，「難陀」聞此事已，歡喜踊躍，遍滿其體，不能自勝，而白佛言：「世尊！我從今日於『佛法』中，歡喜行於『清淨梵行』。世尊！今者已許報我，我今實欲當『未來世』生於此處，共此『五百諸婇女』等，共相娛樂。」

爾時，「世尊」復執長老「難陀」臂已，從彼「三十三天」沒身，還其本處。

爾時，「難陀」作如是念：「世尊於先已許報我於『未來世』，當得共彼『五百婇女』，以相娛樂。」

是故「難陀」，以此因緣，盡其身心，「正念」行於「清淨梵行」，調伏諸根，節量飲食，初夜後夜，起誦經行，勇猛精進，不共他人言談戲笑；心不躁急，心無狡猾，口不綺言，發精進行，念四威儀，樂於空寂，閉塞諸根，成就「最勝微妙正念」。……………。

爾時，「難陀」告彼同行「諸比丘」言：「諸長老輩！當知『世尊』於『未來世』，將欲報我『五百婇女』，歡娛受樂，是故我今於此法中，勤行『梵行』。」……………。

爾時，「世尊」見此「難陀」爲「諸玉女」行於「梵行」，遂便執臂，從彼「尼拘陀林」而出，沒身入於「大地獄」裏。

「世尊」於時見一「銅釜」下然猛火，其釜赫赤與火無異，出「大光炎」，熾然赩赩（ㄒ一丶，大紅色）。

「世尊」見已，告彼「難陀」：「汝往問此『諸獄卒』等，此之『銅釜』欲爲『阿誰』熾然湧沸？」

乃至如是長老「難陀」，聞佛是語白言：「世尊！唯如佛教。」

卽往詣彼「諸獄卒」邊而問之言：「此『大銅』釜，欲爲何人如是湧沸乃至此也？」

爾時「獄卒」，咸報「難陀」，作如是言：「佛有『姨母』所生之弟，名曰『難陀』，爲彼人故，燒然此釜。」

「難陀」復問：「汝豈不聞？『如來』往日，許報其人，若爲『五百天樂婇女』行於『梵行』，後得生於『三十三天』。」

「諸獄卒」言：「如是如是，我等已知。但我等輩，復聞其人於彼『三十三天』之上墮落已後，來生此處。」

爾時，「難陀」聞此語已，心生恐怖，舉身毛豎，作如是念：「我若次第於此受苦，我今亦欲不用如此『婇女果報』。」

爾時，「世尊」卽執長老「難陀」臂已，從「地獄」內，隱沒其身，還至「尼俱陀林」而出。

爾時，「難陀」爲己「同行諸親友」等，恒常喚作「佛客作人」，被笑被呵，嘲調戲弄。復見「地獄」，慚愧恐怖，卽生「厭離」，自悼自悔，求空閑處，獨行獨坐，更不放逸，精進勇猛。

凡「善男子」，其有「正信」捨家「出家」，求於「無上清淨梵行」，行已現得自證「神通」，得「諸漏盡」，口自唱言：「生死已盡，梵行已立，所作已辦，不受後有。」證「羅漢果」，心得解脫。長老「難陀」亦復如是，證「羅漢果」，然後始往至於「佛所」，頂禮佛足，卻坐一面。……………。

爾時，「世尊」告「比丘僧」作如是言：「汝諸比丘！於我『聲聞弟子』之內，『調伏諸根』，『難陀』比丘最為第一。」

二十一、十大弟子之八「阿難（多聞第一）」

「阿難」又稱「阿難陀」，「迦毘羅衛」人，梵語「阿難」，漢譯曰「喜慶」、「慶喜」、「歡喜」，又云「無染」。「阿難」天生容貌端正，面如滿月，眼如青蓮花，其身光淨如明鏡，生於「佛成道日」，「淨飯王」既聞「太子成佛」，又聞「宮中誕子」，更增歡喜，於是說：「今日大吉，是歡喜日。」而命名為「阿難」。

「阿難」是「白飯王」的兒子、「釋迦牟尼佛」的「堂弟」，也是「釋迦牟尼佛」的「侍者」，是「釋迦牟尼佛」的十大弟子之一，人稱「多聞第一」。

「阿難」在佛入滅後，證得「阿羅漢果」，曾經參與「佛經」的「第一次結集」。據說，「阿難」繼承「摩訶迦葉」之後，成為「僧團的領導者」。

在《法華經》中，「阿難」被授記再供養「六十二億諸佛」之後，將會「成佛」，佛號是「山海慧自在通王佛」。佛國名「常立勝幡」，劫名「妙音徧滿」。

●《佛本行集經》卷第六十「阿難因緣品第六十」原文：

又於一時，長老「阿難」，被「諸梵行大德人輩」勸請，令彼奉侍「世尊」。從爾已來，盡心盡力，意行調適，如來所說，悉皆受持。從「如來」口所聞之事，或世間事、或出世事，悉能受持，永不忘失，若有人來諮問所疑，亦悉能令彼心歡喜。

以是因緣，「世尊」集衆，告「諸比丘」，作如是言：「汝諸比丘！於我『聲聞弟子』之中，『多聞利智』，侍者之內，『阿難』比丘是其人也。」

二十二、十大弟子之九「須菩提（解空第一）」

「須菩提」，意思爲「善現、妙生、善吉、空生」。「須菩提」是古印度「拘撒羅國」「舍衛城」人，出生「婆羅門教」家庭。古印度「拘薩羅國」「舍衛城」長者「鳩留」之子，是「釋迦牟尼佛」的十大弟子之一，以「恆樂安定、善解空義、志在空寂」著稱，號稱「解空第一」。

「須菩提」的「母親」在生育他的那一天，家中所有的「財寶」和「用具」，都忽然不見了，全家人都非常驚訝，就請「婆羅門相師」來卜卦。

「婆羅門相師」卜卦後，說道：「這是一件很可喜的事情，你們家中所生的貴子，室中金銀寶物在貴子初生的時候，會一切皆空，這象徵著他是『解空第一』人。我們就爲他取名『空生』吧！這是『大吉大利』的事。」

「婆羅門相師」的話，安定了全家人的心。直到三天以後，「須菩提」家中的「財寶」和「用具」，才又恢復原狀。「解空第一」的「須菩提」，初生時的徵兆，眞是希奇萬分，古今稀有的事。

有一天，「釋迦牟尼佛」在「須菩提」的故鄉傳道布教，「鄉人」紛紛傳說，論到「智慧」，世間上沒有人能夠和「釋迦牟尼佛」相比。

這樣的議論，傳到「須菩提」的耳中，而且他的「父母」跟隨「鄉人」，都皈依了「釋迦牟尼佛」。

「須菩提」的家中，本來是信仰傳統的「婆羅門教」，現在，「父母」跟隨「鄉人」改信他教，「須菩提」覺得很奇怪，決定要一探究竟。

在某一天的夜晚，「須菩提」偷偷的去見「釋迦牟尼佛」。「須菩提」獨自走到「釋迦牟尼佛」說法的地方，「釋迦牟尼佛」正坐在高高的「法座」上說法，四周亮著火把，下面是跪著千萬的觀衆。

大地寧靜無聲，千萬的「聽衆」，呼吸都不敢有聲，這時只有「釋迦牟尼佛」的「法音」在響亮。

「釋迦牟尼佛」說：「世間是不應該相爭的，本來就沒有『人我的分別』，大家合起來就是一體。『一切法』是從『因緣和合』而生起的，沒有一樣東西能夠獨立存在。『我』和『一切法』既是『互相依賴』的生存，布施『慈悲恩惠』給『衆生』，看起來像是『爲人』，其實對自己有莫大的利益！」

「釋迦牟尼佛」的「法音」非常的慈和，他所說的道理，令「須菩提」很感動。「須菩提」擠在大衆中，偷偷的向「釋迦牟尼佛」合掌，表示敬意。

「釋迦牟尼佛」說法以後，回到「信衆」準備的「靜室」中休息，「須菩提」徘徊在門口，他想見「釋迦牟尼佛」，但是又沒有勇氣。

「釋迦牟尼佛」知道「須菩提」的心意，就招呼他進來：「你進來！到我房中來坐，我和你談談！」

「須菩提」進房後，恭敬的說道：「我是『須菩提』，希望『佛陀』收我做『出家弟子』！」

「釋迦牟尼佛」很慈悲親切的問道：「喔！你就是『須菩提』，我早就聽說你是村中最聰明的青年。很好！你父母知道嗎？」

「須菩提」回答道：「我想我父母知道後，一定會很歡喜的，我很榮幸做『佛陀』的弟子。」

「釋迦牟尼佛」很喜歡「須菩提」，從此「須菩提」披搭「袈裟」，成爲「釋迦牟尼佛」的「僧團」中，傑出的弟子。

後來，「須菩提」獲得「須陀洹果」，復證「阿羅漢果」。「須菩提」是「釋迦牟尼佛」弟子中，最擅長解釋「空的道理」者，被譽爲「解空第一」。

「須菩提」每次都到「富者門第」化緣，因爲他同情「窮人」的貧困，不願意再讓「窮人」花費；而「大迦葉」卻都向「窮人」化緣，因爲「大迦葉」想要賜與「窮人」累積善業的機會。

「釋迦牟尼佛」對這兩位弟子都給予責備，「釋迦牟尼佛」說，「化緣、布施」都應該隨順「自己的因緣」，不應該特選「檀越（梵語的音譯，施主）」。

《金剛般若波羅蜜經》即是「須菩提」與「釋迦牟尼佛」的對談記錄，他屢見於「般若經典」中。在《法華經》中，「須菩提」被「釋迦牟尼佛」授記將來「無量劫」後會成佛，佛號是「名相如來」。

有一次，「釋迦牟尼佛」突然外出，所有的「四衆弟子」，到處尋找，都找不到「釋迦牟尼佛」。後來，「天眼第一」的「阿那律」，以「天眼通」觀察，才知道「釋迦牟尼佛」到「忉利天」，爲聖母「摩耶夫人」說法，大概要三個月的時間才回來。「阿那律」把這個消息告訴大家，大家都非常的思念「釋迦牟尼佛」。

三個月很快就過去了，「釋迦牟尼佛」將要重返人間，「弟子們」都爭先恐後出去迎接。

那時候，「須菩提」正在「靈鷲山」的「石窟」中縫衣服，他聽到「釋迦牟尼佛」將要重返人間的消息，心中想道：「『佛陀的法身』，不是眼睛可見，可見的是『佛陀的肉身』。不了解『諸法的空性』，就見不到『佛陀的法身』。

要想見到『佛陀的法身』，就一定先要了解『五蘊四大』是『無常的』，明白『所有的一切』都是『空寂的』，知道森羅萬象的『諸法』是『無我的』。『法性』是『無處不在』的，『佛陀的法身』也是『無處不在』的，我皈依奉行『佛陀的教法』，我已體證到『諸法的空理』，不應該爲『事相』所迷。」

「須菩提」有了這樣的體悟，就沒有起身去迎接「釋迦牟尼佛」，繼續縫補衣服。

「釋迦牟尼佛」歸來，「僧團」中的「衆弟子」，都想先去拜接「釋迦牟尼佛」。那時，有一位「神足第一」的「蓮華色」比丘尼，運用「神足通」，第一個搶先迎接到「釋迦牟尼佛」。

「蓮華色」比丘尼，對「釋迦牟尼佛」，一邊頂禮，一邊說道：「佛陀！弟子『蓮華色』第一個先來迎接『佛陀』的聖駕，請接受『弟子』的拜見！」

「釋迦牟尼佛」微笑的說：「蓮華色！妳不是第一位來迎接我的人！」

「蓮華色」比丘尼非常驚訝，看看左右，「大迦葉」等長老才從身後趕來。「蓮華色」比丘尼不解地問道：「佛陀！弟子敢問，在『蓮華色』以前，是誰已經迎接到佛陀呢？」

「釋迦牟尼佛」微笑著，此時許多弟子都陸續趕到。

「釋迦牟尼佛」對「蓮華色」比丘尼說道：「妳不是第一位來迎接我的人，第一個來迎接我的是『須菩提』。『須菩提』這個時候，在『靈鷲山』的『石窟』中，觀察『諸法的空性』，他才是眞正迎接見到我的人。見法的人，才能第一個見到『佛陀的法身』，第一個迎接『佛陀』。」

「蓮華色」比丘尼和「諸弟子」，聽到「釋迦牟尼佛」的教誨，才知道在「釋迦牟尼佛」的教法中，觀察「諸法空性」的重要性，大家都感到慚愧，覺得遠不如「須菩提」。經過「釋迦牟尼佛」特別的讚歎，「須菩提」「解空第一」的美名盛傳，在「僧團」中更是受人尊敬了。

另外，我最喜歡「須菩提」在「巖中宴坐」的典故，實在太有「禪機」了。

有一天，「須菩提」在「靈鷲山」上的「石窟」內「禪坐」。入定在「空三昧」的禪思中，那甚深的「禪定功行」，感動了護法的「忉利天」天王「帝釋天」，「帝釋天」散著「天花」，一朵一朵

飄落在「須菩提」的面前。

「帝釋天」散落的花朵，驚動了在「空三昧」中的「須菩提」，他出定後，向「天人」問道：「你是什麼人？爲什麼要到這裏來對我雨花讚歎？」

「帝釋天」回答道：「我是『帝釋天』，我敬重『尊者』入定在『空三昧』的禪思中，善說『般若波羅蜜多』。」

「須菩提」問道：「我對『般若』未嘗說一字，你爲何要讚歎我呢！」

「帝釋天」回答道：「尊者無說，我無聞，『無說無聞』，是『眞般若』！」

「須菩提」一聽，會心的一笑，回讚「帝釋天」說道：「沒想到，在『般若會』上，『佛陀』宣說的無上甚深『微妙法門』，你在護持道場的時候，已經信受領解，謝謝你美麗芬芳的天花，願此天花，其香遍滿人間和天上！」

「須菩提」說完後，「帝釋天」又再作禮，徐徐的隱沒在雲端裏。

二十三、十大弟子之十「阿那律（天眼第一）」

「阿那律」意譯「無滅、如意、無障、無貪、隨順義人、不爭有無」，是「釋迦牟尼佛」的「十大弟子」之一，古代印度「迦毗羅衛城」的「釋氏」。「阿那律」爲「甘露飯王」之子，是「釋迦牟尼佛」的「從弟（堂弟）」。

「釋迦牟尼佛」成道後歸鄉，「阿那律」與「阿難、難陀、優波離」等，卽於其時出家爲「佛弟子」。出家後的「阿那律」，修道精進，堪稱模範。

「阿那律」的「道心」很堅固，不過，有一次「釋迦牟尼佛」在講經的時候，大概因爲「阿那律」疲倦的關係，他竟然打起瞌睡來，

「釋迦牟尼佛」望著他罵道：「咄咄汝好睡，螺螄蚌蛤內，一睡一千年，不聞佛名字。」

「旁邊的人」叫醒「阿那律」，他驚醒過來。

「釋迦牟尼佛」問道：「阿那律！你是爲了什麼原因，才出家學道呢？」

「阿那律」站起來，恭謹的回答道：「爲了厭離生老病死，解脫憂悲苦惱。」

「釋迦牟尼佛」質問道：「大家都讚美你不爲女色破壞戒行，你現在像是很自滿，在我說法的時候，你也在睡覺。」

「阿那律」聽「釋迦牟尼佛」這麼一說，趕快跪下來，合掌說道：「佛陀！請求你慈悲原諒我的懈怠愚痴，從今以後，我再也不睡眠。」

「釋迦牟尼佛」一向很歡喜肯「認錯懺悔」的弟子，「釋迦牟尼佛」鼓勵安慰「阿那律」，叫他好好用功，修行固然不能太緩，但也不能太急。

從此以後，「阿那律」從「淸晨」到「黃昏」，從「黑暗」到「光明」，他都用功修道。如此精進修行，「阿那律」一時都不肯睡眠，他不願意違背自己的誓言。不久，阿那律的眼睛瞎了。

從這裏，我們可以看出「阿那律」修道的決心，明知道眼睛會失明，他都不退願心，不肯違背自

己的誓言，「釋迦牟尼佛」只責怪他一句話，他對於修道就那麼認真奉行，他對「釋迦牟尼佛」的恭敬，可想而知。

瞎了眼睛的「阿那律」，在「僧團」中的生活有很多不方便的地方，尤其對於「乞食」和「縫衣」，最感到困難。

有一次，「阿那律」的衣服破了，他幾次想要修補，終因自己看不見而作罷。後來，他的「三衣」實在破爛不堪了，有一次「阿難陀」經過他獨自居住的「娑羅邏巖」中，對他說道：「阿那律比丘！你的『三衣』不補一下不行了，『佛陀』說過，『比丘』的衣服新舊不要緊，但是一定要注意『整齊清潔』。」

「阿那律」聽後，很安然的回答道：「阿難陀比丘！我也曾試過修補衣服，但是因爲眼睛失明，針線穿不進針孔，拜託你，如果你有時間，幫忙我縫補『三衣』好嗎？」

「阿難陀」非常歡喜的答應，並約定一有時間，就來爲他縫補「三衣」。

這裡解釋一下，什麼是「三衣」？所謂「三衣」，是「佛教比丘」穿的三種衣服。第一種叫做「僧伽梨」，即「大衣」或「名衆聚時衣」，在「大衆集會」或「行授戒禮」時的穿著；第二種叫做「鬱多羅僧」，即「上衣」，禮誦、聽講、說戒時的穿著；第三種叫做「安陀會」，「日常作業」和「安寢」時穿用，即「內衣」。「三衣」亦泛指「僧衣」。

「阿難陀」回到「祇園精舍」以後，正想找一些「比丘」幫忙「阿那律」縫補衣服。

「釋迦牟尼佛」知道後，就問「阿難陀」說道：「阿難陀！你怎麼不找我去幫助『阿那律』縫補

『三衣』呢？」

「阿難陀」惶恐的回答「釋迦牟尼佛」，說道：「佛陀！至尊至貴的您，弟子之間瑣碎的事情，怎麼敢勞動您呢？佛陀！我和『比丘們』都願意爲『阿那律』比丘縫補衣服，我們預備馬上就去。」

「釋迦牟尼佛」慈祥的說道：「阿難陀！你不要這麼說，我和你們大家一樣，也是『僧團』中的一分子，我現在就隨你去，你不必再去叫很多人。」

對於「釋迦牟尼佛」所說的話，「阿難陀」非常感動，站在身旁的「目犍連」等人，聽了「釋迦牟尼佛」的話，也深深的感動，他們都願意跟隨「釋迦牟尼佛」一同前去幫助「阿那律」縫補「三衣」。

「釋迦牟尼佛」一行人到了「娑羅邏巖」中，對「阿那律」說道：「阿那律！我們來幫你縫補衣服。」

聽了「釋迦牟尼佛」說話的「阿那律」，心裡很惶恐、驚慌，已經瞎眼的「阿那律」，眼眶中浮出幾滴晶瑩的感激淚珠，不知怎樣回答才好。

「釋迦牟尼佛」一行人把針線穿好，大家同心協力，很快的就爲「阿那律」將「三衣」縫補好了。

自從「釋迦牟尼佛」爲「阿那律」縫補「三衣」以後，「釋迦牟尼佛」很憐愍他，教他修習「金剛照明三昧」。不久，「阿那律」就證得「天眼通」了。他自己歡喜，從此「阿那律」對於「縫衣、托缽」不再煩心，別人不能見到的，他都能見到。「阿那律」對「釋迦牟尼佛」感激不盡，「釋迦牟尼佛」也歡喜放下心來。

所謂「天眼通」，就是不分遠近，不論內外，都能看到，失去了「肉眼」而證得「天眼通」的「阿那律」，「僧團」中很多人都羨慕他、敬重他，這固然是「釋迦牟尼佛」慈悲威力的加被，但也是「阿那律」堅決的修行所成就的。

「阿那律」證得聖果，有了「天眼通」，在「僧團」中已經成爲上首的弟子。但是，他有一次和「舍利弗」論道的時候，長老「舍利弗」竟給他一次不客氣的訓示。

原因是「阿那律」請問「舍利弗」說道：「尊者舍利弗！我以清淨的『天眼』，可以見到『三千大千世界』，我有精進不動的『正念』，現在，我的身體好像暢遊在『寂靜的天地』中，我的心已離執著，不再散亂，請問『尊者』，這就是『離煩惱得解脫』嗎？」

「舍利弗」聽了「阿那律」的話，回答道：「尊者阿那律！剛才你說你有見到『三千大千世界』的『天眼』，這是『我慢心』；你說你有『不動的正念』，這是『掉舉心』；你說你的心已離執著，不再散亂，這是『狂妄心』。以我所瞭解『佛陀』的教法，要離了『我慢心、掉舉心、狂妄心』，才能夠『離煩惱得解脫』。」

對於「舍利弗」所說的話，「阿那律」不但不生氣，還很感激「舍利弗」，他明白「舍利弗」尊者說的話，才是眞正「見道者」能說出的。「阿那律」就是如此虛心的人。

二十四、「釋迦牟尼佛」涅槃

公元前四八六年，「釋迦牟尼佛」八十歲的時候，已經傳教四十五年，「佛教」也已經被「南亞」大多數人所接受，各地都建立了「寺廟」，「出家的」和「在家的」信徒倍增。

「釋迦牟尼佛」在「毗舍離城」安居，後來偕「弟子」向西北行走，途中食用鐵匠「純陀」所奉獻的世間奇珍「栴檀樹耳」，這時候「釋迦牟尼佛」的「背疾」復發，自知將要離世，宣佈將在三個月後「涅槃」。

「釋迦牟尼佛」同「弟子們」繼續向前走，走到「拘屍那醯（ㄒㄧ）連尼耶跋提河」的岸邊，「釋迦牟尼佛」告知「弟子們」，他不久將入「涅槃」，命「阿難」在兩棵「娑羅樹」中間，鋪下臥具。「釋迦牟尼佛」躺下，向右側偃臥，頭部向北，左足置右足上，「弟子們」都守候在身邊，聆聽「釋迦牟尼佛」的最後教誨。

夜裡，「須跋陀羅」去求「釋迦牟尼佛」開示，成爲「釋迦牟尼佛」的最後一位弟子。「須跋陀羅」，來是一個「外道教徒」的頭子，因爲聽了「釋迦牟尼佛」說的《涅槃經》，當下「智慧」現前，煩惱消滅，就得證「羅漢果位」。這時，他已經是八十一歲的老人了。在「釋迦牟尼佛」將「涅槃」時，來求「釋迦牟尼佛」出家。「釋迦牟尼佛」說：「善來比丘。」鬚髮自落，「袈裟」著身，成了「比丘」的莊嚴相貌。

「釋迦牟尼佛」的堂弟「阿難」，在佛的身邊伺候三十幾年，對佛有深厚感情，現在佛要「涅

槃」，他特別悲傷。當時有一位名叫「阿少兔樓陀」的佛弟子在旁邊，提醒「阿難」說：「你不要再哭啦，佛滅度後，有四件重要大事要怎麼辦，你趕快去問問佛。」

「阿難」問說：「什麼大事呀？你快告訴我！好去請佛最後開示。」

「阿少兔樓陀」說，有四件重要大事：

第一、佛滅後，依誰爲師？

第二、依何安居？

第三、如何調伏「惡性比丘」？

第四、如何「結集經典」令人證信？

「阿難」立卽問佛：

第一、佛在世的時候，大家都以佛爲師，佛滅度後，以何爲師呢？

佛回答說：「你們依『波羅提木叉（指七衆防止身口七支等過，遠離諸煩惱惑業而得解脫所受持之戒律。）』的『無上戒法』爲師。」

第二、佛在世時大家依靠佛，與佛住在一起，這是依佛而住。佛滅度後依何而住？

佛回答說：「你們依『四念處』住。」（『四念處』：『念』是能觀的智慧，『處』是所觀的境界。卽：觀『身不淨』、觀『受是苦』、觀『心無常』、觀『法無我』。『四念處』指集中心念於一點，防止雜念妄想生起，以得眞理之四種方法。乃『原始經典』中所說之修行法門。）

第三、對一些「惡性比丘」，佛在世時，佛會設法調服他們，佛滅度後，用什麼辦法對治他們？

佛回答說：「用『默擯（ㄅㄧㄣˋ，排除，拋棄）』的辦法來對待『惡性比丘』，把他們在『僧團』內孤立起來。這樣一來，自己感到『孤獨無趣』，他就會自動的離開『寺廟』走了，或者自覺地『放棄惡行』，而成爲好的比丘。」

第四、佛滅度後，結集「經、律、論」三藏教法時，在諸經之首，要講幾句什麼樣話？

佛回答說：「當說『信、聞、時、主、處、衆』的六種成就，並且在『經典』前面冠以『如是我聞』四個字，以及按『一時佛住某方某處，與諸四衆而說是經』的格式，令人證信。」

上面講的四點，是「釋迦牟尼佛」在臨終前的最後垂訓，也是「釋迦牟尼佛」的遺囑。

「釋迦牟尼佛」將要「涅槃」的時刻，「阿那律」尊者運用「神通力」，到「忉利天宮」通知佛母「摩耶夫人」，「佛母」聽到「釋迦牟尼佛」將要圓寂，感到非常痛苦。

「摩耶夫人」跟著「阿那律」尊者，來到「雙林樹」下。當「釋迦牟尼佛」知道「母親」來看望時，從「金棺」中坐了起來，合掌恭敬以最虔誠的心情，來迎接「母親」，並接受「摩耶夫人」所奉獻的「香花」。

「釋迦牟尼佛」對「母親」演說「人生無常無我、如夢如幻」的妙法之後，才安靜的入「涅槃」。火化後的「佛舍利」，由「摩揭陀國」的國王「阿闍世」和「釋迦族」等八王，帶回建「舍利塔」供養。

有關「釋迦牟尼佛」涅槃的過程，在《景德傳燈錄》、《指月錄》和《五燈會元》都有記載。

● **《景德傳燈錄》卷第一：**

爾時「世尊」至「拘尸那城」。告諸大衆。吾今「背痛」欲入「涅槃」。卽往「熙連河」側「娑羅雙樹」下。右脅累足泊然宴寂。復從棺起「爲母說法」。特示雙足化「婆耆」。并說「無常偈」曰。「諸行無常。是生滅法。生滅滅已。寂滅爲樂」。

時諸弟子卽以「香薪競」「荼毘（ㄊㄨˊ ㄆㄧˊ，火葬）」之。燼後「金棺」如故。爾時大衆卽於佛前以偈讚曰。「凡俗諸猛熾。何能致火爇。請尊三昧火。闍維金色身」。

爾時「金棺」從坐而舉高七「多羅樹」。往反空中化「火三昧」須臾灰生。得「舍利」八斛四斗。

●《指月錄》卷之一：

爾時「世尊」至「拘尸那城」。告諸大衆。吾今「背痛」。欲入「涅槃」。卽往「熙連河」側「娑羅雙樹」下。右脅累足。泊然宴寂。復從棺起。爲母說法。特示雙足。化「婆耆」。并說「無常偈」曰。「諸行無常。是生滅法。生滅滅已。寂滅爲樂」。

時諸弟子。卽以「香薪競」「荼毘（ㄊㄨˊ ㄆㄧˊ，火葬）」之。燼後「金棺」如故。爾時大衆卽於佛前。以偈讚曰。「凡俗諸猛熾。何能致火爇。請尊三昧火。闍維金色身」。

爾時「金棺」從座而舉。高七「多羅樹」。往反空中。化「火三昧」。須臾灰生。得「舍利」八斛四斗。

●《五燈會元》卷第一：

爾時「世尊」至「拘尸那城」。告諸大衆。吾今「背痛」。欲入「涅槃」。卽往「熙連河」側。

「娑羅雙樹」下。右脅累足。泊然宴寂。復從棺起。為母說法。特示雙足化「婆耆」。并說「無常偈」曰。「諸行無常。是生滅法。生滅滅已。寂滅為樂」。

時諸弟子卽以「香薪競」「荼毘（ㄊㄨˊ ㄆㄧˊ，火葬）」之。燼後「金棺」如故。爾時大衆卽於佛前。以偈讚曰。「凡俗諸猛熾。何能致火熱。請尊三昧火。闍維金色身」。

爾時「金棺」從座而舉。高七「多羅樹」。往反空中。化「火三昧」。須臾灰生。得「舍利」八斛四斗。

第四單元

「印度佛教」的歷史

「佛教」起源於「印度」，是「古印度」諸宗教之一，受到「婆羅門教」的「吠陀傳統」與「沙門傳統」的影響，與「耆那教」在同一時間開始發展。

在「佛教」興起之前，「婆羅門教」是「印度」的主要宗教，「婆羅門教」主張「吠陀天啟」、「祭祀萬能」和「婆羅門至上」三大綱領。其他的宗教思想，還有「六師」和「九十六種外見」，其中主要的有「順世論」、「耆那教」和「生活派」等。

在公元一世紀前後，「大乘佛教」由「部派佛教」中獨立出來，形成兩大傳統，二者同時發展。「佛教」在「孔雀王朝」時代獲得「正統地位」，開始向外傳播。從公元三世紀下半葉開始，「佛教」就開始不斷向「古印度」境外傳播，逐漸發展成爲世界性的宗教。

而在「印度本土」，則由於公元八到九世紀以後，「印度教」的興起，以及「伊斯蘭教徒」頻繁的入侵和武力征服，不少「僧侶」被殺戮，很多重要的「寺廟」和「文物」遭到破壞，因此「印度佛教」開始衰微，到十三世紀初，趨於消亡，直到十九世紀後才稍有復興。

「印度佛教」的歷史非常繁複，本書整理出「印度佛教」的重要內涵來介紹。首先，從「釋迦牟尼佛」涅槃之後，「佛教經典」的產生，開始說起。

一、「佛教經典」的產生

「大迦葉」聽到「釋迦牟尼佛」即將入滅，而率衆人趕赴之時，見到有「比丘」感言終於可以「爲所欲爲」。於是，「大迦葉」召集「五百羅漢」，作爲「僧團代表」，在「王舍城」外的「七葉窟」舉行「經典結集」，以規範「教團」，維護正法，史稱「第一次結集」。

在「印度佛教史」上曾經有四次集合「僧團」，共同誦出「佛經」，確定「正式經典」的內容，史稱「四次結集」。

（一）「佛經」的第一次結集

「佛經」的「第一次結集」，又稱爲「五百結集、王舍城結集」，「結集」是指「僧伽（大衆；指出家團體）」集會合誦經典。

「大迦葉」尊者於佛滅七日後，從「波婆城」趕到「娑羅雙樹」下，主持了「荼毘（ㄊㄨˊ ㄆㄧˊ，火葬）」。火化後的「佛舍利」，由「摩揭陀國」的國王「阿闍世」和「釋迦族」等八王，帶回建「舍利塔」供養。

因爲，佛初入滅，就有「愚癡的比丘」感到快慰地說：「彼長老，佛常言：應行是，應不行是；應學是，應不學是。我等於今，始脫此苦，任意所爲，無復拘礙。」

當「大迦葉」尊者聽到這種論調之後，非常不高興，因此決心立即召開「結集佛陀遺教」的大

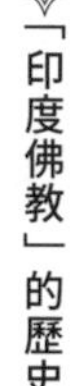

會。

「八王」分「舍利」之後，「大迦葉」尊者率領五百位「阿羅漢」至「王舍城」「坐雨安居（僧人於夏季三個月中安居不出，坐禪靜修，稱爲『坐夏』。其時正當雨季，亦稱『坐雨安居』。）」。「阿闍世王」在「王舍城」「毘婆羅山」側的「七葉窟」前，爲「僧團」興建一座「講堂」。「大迦葉」尊者就帶領五百位「阿羅漢」，在此舉行了「第一次結集」活動，確立最初的「佛經體系」，爲佛教「經律」的起源。

「第一次集結」，歷時數月，由「大迦葉」尊者主持，「多聞第一」的「阿難」誦出「經藏」，卽「佛陀的言教」；「持律第一」的「優波離」誦出「律藏」，卽「教團共同遵守的行爲規範和議事制度」；「論藏」，卽「經義的闡釋」，在這次的「結集」上，尙未形成。

由於，當時的「印度」注重「記誦」而輕視「書寫」，所以這次「結集」，只是將「釋迦牟尼佛」的「言教」與「戒律」回顧一遍，而取得了「統一認識」，並未形成「書寫文獻」。因此，出現了「分工記憶」而「專持一部」的僧人，如「經師、律師」等。

「第一次結集」的內容如下：

①律藏：現存「律藏」都有一個「犍度（章節）」，記載了「大迦葉」尊者位列上座之一，他組織這次「合誦」的詳細過程。「大迦葉」尊者提問「制戒因緣」，「優波離」尊者回答誦出「波羅提木叉（指七衆防止身口七支等過，遠離諸煩惱惑業而得解脫所受持之戒律。）」，五百位「阿羅漢」尊者共同認證正確無誤，由此「合誦」形成了「律藏」。

②經藏：由「大迦葉」尊者先提問，「阿難」尊者回答問題，誦出「佛陀」所說「諸經」，五百位「阿羅漢」尊者共同認證正確無誤，由此「合誦」形成了「經藏」，「經文之首」皆冠以「如是我聞」，即指「阿難」尊者所聞。

「第一次結集」的「主要思想」內容，保存在「巴利語五部經藏」以及「漢譯四部阿含」之中，尤其是巴利語《相應部》和漢譯《雜阿含》。

「第一次結集」的「主要觀點」，可以概括爲「三法印」：「諸行無常，諸法無我，涅槃寂靜」，「印」即判斷正法與否的標識。

①諸行無常：謂世間一切「現象」與「萬物」經常「轉變不息」，此是佛法的根本大綱。

②諸法無我：謂一切「有爲法、無爲法」中，並無「我」的實體。即「一切法」皆依「因緣」而生，相互依存，無「實體性」。

③涅槃寂靜：即是說「涅槃」的境界，滅除一切生死的痛苦，無爲安樂，故「涅槃」是寂靜的。「涅槃」，譯爲「圓寂」，亦譯爲「滅」，「滅煩惱故、滅生死故」，名之爲「滅」。

(二)「佛經」的第二次結集

「第二次結集」，也稱爲「毘舍離結集、毘舍離集結、七百結集、上座部結集」，「釋迦牟尼佛」滅百年後，因爲「印度東方」的「毘舍離」比丘「行十事（『大衆部』記載爲『求乞金錢事』）」。

「印度西方」的「耶舍」長老到「毘舍離城」時，看到此事，當著「衆居士」的面，指出「求乞金錢」是「非法」的事情，就發起「七百阿羅漢比丘」，在「毘舍離」進行「結集」，進行「羯磨（意譯作『業』」意指所作、事、辦事、辦事作法、行爲等。含有善惡、苦樂果報之意味，亦卽與因果關係相結合之一種持續不斷之作用力。）」表決其爲「非法」，以保持「戒律」的嚴格執行。由於參加此次「結集」的多爲「佛教長老」，故又稱「上座部結集」。

對於「上座部」的決定，「毗舍離城」的比丘不服，另外召集約有萬人，稱爲「大衆部」，進行了自己的「集結」，竄改「佛教教義」，堅持「十事」爲合法，被稱爲「大衆部結集」。

由此，引起了佛教「上座部（長老）」和「大衆部（比丘）」的分裂，由於是佛教僧團的第一次重大分裂，故稱爲「根本分裂」。

此後，「佛教」也因爲「教義」和「戒律」的分歧，而產生不同的「部派」，至佛滅滿二百年時，就大約有「十八個部派」。

其實，會有「第二次結集」事件的發生，以及引起佛教「上座部（長老）」和「大衆部（比丘）」的分裂，是由於「地域文化」不同所引起的。

在「釋迦牟尼佛」時代的「印度」，「印度西方」是保守的傳統中心，是「婆羅門」的化區，「印度東方」的「摩揭陀」一帶，則爲新興的「自由思想」的天地。甚至《奧義書》與「業力說」，也是在東方的「毘提訶王朝」所發展出來的。「釋迦牟尼佛」的「釋迦族」，便是「印度東方」的一支，「佛教」也是藉此「自由思想」的環境而崛起。

所以，這第二次的「毘舍離城結集」，從「地域」上來看，是「西方系佛教」的「波吒釐子城」與「東方系佛教」的「毘舍離城」論爭的表現。

在佛滅之後，「佛教」的教化區，已經溯往「恆河」的分支「閻牟那河」而上，向西擴展至「摩偸羅」，「摩偸羅」成了「西方系佛教」的重鎮。但是，由於「地域文化」的影響，此時「東方系佛教」以「毘舍離城」爲中心的「跋耆族」比丘，對「戒律」的解讀，卽與「西方系佛教」有所不同。

這時，雖然說已經距離佛滅百年。由於「西方系佛教」的長老比丘「耶舍」，巡化到「東方系佛教」的「毘舍離城」，看到「東方系佛教」「跋耆族」的「比丘」，於每半月的八日、十四日、十五日，用鉢盛水，集坐人衆處，乞「白衣（在家人）」施錢，有的「白衣（在家人）」不給錢，甚至也有譏嫌「比丘」不應該求施「金錢」的。

「耶舍」長老便告訴求施的「比丘」說，這是「非法求施」，又向那裡的「白衣（在家人）」說：「汝莫作此求施，我親從佛聞，若有非法求施，施非法求，二俱得罪。」

因爲，「耶舍」長老向「白衣（在家人）」說了「非法施之過」，衆「比丘」不高興，便逼迫「耶舍」向「白衣（在家人）」做「下意（謂屈意；虛心和順）羯摩（卽向『白衣』承認錯誤，表示歉意）」。雖然，「耶舍」長老迫於情勢，不得不做了「下意羯摩」，但是仍然懇切地勸導求施的「比丘」，並且受到許多「白衣（在家人）」的稱讚。

結果，「耶舍」長老不能見容於「跋耆族」的「比丘們」，便回到「西方系佛教」去遊說了幾位有名的「大德長老」，再來「毘舍離城」召集「大會辯論」。

「耶舍」長老不惜跋涉千里，爭取到了以「頭陀苦行」著稱的「波利耶」地方的比丘、「阿槃提」地方的比丘、「達嚫那」地方的比丘，尤其重要的是爭取到了「摩偷羅」地方的「三菩提長老」和「薩寒若」地方的「離婆多長老」。

「東方系佛教」「跋耆族」的「比丘們」，也四出拉攏，並以「佛」原出生在他們的地區為由，要求大家助力。

終於，共計七百人的大會，盛大的在「毘舍離城」揭幕。因為人數太多，一齊參加辯論，恐怕得不到結果，經過雙方的同意，各推「上座（長老）代表」四人，即：薩婆伽羅、離婆多、三菩提、耶舍、修摩那、沙羅、富闍蘇彌羅、婆薩摩伽羅摩，再加上一位受戒僅五歲，而堪任教化並精識法律的「敷坐具」之人「阿耆多」，共九人。九人的審查辯論，實際是代表了七百人的大會，故此稱為「七百結集」。

這次大會，起因雖然是為了「乞錢」，討論內容則共有十項，稱為「跋耆比丘的十事非法」，此「十事」簡介如下：

①角鹽淨：「食鹽」可以貯存在「角器」中，供日後食用。

②二指淨：「比丘」原定「正午」前進食，但如「日影」偏過「正午」「二指」時，還可以算「正午食」。

③他聚落淨：在一個「聚落」食後，還可以到其他「聚落」攝食。

④住處淨：在同一個地方居住的「比丘」，可以分別舉行「布薩」儀式。「布薩」意譯為「淨

住，善宿，長養，斷增長」，是一種「佛教儀式」。指「出家僧尼」每半月（十五日與二十九日或三十日）集會一次，專誦「戒律」，稱爲「說戒」，謂能「長養善法，增長善法」。在誦戒律時，信徒也向「大衆」懺悔所犯罪過，稱爲「斷增長」，意謂「斷惡長善」。

⑤隨意淨：卽於「衆議處決」之時，雖不全部出席，但是仍有效力，只要求得他們於「事後承諾」卽可。

⑥所習淨：按「慣例」行事，不算「違律」。

⑦生和合淨：可以喝「未攪拌去脂」的「牛乳」。

⑧飲闍樓凝淨：「闍（ㄕㄜˊ）樓凝（ㄧˋ）」是「未發酵」或「半發酵」的「椰子汁」，得取而飲之。

⑨無緣坐具淨：卽是縫製「比丘的坐具」，可不用貼邊，並隨意大小。

⑩金銀淨：可以接受「金銀財物」。

「東方系佛教」「毘舍離城」的「跋耆族」比丘們，以此「十事」可行，爲「合法」；「西方系佛教」的「上座（長老）」「耶舍」，則以此爲不合律制，爲「非法」。

「第二次結集」的目的，卽在「審查此十事的律制根據」。最後結果，根據各「律典」的記載，「上座代表」們一致通過，認爲「十事非法」。因此，「第二次結集」的目的，只是爭論「十事」是「非法」或「合法」的問題而已。

然而，「東方系佛教」「跋耆族」的「比丘們」，既在「上座代表」的會議上慘敗，內心還是不

平，傳說卽有「東方系佛教」的「大衆派」另外行結集，於是與「上座派」分裂爲二。

另外，「毘舍離城」的「國王」，亦不滿西來的少數「上座（長老）」，而加以驅逐。於是，「東方系佛教」的「大衆部」，和「西方系佛教」的「上座部」，就此隱然出現了。

「第二次結集」後不久，「摩揭陀國」變更爲「難陀王朝」，公元前四世紀末，又變更爲「孔雀王朝」，其第三代就是「阿育王（公元前二六八年到二三二年在位）」。「阿育王」的連年征戰，使「印度」首次獲得統一，其版圖覆蓋了除南端之外的整個「南亞次大陸」。

（三）「佛經」的第三次結集

「第三次結集」又稱爲「華氏城結集」，在大約「釋迦牟尼佛」入滅二百三十五年前後，由「阿育王」召集在「華氏城」舉行。

當時有許多「外道」，爲了「供養」，混入「佛教」，比丘「僧伽（大衆；指出家團體）」不和他們一起舉行「布薩會」和「自恣會」。

「布薩會」意譯爲「淨住，善宿，長養，斷增長」，是一種「佛教儀式」。指「出家僧尼」每半月（十五日與二十九日或三十日）集會一次，專誦「戒律」，稱爲「說戒」，謂能「長養善法，增長善法」。在「誦戒律」時，「信徒」也向「大衆」懺悔所犯罪過，稱爲「斷增長」，意謂「斷惡長善」。

「自恣會」意譯「滿足、喜悅、隨意事」。乃隨「他人之意」，自己舉發所犯之過錯。「夏安居」之竟日，「清衆」舉示自身於「見、聞、疑」等三事中所犯之罪，面對其他「比丘」懺悔之，懺悔清淨，自生喜悅，稱爲「自恣」。

因此，「阿育王園寺（雞園寺）」七年沒有舉行「布薩會」，「阿育王」請回「目犍連子帝須」尊者平息「諍論」，舉行「布薩會」。在「阿育王」遣散所有「外道」之後，「目犍連帝須」尊者舉行「布薩會」，此後選取了一千位通達「三藏」的「阿羅漢」進行「合誦」，「合誦」歷時九個月完成。

「第三次結集」重新整理「佛教經典」，使「古佛經」最後定型。並編輯了一部《論事》，將不同派別的論點整理出來，對當時「外道」的各種異議「邪說」進行批判。

由於，這次的「結集」僅保存在「南傳佛教」的文獻中，而無其他資料佐證，有許多佛學家對這次集結抱持懷疑的態度。「北傳佛教」有「大衆部、正量部」和「說一切有部」，都有傳說發生在「阿育王時代」，不同的「第三次結集」。

「第三次結集」的最重要成果，是派遣了精通「釋迦牟尼佛」的「法與律」並默記於心的「僧侶」，到九個不同的國家去傳教。其中，到「斯里蘭卡、迦濕彌羅」和「健馱邏」的傳教，非常成功，導致了「佛教」在這些地區的長期存在和居主導地位。

(四)「佛經」的第四次結集

「佛經」的「第四次結集」，有「北傳佛教」和「南傳佛教」分別記載的兩種說法。

「北傳佛教」記載，在佛滅六百餘年後（或佛滅四百年後），在「犍陀羅國」「貴霜王朝」的「迦膩色迦王」時期，以「迦膩色迦王」爲施主，由「脅尊者」發起，於「迦濕彌羅國」，選拔「五百比丘」結集「三藏」，造《毘婆沙論》。在不承認各部派在「阿育王時代」第三次結集的文獻中，將此次「結集」稱爲「第三次結集」。若承認「阿育王時代」的第三次結集，此次「結集」則爲「第四次結集」。

「南傳佛教」記載的「第四次結集」，又稱「阿盧寺結集」，指的是公元前一世紀末葉，於「斯里蘭卡」「瑪杜勒」的「阿盧迦寺」舉行的「結集」。參加「結集」的，是以「坤德帝沙」長老爲首的「大寺派（卽摩訶毗訶羅住部）」的「五百阿羅漢」，共同審校了「經、律、論」三藏的「巴利原文」及其「經傳」，並將其全部刻寫在「貝葉」上，歷時三年又三個月而成。這次的「結集」活動，被認爲是繼「印度佛教」三次「三藏結集」之後的「第四次結集」活動，保存和推動了「巴利語佛教」的發展。

二、「阿育王時代」的向外傳教

「阿輸迦·孔雀（大約公元前三〇四年到前二三二年）」，常被稱爲「阿育王」，音譯「阿輸迦」，意譯「無憂」，故又稱爲「無憂王」）。「阿育王」是印度「孔雀王朝」的第三代君主，他是一位「佛教徒」，也帶來「佛教」的繁榮，後世稱爲「佛教護法」。

「阿育王」的祖父，是「孔雀王朝」的開國君主「旃（ㄓㄢ）陀羅笈多．孔雀」，又稱爲「月護王」，他打敗了古希臘「馬其頓王國」國王「亞歷山大」的軍隊，並且獲得了其後繼者「塞琉古帝國」的承認，奠定「孔雀王朝」的大國地位，首次將「印度次大陸」大部分地區，統一於一個政權之下。

「賓頭娑羅」是印度「孔雀王朝」的第二位國王，他是「旃陀羅笈多」的兒子，承繼了父親的「擴張政策」，爲帝國增添許多領土。「賓頭娑羅」與各希臘化國家維持良好關係。他曾經接待過「塞琉古帝國」國王，派來的「使節」代表「馬庫斯」。「埃及」的「托勒密王朝」，也曾經向他派出過「使節」。

「賓頭娑羅」死後，他的兩個兒子「阿育」和「修私摩」，展開了爭奪繼承權的鬥爭，最後「阿育」獲勝，就是「孔雀王朝」的第三位君主「阿育王」。

「阿育王」被許多人視爲是「印度」最偉大的國王，在多次的征戰之後，「阿育王」在公元前二六九年到二三二年的期間，統治了「印度次大陸」大部分的土地。「孔雀王朝」的版圖，擴張西到現在的「阿富汗」，東到及今天的「孟加拉」，也可能達到「伊朗」的東部，東邊則到「印度」的「阿薩姆邦」，南方則到「喀拉拉邦」及「安得拉邦」的北部，囊括整個「印度次大陸」。

「阿育王」的一生，可以分成兩個部分來探討，「前半生」稱爲「黑阿育王時代」，主要是經過鬥爭坐穩王位，和通過武力統一了「印度」。大約在公元前二六一年，「阿育王」征服「羯陵伽國」時，有十五萬人被俘，十萬人被殺，死傷數十萬人。最後，除了「邁索爾地區」外，統一「印度全境」。據說，「阿育王」由於在征服「羯陵伽國」時，親眼目睹了屠殺的場面，深感悔悟，於是停止武力擴張。

「阿育王」的「後半生」稱爲「白阿育王時代」，在全國努力推廣「佛教」，促成「佛教」的繁榮。「阿育王」統治時期，成爲「古印度」歷史上，空前絕後的強盛時代。「阿育王」使「佛教」成爲「國教」，也沒有迫害其他教派，反而對「婆羅門教」和「耆那教」也給予慷慨的捐助。由於「阿育王」推行「宗教自由」，「政治寬容」和「非暴力主義」，他受到民衆的擁戴，統治了「印度」長達四十一年之久。

「阿育王」由「殘暴」的性格，轉爲「善良」的性格，並且皈依「佛教」，可能是在他親自征伐「羯陵伽國」時，目睹了「征伐殺戮」的慘狀之後，便大生悔悟之心，回來後卽親近「僧伽（大衆；指出家團體）」，修持佛法，並以「轉輪聖王」的政治理想自許，以「和平的正法」來建設繁榮安樂的社會。

「阿育王」轉爲「善良」的性格之後，曾經特赦囚犯二十五次，每年召開「無遮大會」一次。此外，禁殺生、行布施、植樹、修道路、鑿井、造「佛寺」，並建「佛塔」，遍及全國。

「阿育王」又設立「正法大官」，巡迴各地以宣揚「正法」，廣施仁政，愛護萬民。「阿育王」曾經親自巡禮「佛跡」，到處豎立「石柱」，刻敕紀念。

「阿育王」曾經派遣「正法大官」至外國弘化，向西方包括「敍利亞、埃及、馬其頓、克萊奈、愛毘勞斯」。向東方則派到「柬埔寨」。根據「佛教教義」，以宣揚「和平」的重要，增進國際的親善。

在「阿育王」卽位的第十七年，他把「目犍連子帝須」奉爲「上座」，於「華氏城」召集「長老」一千人，從事「第三次結集」，費時九個月。南方「巴利文」的《論事》，卽是此次「華氏城結集」的具體成果。

「第三次結集」之後，「阿育王」卽派遣了大批的「傳教師」，分赴各地弘傳佛法，傳法的範圍包括：

①「罽賓、犍陀羅吒」，卽今「北印度」之「喀什米爾」等地。

②「摩醯婆末陀羅」，卽今「南印度」之「賣索爾」等地。

③「婆那婆私」，卽今「南印度」。

④「阿波蘭多迦」，卽今「西印度」之「蘇庫爾」以北。

⑤「摩訶勒吒國」，卽今「南印度」之「孟買」。

⑥「臾那世界」，卽今「阿富汗」以西。

⑦「雪山邊」，卽今「尼泊爾」一帶。

⑧「金地」，卽今之「緬甸」。

⑨「師子國」，卽今之「錫蘭」。

由此可見，「佛教」在「阿育王時代」，就已經成爲「世界性的宗教」。他以「佛教」的教化，溝通了「亞洲、非洲」乃至達於「歐洲」的邊緣，負起了洲際的和平使命。

三、北傳佛教

在「佛教」史上，根據「印度佛教」由「印度」本土，向境外傳播的方向，分爲「北傳佛教」和「南傳佛教」兩類。因爲是由「印度」本土向北方傳播，所以十九世紀研究「佛教」的「歐洲學者」，稱爲「北傳佛教」或「北方佛教」；由「印度」本土向南方傳播者，稱爲「南傳佛教」或「南方佛教」。

由「印度」本土，經過「中亞」，再往「中國、東北亞」一帶傳播，以及由「印度」本土傳至「西藏」的佛教傳統，稱爲「北傳佛教」；由「印度」本土傳往「錫蘭島」，之後經「緬甸、印尼」，傳播至「南亞、東南亞」與「中國雲南」地區的佛教傳統，稱爲「南傳佛教」。

「北傳佛教」依照「地域」的不同，又可以分成「漢傳佛教」和「藏傳佛教」，兩者都以「大乘佛教」爲主。

「南傳佛教」只在「雲南」等地流傳，以「上座部佛教（小乘佛教）」爲主。「藏傳佛教」的興起較晚，同時受到「印度佛教」與「漢傳佛教」的影響，主要是由「印度」傳播而來，以「密宗」爲主流。

就整體而言，「北傳佛教」大多與傳承地方的「固有文化」融合，以「大乘佛教」爲主，流行「梵文經典」以及其「翻譯經典」；「南傳佛教」則保存較濃厚的「印度原始佛教色彩」，主要流行「巴利語佛典」。

「北傳佛教」傳播的主要國家，有「中國、西藏、日本、朝鮮」等，簡述如下。

「中國」地區自「東漢」時傳入佛教，「東漢」末年陸續翻譯出「佛教典籍」，「佛教教義」開始與「中國傳統思想文化」相互結合，至「隋唐」而達到巔峰，形成「天台宗、華嚴宗、法相宗、律宗、淨土宗、禪宗」等宗派。

「宋代」以後，又漸與「儒道」融合，「漢譯佛典」的數量極多。其後，經歷「三國、兩晉」以至「唐、宋」各朝代，都有「譯本」推出。

「西藏佛教」自七世紀左右開始，由「印度」傳入，傳入後逐漸形成具有「西藏地區特色」的「藏傳佛教」，俗稱「喇嘛教」。「藏譯佛經」的數量，僅次於「漢譯佛經」，其中包含「漢譯佛經」中，未見過的「中後期大乘經論」。

「朝鮮」於四世紀後期，傳入「中國佛教」，七世紀以後，更派遣「僧人」至「中國」求法，主要為「禪宗」，與「日本」同為「漢譯佛經」的流行區域。

「日本」於六世紀前半葉，自「中國、朝鮮」傳入佛教，立即發展為「日本」的主要宗教，而且宗派極多。

下面詳述「北傳佛教」，在「中國、西藏、朝鮮、日本」等地的發展情況。

（一）漢傳佛教：

「佛教」最初傳進入「漢地」，大約在「東漢初年」，即「漢明帝」永平八年（公元六十五年）。

公元一世紀後半期，從「西域」來到「中國」的「僧人」漸多，首先在「社會上層」中有信徒，再逐步在「民間」傳播開來。此時期的「佛教觀念」與「傳統中國社會」的「倫理宗教思想」不斷的衝突協調。

到了「魏晉時期」，「佛教思想」融入於「老莊思想體系」。「南北朝時期」則發展「譯經、講經」的風氣，形成了諸多「義學派別」。到了「唐代」，「佛教」大盛，形成了幾個大型「佛教宗派」，如「天台宗、華嚴宗、法相宗、禪宗、律宗、淨土宗、密宗」等。

由於「佛教」勢力的擴張，影響到國家的「經濟政治利益」，因此「北魏太武帝、北周武帝」和「唐武宗」都發動過「滅佛事件」。

「佛教」在「中國」發展成熟後，也影響到「朝鮮」和「日本」。「佛教」在四世紀末傳入「朝鮮」，在六世紀上半葉傳入「日本」。

十世紀以後，「佛教」進一步與「中國傳統思想文化」融合。「南宋」之後，「佛教」各宗派衰落，出現了「禪淨合一」的趨勢。

到了「元明」兩朝，「佛教」重新受到「統治者」的重視。明末四大高僧「蓮柏椒蕅」，即「蓮池袾宏、紫柏眞可、全椒憨山、蕅益智旭」等，四大家的融通活動，使「佛教」更具有「世俗色彩」。「清末」的「佛教復興運動」，掀起「居士佛教」和重視「義學研究」的新風氣。

（二）藏傳佛教：

中國「西藏」的「佛教」，上承「印度」晚期佛教的「密宗」。「佛教」在「吐蕃松贊干布」時代，傳入「西藏」。

九世紀初葉，因爲「朗達瑪禁佛」，而中斷「佛教」百餘年，並且劃分了「前弘期」和「後弘期」兩段。到了十世紀晚期，「佛教」才由「多康地區」，重新傳入「西藏」。十三世紀時，「佛教」又流行於「蒙古」地區。

「藏傳佛教」綜合了「印度」的「大乘佛教」與「密教」的思想，並且吸收了「西藏」原來的「苯教」內容。

「前弘期」時，「棄松德贊」敕建了「桑耶寺」，並且從「印度」迎請了「密教」大師「蓮花生」和「寂護」與「蓮花戒」師徒。

「後弘期」時，佛教成就在於「顯密兩宗」經典的譯出。著名的「譯師」有「仁欽桑布」。「阿底峽」在公元一〇四二年進入「西藏」，確立了純正「佛教」的「戒律」和「教法」。

到了十四世紀，「藏語佛典」已經完備譯出，以「寺廟」和「經師」爲中心形成了不同派別。十七世紀，「格魯派」的「領導集團」，藉助「蒙古」「固始汗」勢力，確立了「黃教」在「西藏」的統治地位。「清朝廷」也確認了「固始汗」對「西藏」的控制權。

「後弘期」形成了「寧瑪、噶當、薩迦」等佛教派別。「藏傳佛教」依從「說一切有部律」，並且奉行「大乘菩薩戒」與「密宗根本戒」。「準格魯派寺院」依「戒律」，實施嚴格的「僧伽制度

（大衆；指出家團體）」，該派的「僧院」中，有嚴格的「學階制度」，實行「顯密並重」和「由顯而密」的修行次第。

「藏傳佛教」各派都有「活佛轉世制度」，「格魯派」中的「達賴活佛」及「班禪活佛」的地位最高。在「民主改革」之前，「西藏地方」實行「政教合一」的神權統治。

(三) 朝鮮佛教：

「佛教」在「朝鮮三國時代」傳入「朝鮮」。

公元三七二年，中國「前秦」的使臣贈送「高句麗」佛教的「佛經」和「佛像」；公元三八四年，「東晉」的「胡僧」到「百濟」。到了六世紀，中國「三論宗」和「成實宗」之學，已經傳到「朝鮮」。

「佛教」也由「百濟」傳入「日本」。在「新羅王朝」統一「朝鮮半島」時，正值「中國」的「唐朝」盛世，「佛教」隨著「文物制度」輸入「新羅王朝」，並且獲得長足發展。

八世紀中，「密宗」與「淨土宗」也發展開來。十三世紀之後，「高麗王朝」的「佛教」，進入「成熟期」，歷史上有「五教二宗」之說，即「戒律宗、法相宗、法性宗（三論宗）、華嚴宗、天台宗、寂宗（禪宗）」和「曹溪宗」。

「曹溪宗」是民族化了的「朝鮮佛教派別」，爲「知訥」所創立。「佛教」至「李朝」而漸入式微，但是「曹溪宗」仍爲勢力最大的宗派，並且延續至今。

（四）日本佛教：

「佛教」正式傳入「日本」，開始於公元五三八年，「朝鮮」的「百濟王」向日本「欽明天皇」獻上「佛像」和「佛經」。最初得到「聖德太子」倡導的「佛教」，後來因爲「大化革新」，而贏得「國教」的地位，著名的「東大寺」和「國分寺」都建於此時。

在九世紀之前，「中國佛教」的「三論宗、法相宗、華嚴宗、律宗」等傳入「日本」，稱爲「奈良六宗」。

「平安時代」之初，日僧「最澄」到中國「唐朝」求法，歸國後建立「天台宗」；「空海」從「中國」歸來後，建立了「眞言宗」。

到了「平安後期」，「淨土信仰」流行開來。從「鎌倉時代」開始，「日本民族化的佛教」逐步形成，出現了「日本」的「淨土宗、淨土眞宗、時宗、日蓮宗」等宗派。

「日本禪宗」對於傳播「儒學思想」和「中國文化藝術」的影響極大，在「江戶時代」，「日本佛教」陷於停滯。十六世紀後半期的戰亂，削弱了「佛教」各宗派的勢力，迫使「佛教世俗化」。

「明治維新」以後，「佛教」一度受到打擊。公元一九四五年之後，「日本佛教」在「憲法」保護下，得以發展並且向海外傳教。勢力最強大的是「淨土宗、禪宗、日蓮宗」，其他的尙有「天台宗、眞言宗」等。「佛教」中也有新宗派，如「日蓮正宗」的「創價學會、立正佼成會」等。

四、南傳佛教

「南傳佛教」又稱爲「上座部佛教」，盛行於東南亞的「緬甸、泰國、柬埔寨」和「老撾（ㄨㄛ）」，南亞的「斯里蘭卡」，以及中國的「雲南省」。

因爲「南傳佛教」的「三藏」及「註釋」，都使用「巴利語」，故又稱爲「巴利佛教」。也有人稱爲「南方佛教」，因爲這一系統的「佛教」，是由「印度恆河流域」向「南方」流傳，傳到「斯里蘭卡」，再傳到「東南亞」，這些地區都在印度之南。

如就「所屬部派」來說，凡是信仰「上座部佛法」及「皈依教團」的，都可稱爲「上座部佛教」或「南傳佛教」，例如：盛行「中國雲南傣族」已經有一千三百多年的「上座部佛教」，以及流行於「越南」南部的「上座部佛教」。

「上座部」是「部派佛教」的一派，根據「北傳佛典」所記載，佛入滅百餘年後，「大天」等「進步派」的「比丘」，倡導「五條教義」，「保守派」起而反對，「教團」因此分裂爲「上座部」和「大衆部」二部。

佛入滅三百年初，自「保守派」的「上座部」又分出「說一切有部」，原本的「上座部」受到「說一切有部」勢力的壓迫，就遷至「雪山」，稱爲「雪山部」。

其後，自「說一切有部」又分出「八部」，「上座部」共計有十一部（有部、本上座部、犢子部、法上部、賢胄部、正量部、密林山部、化地部、法藏部、飲光部、經量部）。

可是，根據「南傳佛典」所記載，最初的分裂，是因爲對有關「戒律十事」的見解不同而引起的。根據「南傳佛教」史書的記載，佛滅後百年，「古印度」東部的「跋耆族比丘」提出「十條戒律」的新主張（稱爲「十事」），遭到「教團」以「耶舍」爲首的「諸長老比丘」反對，而且召集「七百比丘」舉行「結集」，宣布「十事」爲「非法」；同時，主張此「十事」爲正確的「比丘」，也另外舉行「結集」。

「佛教」因而分裂爲「上座部（長老）」與「大衆部（比丘）」，史稱爲「根本分裂」；此後，兩部復分裂成二十部（北傳分派說）或十八派（南傳分派說，卽除西山住部、北山住部二部），稱爲「枝末分裂」。

在「上座部」系統中，「說一切有部」的勢力最大，可說是「上座部」理論的代表。「說一切有部」於公元前三世紀，由「印度」傳入「錫蘭」等地，後稱爲「南傳上座部」，至今仍盛行。

「南傳上座部」屬於「巴利語系」，因爲他們的「三藏典籍」和許多重要的著作，都是用「巴利語」寫的。除了「巴利語系」有一部完整的「三藏典籍」和各種「論著」之外，其他「北傳佛教」的「經典」，絕大部分都保存在中國的「漢文」和「藏文」的「藏經」裡。

另外，關於「比丘尼」，根據《比丘尼傳》，中土最早從「二衆（比丘與比丘尼）」受「具足戒」的，是「宋朝」「景福寺」的「慧果、淨音」等三百餘人。「比丘尼僧團」在「錫蘭」傳承了一千多年，大約在十一世紀而絕跡。此後，「南傳上座部」盛行的國家，至今仍未恢復合格的「比丘尼僧團」。

「南傳上座部」分佈在「南亞地區」的「佛教」，可以分爲四類：

①流佈於「斯里蘭卡、緬甸、泰國、柬埔寨、老撾」等國家的南方「上座部佛教」。

②興起于「越南」，而與「儒道」二教混融的「混合佛教」。

③過去在「柬埔寨」曾經盛極一時的「吉蔑民族」所信奉的「佛教」。

④「爪哇、蘇門答臘、馬來半島」等地所傳的「南海佛教」。

在上列四類中，第一類又稱爲「巴利佛教」，因爲此系統大部分都依據「巴利語聖典」。而所謂「南方佛教」，主要卽指「上座部佛教」而言；第二類屬「中國佛教系統」；第三、四類現今僅存「藝術的遺蹟」。

公元前三世紀，「阿育王」派遣其子「摩哂陀長老」，將「印度佛教」輸入「錫蘭島」，此爲「錫蘭佛教」的開端。

公元前一世紀，「錫蘭佛教」分裂爲「大寺派」與「無畏山寺派」。三世紀時，「無畏山寺派」又分出「南寺派」。其中，「大寺派」被視爲「錫蘭佛教」的正統。

在其他「東南亞國家」方面，公元四至五世紀以後，「緬甸」卽有「佛教」傳入，可是採納「南方上座部佛教」，則始於公元一〇五八年，「阿耨樓陀王時代」。公元十二世紀以後，「泰國」開始接受「上座部佛教」。

公元一三六一年，「錫蘭」的「僧伽（大衆；指出家團體）領袖」，被迎入「泰國」，爲「泰王」傳戒。至於「柬埔寨、寮國」接納「上座部佛教」，則始自十四至十五世紀，「泰民族」的征服

之後。

下面詳述「上座部佛教」對外發展的過程，包括「中國」、「南亞」和「東南亞地區」。

（一）「中國」的「上座部佛教」：

「上座部佛教」在公元前三世紀，已經由「孔雀王朝」傳入現屬「緬甸」的「孟族地區」。隨著「佛教」在公元一世紀開始，由「印度」向北方傳入「中國」，「部派佛教」與「大乘佛教」在同一時期傳入「中國」。

自「東漢」開始有了由「犍陀羅語」或「梵語」翻譯成「漢語」的「上座部佛經」，最早為「安息國」三藏「安世高」翻譯出較多，這些「佛經」特別是《人本欲生經》、《陰持入經》和《安般守意經》有著重要的影響，帶動了「魏晉南北朝佛教」在「中國」的傳播。

「魏晉南北朝時期」，四部《阿含經》和五部《廣律》中的四部，被先後翻譯成了「漢語」。「南齊」時的三藏「僧伽跋陀羅」翻譯了註釋「斯里蘭卡」「上座部律藏」的《善見律毘婆沙》，「後秦」的「罽賓國」三藏「曇摩耶舍」和「曇摩崛多」等人，翻譯了「分別說部」的《舍利弗阿毘曇論》。

「南梁」時的「扶南」三藏僧「伽婆羅」翻譯了「優波底沙」造的《解脫道論》，這本「論著」被認為是寫於西元二世紀前後，可能屬於「分別說部」的「無畏山派」。

到了「隋唐時期」之後，所有「部派佛教」在「中國」逐漸沉寂，「法相宗」文獻中稱，「楞伽

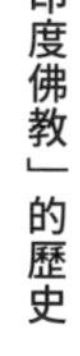

島」的「上座部」為「赤銅鍱部」，並記載了其特色性的「有分識」和「意根」的學說。

另一方面，「上座部佛教」亦傳到「南亞」和「東南亞」地區。

(二)「南亞」和「東南亞」的「上座部佛教」：

十一世紀，「緬甸」的「阿努律陀王朝」征服「孟族直通王國」，放棄「阿利僧派」信仰，並引入「孟族僧侶」所傳承的「上座部佛教」，其勢力使「南傳佛教」滲入「暹羅」北部和中部地區。

經過「斯里蘭卡」，於十二世紀時，「帕拉克拉瑪巴胡」一世國王舉行「結集」，整頓「佛教教團」，使「上座部佛教」盛行於「斯里蘭卡」，並且達到高峰。後來，透過「比丘」學習，傳返「暹羅」，促使當時「素可泰王朝」傾向「上座部佛教」。

十四世紀中葉，「寮國」國王「法昂」迎娶「柬埔寨」「吳哥王」的女兒為妻，並且引入「上座部佛教」，從而傳播遍佈於整個「湄公河流域」。

在公元一三六一年，「斯里蘭卡」僧王，被「暹羅（今泰國）」「素可泰王」請至國內建立「僧團」，這是「泰國佛教」的開始。

此時，「緬甸、暹羅」和「柬埔寨」等地的「僧人」，也不斷進入「斯里蘭卡」，學習「佛法」，並且重新「受戒」。他們回國之後，也根據他們所受的「戒律」，在他們國內建立「僧團」，稱為「僧伽羅僧團」。這些「僧侶」，將「斯里蘭卡大寺派」的「佛教」傳承，帶往「東南亞」各地，成為「南傳佛教」的開始。

隨著「南傳佛教」的快速發展，又因爲「斯里蘭卡」國力衰弱，又受到「外國勢力」入侵，本土的「佛教」反而衰落下去。至十一世紀時，「毘舍耶婆訶一世」曾經派「使者」至「緬甸」，請「阿努律陀王」派遣「僧人」至「斯里蘭卡」「傳戒」建立「僧團」，並爲「三大派」建立很多「寺院」。後來，「波洛羅摩婆訶一世」使「三大派」重新團結一致。

到了十八世紀，「斯里蘭卡」本土的「佛教」絕跡，「經典」散失，「僧團、寺院」也消失了。公元一七五〇年，「斯里蘭卡」遣使至「暹羅」，請求「僧人」至「斯里蘭卡」傳戒。

「暹羅國王」於公元一七五三年，派「優波離」等十名「僧侶」至「斯里蘭卡」授戒，並且將「巴利文三藏」重新攜至「斯里蘭卡」，這也是目前「斯里蘭卡」的「暹羅派僧團」的開始。

公元一八〇二年，「摩訶格羅瓦．匿納唯曼羅帝須」，自「緬甸」受戒，建立「比丘僧團」，名爲「阿曼羅波羅派」。公元一八六五年，「阿般格訶梵多．卽陀沙婆」自「緬甸」傳回「藍曼匿派」。雖然現代「斯里蘭卡佛教」可分爲三大派系，但是在「見解」上，他們都淵源於「大寺派」，所以「教義」仍然是相同的。

在公元一八五七年，「緬甸」的「貢榜王」在「曼德勒」主持「第五次結集」，在同年興建「固都陶塔石碑」，號稱是「世界上最大的經書」。在「陶塔」前的「廣場」建有七百二十九座「白色小佛塔塔林」，每座「佛塔」裡都有一塊「大理石功德碑，」分別刻有「佛經」一章，內容爲「第五次結集」的「三藏」。

在公元一九五四年到一九五六年，「緬甸政府」在「仰光」建造了「大石窟」，舉行了一次「結集」，有來自「緬甸、泰國、斯里蘭卡、柬埔寨、寮國、越南、印度、尼泊爾」等國的「上座長老比丘」參加。這次結集由「大寶導師」「堯揚西亞多」主持，「大班智達馬哈希西亞多」爲「詢問者」，由「持三藏長老」「明昆西亞多」負責誦出「三藏」。

現今，在「斯里蘭卡、泰國、緬甸、寮國」和「柬埔寨」有很多「上座部佛教」的「佛教徒」，當中「泰國」的「上座部佛教徒」占該國佛教徒的百分之九十。

「南傳上座部佛教」有史料可證的，大約在七世紀中，由「緬甸」傳入「中國雲南地區」。最初「經典」只口耳相傳，大約在十一世紀前後，「泰潤文」書寫的「佛經」，經「緬甸」傳入「西雙版納」，至「南宋」景炎二年，「泰文」創製後，始有刻寫的「貝葉經文」。現在，「雲南」地區的「上座部佛教」，按其名稱可分爲「潤、擺莊、多列、左祇」四派。

五、部派佛教

何謂「部派」？「部派」就好像「中國的宗派」一樣，是由「觀點的不同」而個別分立，另組派系。由「原始佛教」分裂而成的各個「教團派別」，統稱爲「部派佛教」。

在「佛教史」中，「部派佛教」是指「釋迦牟尼佛」涅槃之後，從「上座部」與「大眾部」的「根本分裂」到「大乘佛教」興起前的階段，也是這個時期，「佛教僧團」所形成的各個「部派」的合稱。

「釋迦牟尼佛」滅後百年，因爲「教徒們」對一些「戒律方面」的分歧，「教團」出現分裂，稱爲「根本分裂」，「根本分裂」形成了「大衆部」和「上座部」兩部。

大致上來說，「大衆部」以「革新派比丘」爲主，較爲積極和前進；「上座部」則以「僧團長老」爲主，思想較爲傳統、保守。

「大衆部」和「上座部」被稱爲「根本二部」，以後又從這兩個「根本二部」中，共計分裂出十八部（根據南傳佛教的說法）或二十部（根據北傳佛教的說法）。

根據《大唐西域記》卷九摩伽陀國條、《三論玄義》、《宗輪論述記》卷上等所載，「釋迦牟尼佛」滅後，衆弟子在「王舍城」外的「靈鷲山」「七葉窟」內結集經典，即「第一次經典結集」時，即有「窟內」和「窟外」兩處「結集」之別。

「窟內」大多爲「長老比丘」，「窟外」則大多爲「少壯比丘」。在「窟內結集」的比丘，稱爲「上座（長老）部」，在「窟外結集」的比丘，稱爲「大衆（比丘）部」，「大衆部」是後世「大乘佛教」的先驅。

初時兩處之人，無有異諍，法亦無異說，直到「窟外」的「大天比丘」提出「大天五事（五條教義）」後，兩派乃起乖諍。

「佛教僧團」的第一次重大分裂，也叫「根本分裂」，一般認爲是發生於「釋迦牟尼佛」滅後百餘年，「阿育王」在位時期。

但是，「根本分裂」的原因，有「北傳佛教」和「南傳佛教」兩種說法。

根據「北傳佛教」所傳的《異部宗輪輪述》所記載，「釋迦牟尼佛」入滅百餘年，「大天比丘」提出「大天五事（五條教義）」後，產生贊成之「革新派比丘」，與反對之「保守派比丘」。兩派互相抗爭，前者遂結成「大衆部」，後者則結成「上座部」。

「大天比丘」大約生活在「阿育王時代」，是他將「佛教」傳播到「南印度」。他是「大衆部」早期的領導者之一，《異部宗輪論述》稱制多部以他爲始祖。

「大天五事」又稱作「五事非法、五事妄語」。印度「部派佛教」「大衆部」之祖「大天」曾經編作一偈，以宣揚其所提倡的五項教義：「『餘所誘』『無知』，『猶豫』『他令入』，『道因聲故起』，是名『眞佛教』。」

當時，「上座部」持相反論點，而視其所提倡的「五事」爲非法，稱爲「五事妄語、妄言、邪說、惡見」等。

所謂「五事」即指：

①餘所誘：「阿羅漢」雖然已經無「婬欲煩惱」，然而還有「漏失不淨（遺精、便利、涕唾等）者」，這是因爲「惡魔憎」嫉「佛法」，遂對「修善者」誘惑破壞所致。

②無知：「阿羅漢」雖然依「無漏道」而修習，斷盡「三界」的「見思煩惱」，可是因爲「無知」有「染污」及「不染污」二種，「阿羅漢」僅斷「染污無知」，尚未斷盡「不染污之無知」，則尚有「疑惑」存在。

③猶豫：「疑」有「隨眠之疑」與「處非處之疑」二種，「阿羅漢」尚未斷盡後者，則雖爲「獨

覺聖者」，每每仍有其惑。

④他令入：「阿羅漢」必須依他人的授記，方知自己爲「羅漢」，如「舍利弗、目犍連」等智慧、神通第一之人，亦須依「佛陀」之「授記」，始自知已解脫。

⑤道因聲故起：「阿羅漢」雖然已經有「解脫之樂」，然至誠唱念「苦哉」，「聖道」始可現起；這是因爲「四聖諦」之觀「苦、空、無常、無我」等，即是「聖道」。

以上是「大天」對「五事」的闡釋。由以上「五事」觀點的歧異，遂導致其後「上座部」與「大衆部」的分裂。

又根據「南傳佛教」所傳之《島史》、《大史》，及《佛音之論事註序》等所記載，則謂「根本佛教」分裂爲二，是由於「釋迦牟尼佛」入滅後二百年左右，「七百比丘」會合於「毘舍離城」，決議「跋耆族」比丘所提出的「十事」，以「十事」爲「非法者」是「上座部」。當時，另有「一萬比丘」，以「十事」爲「合法」，是爲「大衆部」。詳細的過程如下：

當時，在「印度東部」的「毘舍離城」，有些「比丘們」開始違背「戒律規定」，接受「金錢布施」。一位來自「印度西部」的比丘「耶舍」，對此表示反對，雙方發生爭議，於是約集有威望的「上座（長老）」前來仲裁，裁定接受金銀等「十事非法」。

爲了統一規定，「僧衆」隨後舉行了「結集」，稱爲「第二次結集」，也稱爲「七百人結集」或「毘舍離結集」。「毘舍離城」一帶，占多數的「比丘」，並不接受此次的決議，而且另行「結集」，形成自己的「戒律」，據說有萬人參加，稱爲「大結集」。

此後，「僧團」分爲「大衆部」與「上座部」兩部派，其後的幾百年間，這兩部派繼續各自分裂，並在「五天竺」境內，向外流傳開來。

在被譽爲「印度古代最偉大君王」的「阿育王」時代，「佛教」迅速發展。各派的「法師」，被派往「印度」周圍各地弘法，推動「佛法傳播」的同時，也導致了「各個部派」的進一步形成。

（一）大衆部佛教：

「大衆部」與「上座部」並列爲「佛教」最初的兩大部。「大衆部」是後世「大乘佛教」的先驅。根據史傳所載，現傳的「大乘佛法」，皆淵源於「大衆部教法」。

「大乘佛教」，「大乘」意指大的交通工具。不以「個人之覺悟（如小乘行者）」爲滿足，而以「救度衆生」爲目的，一如巨大的「交通工具」可載乘「衆人」，故稱爲「大乘」。以此爲宗旨的「佛教」，即是「大乘佛教」。

「大衆部」的分支狀況如下：

①「大衆部」在「釋迦牟尼佛」滅二百年的初期，即行分出三部，即「一說部、說出世部、雞胤部」。

②「釋迦牟尼佛」滅第二百年中期，「大衆部」中復出一部，名「多聞部」。不久更出一部，名「說假部」。

③「釋迦牟尼佛」滅第二百年的末期，「大衆部」的僧衆，大多居於「制多山」，因爲重提「大

天五事」引起辯論，分爲三部，名「制多山部、西山住部、北山住部」。「大衆部」自「釋迦牟尼佛」滅第二百年初期至末期，共分出八部，連同「本部」，則爲九部。

「大衆部」所傳之經典，除一般的「小乘三藏」之外，亦包括「華嚴、涅槃、勝鬘、維摩、金光明、般若等諸大乘經」等。於「三藏」之中，以「經、律」二藏爲隨機、隨方、隨時而說，特別重視「論藏」，以「精研正智、窮究深旨」爲「疾斷煩惱、速證菩提」之要法。

「大衆部」的主張要點如下：

①「大衆部」認爲「釋迦牟尼佛」是「萬能的神」。「釋迦牟尼佛」是離情絕欲、威力無邊、壽量無窮的。「釋迦牟尼佛」的言論都是正法教理，應該全盤接受。

②「佛身無漏、色身無邊、佛壽無量」，並且認爲「生死」或「涅槃」皆爲假名，都是一種現象。

③「無爲法」有九種：虛空無爲（指無邊無際、永不變易、無任何質礙而能容納一切的空間）、擇滅無爲（通過智慧的簡擇斷滅煩惱後所證得的道果）、非擇滅無爲（非由正智簡擇力，由緣缺不生等而顯示的寂滅。）、空無邊處無爲、識無邊處無爲、無所有處無爲、非想非非想處無爲，緣起支性無爲、聖道支性無爲。

④在「客觀事物」的「有無、眞假」問題上，「大衆部」則偏重於說「空」，主張「現在實有、過未無體」，認爲僅有「現在」爲眞正之存在，事物的「過去」和「未來」都沒有「實體」。這是對立於「上座部」的「三世實有、法體恒有」之說。

⑤「大衆部」基於「自由思想」及「實際生活」的要求，一面在對「釋迦牟尼佛」的「觀念」上趨於「理想化」，一面在「現實的生活上」則要求「人間化」。

⑥「大衆部」是基於「緣起觀」而立論。

⑦追究「現象的根本」，爲「本體論」。「大衆部」的「本體論」，是「無爲法論」。將「一切法」分成「有爲法」及「無爲法」兩類，「大衆部」則以「無爲法」有「生起萬法」的能力，是規定「有爲法」的根據和法則。

⑧所謂「心性」，卽是「心的本性、本質」，不是日常的「分別心」及「肉團心」，對於「心性」，「大衆部」是主張「心淨說」的。「有情衆生」的主體爲「心」，「心性」本來是「清淨」，由於客觀的「煩惱染污」，此心卽成「不淨」而稱爲「凡夫」。「修習佛法」可以「去染返淨」。此卽後世「大乘佛教思想」的先驅。

⑨《成唯識論》卷三中說到「大衆部阿笈摩（阿含）中，密意說此名根本識，是眼識等所依止故。」這個爲「眼等六識」所依止的「根本識」，爲「業之所依」而「流轉生死」。到了「大乘佛教」，便成了「阿賴耶識」的思想。「大乘佛教」的「阿賴耶識」思想，實由「部派佛教」而出，「大衆部」的「根本識」，則早已在原始聖典中，胚胎於第六識「意識」的功能。

⑩對於「羅漢」的看法，「大衆部」有「大天五事」說，另有「大衆部」主張「三果」之前「有退」，「四果」則「無退」。

⑪「大衆部」以爲「諸預流者，造一切惡，唯除無間。」「無間」爲五種大惡業：殺父、殺母、

殺阿羅漢、破和合僧、出佛身血。

⑫「大衆部」的「果位論」有三種，卽是「阿羅漢、菩薩、佛陀」，並以「佛陀」爲最後的目的。

⑬「大衆部」主張「菩薩」是「超人間性」的：「一切『菩薩』，入『母胎』中，皆不執受『羯刺藍（尙在胚胎狀態的受精卵）』……（胎質）爲自體……一切『菩薩』不起『欲想、恚想、害想』；『菩薩』爲欲饒益『有情』，願生『惡趣』，隨意能往。」

（二）上座部佛教：

「上座部」又稱爲「銅鍱部」，「上座部佛教（直譯：長者的教義）」，以「八正道」爲根本，是「部派佛教」之一派。

根據「北傳佛典」所記載，「釋迦牟尼佛」入滅百餘年後，「大天」等「進步派」的比丘，倡導「五條教義」，「保守派」起而反對，「教團」因此分裂爲「上座部」和「大衆部」二部。

「釋迦牟尼佛」入滅三百年初，自保守的「上座部」又分出「說一切有部（略稱有部）」，「根本上座部」受到「有部」勢力的壓迫，遂遷至「雪山」，稱爲「雪山部」。

其後，自「有部」又分出八部，「上座部」總計有「有部、本上座部、犢子部、法上部、賢冑部、正量部、密林山部、化地部、法藏部、飲光部、經量部」等十一部。

可是，根據「南傳佛典」所記載，最初分裂是因爲對有關「戒律十事」的見解不同而引起，故

「上座部」總計有十二部。

在「上座部」系統中，「有部」的勢力最大，可說是「上座部理論」的代表。「有部」於公元前三世紀，由「印度」傳入「錫蘭」等地，後來稱爲「南傳上座部」，至今仍然盛行。

「上座部佛教」現今流行於「斯里蘭卡、緬甸、泰國、柬埔寨、老撾（ㄓㄨㄚ，寮國）、越南南部高棉族、寮國族」及「中國雲南邊境傣族聚居地」等地，還有一些古印度傳承殘存在「孟加拉吉大港山區、尼泊爾連同印度米佐拉姆邦、阿魯納恰爾邦、雲南傣族聚居區」；與「大乘佛教」並列爲現存佛教最基本的兩大派別。

因爲，「上座部佛教」尊奉「巴利三藏」，以「巴利語」爲聖典語言，因此又稱爲「巴利語系佛教、巴利佛教」。

又因爲，「上座部佛教」由「印度」南傳至「錫蘭」與「東南亞」一帶，所以又稱「南傳佛教」；與北傳至「中亞、東亞、藏區」的「北傳佛教（包括漢傳、藏傳）」相對。

今日所謂的「上座部佛教」，意指流行於「錫蘭、緬甸、泰國、柬埔寨、寮國」等南方地區的「南傳佛教」。這些地區的「上座部佛教」，都以「錫蘭」爲根據地，源自於「斯里蘭卡上座部分別說部」，是「赤銅鍱部大寺派」的傳承。

「斯里蘭卡」在公元一九七二年之前，稱爲「錫蘭」，是一個位於「南亞」，「印度次大陸」東南方外海的島國，屬於亞洲。

相傳公元前三世紀中葉時，古印度「阿育王」之子「摩哂（ㄕㄣˇ）陀」，從「印度」本土將「上

座部佛教」傳至「錫蘭」。

「摩哂陀」傳入「錫蘭」的「佛教」，屬於「上座部佛教」的一支，又稱爲「分別說部」，宏傳於「印度西南部」，與「印度東部」的「大衆部」、「北部」的「可住子部」和「西北部」的「說一切有部」並列爲最早的「錫蘭四大派系」。在教義上，傳承了「上座部」的早期學說。

「摩哂陀」所傳播的「上座部佛教」，甚受當時的「錫蘭王」所喜愛，而在首都建「大寺」大精舍，作爲「佛教」的傳播中心。此後，「錫蘭」的「歷代諸王」，都崇信擁護「佛教」，至今「佛教」仍是「斯里蘭卡（錫蘭）」全民性的宗教。

此「錫蘭上座部」也有若干消長，而且曾經發生過分裂。公元前一世紀時，「婆他伽馬尼王」建立「無畏山寺」，該寺常與「大寺」發生紛爭。

「婆他伽馬尼王」在「無畏山」修建了新的寺院，「摩訶帝須」率領「大寺」中的「五百名僧侶」前往住持，並且接受了「大乘佛教思想」以及後來的「密教思想」。「錫蘭佛教」於是分裂爲「大寺派」與「無畏山派」兩支。

此後，數百年間，「無畏山寺」常占優勢。到了「摩訶舍那王」時代，建立「祇陀林寺」，由「薩伽羅派」的「古哄帝須」住持，此派於是又被稱爲「祇（ㄓ）陀林派」，與「無畏山派」、「大寺派」並立爲「錫蘭佛教」的三大派系。這些僧侶以「僧伽羅文」寫作了許多的「義疏」，但是大部分都沒有流傳到後世。

「大寺派」與「無畏山派」之間，存在很嚴重的分歧，彼此爭鬥。在「摩訶先那」時代，住在

「無畏山」的來自「南印度」的「僧伽蜜多」法師傳佈「吠多利耶學說」，將「大寺派僧人」逐出首都九年，形成「無畏山派」獨盛的局面。中國的「法顯」大師到達「錫蘭」時，「無畏山派」的勢力仍然盛於「大寺派」。

在四世紀中葉，紛爭達到最高潮，「大寺」曾經被嚴重破壞。雖然不久之後又重建，但是已經無往日舊觀。

五世紀時，「印度」僧人「覺音」來到「錫蘭」的「大寺」，整理註解「巴利三藏」並且作撰述，自此「巴利三藏」成爲現在的形態。

西元前一世紀，因爲「錫蘭僧團」中的「長老」，有鑑於國內曾發生戰亂，擔心「教典」散失，由「羅揭多」與「五百名長老」，於「錫蘭」中部「馬特列地區」的「阿盧寺」會誦集結「三藏教典」，並且以「僧伽羅文字」將「經典」寫在「貝葉」上成書，這是「巴利文三藏」，最早的起源，「南傳佛教」稱此爲「第四次結集」。

十二世紀時，「錫蘭」英主「波洛卡摩巴乎大王」，重新統一了「錫蘭」，致力在政治、經濟、文化各方面從事改革。在「佛教」方面，他受他的老師「舍利弗」的影響，認定「無畏山派」及「祇陀林派」是「異端」，就廢棄不守戒律的「無畏山派」與「祇陀林派」二派，獨尊「大寺派」。因此，「大寺派」急速興隆，「錫蘭」只剩「大寺派」一支傳承，成爲正統。

「錫蘭大寺派」將「上座部佛教」和「巴利語經典」傳至「緬甸、泰國、柬埔寨、寮國」等「東南亞」各國，發展成爲「南傳佛教」，也稱「上座部佛教」。

「緬甸」及「泰國」海岸地區，自古卽有傳自「南印度」的「巴利系上座部佛教」。十三世紀以後，純粹的「大寺派上座部」，取代此古老「巴利系上座部佛教」而傳播於該地。因此，今日南方地區的「佛教」，皆屬「大寺派上座部」。

十四世紀中葉，「寮國」國王「法昂」迎娶「柬埔寨」「吳哥王」的女兒爲妻，並且引入「上座部佛教」，從而傳播遍佈於整個「湄公河流域」。

在公元一三六一年，「錫蘭僧王」被「暹羅（今泰國）」的「素可泰王」請至國內建立「僧團」，這是「泰國佛教」的開始。

此時，「緬甸、暹羅（今泰國）」和「柬埔寨」等地的「僧人」，也不斷進入「錫蘭」，學習佛法，並重新受戒。他們回國之後，也根據他們所受的戒律，在他們國內建立「僧團」，稱爲「僧伽羅僧團」。這些僧侶，將「錫蘭大寺派」的「佛教」傳承，帶往「東南亞」各地，成爲「南傳佛教」的開始。

隨著「南傳佛教」的快速發展，「錫蘭」卻國力衰弱，又因爲經常遭到「外國侵略」，本土的「佛教」也跟著衰弱下去。

到了十八世紀時，「錫蘭」本土的「佛教」，已經等於全部滅亡絕跡，教典散失，塔寺盡成丘墟，僧團、寺院也消失了，這是「錫蘭佛教史」上，最淒涼的時期。

公元一七五〇年，「錫蘭」才遣使至「暹羅（今泰國）」，請求「僧人」至「錫蘭」傳戒，獲得「暹羅國王」的同情，於公元一七五三年，派遣以「優波離」爲首的十名「比丘佛教使節團」，至

「錫蘭」授戒，並且將「巴利文三藏」重新攜至「錫蘭」。當時，便有以「薩拉能格拉」爲首的數百人，從「暹羅僧人」受「比丘戒」，數年之後，便有「比丘」三千餘人。

從此，「錫蘭」重建「僧團」，重修塔寺，「佛教文化」又漸漸地在山區裡重興旺起來，這也是目前「斯里蘭卡（錫蘭）暹羅派僧團」的開始。

公元一八〇二年，「摩訶格羅瓦·匿納唯曼羅帝須」自「緬甸」受戒，建立「比丘僧團」，名爲「阿曼羅波羅派」。

公元一八六五年，「阿般格訶梵多·卽陀沙婆」再從「緬甸」傳來「比丘僧團」，名爲「藍曼匿派」。現代「斯里蘭卡（錫蘭）」雖然有「三大派僧團」，但是他們的「根本教理」並無差別，都是淵源於「大寺派」，都是「南傳上座部佛教」。

前面介紹過，「南傳上座部佛教」已經有四次重要的結集，但是根據各種史書的記載，還有不少「次要的結集」，不斷地修訂他們的經典。

此外，根據「緬甸」的說法，還另有兩次很重要的結集。

公元一八七一年，「緬甸」的「敏東國王」在「曼德勒」，召開「上座部佛教」的「第五次結集」，有二千四百人參加，用三年多的時間，重新校對「巴利文大藏經」。同時，建立了一片「塔林」，叫做「古道陀石經院」，每座塔裡有一塊石碑，每塊石碑上刻一篇「佛經」，把這次新校對的「巴利文大藏經」，全部刻在七百二十座「石經塔」上，使「佛典」得以長期保存。

公元一九五四年到一九五六年，「緬甸政府」在首都「仰光」，舉行一次「上座部佛教史」上，規模最大的「第六次結集」，出席者有「緬甸、泰國、斯里蘭卡、柬埔寨、老撾、印度、巴基斯坦」等國的「長老比丘」二千五百人。

根據各國的各種版本，對「巴利語」的「三藏（經、律、論）」典籍，進行了一次非常嚴密的校勘，並且決定把這次校勘的「典籍」，全部陸續地刊印出來，作爲現代世界上最有權威的「巴利語大藏經」新版本。這是「南傳上座部佛教」各國「僧團」，在現代史上一次通力合作的重大成果。

「上座部」的主張要點如下：

①「上座部」把「釋迦牟尼佛」視爲「教主」，不是「萬能的神」。「釋迦牟尼佛」是一位智慧和德行圓滿的「覺悟者」，是一位教導「斷除煩惱方法」的「導師」。

②在客觀事物的「有無、眞假」問題上，「上座部」各派偏重於說「實有」。

③「上座部」對於「原始的經義」趨於保守，基於對「經律」整理疏釋的要求，一方面對「釋迦牟尼佛」的觀念，仍然保持「人間化」，一方面在「現實的生活上」，趨於「學術研究化」。

④對於「現象論」，「上座部」主張「三世實有，法體恆有」。

⑤「上座部」是基於「無常無我論」而發展，理念雖然與「大衆部」的「緣起論」不同，基本的源頭，則都是「釋迦牟尼佛」的遺教。

⑥對於「本體論」，將「一切法」分成「有爲法」及「無爲法」的兩類，是「大衆部」及「上座部」的「通說」，但是其所立的內容，頗有不同。「上座部」的「無爲法」，完全落於「虛無的狀態」，是屬於消極或否定的，是樸素而較保守「小乘形態」的。

⑦所謂「心性」，即是「心的本性、本質」，不是日常的「分別心」及「肉團心」，對於「上座部」來說，則與「大衆部」相反，認爲「心性」本來「不淨」，認爲心不能自緣，認爲「隨眠」就是「煩惱」。

⑧「上座部」看「有情衆生」，是基於「無常無我」的原則，以「有情」爲「五蘊」的假合，是一種「實在論」。對於「有情生死」的觀察，則提倡「生有、本有、死有、中有」的「四有說」。「中有」是死後至投生期的「靈體」，是一種「微細的物質」。但是，這「中有」的觀念，卻不爲「上座部」所接受。

⑨「有情」是「無我」，但因各別的「業力」而有「輪迴生死」。因此，「上座部」特別重視「業說」的分析。

⑩對於「羅漢」的看法，「上座部」主張「初果」必「不退」，「後三果」容「有退」。「上座部」以爲一旦證得「初果」，即不再造「惡業」。

⑪「上座部」以「羅漢」爲目的，主張「佛與二乘，解脫無異，三乘聖道，各有差別。」「菩薩」是「佛」的「因行」，即是「尚未成佛」的佛。

⑫「上座部」主張菩薩是有「人間性的」，認爲「應言菩薩，猶是異生，諸結未斷。」

另外，關於一般人習慣用「小乘佛教」來稱呼「南傳佛教」的觀點。

歷史上，「大乘經典」使用「小乘」一詞稱呼「聲聞、緣覺」二乘，提出「小乘（二乘）」與「大乘」的「三乘說」。「三乘說」源自於《妙法蓮華經》中，「釋迦牟尼佛」以「三車」，即「聲

聞乘（羊車）、緣覺乘（鹿車）、菩薩乘（牛乘）」，來比喻「三乘」，認爲這「三乘」都是佛爲「不同根基的徒弟」所說的法，都是佛的教法，彼此不應該誹謗，要互相尊重接納。

在《妙法蓮華經》中明確指出，其實並無「小乘」與「大乘」的區別，「佛法」俱是「一佛乘」。

不過，由於歷史的原因，現代仍然有人沿用「小乘」來稱呼「南傳佛教」，這引起了一些「南傳佛教徒」的不滿。

公元一九五〇年，「世界佛教徒聯誼會」決定使用「上座部佛教」一詞，來稱呼「南傳佛教」，不應該再使用「小乘佛教」的稱呼。

六、第一位「大乘佛教」論師「馬鳴菩薩」

（一）「大乘佛教」的起源

「大乘佛教」的「大乘」，意指「大的交通工具」。「大乘佛教」不以個人的覺悟（如小乘行者）爲滿足，而以「救度衆生」爲目的，就好像「巨大的交通工具」可載乘衆人，故稱爲「大乘」。以此爲宗旨的「佛教」，就是「大乘佛教」。

「大乘佛教」認爲，「大乘教法」和「小乘教法」的區分，主要在於「自利」與「利他」的不同；能夠「自利利他，圓滿成佛」的教法爲「大乘」；而「只求自利，斷除自身煩惱」的教法，則爲

「小乘」。

最早提出「小乘（二乘）」與「大乘」的「三車譬喻說」，是大乘經典《妙法蓮華經》。在《妙法蓮華經》的「譬喻品」中，將「聲聞之道」譬喻爲「羊車」；將「緣覺之道」譬喻爲「鹿車」；將「菩薩之道」譬喻爲「牛車」。將「修菩薩道者」，稱爲「大乘」，因其度衆生多，以大「牛車」比喻之。

「釋迦牟尼佛」認爲這「三乘」，是爲「不同根基的衆生」所說的教法，同時明確指出，其實並無「小乘」與「大乘」的區別，只是「學佛過程」中，程度的不同。

「小乘」就好像「國小、國中、高中」的階段，「大乘」就好像「大學、碩士」的階段，「成佛」就好像是拿到「博士」學位。

「佛法」都是「一佛乘」，雖有階次之分，又彼此含攝，因此不應該互相誹謗，要彼此尊重接納，維護「佛法」的統一。

「釋迦牟尼佛」初成道，在「菩提樹」下於定中二十一天演說《華嚴經》，此即「大乘思想」的起源。但是，「衆生」的根機不同，聽「華嚴境界」如癡如聾。《妙法蓮華經》中，還記載了「釋迦牟尼佛」在世時，講「大乘法會」，一些「聲聞」弟子無法理解信受，甚至中途退出。

「釋迦牟尼佛」應機施教，從《阿含經》開始循序漸進的引導教化，最終在「法華涅槃會」上「會三歸一」，彰顯「釋迦牟尼佛」所有的「教法」，是要「衆生」識自「本性」，成就究竟「佛果」。

「印度」的「大乘佛教」，最主要分爲二大系統：一爲「中觀學派」，二爲「瑜伽行派」。

「中觀學派」與「瑜伽行派」大約興起於西元一世紀至六世紀之間。實際上，在「原始佛教」中，已經含有「大乘思想」。到了「部派佛教」時期，由於「大衆部」與「上座部」對於「空」、「有」看法的差異，更加明顯的浮現「大乘思想」。

但是，後來各部派之間，都以重視「學說立論」爲主，「印度佛教」因此逐漸偏重於「義理的研究」，反而遠離了「人間佛教」的實踐。於是，「大乘佛教」的「行者」，重新思惟「釋迦牟尼佛」教化的本懷，提倡落實「慈悲利他」的「菩薩道」，於是「大乘佛教」的開展大盛。

承繼「部派佛教時期」對「空」、「有」思想的見解，歸納「印度大乘佛教學派」的發展有兩派，第一是破「一切執著情見」，以彰顯「諸法實性」爲主的「空宗」，亦即「中觀學派」；第二則是「剖析諸法相狀」，以「了知身心萬物」爲主的「有宗」，亦即「瑜伽行派」。

唐朝「義淨」所著《南海寄歸內法傳》序說：「所云大乘，無過二種，一則中觀，二乃瑜伽。」可見這兩派思潮的興盛。

對於「大乘佛教」出現的確定年代，「學者們」一直有爭議。主要原因是，「印度歷史」研究的史料十分缺乏，對於記載「佛教」早期發展的資料更是缺乏。

有一些「學者」根據「大乘經典」的內容，認爲「大乘佛教」大約在公元一世紀時，開始在「印度」流行，大約是在「貴霜帝國時代」。確定的是，在二世紀至三世紀之間，卽中國「東漢」至「南北朝」時代，「漢傳佛教」出現的時候，「大乘佛教」已經在「印度」正式確立。

傳統的「漢傳佛教」，根據《解深密經》的「三時教說」，將「佛教」的發展分為三期，第一期為「阿含聲聞佛教」，稱為「小乘」，「大乘」則分為前後兩期，「前期」為「空宗」，「後期」為「有宗」。若加上「顯宗」與「密宗」分立，「大乘」則可分為三期。

「大乘佛教」是屬於「北傳佛教」這一支路線，而「北傳」這條「傳播路線」若再細分，其中的「漢傳佛教」流傳於「中國、香港、澳門、台灣、日本、朝鮮半島、新加坡、馬來西亞、越南」等地。至於晚期形成的「祕密大乘佛教」教義，則傳入「西藏、蒙古」和「俄羅斯」部分地區，成為「藏傳佛教」中的主要信仰地區。

「大乘佛教」的主要經典如下：《方廣大莊嚴經》、《普曜經》、《大般若經》、《大方廣佛華嚴經》、《妙法蓮華經》、《維摩詰所說經》、《大般涅槃經》、《勝鬘經》、《楞伽經》、《無量壽經》、《佛說阿彌陀經》、《楞嚴經》、《圓覺經》、《大智度論》、《中論》、《瑜伽師地論》、《大乘莊嚴經論》、《攝大乘論》、《唯識三十論》、《大乘起信論》、《壇經》、《現觀莊嚴論》等。

「佛教」研究學界，一般都以「龍樹」的著作，做為「大乘佛教」的「前期」與「後期」的分界，此「分界點」大約在三世紀左右。在「龍樹」的著作，如《大智度論》與《十住毘婆沙論》等書中，引用的「大乘佛經」為「前期大乘」，而在「龍樹」的著作中，未引用的「大乘佛經」，則稱為「後期大乘」。

在「釋迦牟尼佛」滅五百年間（西元第一、二世紀），「大乘經典」先後大量出現之際，首先倡

導「大乘思想」的是「馬鳴菩薩」。「馬鳴菩薩」原本是「外道」，世智聰辯，善通論議，後來被長老「脅尊者」所折伏，入佛沙門，後博通衆經，明達內外，大揚「大乘思想」。

「馬鳴菩薩」是最早提倡「大乘思想」的人，而眞正使「大乘佛教」自成體系的人是「龍樹菩薩」，稱爲「大乘佛教第一時期的發展」。

在「龍樹菩薩」歿世之後的一百餘年（第三、四世紀），「大乘佛教」的推動弘揚者，爲「無著」和「世親」兩兄弟，他們匯集「佛教」中，「瑜伽行者」思想之大成，而建立了以「唯識思想」爲體系的「大乘佛教」，稱爲「大乘佛教第二時期的發展」。

(二)「馬鳴菩薩」簡介

「馬鳴菩薩」大約生活在西元二世紀初，誕生於中印度「舍衛國」「婆枳多」的「婆羅門」世家。他在「說一切有部」出家，經常被歸爲「譬喻師」一派。此外，他又被尊稱爲「功德日」，作爲「東印度佛教領袖」，與「龍樹、提婆、鳩摩羅羅陀」齊名，被譽爲「四日照世」。

在雜密中，「馬鳴菩薩」以「乘坐白馬」的「白衣大士」形象，成爲「密教本尊」，在「禪宗」被推崇爲第十二代祖師，留有一首「傳法偈」：「隱顯卽本法，明暗元不二。今付悟了法，非取亦非離」。

「馬鳴菩薩」是一位古印度「佛教」的「宗師、詩人、劇作家、文學家、音樂家」，他的作品涵蓋「詩歌、戲劇、音樂」等，都是望重當時，聞名於世。

例如，他將「釋迦牟尼佛」的一生，用「梵語」寫成的敍事詩《佛所行讚》，不但文辭優美，敍事細膩，而且風格鮮活，可以說是「古典時期」，「梵語文學」的先驅。不但於「五印度」及「南海諸國」傳誦一時，後來「貴霜王朝」的「佛傳雕塑」即依此詩偈而製成。此書與記述「釋迦牟尼佛」的異母兄弟「難陀」的敍事詩《孫陀羅難陀詩》，同爲「馬鳴菩薩」重要的兩部詩歌代表作。

此外，「馬鳴菩薩」作「賴吒和羅」劇曲，宣說「苦空無常」之義，感動得「華氏城」的「五百位王子」發心出家修道，成爲「佛教史」上，以「戲曲音律」度衆的美談。

「馬鳴菩薩」從小就聰明伶俐，也很勤奮好學，在母親的教導下，八歲就懂得「吠陀」與「奧義」這兩部「婆羅門教」重要的經典。

「馬鳴菩薩」長大以後，因爲他淵博的知識與善辯的能力，多次與「佛教」和「外道」的信徒，進行「教義的辯論」，每一次都獲勝，成了遠近馳名的「論師」。因爲他所向無敵，就傲慢的對當地的「佛教徒」說：「如果『佛教』沒有人能夠和我辯論，就不准敲『犍椎（古印度寺廟中使用的木製法器）』，也不准接受供養。」

當時，在「北印度」有一位精通「三藏」的佛教長老「脅尊者」，他的母親懷胎六十年才生下他，他出生的時候鬍鬚和頭髮都是白的。他到八十歲的時候才出家，並且發誓若不通「三藏教理」，不斷「三界欲」、具足「六神通」、得「八解脫」的話，永遠不躺下來休息。

三年之後，他得到成就，據說，他在精進修行的三年當中，未曾「以脅臥地」休息，除了「遊行傳法」之外，不曾解「跏趺坐姿」。人們推崇他的這種「勇猛精神」，便稱他爲「脅尊者（脅，由腋

下至肋骨兩側之處）」」。

這位「脅尊者」聽到了這件事，想要度化他來皈依佛門，就以「神通」從「北印度」飛到「中印度」，由空中而降，並命令寺院中的「小沙彌」敲「犍椎」，表明要他前來挑戰的意思。

「馬鳴菩薩」看到前來挑戰的人，是一位年老的長者，相貌平平，就和他約定，七天以後，在「國王、大臣、僧侶」和「外道弟子」前公開辯論。在辯論開始之前，雙方約定「辯輸的一方」，要拜「贏的人」做「師父」。

「馬鳴菩薩」問道：「應該誰先立論呢？」

「脅尊者」回答道：「我年紀大，又從遠方來，應該由我開始。」

「馬鳴菩薩」說道：「好！」

「脅尊者」開始「立論」：「當令天下太平，大王長壽，國土豐樂，無諸災患。」

「馬鳴菩薩」當場呆住了，不知如何反駁，輸了這次的辯論，就依約定剃髮出家，當「脅尊者」的徒弟，受戒皈依「佛門」。

後來，「馬鳴菩薩」認眞修學，精通「三藏」，並且「虛懷若谷」，不但贏得人民的尊敬，連國王都對他特別禮遇。「馬鳴菩薩」到處弘法化衆，「大乘佛教」經他提倡，風靡「印度」，盛極一時。

後來，「北印度」的「小月氏族」國王「迦膩色迦」建立「健陀羅國」的「貴霜王朝」，聽到「馬鳴菩薩」的盛譽，就想占爲己有。

於是，「迦膩色迦」國王向「馬鳴菩薩」所處的「摩揭陀國」出兵，「摩揭陀國」戰敗求和。「迦膩色迦王」要「摩揭陀國」出「三億金（古印度十萬爲億）」做爲退兵的條件。但是，「摩揭陀國」沒有這麼多的錢。

這時，「迦膩色迦王」說：「你們可以拿兩樣寶物來抵這三億金，第一是『佛陀的缽』，第二是『馬鳴菩薩』，給我這兩件寶物，我就退兵。」

「摩揭陀國」國王覺得很爲難，「馬鳴菩薩」反而來安慰「國王」說道：「爲了天下蒼生免於生靈塗炭，您就答應了他吧！『迦膩色迦王』要帶走佛的缽與我，想必他心中是敬重佛法的，如果把我留在這裡，只有一國的人受惠，將我送到別國，可以把佛法帶到其他地方，讓其他地方的人民也受惠，不是很好嗎？」」，國王聽後，就勉爲其難的同意了。

於是，「馬鳴菩薩」就隨著「迦膩色迦王」回到「北印度」。但是，「貴霜王朝」的「大臣」卻很不滿，認爲「馬鳴菩薩」並不值得「一億金」，國王恐怕是上當了。

但是，「迦膩色迦王」知道「馬鳴菩薩」的「佛法」演說，可以感動「動物」，就事先將「七匹馬」餓五天，於第六天早上召集國內的「臣民」，前來聆聽「馬鳴菩薩」演說「佛法」。

結果，在場的每一個人，聽完「馬鳴菩薩」對「佛法」的解釋，深入淺出，所有的人當下都開悟了。「迦膩色迦王」還將那「七匹馬」栓在衆人面前，並且餵食馬最喜歡吃的「伏流草」，但是這「七匹馬」並沒有吃草，反而垂淚聽法，仰天悲鳴，衆人才見識到這位「馬鳴菩薩」的過人之處，連馬都能懂得他的說法。由於「群馬」受到感化的奇蹟異象，因此世人就尊稱他爲「馬鳴菩薩」。從此

「馬鳴菩薩」的名號，就這麼傳開來了。

「馬鳴菩薩」深研「佛法」，博通「三藏」，文辭典雅優美，論理清晰明徹。他現存的「著作」有《大乘起信論》、《佛所行讚》、《孫陀利難陀詩》、《舍利弗戲曲》等作品，其他作品大多皆已失傳，題爲「馬鳴菩薩」所作的還有梵文本《金剛針論》等。其《舍利弗故事》是現存梵文文學中最古老的戲劇作品。

在「馬鳴菩薩」的諸作品中，有一本著名的代表《大乘起信論》，是「大乘佛教」的重要論述。全書分「因緣分、立義分、解釋分、修行信心分」和「勸修利益分」五部分，把「大乘如來藏思想」和「唯識說」結合爲一；闡明「一心、二門、三大」的「佛教理論」和「四信、五行」的修持方法。

(三)《大乘起信論》的主要理論

《大乘起信論》略稱《起信論》，是「大乘佛教」的一部「論書」，相傳爲「馬鳴菩薩」依據《楞伽經》所造，「眞諦三藏」的弟子「曹毘」爲其所作傳記，此論爲「眞諦三藏」於太清四年（公元五五〇年）所譯。篇幅凡一卷，是自「隋、唐」起，對「漢傳佛教」影響很大的一部論著。

對《大乘起信論》的註疏，歷代甚多，其中以隋代「慧遠」的《大乘起信論義疏》、新羅「元曉」的《大乘起信論疏》、唐代「賢首法藏」的《起信論義記》最爲重要，三書合稱爲《起信論三疏》。

《大乘起信論》的文字流暢、條理清晰，在「論藏」中較爲平易近人，在「漢傳佛教」中有很多宗派，例如「華嚴宗、天台宗、禪宗、淨土宗」等皆受其影響，是「眞常唯心論」的典型論著，一向被視爲「佛學」的「概論書」。

由於《大乘起信論》的結構嚴整，文義通順，解行兼重，古今學人盛行傳誦，視爲「大乘佛教」入門之書。

在中國，《大乘起信論》傳習頗廣。「眞諦」和他弟子「智愷」，以及隋代「曇延、慧遠」等都各造疏記。天台宗「智顗」、三論宗「吉藏」的著述中，也曾引用此論。

據說「玄奘」從「印度」回國後，又將《大乘起信論》翻譯成「梵文」，傳往「印度」。入宋以後，流傳更盛，直至近世，「佛教」各宗無不以此論爲「學佛入道」的通途，而加以傳習。

「朝鮮」現存有「元曉、太賢、見澄」的「注疏」多種；「日本」則有「湛睿、圓應、亮典、卽中、貫空、曇空、藤井玄珠、村上專精、望月信亨」等人的「章疏」。

爲什麼稱爲《大乘起信論》？「乘」，卽交通工具之意，「大乘」是指能將「衆生」從「煩惱之此岸」載至「覺悟之彼岸」之「教法」而言。

「起」是「生起」，也是「發起」；「信」就是要相信「大乘」這個法門，《華嚴經》云：「信爲道元（源）功德母」。

《大方廣佛華嚴經卷第十四．賢首品第十二之一》云：「信爲道元功德母，長養一切諸善法，斷除疑網出愛流，開示涅槃無上道。」意思是說：「信心」是「佛道之源」，是「功德之母」，能夠滋生長養一切的「善法」，斷除「疑惑」，逆「生死流」，才能開顯契入「涅槃」的「不二法門」。

這個「大乘」，你要「相信」它，才會「生起」學佛的「信心」，所以叫「起信」；「論」是「論析事理，評論是非。」，就是來講一講這個道理。

《大乘起信論》的「中心思想」，爲論證「如來藏（眞如）」與「世界萬物」的關係，勸人信奉「大乘佛教」，和勸導人們深信「眞如佛性」和「三寶（佛、法、僧）」，修持「布施、持戒、忍辱、精進、止觀」等，以獲得「解脫」。

《大乘起信論》認爲「如來藏（眞如）」由「生滅心」轉，實際上是「不生不滅」與「生滅和合」，非一非異；「世界萬有」都是「如來藏（眞如）」的顯現，因而提出「如來藏（眞如）緣起」說。

「如來藏（眞如）」是「宇宙的本體」，它是遠離了「一切妄念」後的「實在心」，「一切法」無不是「如來藏（眞如）」。

《大乘起信論》的內容，主要闡述了於「大乘佛教」生起「正信」的理論，簡明扼要地概述了「如來藏唯識學派思想」，體現了「漢傳佛教」部分宗派所推崇的「即身成就，見性成佛」的宗旨。

《大乘起信論》全書分爲「因緣分、立義分、解釋分、修行信心分」和「勸修利益分」五部分，把「大乘如來藏思想」和「唯識說」結合爲一。

《大乘起信論》主要分爲五個部分如下：

①第一部分爲「因緣分」：敍述造「本論」的目的，在於讓人們正確地瞭解「大乘佛法」的根本旨意，從而通過「修行」，脫離苦惱、證得極樂；

②第二部分爲「立義分」：確立「本論」的「中心論點」；

③第三部分爲「解釋分」：詳細闡釋主題，爲全論之重點所在；

④第四部分爲「修行信心分」：著重指出通過「修行」，鑒定「大乘佛法」的重要性；

⑤第五部分爲「勸修利益分」：顯示依據「本論」進行「修行」，將帶來的「功德利益」。

《大乘起信論》主要理論，是闡明「一心、二門、三大」的「佛教理論」和「四信、五行」的「修持方法」。

「一心」卽「如來藏心」。「萬法」源出於此，包攝一切「世間法」和「出世間法」。

●《大乘起信論》原文：

是故「一切法」，從本已來，離言說相，離名字相，離心緣相，畢竟平等，無有變異，不可破壞。唯是「一心」，故名「眞如」。

「二門」是指「心眞如門（清淨）」和「心生滅門（污染）」。「心眞如門」有「離言、依言」兩種；「心生滅門」分爲「流轉門、還滅門」二門。

●《大乘起信論》原文：

顯示「正義」者，依「一心法」有二種門：云何爲二？一者、「心眞如門」，二者、「心生滅門」；是二種門，皆各「總攝一切法」。

這「一心法界」在「本體、功能、作用」的三方面，卽稱爲「三大」「三大」謂「體大、相大、用大」。：

①體大（本體）：即是「不生、不滅、不垢、不減」的「眞如實性」。

②相大（形相）：即是「眞如」含有「無限的德相」。

③用大（功用）：即是能「生世出世」間之「無漏有漏」的「一切善法。」。

●《大乘起信論》原文：

所言「義」者，則有三種：云何爲三？

一者、「體大」，謂「一切法」「眞如平等」不增減故；

二者、「相大」，謂「如來藏」具足「無量性功德」故；

三者、「用大」，能生一切「世間出世間善因果」故。

「一切諸佛」本所乘故，「一切菩薩」皆乘此法到「如來」地故。

「四信」指相信「根本眞如」和「三寶（佛、法、僧）」。

●《大乘起信論》原文：

略說「信心」有四種，云何爲四？

一者、「信根本」，所謂樂念「眞如法」故。

二者、「信佛」有無量功德，常念親近供養恭敬，發起善根，願求一切智故。

三者、「信法」有大利益，常念修行諸波羅蜜故。

四者、「信僧」能正修行自利利他，常樂親近諸菩薩衆，求學如實行故。

「五行」即修持「布施、持戒、忍辱、精進、止觀」五種德行。

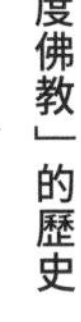

●《大乘起信論》原文：

修行有「五門」，能成此信。云何為五？一者、施門，二者、戒門，三者、忍門，四者、進門，五者、止觀門。

《大乘起信論》所說的「一心開二門」的理論，指出「心」能從「超越性」及「現實性」的兩面，來「生一切法」，如此則較「玄奘」所傳譯的「法相宗唯識學」，有著更進一步的開展，能對「清淨法的根源」有所交代。

由《華嚴經》的「淨心緣起」，至《如來藏經》的「如來藏說」，再到《大乘起信論》的「一心二門說」，「如來藏緣起觀」即達於圓熟。

《大乘起信論》從「唯識」概念，明確的建立獨特的「心識學體系」。在「南北朝」時期，「唯識學」興起，但是各「經論」的看法不同。尤其是對「唯識」的「本體論」，更是眾說紛紜。

例如，《勝鬘經》認為「宇宙的本體」是「如來藏」；《攝大乘論》認為是「阿黎耶識（阿賴耶識）」；《楞加經》有時認為「『如來藏』是『緣起』，不在『阿黎耶識（阿賴耶識）』中」，但是有時又認為「『阿黎耶識（阿賴耶識）』是緣起。各「經論」對於「阿黎耶識（阿賴耶識）」和「如來藏」的相互關係，以及內容更是說法不同。

《大乘起信論》企圖消除分歧，使「唯識」的「本體概念」統一起來、明確起來。它所確立的「世界本體」就是「眾生心」。

●《大乘起信論》原文：

所言「法者」，謂「衆生心」；是心則「攝一切世間法出世間法」；依於此心，顯示「摩訶衍義」。何以故?是「心眞如相」，卽示「摩訶衍體」故；是「心生滅因緣相」，能示「摩訶衍自體相用」故。

《大乘起信論》的目的，在於啟發「衆生」樹立對「大乘」的「信心」。「大乘」既指「通向涅槃之路」，也指「世間和出世間的最高本體」，相當於一般「大乘佛經」中的「道」，實際指「衆生心」。

●《大乘起信論》原文：

「諸佛如來」，法身平等，遍一切處，無有「作意」故，而說「自然」，但依「衆生心」現。「衆生心者」，猶如於「鏡」，鏡若有垢，色像不現。如是「衆生心」若有垢，「法身」不現故。

「衆生心」是《大乘起信論》所要建立的「世界本體」，也是「衆生」求得「解脫」的根本所在。

所謂「衆生心」，泛指「一般衆生」共有的「心性」，也是各種「唯識經典」所經常探討的「一心」。

《大乘起信論》以「法」爲「衆生心」，「法」是「大乘法」，「衆生心」卽是「如來藏」；換言之，「如來藏」便是「大乘法」。「衆生心」含攝「一切法」，故名「一心」，由此「一心」向「清淨界、光明界、悟界」看，便是「眞如門」；由此「一心」向「雜染界、無明界、迷界」看，便是「生滅門」。

●《大乘起信論》原文：

「顯示正義者，依一心法有二種門：云何爲二？一者、心眞如門，二者、心生滅門；是二種門，皆各總攝一切法。」

【白話翻譯】

顯示這個眞正的這個義理，依照一個「心法」，這個「心法」叫做「如來藏（眞如）」。這個「如來藏（眞如）心法」，分別出來有兩種門。怎麼叫做「有兩種門」呢？這第一種就是「心的眞如門」，這個「眞如」也叫「如來藏性」，也叫「一眞法界」。這個心，隨這個「淨緣」，就是「眞如門」。第二種就是「心的生滅門」，這個心，隨這個「染緣」就「生滅」，就是「生滅門」。這兩種門，都各總攝著「一切法」，「總攝」，就是總包括在這「一切法」。

也就是說，「一心」有兩方面的內容：一是「心眞如門」，即「如來藏」；二是「心生滅門」，即作「染淨依」的「阿黎耶識（阿賴耶識）」。這「二門」包含世間的「一切事物現象」，體現著「諸法唯識」的精髓。

「心眞如」包含兩方面性質：一是「如實空」，即「離相、無念」，是純淨無任何雜染的存在；另一是「如實不空」，即永恆不變的靜止存在。

●《大乘起信論》原文：

復次。此眞如者。依言說分別。有二種義。云何爲二。一者如實空。以能究竟顯實故。二者如實不空。以有自體具足無漏性功德故。

【白話翻譯】

再者，這個「眞如」，依言論來分別，有二種意義。哪二種呢？第一種是「如實空」，這個「眞如的名稱」，只是用來顯現那個「實體」，不是那個「名稱」就是「眞如的實體」，不過是個「假名」而已。第二種是「如實不空」，這個「眞如」是具足「無漏性功德」的，是眞實存在不是空無的。

由於「心眞如門」是「絕對純淨不動的本體」，故難以解釋染淨、動靜、「一心」與「俗世」諸複雜關係，《大乘起信論》就用「心生滅門」來解釋這些關係。

「心眞如門」是「自性清淨心」，「心生滅門」是「雜染虛妄心」；由「無明」而有「虛妄生滅」，由「虛妄生滅的現實」而修習向上，即可至「究竟的果位」。

●《大乘起信論》原文：

心生滅者。依如來藏。故有生滅心。所謂不生不滅與生滅和合。非一非異。名爲阿黎耶識。

【白話翻譯】

「心的生滅」，依據「如來藏」，所以有「生滅心」。有所謂「不生不滅」與「生滅和合」，非一非異，名爲「阿黎耶識（阿賴耶識）」。

所謂「非一非異」，是說：「一」與「異」，是人對兩件事物作比較，所得的結論，不是「一（相同、同一）」，就是「異（相異、差別）」。但是，以「中觀」來觀察，「一」或「異」只是在某種「比較標準或前提」之下的「認知」，而非絕對或一成不變，而是相對的，有條件的。

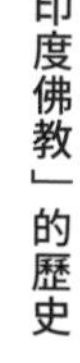

用「鏡子」和「鏡影（鏡中的影像）」作比喻，「鏡子」能顯現「鏡影」，你能說「鏡子」和「鏡影」是同一個嗎？「鏡影」消失的時候，「鏡子」還在；你也不能說「鏡影」和「鏡子」不是一個，因爲「鏡影」不能離開「鏡子」獨立存在，而「鏡子」如果沒有「鏡影」，也不能稱其爲「鏡子」。

這就是「中道」的概念，我們凡人的「思維」，總是把「萬法」一分爲二，都是割裂了的思維，「世界萬法」本來「無同無異」，我們卻在「無同無異」中，看見「同」和「異」，於是把「萬法」分爲「善惡、好醜」，於是有是非，有爭鬥，於是有追求，造「諸善惡之業」，有「果報輪迴」。

因此，「修習佛法者」應該明白，「非一」指的是「萬法非一」，因爲「諸法緣起不同」，因此有種種差別。而「非異」是指「諸法」雖然「緣起不同」，但是「性空一致」，都無「自體」，因此「非異」。

所以，「阿黎耶識（阿賴耶識）」就是「生滅心」，是根據心的「不生不滅」而存在，是「不生不滅」結合「心生滅」的產物。

「阿黎耶識（阿賴耶識）」有兩種意義，卽「覺」和「不覺」，衍生出「本覺」和「始覺」。

●《大乘起信論》原文：

此識（阿賴耶識）有二種義，能攝一切法，生一切法。云何爲二？一者、覺義，二者、不覺義。所言覺義者，謂心體離念。離念相者，等虛空界，無所不遍，法界一相；卽是如來平等法身。依此法身，說名本覺。何以故？本覺義者，對始覺義說。以始覺者，卽同本覺。始覺義者，依本覺故，而有不覺，依不覺故，說有始覺。

【白話翻譯】

這個「阿賴耶識」有二種意義，能夠「攝（吸取）」「一切法」，生出「一切法」。有哪兩種意義呢？第一種是「覺」，第二種是「不覺」。所謂「覺」的意義，就是這個「心的本體」離開那個「妄念」。什麼叫做離開那個「妄念」呢？

就好像「虛空」那個樣子，沒有一樣的東西，不在「虛空」裡邊。就是「法界一相」，就是「如來」的「平等法身」。依照這個「佛的法身」，再給它起個名字，叫做「本覺」。

爲什麼這麼稱呼呢？「本覺」的意義，是對「始覺」的意義來說的。「始覺」卽如同「本覺」。「始覺」的意義，依「本覺」的緣故，而有「不覺」，依「不覺」的緣故，才說有「始覺」。

●名相：覺

◎釋文：與「不覺」相對。指「心性」遠離「妄念」而照用朗然。根據《大乘起信論》的記載，「萬有」之本體「阿賴耶識」有「覺」與「不覺」二義，而「覺」又有「本覺、始覺」之別。其中，以「萬有之本體」本爲清淨之「覺體（本覺）」，然「無始」以來，爲「無明妄念」所覆蓋，故依「現實狀態」，而稱「不覺」；若依修行「觀智」，卽可達到「覺了心源」，則稱「始覺」。

又依「覺之程度」，「始覺」復分爲如下四位：

①究竟覺：意謂「無上之覺知」，是指「菩薩」修行階位中，「第十地菩薩」之「覺知」，然

一般以「佛之覺知」方爲「究竟覺、無上覺、正覺、大覺」等。

②隨分覺：指「初地以上」至「第九地」的「菩薩」之「覺知」，以其不完全究竟之故。

③相似覺：指「十住、十行、十迴向」之「菩薩」及「二乘」之「覺知」，以其相似於「覺」，然非「眞覺」。

④不覺：「十信以下」之「凡夫」，已覺知「業果之理」，如知「惡業」能招感「苦果」等，雖然不造「惡業」，然仍未起「斷惑之智慧」，是爲「不覺」。

●名相：不覺

◎釋文：「覺」之對稱。不具了然「萬有眞相」之「智明」。亦卽不覺「無明」之意。《大乘起信論》中，將「阿賴耶識」分爲「覺」與「不覺」二義。「不覺」又可分爲「根本不覺、枝末不覺」二種；前者爲「迷眞之無明」，全然無知於「眞如之法」之平等；後者則爲「執妄之無明」，是由「根本不覺」所生起，繼而產生「業相、轉相」等「三細、六粗」之相。故知自「根本不覺」生起「枝末不覺」，而依「枝末不覺」起造「惑業」，受「生死流轉」之苦。

●名相：本覺

◎釋文：指「本有之覺性」。爲「始覺」之對稱。經過「後天之修習」，次第斷破「無始」以來之「迷惑」，徐徐「覺知」、啟發「先天之心源」，稱爲「始覺」；「先天本有」而不受「煩惱污染」等「迷相」所影響，其「心體本性」乃本來淸淨之「覺體」，稱爲「本覺」。

「本覺、始覺」二覺之思想，於顯教之《大乘起信論》有陳義，茲概述於下：《大乘起信論》

主張「萬有歸於一心」，而於「一心」立有「心眞如門」與「心生滅門」。

①就「心眞如門」言之，「心」乃超越「差別相」的清淨而絕對不二之存在，原本並無所謂「本覺、始覺」之名。

②若自「心生滅門」言之，「心」被「無始」以來之「無明」所污染，而產生各種「差別相」，故於「阿梨耶識（阿賴耶識）」中，有「本覺」與「始覺」之別。「眞如」遇「無明之緣」，而生起「迷妄現象」，於此之際，「心」完全「蒙昧不覺」，稱爲「不覺」；然其「本性之覺體」毫無壞損，常具「平等之相」，永含「大智慧」的光明之德，乃一遠離世俗「差別心念」之「清淨體」，此卽「本來之悟覺」，故稱「本覺」。

已被「妄染之心」，若依「本覺眞心」之「內薰習力（爲本覺之內作用，稱爲本覺內薰）」，與「外薰習力（卽指教法之外緣）」來「發心修行」，卽能漸次喚醒「覺性」，厭離「無明」，欣求「本眞」，逐漸斷盡「不覺之妄染」，而與「本覺」合一，以成「始本不二」之大覺，此則同於「諸佛境界」。此種自「發心修行之初」，以至於「大覺」之階段，所得之「智慧」，稱爲「始覺」。

上記「本覺」與「始覺」間之關係與作用，「法藏」於《大乘起信論義記》卷三詳加闡論，並歸結之，謂依於「本覺」而生「不覺」，依於「不覺」而起「始覺」，更依「始覺」而斷破「不覺」，如是卽歸返「本覺之體性」。

是知「始本二覺」雖有「相對」之關係，然「始覺」之究竟，卽同於「本覺」，是故「始本不二」，絕對平等，而全然超越「對立性」之範圍。

●名相：始覺

◎釋文：為「本覺」之對稱。《大乘起信論》謂「阿賴耶識」有「覺、不覺」二義，「覺」又有「始覺、本覺」之別。其中，經過「後天之修習」，漸次斷破「無始」以來之「妄染」，而覺知「先天之心源」，稱為「始覺」，亦即「發心修行」，次第生起「斷惑之智」，斷破「無明」，歸返「本覺」清淨之體性。

「大乘」認為「人心」本來「寂靜不動」，「無生無滅」而「清淨無染」，稱為「本覺（本來覺知之離念心體）」；後由「無明風」動，產生「世俗之意識活動」，從而有「世間種種差別」，此稱「不覺」；及至「受聞佛法」，啟發「本覺」，薰習「不覺」，並與「本覺」融合為一，即稱「始覺」。

《大乘起信論》又將「始覺」分為四位，並以之配合「大乘菩薩」修行之各種階段，即：

①不覺：謂「十信位之人」，雖已覺知「惡業」所招致之「苦果」，而不再造作「身、口之惡」，然尚未生起「斷惑之智」。

②相似覺：謂「二乘之人」及「三賢位之菩薩」，雖已遠離「我執」，覺知「我空」之理，而斷滅「貪、瞋、見、愛」等「煩惱」，然尚未捨離「法執分別之念」。

③隨分覺：謂「初地以上」至「第九地」之「菩薩」，已遠離「法執之念」，了知一切諸法「唯心所現」；即隨「修證境地」之轉昇，而逐地增悟一分對「真如法身之理」的「覺知」。

④究竟覺：謂「第十地之菩薩」既已滿足「因行」，以相應於一念之「慧覺知心」之初起，並遠離「微細之念」，透見「全心性」。

「覺」除了具有「心眞如」的「如實空」（純潔無染的存在）、「如實不空」（永恆靜止的存在）的「雙重性質」之外，還具有「因熏習鏡」和「緣熏習鏡」兩種特殊作用。

「因熏習鏡」是指「覺」如「鏡」，世界「一切事物現象」莫不顯現其中，因爲「覺」能常住「一心」，而「世間一切事物現象」都以「一心」爲「本性」。

「覺性」雖是「不動」的，但是具有一切「無漏法」，成爲「衆生」得以「成佛」的依據。「衆生」之所以「厭生死、求涅槃」，在於「覺」對「衆生」自身起「內因熏習」的作用。所謂「緣熏習鏡」是指「覺」對解脫「衆生」起一種「外緣熏習」的作用。

所以「覺」既是「態靜」的，「寂然不動」地蘊含在世間「一切事物」中，爲「衆生」所有；同時它又是「動靜」的，能「出離生死、同染轉淨」以普度衆生。

●《大乘起信論》原文：

復次，「覺體相」者，有四種大義，與「虛空」等，猶如「淨鏡」。云何爲四？

一者、「如實空鏡」，遠離一切「心境界相」，無法可現，非「覺照」義故。

二者、「因熏習鏡」，謂「如實不空」。一切「世間境界」，悉於中現，不出不入，不失不壞，常住「一心」，以「一切法」，卽「眞實性」故。又「一切染法」，所不能染，智體不動，具足無漏，熏「衆生」故。

三者、「法出離鏡」，謂「不空法」，出「煩惱礙、智礙」。離「和合相」，淳淨明。

四者、「緣熏習鏡」，謂「依法出離」故，遍照「衆生之心」，令修「善根」，隨念示現故。

「不覺」的具體表現是有「念」，具有三種性能：「一者無明業相，以依不覺故心動，說名爲業。」。「心動」是「不覺」的內在標誌，「心動」也是產生諸多「現實苦惱」的總根源。

另外兩種「性能」是：「二者能見相，以依動故能見。三者境界相，以依能見故，境界妄現。」由於「不覺」「心動」，所以能見「世間諸相諸境界」。心的本質是「寂然不動」的，因爲「智性」是「永恆不滅」的；「心」之所以從「不動」到「動」，是由於「無明風動」造成的。「無明」就是「忽然念起」，也就是「心動」的具體表現。

●《大乘起信論》原文：

復次，依「不覺」故生三種相，與彼「不覺」相應不離。云何爲三？

一者、「無明業相」，以依「不覺」故「心動」，說名爲「業」；「覺」則「不動」，動則有苦，果不離因故。

二者、「能見相」，以依「動」故「能見」，「不動」則「無見」。

三者、「境界相」，以依「能見」故「境界妄現」，「離見」則「無境界」。

《大乘起信論》把「離念（無念）」和「有念（妄念）」、與「覺則不動」和「不覺故心動」結合起來，認爲「無念」是「覺」的本質屬性，「有念（妄念）」是「不覺」的具體表現。

從「覺」到「不覺」，從「不動心」到「動心」，從「心」「無念無相」到「有念諸相」，這是

「心眞如」產生「世俗世界」的過程；相反的，由「不覺」到「始覺、究竟覺」，從「動心」到「不動心」，從「有念諸相」到「無念無相」，這便是「心眞如」讓「衆生」由染轉淨，達到「解脫」的過程。

「眞與俗」、「淨與染」這兩個「宗教世界觀」認爲，都是「心眞如」「本覺」”的體現，並在「眞如本覺」中相互對立、相互轉化。由此產生「眞如、無名」互熏說：「眞如」受「無明」熏習而有「染法」，這是造成「世間」有「生死輪迴」的原因；而「無明」受「眞如」熏習而生「淨業」，這是「衆生」得以脫世間的原因。

所以，《大乘起信論》認爲，衆生的「一心」，既包容「俗世的一切」，也包容「出世間的一切」，從「生死輪迴」到「涅槃」，從「無量苦難」到「徹底解脫」，從「世間無常」到「出世間永恆」，這些「衆生」可以自己透過「向內修行」做到，而不必「向外求助」。這樣，建立對「大乘」的信心，實際就轉爲「自信己身有眞如法」，能否達到「超脫」，關鍵在於自己「用心努力修行」的程度。

《大乘起信論》對後世的「宋明理學」，產生一定的影響。因爲，「宋明理學」主張：「無極生太極，太極生陰陽」，而「太極生陰陽」的關鍵就是由「不動到動」。可見，這種主張借用了《大乘起信論》的思想觀念。

此外，由於《大乘起信論》把「一心」視爲「遍存於一切事物的共同屬性」，故它又自覺地把「色法」歸入「一心」之中，認爲「色心不二」，即「色」既表現「心」，「心」又體現在「色」

中。

●《大乘起信論》原文：

以「一切色法」，本來是「心」，實無「外色」。若無「外色」者，則「無虛空之相」。所謂「一切境界」，唯「心妄起」故有；若「心離於妄動」，則「一切境界」滅，唯一「眞心」，無所不遍。此謂「如來廣大性智究竟」之義，非如「虛空相」故。

於是《大乘起信論》根據從《般若經》類創始，到早期「唯識派」強調的「色卽是空，空卽是色」的著名論斷，加以發展，演變成「色卽是心，心卽是色」的論斷，這樣就建立起一座獨特的、較完整的「佛教心學體系」。「色卽是心，心卽是色」這個論點，給「唐宋佛教理論」帶來較大的影響。

《大乘起信論》認爲「一心」的本質是「覺」，而由「一心」之「動」產生「萬事萬物」的過程，就是由「覺」到「不覺」的過程。

所以，「佛教的修行」就是「追本溯原，回歸到一心」，也就是由「不覺」經「始覺、究竟覺」，最後回歸到「覺」。相對於「佛教修行」所達到的「始覺、究竟覺」而言，作爲「心眞如」的「覺」，也叫「本覺」。

「本覺、始覺、究竟覺」，實際上都是同一個「覺」，只是爲了解說「修行程度」，而創造出這些「差別名相」的。

●《大乘起信論》原文：

又以「覺心源」故，名「究竟覺」；「不覺心源」故，非「究竟覺」。此義云何？如「凡夫人」，覺知「前念起惡」故，能「後念」止令其不起。雖復名「覺」，卽是「不覺」故。如「二乘觀智」，「初發意菩薩」等，覺於念異，念無異相。以捨「麤分別執著相」故，「名相」似覺。如「法身菩薩」等，覺於「念住」，念無「住相」。以離「分別麤念相」故，名「隨分覺」。如「菩薩地」盡，滿足方便，一念相應，「覺心」初起，心無「初相」。以遠離「微細念」故，得見「心性」，心卽常住，名「究竟覺」。

佛教「修行的關鍵」，是在於「心中無念」，因爲「有念」就產生「見」，「見」則生「境」，「有見有境」就使「衆生」遭受種種「痛苦磨難」，永遠脫離不了「生死輪迴」。

所以，想要「超脫世間」的唯一途徑，就是「無念」，由「無念」而與「心眞如」契合爲一，復歸到「覺」。

●《大乘起信論》原文：

是故「修多羅」說：若有「衆生」能「觀無念」者，則爲向「佛智」故。又「心起者」，無有「初相」可知，而言「知初相者」，卽謂「無念」。是故一切「衆生」，不名爲「覺」。以從本來「念念相續」，未曾「離念」，故說「無始無明」。若「得無念者」，則知心相「生、住、異、滅」；以「無念」等故，而實無有「始覺」之異。以「四相俱時」而有，皆無自立，本來平等，同一覺故。

所謂「無念」，指「心性不起、不動、離見、離相」等內涵，也是「智慧、功德、清淨」的體

現。「無念」可謂是「佛教修行」的要領，對後來的「隋唐佛教思想」產生重大影響。

但是，由「不覺」到「始覺」，由「有念」到「無念」，並不是「唯念眞如」就能達到的，「衆生」還必須修習「六度」而經「十地」，故《大乘起信論》是主張「漸修的」；但是證得「法身」的「菩薩」，功德圓滿了，就不必受「十地」等「修行等級」的限制，可以「直接成佛」，這種「成佛方式」便是「頓悟」。

所以，「成佛」可以「漸修」實現，也可以「頓悟」。在《大乘起信論》中，「頓悟、漸悟」兩種方式都可成佛。

《大乘起信論》在「佛教修行」方面，還主張「止觀」。傳統的「大乘佛教」都用「六度」概括所有的「菩薩行」，《大乘起信論》則概括爲「修行五門」，把「禪、慧兩波羅蜜」併入「止觀門」。

● **《大乘起信論》原文：**

修行有「五門」，能成此信。云何爲五？一者、施門，二者、戒門，三者、忍門，四者、進門，五者、止觀門。

所謂「止觀門」，「止」就是「止一切境界相」，達到心中「無相」；「觀」就是「觀世間無常、苦、空、不淨而知道因緣」。

● **《大乘起信論》原文：**

云何修行「止觀門」？所言「止」者，謂「止一切境界相」，隨順「奢摩他（止）觀」義故。所言「觀」者，謂「分別因緣生滅相」，隨順「毗鉢舍那（正見觀察）觀」義故。云何「隨順（謂隨從他人之意而不拂逆）」？以此二義「漸漸修習」，不相捨離，雙現前故。

《大乘起信論》對修行「止、觀」有具體的要求。「修行止者」，要求「住於靜處，端坐正意」，既「不依氣息」，也「不依形色」，「乃至不依見聞覺知」，目的在於「排除一切念頭」，包括「除想」之「想」，實現心中「無相」，「隨順得入眞如三昧」，卽進入「心眞如」的「禪定狀態」。

●《大乘起信論》原文：

若「修止」者，「住於靜處，端坐正意」。「不依氣息」；「不依形色」；不依於空，不依地水火風；乃至「不依見聞覺知」。一切諸想，隨念皆除，亦遣除想。以一切法本來無相，念念不生，念念不滅。亦不得隨心外念境界，後「以心除心」。心若馳散，卽當「攝來住於正念」。是「正念」者，當知「唯心無外境界」。卽復此心亦「無自相」，念念不可得。若從坐起，去來進止，有所施作，於一切時，常念方便，隨順觀察。久習淳熟，其心得住。以心住故，漸漸猛利，隨順得入眞如三昧。深伏煩惱，信心增長，速成不退。唯除疑惑、不信、誹謗、重罪業障、我慢、懈怠、如是等人所不能入。

「修行觀者」，要求在「觀世間無常、苦、空、不淨」的基礎上，進一步得知形成它們的原因：卽衆生「心」受「無明熏習」而有「染」，遭受「生死輪迴」的「世俗之苦」，「而不覺知」。所以，「修行觀者」應憐憫衆生，立有普濟衆生之志：「以無量方便救拔一切苦惱衆生，令得涅槃第一義樂」。同時，還要盡己所能，不停地修學「一切善行」。

●《大乘起信論》原文：

復次，若人「唯修於止」，則心沉沒，或起懈怠，不樂眾善，遠離大悲，是故「修觀」。「修習觀者」當「觀一切世間有爲之法，無得久停，須臾變壞」。一切心行，念念生滅，以是故苦。「應觀過去所念諸法」，恍惚如夢。「應觀現在所念諸法」，猶如電光。「應觀未來所念諸法」，猶如於雲，忽爾而起。「應觀世間一切有身」，悉皆不淨，種種穢污，無一可樂。

如是當念一切眾生，從無始世來，皆因無明所熏習故，令心生滅，已受一切身心大苦，現在卽有無量逼迫，未來所苦亦無分齊，難捨難離，而不覺知，眾生如是，甚爲可愍。作此思維，卽應勇猛立大誓願，願令我心離分別故，遍於十方修行一切諸善功德，盡其未來，以無量方便救拔一切苦惱眾生，令得涅槃第一義樂。

以起如是願故，於一切時，一切處，所有眾善，隨己堪能，不捨修學，心無懈怠。唯除坐時專念於止，若餘一切，「悉當觀察應作不應作」。若行若住，若臥若起，皆應止觀俱行。所謂雖念諸法自性不生，而復卽念因緣和合，善惡之業，苦樂等報，不失不壞。雖念因緣善惡業報，而亦卽念性不可得。

相比較而言，「止」相當於「根本無分別智」，「觀」相當於「後得無分別智」，兩種智慧統一起來，既要「靜坐禪定」而入「心眞如」，又不能限於「禪坐」，還要「普濟眾生，超脫俗世」。這種「止觀雙修」的主張，對後世「天台宗」和「禪宗」都有著積極的影響。

《大乘起信論》在「中國佛教史」上的影響是廣泛而深遠的，對「天台宗、華嚴宗、禪宗、淨土宗」的影響尤爲顯著。

「天台宗」的「眞如緣起論」就取自《大乘起信論》中的「如來藏緣起論」；「華嚴宗」直接繼承了《大乘起信論》中的「法界緣起論」；《大乘起信論》強調「發心修行」故對「淨土宗」有一定的影響。

「禪宗」和《大乘起信論》都源自於《楞伽經》，所以《大乘起信論》的思想受「禪宗」的重視。

例如：「五祖弘忍」在《最上乘論》中，提出「一乘爲宗」，「一乘」就是「一心」，也就是《大乘起信論》中的「心眞如門」；在《六祖壇經》中，「五祖弘忍」說：「若識自本心，見自本性，卽名丈夫、天人師、佛。」，這裡的「本心、本性」，就是《大乘起信論》中所說的「本覺」。

「六祖惠能」在《六祖壇經》中，所主張的「眞如卽是念之體，念卽是眞如之用。」，就接近於《大乘起信論》中的「心眞如門」和「心生滅門」；他所提倡的「無念爲宗」，就直接源於《大乘起信論》的「若能觀察知心無念，卽得隨順入眞如門故。」的思想；在「修行理論」上，他還吸取《大乘起信論》中的「一行三昧」。

《華嚴經》開出「淨心緣起的花」，《大乘起信論》是「最後結成的果」，《大乘起信論》對「中國佛教」而言，可說是占有一席非常重要的地位。

七、第一個「大乘佛教」學派「中觀學派」

（一）「龍樹菩薩」簡介

「龍樹菩薩」的生平，歷史記載不多，主要資料源自「鳩摩羅什」所譯《龍樹菩薩傳》、「玄奘」的《大唐西域記》與藏傳《布頓佛教史》、《印度佛教史》等。

「龍樹」這個名字，是因爲「龍樹菩薩」在「阿周陀那樹」下出生。「阿周陀那樹」是產於「印度」的一種「喬木」，以「樹名」爲名。另外，「龍樹菩薩」是因爲「龍王」幫助他成道的緣故，故號爲「龍」，合稱爲「龍樹」。《龍樹菩薩本傳》原文：「菩薩之母，樹下生之，因字『阿周陀那』。『阿周陀那』，『樹名』也。以龍成其道故，以龍配之，號曰『龍樹』也。」。

按照「中國禪宗史籍」記載，「龍樹菩薩」是付法藏，「印度禪宗」第十四代祖師，被世人讚譽爲「第二代釋迦」，他發展了「空性」的「中觀學說」。「中國佛教」認爲「龍樹菩薩」是「大乘佛教」中，最重要的「論師」，相傳他是證得「初地果位」的菩薩。

後世基於「龍樹菩薩」所著《中論》而宣揚「空觀」的學派，又稱爲「中觀派」，而尊「龍樹菩薩」爲「中觀派之祖」。此外，「龍樹菩薩」也被尊爲「八宗之祖（禪宗、唯識宗、天台宗、華嚴宗、三論宗、成實宗、密宗、淨土宗）」。

「龍樹菩薩」大約出生於公元二至三世紀，大約是「釋迦牟尼佛」入滅後七百年後，是「南天竺」的「婆羅門種姓」。「龍樹菩薩」天資特別聰明，領悟力強，在很小的時候，聽「婆羅門教徒」

誦讀《吠陀》經典，只要聽過一遍，就能夠全部背誦出來。對於「婆羅門」的各種經典、天文、數學、地理，也都有深厚的認識。同時，他也精通各種「學問」及「法術」。

「龍樹菩薩」到二十歲以後，他對天文、地理、數學、工巧、武術以及「婆羅門教典」和道術等等各種學問，幾乎都已學完，而且無不精通，因此在青年時期，就已經聞名全國。

「龍樹菩薩」在出家之前，有三個同齡的好友，同樣學識超群、聰慧俊傑。有一天，他們四人在一起討論道：「天下的學問我們都已經學遍，從今以後還有什麼樂趣呢？『縱情聲色』是人生最快樂之事，然而我們不是『王公貴族』，不能夠隨心所欲。只有學習『隱身術』，才能夠如願以償。」

不久，他們聽說有一個「術士」會「隱身術」，就去登門求教。「龍樹菩薩」等四人，學會「隱身術」之後，仗著「隱身術」，經常在晚上潛入「王宮」，恣情取樂，「王宮」中的「宮女」都被他們任意輕薄。

這樣過了數月之後，宮中這些「宮女」之中，竟有人懷孕了。「國王」聽到這個消息，大為忿怒，嚴加責問。

「宮女們」哀泣說：「不是我們不守婦道，而是睡夢中有妖人作弄。」

「國王」召集「大臣」商議對策，有一位年老大臣說：「這等怪事，只有兩種可能：一是『鬼魅作崇』，一是『術士搗亂』。『陛下』可以派人以『細沙』撒於宮中各處，派人監視查看。若是『術士』則有足跡，若是『鬼魅』則無足跡。『鬼魅』可用『咒語』滅除，『術士』則可以『刀斧』砍殺。」

於是，「國王」採用這個建議，立刻付諸實施。不久，「衛士」來報，確是「術士」所爲。「國王」當卽下令緊閉宮門，並派出數百位武士，手揮刀劍望空亂砍。

「龍樹菩薩」的那三個好友，都被亂刀殺死，只有「龍樹菩薩」因爲屏氣凝聲，藏在「國王」背後，才能夠僥倖逃脫大難。

「龍樹菩薩」逃出「王宮」，反思此次經歷，恍然醒悟，這才明白「釋迦牟尼佛」所說，「貪慾正是痛苦之本、衆禍之根」，大凡「敗德喪身之事」都是因爲「慾望」而起，於是「龍樹菩薩」下定決心，要「皈依佛門」，加入「佛教僧團」，傳統上認爲「龍樹」是在「說一切有部」中出家的。

「龍樹菩薩」來到「印度」北方「雪山（今喜馬拉雅山區）」上的一間「佛寺」，請求出家受戒。「龍樹菩薩」在「佛寺」裡的「佛塔」中，待了九十多天，讀完「三藏經論」，再無其他經論可讀。

「龍樹菩薩」感到不滿足，於是辭別「師父」下山，周遊列國，搜集各種經論。可是，「龍樹菩薩」尋遍了全國，也找不到任何經典。在周遊途中，「龍樹菩薩」也遇到「諸外道」及「小乘佛學者」，這些人都辯不過他，都被他折服。

「龍樹菩薩」逐漸產生「傲慢心」，認爲「佛法」雖然高明深奧，但是也不難窮盡。於是，「龍樹菩薩」在「傲慢心」作祟下，想要自立宗派，宣揚自己創立的學說，並且要自立「新戒」，創新法衣。

這時候，有一位「大龍菩薩」，看見「龍樹菩薩」如此的行徑，知道他已經走入歧途，於心不

忍，特地來找「龍樹菩薩」，並對他說：「年輕人啊！你的智慧再高，能超過『佛陀』嗎？你跟我去一個地方，讓你看看『大乘經典』，你再下結論吧！」

「大龍菩薩」就把「龍樹菩薩」帶到了「龍宮」，打開一個「藏經寶庫」，裡面藏著無量無數的「大乘經典」。這些「大乘經典」，不僅卷帙繁多，而且深奧無比。「龍樹菩薩」看到這個「藏經寶庫」，震撼不已，於是留在「龍宮」，盡情的誦讀「大乘經典」。

這下「龍樹菩薩」非常滿足，「龍宮」所藏的「大乘經典」數量，要比人間現存的經典，要多出無數倍，「義理」也更加精妙深奧。「龍樹菩薩」如飢似渴，不眠不休，晝夜閱讀，遇到不明白之處，就向「大龍菩薩」請教，視野頓時開闊，心境早已改變，讀得越多就越謙遜。這樣不分晝夜，經過九十多天，「龍樹菩薩」已經讀過無量精妙的經典。

「大龍菩薩」問「龍樹菩薩」道：「這裡所藏的經典，你都看完了嗎？」

「龍樹菩薩」謙遜地回答道：「此處所藏的經典，實在無量無數，我一輩子都讀不完。我只挑選適合自己持誦的經典，這段時間我所閱讀的經典，就已經超過人間現存經典的十倍以上。」

「大龍菩薩」正色說道：「像我宮中這些經典，世間各地還有很多『藏經寶庫』，都與此處『藏經』相當，『藏經寶庫』的數量，不可勝數。」

「龍樹菩薩」此時明白，「佛經」浩如煙海，「佛法」博大精深，沒有任何「外道」可以超越，就算盡其一生，也不可能讀完所有「佛經」。「龍樹菩薩」在「龍宮」中悉心誦讀經典，獲得極高的成就。「大龍菩薩」看到「龍樹菩薩」成就可嘉，將「龍樹菩薩」送出「龍宮」，回到「南天竺」。

根據《法苑珠林》與《大唐西域記》的記載，「龍樹菩薩」進入「龍宮」的地方，應該是在於「烏荼國（位於今印度奧里薩邦）」。

「龍樹菩薩」回到人間之後，就在「印度南方」大力弘揚「佛法」，摧伏各家「外道」，廣明「大乘正法」。「龍樹菩薩」進入「龍宮」取回的「大乘經典」，「漢傳佛教」相傳為《華嚴經》，「藏傳佛教」的傳說則是《般若十萬頌》，即《大般若經》。

「龍樹菩薩」著作《優波提舍》十萬偈，又著作《莊嚴佛道論》五千偈、《大慈方便論》五千偈及《中論》五百偈，又造《無畏論》十萬偈，讓「大乘佛教」大行於「天竺（印度）」，被他感化的「婆羅門外道」不計其數。

「龍樹菩薩」曾經服務於「案達羅王室」，曾寫作《寶行王正論》、《親友書》，致「案達羅王室」。

其中《親友書》，「僧伽跋摩」翻譯為《勸發諸王要偈》，另有一翻譯本題作《龍樹菩薩為禪陀迦王說法要偈》，唐「義淨」翻譯為《龍樹菩薩勸誡王頌》。「龍樹」引用「王室先祖」之名，以「信件」勸誡「案達羅王」應行「正道」，來治理國家，由此「信件」可知，他與「案達羅王室」之間，有深厚友情。

「龍樹菩薩」晚年居住在「南憍薩羅國」西南的「跋邏末羅耆釐山」中，「案達羅王室」為他在此建立「伽藍」。

根據「佛教文獻」記載，「龍樹」有可能是被某位「小乘法師」迫害而殉教。記載稱，當時有位

「小乘法師」，對「龍樹菩薩」忿恨嫉妒。「龍樹菩薩」將要示現圓寂，就問這位「小乘法師」說：「你樂意我長期停留世間嗎？」「小乘法師」答道：「我實在不願意。」於是「龍樹菩薩」退入內室，一天都未出門。弟子破戶查看，發現「龍樹菩薩」已經坐化。

另外一種傳說版本，根據「西藏」的傳說，「龍樹菩薩」在晚年合成了一種「長生藥」，教導「國王」「長生之術」，「國王」因而長生不死，令「王子」繼位無望。故此「王子」對「龍樹菩薩」心懷怨懟，常常想置他於死地，卻苦無機會。

「王子」一直抑鬱寡歡，「母后」心疼不已，就安慰「王子」道：「你不必鬱悶，我倒有一個主意。因爲『阿闍黎（導師，指龍樹菩薩）』是一位安住於『菩薩行境界』的菩薩，如果你向他索要『頭顱』，他必定會慨然施與的。如果他圓寂了，你的『父王』也會因此而命終。這樣一來，你就可以穩坐王位了。」

聽完「母后」的計謀，「王子」躍躍欲試，他迫不及待地趕到「龍樹菩薩」身前，提出了「索取頭顱」的要求。

「龍樹菩薩」爽快地答應了「王子」的要求。「王子」喜不自禁，立刻揮起寶劍，向「龍樹菩薩」的頭顱砍去，然而「頭顱」卻並沒有被砍掉。

「龍樹菩薩」和藹地向目瞪口呆的「王子」說道：「往昔我在刈割『茅草』時，曾割斷過一隻『小蟲』的脖頸，因爲這個罪過，所以用『吉祥草』便可以砍斷我的頭顱。」「王子」遵言而行，果然如願割斷了「龍樹菩薩」的頭顱。

此時，只見「殷紅的鮮血」化為了「白色的乳汁」，「龍樹菩薩」的頭顱吟出了段詩偈：「我今往生極樂剎，將來亦入此身體。」「龍樹菩薩」即因此而辭世。

「龍樹菩薩」住持佛法，度人之多不可稱數。因此，「龍樹菩薩」辭世之後，「天竺」各國紛紛建廟，崇敬供奉有如「佛陀」。關於「龍樹菩薩」的世壽，或說百歲，或說一百五十，或說二百餘歲。

「龍樹菩薩」圓寂之後，繼承人為弟子「提婆」與「馬鳴、提婆、童受」等共稱「四日照世」。

「龍樹菩薩」在「佛法」的「歷史地位」，「釋迦牟尼佛」早已預記於《摩訶摩耶經》中：「……；佛涅槃後。……。六百歲已，九十六種『諸外道』等，邪見競興破滅佛法。有一比丘名曰『馬鳴』，善說法要降伏一切『諸外道輩』。七百歲已，有一比丘名曰『龍樹』，善說法要滅邪見幢，然『正法炬』。」

意謂：繼「馬鳴菩薩」後，約一百歲已，外道的「邪見（斷見、常見、無因論等）」乃未止息。故「龍樹菩薩」造《中論》、《十二門論》、《大智度論》破斥邪見，並弘揚「世尊」的「第一義諦正法」。

另外，「釋迦牟尼佛」亦預記於《入楞伽經卷第九》中：「……大慧汝諦聽，有人持我法。於『南大國』中，有大德比丘；名『龍樹菩薩』，能破有無見。為人說我法，大乘無上法；證得歡喜地，往生『安樂國』。」

「龍樹菩薩」對「漢傳佛教」的影響極大，就「中國佛教史」來看，最早引介「龍樹菩薩思想」

的是「鳩摩羅什」。「鳩摩羅什」翻譯出了《中論》和《青目論師釋》、《十二門論》，以及「龍樹」弟子「提婆」所作的《百論》，形成「關河（長安）之學」。

因爲，「鳩摩羅什」在「長安」譯經、講經，吸收當時關河（長安）一帶的學者，如「僧肇、僧叡」等人。「僧肇」以「駢文」寫作《肇論》，批評「六家七宗」之偏失，闡釋「龍樹」的「中觀之學」。

「鳩摩羅什」還翻譯出「龍樹菩薩」所作的《釋經論》，分別是解釋《般若經》的《大智度論》和解釋《十地經》的《十住毗婆沙》。

往後興起的「天台宗、華嚴宗、法相宗」等，亦或多或少受「龍樹」的影響。如「天台宗」的「智顗」在其著作中援引《大智度論》和《中論》，「華嚴宗」的「法藏」作《十二門論註疏》，「法相宗」承繼「印度唯識學」，重新闡釋「中觀空義」，如「玄奘」著《會宗論》。

「鳩摩羅什」之後，傳譯來的「龍樹作品」，有「施護」翻譯《六十頌如理論》、「法尊」翻譯《七十空性論》、《因緣心論頌》（譯者不明）、「達磨笈多」翻譯《菩提資糧論頌》、「般若流支」翻譯《一輪盧迦論》、「毘目智仙共般若流支」翻譯《迴諍論》、「義淨」翻譯《勸誡王頌》、「眞諦」翻譯《寶行王正論》等。

「龍樹菩薩」對「藏傳佛教」的影響也很大，「藏傳佛教」的「四大教派（寧瑪派、薩迦派、噶舉派、格魯派）」，都推崇「龍樹菩薩」與「中觀」，所接受的「中觀思想」，主要是「中晚期印度派」的思想。

「寂護」是最早將「中觀派思想」引入「藏傳佛教」的代表人物，「赤松德贊」曾經向「全藏」宣布，以「寂護的見解」作爲「藏傳佛教」的規範。

「寂護的見解」被稱爲「隨瑜伽行中觀派」，因爲他在相當程度上，融合了「唯識派」的思想。在「寧瑪派」中，仍然保持了他的部分見解，但是因爲「朗達瑪滅佛」的影響，「寂護」在「西藏」的影響力，在後世並不大。

至「後弘期」時，「月稱」的再傳弟子「阿底峽大師」，以「寂天」的教義，入藏傳授，作《菩提道燈論》，建立「噶當派」，將「中觀應成派」傳入「西藏」，後爲「格魯派」的「宗喀巴」尊奉，成爲「藏傳佛教」的正宗。

「寧瑪派」繼承了「印度晚期」諸師的舊說，將「如來藏思想」稱爲「大中觀」，亦即「大圓滿見」，以此建立大圓滿次第。

「噶舉派」傳承印度「那洛巴大師」的法脈，認爲「大手印、大中觀」和「大圓滿教授」，三者本質沒有差別，都是直接觀看我們的「心性」。在「噶舉派」中，認爲教主「吉天頌恭」，在佛住世時，爲「維摩詰居士」，然後再轉世爲「龍樹菩薩」，最後轉世爲「吉天頌恭」，創建「噶舉派」。

「薩迦派」以「清辨」的「中觀思想」，作爲解釋「密乘」的本義。

另外，中國的一些「道教流派」，由於受到佛教「禪宗、密宗」的影響，也尊「龍樹」爲「神明」，尊稱其爲「龍樹醫王」、「龍樹妙醫衛國禪師」，如「閭山派」。

「龍樹菩薩」的論著極爲豐富，如：《大智度論》、《中論》、《十二門論》、《七十空性論》、《迴諍論》、《六十頌如理論》、《方便心論》、《廣破論》、《大乘破有論》、《十住毗婆沙論》、《因緣心論頌》、《菩提資糧論頌》、《寶行王正論》、《勸誡王頌》、《大乘二十頌論》、《菩提心離相論》、《福蓋正行所集經》、《贊法界頌》、《廣大發願頌》等，不少著名的論典或頌文，造論之多，世所罕見，故被譽爲「千部論師」。

在「龍樹菩薩」諸多著作之中，《中論》、《大智度論》、《十住毗婆沙論》皆對「漢傳」的「大乘佛法」有重要影響與貢獻，也是「中觀學派」所依據的論典。其中又以《中論》及《大智度論》最爲著稱。

(二)「中觀學派」的主要理論

「中觀」是「大乘佛教」的術語，意思是：以「觀察中道」來作爲修行的方法，其思想起源於《雜阿含經》的「八正道」裡的「正見（正觀）」。「龍樹」著《中論》以「正見（正觀）」爲理論核心，做爲「中觀派」的核心思想與修持方法。

「中觀學派」以《中論》爲主，闡述「性空、緣起」的思想，這也是「中觀學派」的主要理論。

在說明「中觀學派」的主要理論之前，要先了解，何謂「中觀」？

「佛教辭典」對「中觀」的詮釋是：「大乘佛教」「中觀派」的「禪觀」。其「見解」從「世俗的眞理」觀之，由「語言、概念」所成立的「現象」，是存在的。但是，從「究竟的眞理」觀之，沒有「絲毫眞實」存在的「體性」。「修行者」必須依這樣的「見解」，來思惟、觀修。

「中觀」的漢語譯名，源自「隋唐時期」漢傳佛教「三論宗」的祖師「嘉祥吉藏」，用以翻譯梵語：Madhyamaka，其舊譯爲「中道」。梵文中，Madhyamaka，源自於形容詞madhya（中、中間）的最高級-ma，加上詞尾-ka，名詞化之後所形成的單字，意思是「中道、最中、至中」。

「觀」，又翻譯爲「毗婆舍那」，爲「觀察、思維」之意，以「智慧」來「觀察」與「抉擇」，卽是「觀」，《般若經》中，以「智慧」爲「觀察中道」之依。

「嘉祥吉藏」認爲，以「觀察中道」，作爲「修證的方法」，卽是「中觀」，也就是《阿含經》「八正道（正見、正思惟、正語、正業、正命、正精進、正念、正定）」中的「正見（正觀）」，就是「中觀」。「正」就是「中」，「見」就是「觀」，「正見」卽是「中觀」。

「釋迦牟尼佛」以「中道」來形容他傳授的「教法」，「龍樹」在《中觀論》中，以「至中（Madhyamaka）」來形容「釋迦牟尼佛」所說的「中道」。「龍樹」將「中道」歸納爲，遠離「生滅、斷常、一異、來去」等二邊，又稱「八不中道」。「龍樹」以「觀察中道」，來做爲修持「禪定」與「智慧」的方法，卽是「中觀」。

「中觀」在字面上，最直接的翻譯是「最中」或「至中」的「觀察」。一般人對「世間一切法」的分析判斷，不是「空」就是「有」，這是一種「分別對待」的執著概念，是一種「相對」的觀念。

而「中觀」的這個「中」，是「非空非有」的概念，是一種「絕對」的觀念。「讀者們」一定會覺得很疑惑，「非空非有」意思就是「不是空的，也不是有的。」那麼這是怎麼樣呢？「不是『空』的，就是『有』；不是『有』的，就是『空』」，難道還有第三個答案嗎？

沒錯！還有第三個答案，就是「非空非有」，這就是「釋迦牟尼佛」所說的「中道」，就是「龍樹」所說的「中觀」，就是「八正道」中的「正見（正觀）」，這是「菩薩」證道最重要的「觀察方法」。

「中觀」的核心思想，就是不執著「有、無」二邊的「中觀說」，「中觀學派」也因此得名。由於「中觀學派」的基本思想是「一切皆空」，因而又被稱爲「大乘空宗」

前面說過，一般人對「世間一切法」的分析判斷，不是「空」就是「有」，這是一種「分別對待」的「執著概念」，是一種「相對」的觀念；而「中觀」的這個「中」，是「非空非有」的概念，是一種「絕對」的觀念。

若說「中」是一種「立場」，那麼這種「立場」，所表現出來的就是「不執著、無執著」的立場，是一種「沒有立場」的立場。

也就是說，當你在觀察「世間一切法」時，只是「默默的看著它、靜靜的觀察它」，但是不做「分析判斷」的動作，那你的心中，自然就沒有「分別對待」的「執著概念」，這是一種「絕對」的「一元觀念」，而不是一種「相對」的「二元觀念」。

所以，「釋迦牟尼佛」說「中道」，就是「龍樹」所說的「中觀」。「龍樹」將「中道」歸納爲，遠離「生滅、斷常、一異、來去」等二邊，又稱爲「八不中」道，亦即「不生不滅、不斷不常、不一不異、不來不去」。

「八不中道」講的就是，對「世間一切法」不做「分析判斷」的行爲，那你的心中，自然就沒有

「分別對待」的「執著概念」。

這個目的，就是不讓你自己的第六識「意識」，去運作「分析判斷」的功能，就是要停止第六識「意識」的「分析判斷」功能。只要第六識「意識」的功能停止作用，自己就處於「無分別心」的狀態，第六識「意識」就無法傳達分析判斷的結果，給第七識「末那識」做決定，第七識「末那識」就會停止作用，不產生「妄想執著」，「自性」自然顯現，此時與「大道」渾同相通為一體。

在《指月錄》第一卷：「（釋迦牟尼佛）入正三昧。至八日明星出時。廓然大悟。成等正覺。乃歎曰。奇哉一切衆生。具有如來智慧德相。但以妄想執著不能證得。」

在這段經文裡，要明白一個重點：我們都有「如來智慧德相（自性、佛性）」，但是都被自己的「妄想執著」所蒙蔽。

而「妄想執著」的產生，來自於我們第七識「末那識」的作用；第七識「末那識」要產生作用，就必須要倚賴第六識「意識」傳達「分析判斷」的結果給它。

所以，讓第六識「意識」的「分析判斷」功能停止，就是修道的心法，就是「見性成佛」的方法。

解釋到這裡，我們就可以明白，為什麼「大乘佛教」只有兩個重要的學派，一個是「中觀學派」，另一個是「唯識學派」。

原來，「中觀學派」是講述，對「世間一切法」要有「不執著、無執著」的「觀察立場」；而「唯識學派」是講述，如何達到「不執著、無執著」的方法。

「唯識學派」講述，要達到「不執著、無執著」的境界，只有「禪定」。我們來看「佛學辭典」對「禪」的詮釋。

(1)《佛光大辭典》

●名相：禪

◎釋文：梵語dhyāna，巴利語jhāna。又作禪那。意譯作靜慮（止他想，繫念專注一境，正審思慮）、思惟修習、棄惡、功德叢林（以禪為因，能生智慧、神通、四無量等功德）。寂靜審慮之意。指將心專注於某一對象，極寂靜以詳密思惟之定慧均等之狀態。

(2)吳汝鈞《佛教思想大辭典》

【禪】梵語dhyāna巴利語jhāna，其意為「瞑想」，漢譯作「定、靜慮、思惟修」，又稱「禪定」。這是通過一種方式，使心念安定下來的實踐，這種方式通常是「打坐」。

解釋文中提到：「止他想」、「繫念專注一境」、「將心專注於某一對象」和「通過一種方式使心念安定下來的實踐」等，我們就可以明白，原來「禪」只是「注視著、看著」的一種「心理狀態」。

簡單做個結論：「禪」是「靜視」的意思，也就是「安靜的，注視某一個特定對象」，而且當下不用大腦去做「分析判斷」，就只是「注視著、看著」的「心理狀態」。

而要達到「中觀」的「非空非有」的狀態，要達到「不執著、無執著」的境界，就只有透過「唯識學」的「禪定」功夫，才能夠達到。

了解「中觀」的意思之後，我們接著來談「性空」和「緣起」的思想，這是「中觀學派」的主要理論，源自於「龍樹」所著的《中論》。《中論》講「實相中道」，揭橥「中觀」，故名《中論》。《中論》爲「龍樹」所著，「龍樹」的弟子「聖天」的再傳弟子「青目」論師註釋，後秦「鳩摩羅什」翻譯，共四卷。《中論》是「印度中觀派」對「部派小乘佛教」及「外道」，進行破斥而顯示自宗的論戰性著作。

《中論》，又譯爲《中觀論》、《中論頌》、《中觀根本論》、《正觀論》，爲「中觀派」的「根本論書」之一，爲「大乘佛教」的重要理論著作。

《中論》的思想，對後來「大乘佛學」的發展有很大影響。在「印度」，《中論》經過幾代傳承，形成與「瑜伽行派」相對立的一大學派「中觀派」。

首先，弘傳《中論》的，有以「佛護、清辨」爲代表的「八大家」，他們競作註疏，進一步發揮《中論》思想，正式建立了「中觀學派」，「清辨之學」成爲「中觀自續派」。

後來，又有「月稱」，承「佛護」之說爲《中論》作注，別名《明句論》，並撰有「中觀通論性質」的《入中論》，進一步發展了「中觀學說」，成爲「中觀應成派」。

《中論》在「中國」的影響很大，先是「鳩摩羅什」的弟子「僧肇」弘傳此論，據此論義撰寫了《不眞空論》等多篇論文。

後有「吉藏」撰《中觀論疏》，進一步發揮此論的思想，並以「三論（『龍樹』的《中論》、《十二門論》和『提婆』的《百論》）」做爲根本典籍，依「三論」立宗，正式創立了「三論宗」。

《中論》在中國「西藏地區」也很流行，「佛護」著《根本中論注》有「藏譯本」。「宗喀巴」曾撰《中論廣釋》，系統地闡述對「中觀論思想」的根本見解。

「中觀論思想」就是「一切法空」，無有「實法」，只有「假名」。這就是「眞空俗有」。「中觀學派」認爲：一切的「有無、生滅、來去」，僅僅是在「俗諦假名」上成立，而究其根本，「一切法」了無「自性」，更說不上什麼「有無、生滅、來去」的種種分別。所以，《中論》開篇直接說「八不」。

《中論》開篇的「八句偈」中開宗明義，直接揭示以「不生不滅、不斷不常、不一不異、不來不出」的「空性」爲本的「大乘佛教」中道的觀行，後爲「學佛者」稱之爲「八不中道」。

「八不」是「緣起」的網領，「八不」的「不」是「沒有」的意思，意指：「沒有生、沒有滅，沒有常、沒有斷，沒有一、沒有異，沒有來、沒有去」。由此可見，「緣起」應該理解爲「不生不滅」等「八不」，簡稱「無生法」，而不是在分析「事物」是如何出現的，由何緣而生起的「緣起法」。

「八不偈」批判了在「緣起法」上的種種「謬論」，指出單純執著「生滅、常斷、一異、來出」等，是不正確的「戲論」。應該超出「戲論」、消滅「戲論」，得出對現象實在的認識，卽「實相」。

「龍樹」認爲，以「般若慧」觀察「一切法」，瞭解「一切法」皆是「因緣生」，皆是「假名」，皆是「空」，瞭解「一切法」無「自性」，就能夠瞭解「世俗諦」，因此遠離顚倒「戲論」，得知正確眞實的「因緣法」。

●《中論．觀因緣品》第一原文：

不生亦不滅，不常亦不斷；

不一亦不異，不來亦不出；

能說是因緣，善滅諸戲論；

我稽首禮佛，諸說中第一。

《中論》從「緣起」和「性空」入手，以「一切法空」爲了義，遍破迷執，這也是「中觀學派」的根本思想：

「中觀」將所有事物歸爲「緣起」，所以一切事物都是「無本質」，我們以「空」來表達。「無本質」是要以「不執著任何概念」才能體會，故「不執有」，「不執無」，連「不執」也不能有，才可說是「中」。

「中觀」的所觀，是「中」，就是「緣起正法」。「緣起」是說「一切法皆依因託緣而生起存在，沒有一法是無因而自性有的」。

「緣起」是說，任何事物「存在的現象」，都是在「條件聚集之因」下，而有的，「緣起」就不可以有獨存的「自性」，有獨立單一存在的「自性」，就不是「緣起」，二者是矛盾互斥的概念，不能同時成立。佛說「緣起法」，卽法是沒有獨一條件存在的「自性」。

「緣起」說明，「萬物現象」是假有的「衆條件和合存在」，而不是眞有的「獨一條件自性實在」，換句話說，「萬物」是離不開「緣起」的。

「中觀思想」是直接由「緣起空思想」發展來的，這就是「龍樹」的「中觀方法」，對「中觀」所下的定義。「中」是從「空」發展出來的，是對「空」的進一步認識，由此連帶產生「假有」，綜合「空、假」而成立「中」。

此外，「中道」觀，不偏執「有」或「空」，而從「眞空妙有」中看待萬象「緣起性空」的本質，亦成爲「中觀學派」重要的核心思想。

●《中論‧觀四諦品》第二十四原文：

以有空義故，一切法得成；
若無空義者，一切則不成；
衆因緣生法，我說卽是空；
亦爲是假名，亦是中道義；
未曾有一法，不從因緣生；
是故一切法，無不是空者。

「龍樹」又用「世俗諦、勝義諦」二諦，論作爲說明。「世俗諦」以有名的「八不」偈「不生亦不滅，不常亦不斷，不一亦不異，不來亦不出」，揭櫫「緣起」的根本思想，以「諸法萬物」皆起於「因緣和合」，故無「自性」，否定當時「小乘」和「外道」對於「生、滅」、「常、斷」、「一、異」、「來、出」等執著或戲論。

●名相：世俗諦

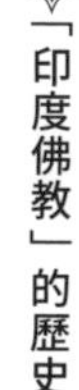

◎釋文：世間一般所見之眞理、道理，爲「眞俗二諦」之一。「勝義諦（眞諦）」之對稱。略稱「世諦、俗諦」。由於絕對最高眞理之「第一義諦」，不易爲一般人所理解，故先以「世俗」之「道理與事實」爲出發點，再次第導向「高境地」。如「指月之指、渡彼岸之船」，皆爲到達眞實「第一義諦」之必要手段。

●名相：勝義諦

◎釋文：又稱作「眞諦、第一義諦」。「諦」含有眞理，實在的意義。「勝義」在《般若經》中通常譯爲「第一義」，意思也爲「最高眞實對境的眞理」。卽指於五蘊、十二處、十八界等虛妄之法，而說「眞如勝妙之義」。

「二諦偈」說明「宇宙萬法」若立足於「世俗諦」，則「一切法」皆爲「假名有」；若立足於「勝義諦」，則「一切法」皆爲「自性空」。因此，若離「世俗諦」，則無法了解「勝義諦」；若離「勝義諦」，亦無法證入「法性眞實義」。

●《中論．觀四諦品》第二十四原文：

諸佛依二諦，爲衆生說法；

一以世俗諦，二第一義諦；

若人不能知，分別於二諦；

則於深佛法，不知眞實義。

因爲當時的「部派佛學」把，「空」誤解爲「否定一切」，一說「空」，就會破壞「四諦、三實」等佛法。為了清除這種誤解，「龍樹」對「空的眞義」作了進一步說明，也有一頌。

「龍樹」說他們對空的三重意義：「空的本身、空的因緣、空的意義不瞭解」，所以產生誤解。要不誤解，應該先了解「空的本身」是什麼，同時要知道「為什麼要講空」，最後還要了解「空」的「實際應用」和它的「意義所在」。

「空」的所為，在於顯示「勝義諦」。「佛學」把「釋迦牟尼佛」的「說法」，分成「層次」，有了「層次」，才能瞭解「佛法的眞義」。要分「層次」，就得有個「標準」，這個「標準」叫「諦」。

●《中論・觀四諦品》第二十四原文：

汝今實不能，知空空因緣；

及知於空義，是故自生惱。

八、第二個「大乘佛教」學派「唯識學派」

(一)「唯識學派」的鼻祖「彌勒菩薩」簡介

「彌勒佛」，目前是「彌勒菩薩」，意譯為「慈氏」，音譯為「梅呾（ㄉㄚˊ）利耶」，在「大乘佛教」經典中，常被稱為「阿逸多菩薩摩訶薩」，是「釋迦牟尼佛」的繼任者，未來將在「娑婆世界」降生修道，成為「娑婆世界」的下一尊佛，也稱為「未來佛」，即「賢劫千佛」中的「第五尊佛」，常被稱爲「當來下生彌勒尊佛」。

「彌勒」的梵文Maitreya是常見的「婆羅門姓氏」，字根源自梵文Maitrī，意爲「慈愛」。唐朝「玄奘」到「印度」求學時，見到「梵文原本」，所以譯爲「梅呾（ㄉㄚˊ）利耶」。但是，在「玄奘」之前，「東漢」及「三國時期」的早期「譯經家」，所見到的「佛經」版本，是由「西域」輾轉得到。梵文Maitreya在「西域」的「吐火羅文」，翻譯爲Metrak，故漢譯爲「彌勒」。

「彌勒佛」在「大乘佛教」中，稱他現爲「等覺菩薩」，也有稱爲「妙覺菩薩」，是「八大菩薩（文殊菩薩、普賢菩薩、觀世音菩薩、金剛手菩薩、虛空藏菩薩、地藏王菩薩、彌勒菩薩、除蓋障菩薩）」之一，在「大乘經典」中又常稱「彌勒菩薩」爲「阿逸多菩薩」。

在「佛教史」上，「彌勒」的記載起源甚早，很可能在「第一次結集」時就已經出現，在「上座部佛教」的「長部十四經」和「長部二十六經」，記載未來「人壽八萬歲」時，會有「彌勒佛」出世。

在漢譯《阿含經》中，可見於「說一切有部」的《中阿含經》，和「法藏部」的《長阿含經》。「未來久遠人壽八萬歲時。當有佛。名彌勒如來。」這是各個「佛教部派」，皆認可的基本共識，但是在具體細節上則有許多不同的說法。

「彌勒信仰」在「古印度」就甚爲流行，根據巴利文《大史》記載，公元前二世紀，有錫蘭王「杜多伽摩尼」臨終時，蒙「衆天神」駕車迎往「兜率天」。

「彌勒」生於「南天竺」「婆羅門」家庭，後來隨「釋迦牟尼佛」出家，成爲「佛弟子」。「彌勒」常修行「菩薩道」，現住「兜率天」的「兜率內院」修行和說法。所以，雖然名義上稱「彌勒」爲「彌勒佛」，實際上「彌勒」目前仍爲「菩薩」的身分。

「彌勒菩薩」在「釋迦牟尼佛」入滅之前先行入滅，爲「一生補處菩薩」，生於「兜率天內院」。

「欲界六天（四天王天、忉利天、焰摩天、兜率陀天、化樂天、他化自在天）」中的第四「兜率天」有內外二院。「兜率天內院」常爲「補處菩薩」的出生處，今「彌勒菩薩」生於此，故稱「兜率天內院」爲「彌勒淨土」。

古來「大德」發願往生「彌勒淨土」者衆，其中有「阿難尊者、戒賢大師、道安法師、法遇法師、玄奘大師、窺基大師、無著菩薩、世親菩薩、獅子覺菩薩、智者大師、智晞、灌頂、玄朗、道宣律師。近代虛雲老和尚、太虛大師、慈航法師……。」。

根據《雜阿含經》的記載，「兜率天」的「天人壽命」是四千歲，相當於人間「五億七千六百萬年」，這是以「萬萬」爲「億」，如果以「千萬」爲「億」，則有如《彌勒上生經》中，「五十六億年」這樣的記載。

之後，等時機成熟，「彌勒菩薩」將會繼承「釋迦牟尼佛」而降生人間，屆時將託生於印度、尼泊爾」一帶的「雞翅城（又譯翅頭城、雞頭城）」中，一個名叫「修梵摩」的大臣家中。後來，出家修道，最後於「菩提園」的「菩提樹」下覺悟成佛。

「彌勒菩薩」成佛後，將於「龍華菩提樹」下舉行三次傳法盛會，稱爲「龍華三會」，三次分別度化九十六億、九十四億、九十二億衆生，令他們開「法眼智」，證「阿羅漢果」，脫離「生死輪迴」。「大乘佛教」由此發展出「人間淨土」的觀念，認爲當「彌勒菩薩」降世，將可以救度世人。

「彌勒佛」在「中國民間」，普遍受到信奉，早在「五胡十六國」的「西秦（公元四到五世紀）時期，在「甘肅」的「炳靈寺石窟」，就已經有「彌勒佛像」的繪製。早期的「彌勒佛」是根據《彌勒上生經》和《彌勒下生經》繪製、雕塑的，形象有「彌勒菩薩」和「彌勒佛」兩大類。

現在，在一般「寺院」中，所見到的「彌勒佛像」，身體肥胖，袒胸露腹，手拈串珠，笑口常開，是起源於「五代十國時期」的「布袋和尚」傳說。

「五代十國」之後，因爲相傳「布袋和尚」爲「彌勒菩薩」轉世，江浙一帶的「寺院」中，開始出現「笑口彌勒佛」的塑像。其實，這是按照「布袋和尚」的形象塑造的。

當時，在「浙江奉化」出現一位「和尚」，拖個「大布袋」到處行化，大家喜歡稱他爲「布袋和尚」。

「布袋和尚」，明州（今寧波）奉化人，世人不知道他的族氏名字，自稱「契此」，又號「長汀子」。世傳爲「彌勒菩薩」之「應化身」，身體胖，眉皺而腹大，出語無定，隨處寢臥。常用「拐杖」挑一「布袋」入市，見物就乞，別人供養的東西統統放進「布袋」，卻從來沒有人見他把東西倒出來，那「布袋」又是空的。

假如有人向他請問「佛法」，他就把「布袋」放下。如果還不懂他的意思，繼續再問，他就立刻提起「布袋」，頭也不回地離去。人家還是不理會他的意思，他就捧腹大笑。

「布袋和尚」的「應化事蹟」不勝枚舉。

有人問「布袋和尚」：「怎樣做才不可墮他人是非？」

「布袋和尚」以偈回答：「是非憎愛世偏多，仔細思量奈我何。寬卻肚皮常忍辱，放開泱日暗消磨。若逢知己須依分，縱遇冤家也共和。要使此心無掛礙，自然證得六波羅。」

有人問「布袋和尚」：「有法號否？」

「布袋和尚」又以偈答：「我有一布袋，虛空無掛礙。打開遍十方，入時觀自在。」

有人問「布袋和尚」：「大師有行李否？」

「布袋和尚」還是以偈答曰：「一缽千家飯，孤身萬里遊。睹人青眼在，問路白雲頭。」

曾有「居士」恭請「布袋和尚」再留齋宿，以盡「弟子」恭敬之意。

翌日一早，「布袋和尚」復書一偈於「居士」之門上曰：「吾有一軀佛，世人皆不識。不塑亦不裝，不雕亦不刻。無一塊泥土，無一點彩色。工畫畫不成，賊偷偷不得。體相本自然，清淨常皎潔。雖然是一軀，分身千百億。」

「布袋和尚」在「後梁」貞明二年（公元九一六年）三月三日，示寂於「寧波奉化」「嶽林寺」東廡下的石凳上，留有辭世偈：「彌勒眞彌勒，分身千百億，時時示時人，時人自不識。」偈畢安然而化。

其後，在其他州，有人看見「布袋和尚」負布袋而行，於是四眾競圖其像。

「五代」的「後梁」時期，「布袋和尚」曾經屢上「雪竇寺」弘法，他圓寂後，被世人奉信爲

「彌勒」轉世。是故，「雪竇山」被「信衆」廣泛尊崇爲「彌勒道場」，漸有中國「五大佛教名山」之盛譽。

許多寺廟都有「彌勒佛」的對聯，例如：北京「潭柘寺」的「彌勒佛像」兩邊的楹聯：「大肚能容，容天下難容之事；開口便笑，笑世間可笑之人。」此聯把「彌勒佛」的形象，刻畫得淋漓盡致，趣味盎然。

四川峨嵋山「靈巖寺」「彌勒佛殿」的兩側，也有一副令人回味無窮的對聯：「開口便笑，笑古笑今，凡事付之一笑；大肚能容，容天容地，與己何所不容。」此對聯與北京「潭柘寺」對聯，有異曲同工之妙，它蘊含著人生哲理，告訴世人要達觀豁朗，淡泊名利，與人爲善，團結和諧。

又如江蘇鎮江「金山寺」的「天王殿」有一副對聯：「大肚能容，了卻人間多少事；滿腔歡喜，笑開天下古今愁。」

四川樂山「凌雲寺」的「彌勒佛殿」上，有一副對聯，以詼諧幽默的語調，寫出了「彌勒佛」的內心獨白：「笑古笑今，笑東笑西，笑南笑北，笑進笑出，笑自己原無知無識；觀事觀物，觀天觀地，觀日觀月，觀來觀去，觀他人總有高有低。」

自「東晉」以來，「彌勒淨土」的信仰日益盛行，而且與「阿彌陀佛」的「西方淨土」信仰和樂融融。「淨土宗」「慧遠」的導師「道安」，因爲對經文原義有疑問，發願上「升兜率天」親自聽「彌勒菩薩」說法。「玄奘、窺基」等一代高僧也以往生「兜率內院」爲臨終之大願。

在「隋唐」之際，「彌勒信仰」與「彌陀信仰」曾經有所衝突，雙方的信徒甚衆，形成「淨土信仰」的兩大流派，「彌勒宗」與「淨土宗」相持不下。但是，隨著許多「有心人」，以「彌勒降世」爲號召，對「朝廷」反抗起事，故「彌勒信仰」遭「朝廷」大力打擊。

「隋唐」之後，「彌陀信仰」愈盛，但是「彌勒淨土」依然不衰，在「平民」和「士大夫」中大有傳播。著名詩人「白居易」便是「彌勒信徒」。

至「明清」之後，「彌勒信仰」因爲牽扯上各式各樣的「政變」與「起事」，漸漸衰微，「彌勒信仰」逐步讓位給「彌陀信仰」，於是在「漢傳佛教」中式微。但是，衰而不絕，仍然在「漢地」傳承不止。

(二)「唯識學派」的創始人「無著菩薩」簡介

「大乘佛教」的第二個學派是「唯識學派」，而「彌勒菩薩」被「唯識學派」奉爲鼻祖，其龐大的「思想體系」，以《瑜伽師地論》爲代表，由「無著菩薩、世親菩薩」闡釋弘揚，深受中國「大乘佛教」大師「支謙、道安」和「玄奘」的推崇。

雖然，「彌勒菩薩」被「唯識學派」奉爲鼻祖，但是「唯識學派」的眞正創始人，是「彌勒菩薩」的弟子「無著菩薩」。「無著菩薩」在整個「佛教歷史」中，擁有非常重要的地位。在「西藏地區」，與其弟「世親菩薩」爲「佛教」的「二勝六莊嚴」之一。

「二勝六莊嚴」爲八位「著論」或者「著疏」的「印度佛教論師」。其著作均爲「藏傳佛教」必讀的哲學名著，多被編入「五部大論」之中。

「二聖」是指「釋迦光」與「功德光」；「六莊嚴」分別爲「龍樹、聖天、無著和世親、陳那、法稱」。此外，還有「二稀有」，即「馬鳴」與「寂天」。

「五部大論」爲五部在「印度」所造的「大乘佛教」的論典，分別爲「無著的《現觀莊嚴論》、世親的《阿毗達磨俱舍論》、功德光的《律經》、法稱的《釋量論》；月稱的《入中論》」。

「無著菩薩」是北印度「犍陀羅」「普魯夏普拉」人，生於公元四、五世紀左右，爲「婆羅門」種姓，父名「憍屍迦」，爲「國師婆羅門」，有兄弟三人，皆稱「婆藪槃豆」。

「無著菩薩」自小受完整的「婆羅門經典」教育，但是受到「佛教」的影響，於小乘「說一切有部」出家爲僧，修行「空觀」，但是一直無法領悟。

當時「東毗提訶」有「賓頭羅」前來，爲「無著菩薩」說「小乘空觀」。師初聞悟入，但是「無著菩薩」對此猶不滿意。

傳統上認爲，「無著菩薩」於「阿緰闍城」經由「禪定」，數次上升至「兜率天」親自從學於「彌勒菩薩」，受「大乘空觀」。「無著菩薩」得到「彌勒菩薩」的教導，而悟入「大乘」，並從「彌勒菩薩」處，得到「彌勒五論」之偈頌，並傳述後世，成爲「龍樹菩薩」之後，「印度佛教史」上重要的「論師」之一。

依「漢傳佛教」的記載，這「彌勒五論」是《瑜伽師地論》、《大乘莊嚴經論頌》、《分別瑜伽論》、《金剛般若論》、《辨中邊論頌》。

根據「瑜伽行唯識學派」相傳所說，「無著菩薩」聽聞「彌勒菩薩」的《辯中邊論頌》後，位登

「十地」之「初地」，證「法光定」得「大神通」。其弟「世親」聽「無著」說《辯中邊頌》而造釋文，得入「四加行」之「暖位」。

「無著菩薩」致力於「法相大乘」之宣揚，又撰論疏釋諸「大乘經」。「無著菩薩」的作品有《顯揚聖教論頌》、《順中論釋義》、《金剛般若經論》、《攝大乘論》、《大乘阿毗達磨集論》、《六門教授習定論頌》、《解深密略釋》等。

「無著菩薩」的弟弟「世親菩薩」本來學習「小乘」，後依「無著菩薩」的規勸，遂歸「大乘」，竭力舉揚「大乘教義」。

雖然傳統上認為，「無著菩薩」經由「禪定」，數次上升至「兜率天」親自從學於「彌勒菩薩」。《大唐西域記》卷五也記載：「無著菩薩，夜升天宮，於慈氏菩薩所受《瑜伽師地論》、《莊嚴大乘經論》、《中邊分別論》等，晝為大眾講宣妙理。」

但是，有另外一個「無著菩薩」的修行故事，是不同於傳統的說法，並且很勵志。話說，大概在一千六百年前，當時「龍樹菩薩」已經圓寂幾百年了，此間「佛法」還遭受到三次破壞。

公元三九〇年春天，「無著菩薩」為了親見「彌勒菩薩」本尊，來到印度「雞足山」的一個山洞內，在山洞裡閉關專修。

當時的「無著菩薩」，感到「佛法」如此衰微，實在不行。他認為，若要弘揚「大乘佛法」，更加深入「佛法」，了悟「諸法實相」，必定要親見「彌勒菩薩」本尊不可。於是他下定決心要專修

「彌勒法門」，希望可以親見「彌勒菩薩」，接受「彌勒菩薩」的教導。

在「雞足山」下修了三年，卻一點成果也沒有，「無著菩薩」不禁心灰意冷，覺得修不下去了，就決定放棄，離開山洞下山。

忽然，「無著菩薩」看到一隻「小鳥」飛到對面的「山崖」，鑽進一個小洞內，洞口原本堅硬的岩石，竟然被「小鳥」的翅膀，磨得扁平而光滑。

「無著菩薩」心想：「小鳥出去覓食，找到食物後飛回洞穴，每日來來去去，僅以身上羽毛接觸岩石表面，竟然可以將岩石磨得扁平光滑，這是日積月累的結果，我現在沒有半分體悟，說明我修行的功夫還不夠。」

於是「無著菩薩」又回到「山洞」內，繼續精進修行。

就這樣在山洞中勤修，一過又是三年，前後累計六年，依然一無所獲。於是，「無著菩薩」倦意複萌，再也修不下去了，再度起身離開山洞。

「無著菩薩」剛離開山洞，就見到一旁「山壁」上，有水滴不斷滴落，再細看水滴滴落處的「岩石」上，有著一個個的窟窿。「無著菩薩」不由得尋思：「山壁所滴下的水滴，力量是這麼的微弱，但是累積下來，竟然能擊穿堅硬的『岩石』。我每天日夜這樣修法，即使『功德』很微小，但是日積月累，假以時日，一定也能累積廣大『資糧』，必定有親見『彌勒佛』的一天。」

於是，「無著菩薩」又打消了「放棄的念頭」，再次回到山洞內，更加精進用功。

就這樣，又過了三年，前後總計九年了，「無著菩薩」仍然跟先前一樣，一點進展也沒有。「無

著菩薩」再度失望地走出山洞，仰望著天空，長長的嘆了一口氣，想到自己勤苦修行，付出了九年的時間，竟然會毫無成果，焦慮與失望的心情交織在一起，內心的「挫折感」再也壓抑不住，不禁留下傷心的淚水。

這一次「無著菩薩」眞的走出了「雞足山」，不知不覺來到山下的一個小村莊，見到一位「老婆婆」，在「礪石（磨刀石）」上，摩擦一根「大鐵杵」。

「無著菩薩」不禁好奇地問道：「老人家！您這是在做什麼？」

「老婆婆」回答道：「我想把『鐵杵』磨成一根『鏽花針』。」

「無著菩薩」驚呼道：「這怎麼可能？那麼大根的『鐵杵』，你要磨到什麼時候啊！」

「老婆婆」回答道：「怎麼不可能？人只要有『毅力』與『恆心』，什麼事都做得到，沒有什麼不可能的。有志者事竟成，雖困難，仍堅忍，高山亦能摧。」說完，「老婆婆」拿出好幾根已經磨好的「繡花針」給「無著菩薩」看。

「無著菩薩」看到磨好的「繡花針」，頓時啞口無言，內心震撼，面紅耳赤，感到汗顏，心裡想著：「眞慚愧！一個平凡的老婆婆，都可以把『大鐵杵』磨成『鏽花針』。反觀我只是爲了求見『彌勒佛』，爲什麼就不能好好的努力精進修行呢？看來我這個出家的『修行者』，連這個『老婆婆』都不如，我還是回去好好用功修行吧！」

於是，「無著菩薩」又返回到山洞中，繼續努力精進修行。

如此，又過了三年，總計十二年過去了，不要說要親見「彌勒佛」了，連「彌勒佛」的一個「夢

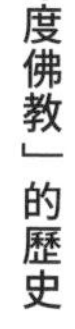

境」、一個「示現」、一個「聲音」，甚至一點點「感應」都沒有。

再怎麼樣有「毅力」、有「恆心」的人，在山洞中渡過了十二年的歲月，「意志力」也會被消磨殆盡。

「無著菩薩」這一次眞的徹底放棄了，他認爲自己這一輩子是不可能見到「彌勒佛」的，他傷心失望的離開了「雞足山」。

「這次說什麼也要下山了，不管遇到什麼情況，絕對不回頭！」「無著菩薩」喪氣地一邊這麼想著，一邊向山下走去。

途中經過一個「小村莊」時，「無著菩薩」發現路旁有一隻將要死去的「母狗」，奄奄一息的趴在地上。「母狗」的下半身已是腐爛生蛆，被「蛆蟲」咬食，「母狗」的表情疼痛難忍，無力的哀號嗚嗚慘叫，眞是慘不忍睹。

「無著菩薩」看到後，隨卽對「母狗」生起了極強烈的「慈悲憐憫心」。他心想：「這個『衆生』眞是可憐，都投胎到『畜生道』了，還淪落到這種地步，眞不知道前輩子造了什麼『惡業』？」

「無著菩薩」想要拯救這隻「母狗」，爲牠除去身上的「蛆蟲」。他想將「蛆蟲」取下，但是隨卽又想到，若將「蛆蟲」取下，「蛆蟲」一定會餓死。「無著菩薩」只好忍痛將自己的「大腿肉」割下一塊，想要把「蛆蟲」放在「大腿肉」上。

當他伸手觸及「蛆蟲」時，又想到自己的「手指」力量太大，可能會誤傷「蛆蟲」，在無計可施之下，他只好用自己柔軟的「舌頭」去舔取「母狗」身上的「蛆蟲」。

對一般人來說，一定會覺得「無著菩薩」瘋了。但是，在具足「大悲心」的「菩薩」心中，一切「衆生」就如同自己心愛的「獨子」一般，不論是「母狗」或者「蛆蟲」，兩者的「生命」同樣可貴。

就在「無著菩薩」的舌頭，將要碰到「蛆蟲」的那一刹那，只見一道「金光」發出，「母狗」突然化現爲光明莊嚴的「彌勒佛」。

就如同「佛經」上所形容，具足三十二相，八十隨形好，「無著菩薩」一眼就認出來，眼前「母狗」所化現的這位莊嚴無比的「菩薩」，就是他朝思暮想的「彌勒尊佛」。

曾經付出十二年的心血，曾經數度發願，又數度中斷放棄，最後還是選擇離開「雞足山」，徹底斷了想要見到「彌勒佛」的念頭，而「彌勒佛」卻又在這個時候，活生生地出現在自己的眼前。

「無著菩薩」一時內心五味雜陳，就像一個「孩子」長久無法見到「父母」，內心充滿了焦慮與委屈，直到「父母」突然出現，所有「思念的情緒」，再也忍不住，通通在「父母」面前宣洩出來一樣，「無著菩薩」當下也是如此。

十二年的苦苦所求，一旦忽然現前，本該高興才對，可是「無著菩薩」不但不高興，反而內心澎湃激動，一肚子的委屈。

「無著菩薩」雙膝噗通一聲，跪在「彌勒佛」面前嚎啕大哭，他痛哭失聲道：「佛啊！佛啊！您不是『慈悲佛』嗎？『菩薩』不是以『慈悲』爲本嗎？爲什麼我在『山洞』裡，修行了十二年，求見您十二年，您自始自終，都不願意現身見我一面；現在，當我徹底失望了，徹底放棄想見您的時候，

您反而就出現在我的面前，這到底是爲什麼呢？」

「彌勒佛」悲憫的望著「無著菩薩」，回答道：「好徒兒！並不是我不願意見你，打從你進入『山洞』的第一天，我就跟隨著你進去，一直都在你身邊陪伴著你，一刻也不曾離開。但是，因爲『業力』的關係，卽使我在你旁邊，近在咫尺，可是你始終無法見到我。」

「彌勒佛」接著說道：「猶如『焦芽』與『敗種』，天雖降雨不生芽，若無『賢善』與『福德』，『諸佛』雖臨有何益。因爲你有『業障』阻礙，所以才看不見我。但是，你今天生起了『大悲心』，並且有具體的行動，消除了你過往不少的『業力』，所以才撥雲見日，終於能夠見到我。」

此時，明白原因的「無著菩薩」感動萬分。同時，他心裡又想：「這個村莊多年來，爲我提供食物，我何不把『彌勒佛』請到村裡去，讓所有的村民膜拜呢？」爲此，他請「彌勒佛」坐到他的肩膀上。

「彌勒佛」說道：「沒用的！他們是看不見我的。」

雖然如此，「無著菩薩」還是堅持那樣做。

「無著菩薩」背著「彌勒佛」前往「市集」，到處喊叫道：「快來拜見『彌勒佛』呀！」

「村民們」紛紛問他：「『彌勒佛』在哪裡？」

「無著菩薩」回答說：「這不就坐在我的肩上嗎？」

可是，沒有人看到「無著菩薩」的肩膀上有任何東西，大家就議論紛紛說：「唉呀！眞是太可憐啦！多年的苦修，你看他都發瘋了！」

最後，總算有一個「老婦人」說：「你的肩膀上扛著一隻『母狗』。」「無著菩薩」聽到「老婦人」這一句話，這才領悟到「業障」的可怕，當下就證悟。「彌勒佛」問「無著菩薩」：「既然現在你見到我了，你有什麼請求？」「無著菩薩」說他想要聽「彌勒佛」說法，於是「彌勒佛」叫「無著菩薩」抓住他的「袈裟」，運用「神通力」，把「無著菩薩」帶到「兜率天內院」，聽「彌勒佛」演說《瑜伽師地論》。「無著菩薩」把所聽聞的《瑜伽師地論》記憶起來，回到人間後，撰寫成《瑜伽師地論》，並傳述後世。

之後，「無著菩薩」又用「禪定」的方式，多次往返「兜率天內院」。「彌勒佛」為他傳授了「彌勒五論」，即《瑜伽師地論》、《大乘莊嚴經論頌》、《分別瑜伽論》、《金剛般若論》、《辨中邊論頌》。

最後，「無著菩薩」圓寂後，離開「娑婆世界」，回到了「兜率內院」，因為他原本就是從「兜率天」下來的。

「無著菩薩」是「唯識學派」的開創者，與「中觀學派」的開創者「龍樹菩薩」，並列為印度兩大「論師」，是繼「龍樹菩薩」之後，「印度」最重要的「佛教論師」。

(三)「唯識學派」的主要理論

「唯識學派」是繼大乘「中觀學派」之後，「印度佛學」的主流與核心。

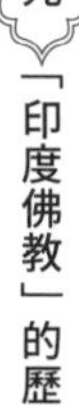

什麼是「唯識」？「唯」是「唯獨」，有「決定」的意義；「識」是「心識」，就是指我們日用平常的「心理活動」。

「識」卽「心」之本體，離「識」變現之外，無任何實在，稱爲「唯識」。卽認爲吾人「自己、心外之物、心諸現象」，皆由「八識」自體所變現之主觀（見分）與客觀（相分），又將「所認識對象」之「相似形狀」，視爲「心內之影像」所映現，而認爲「實在實有」，且作爲「認識對象」之「物境自體（本質）」，亦從第八識「阿賴耶識」中之「種子」變生，故「唯識」以外，無其他「實在」，稱爲「唯識無境」，或根據「萬有」從「識」所變之意義，而稱爲「唯識所變」。

「唯識學」說：「世間的一切，『唯獨』是這個『心識』所變現的，絕無離心識之境。『心識』是『萬事萬物』的『主宰』，『內心清淨』則『一切身心世界』就『清淨』；『內心染汙』則『一切身心世界』，也隨著『染汙』。所以，要修行佛法，去除『妄想執著』，達到『見性成佛』的目的，就要『淨化心識』，從根本的『心識』下手。」

可是，要「淨心」，得先要認識這個「心」，這樣才有下手處。那麼，我們的「心」是什麼樣子呢？這在「唯識學」上有很詳盡的闡述。

「唯識學派」可以稱之爲「佛教心理學」，因爲其對人們「心理」之分析，最爲透澈精闢，不僅在「佛法」上有其特殊的地位，卽在「學術界」中，也有其崇高的價值。

「唯識學派」又稱爲「瑜伽行派、唯識宗、唯識瑜伽行派、法相宗、應理圓實宗」，是「印度大乘佛教」的兩大主要學派之一，推尊「彌勒菩薩」爲始祖，到「無著、世親」時，正式建立「唯識學派」，主張「境空識有，萬法唯識」，以第八識「阿賴耶識」爲「萬法」所依，由「三自性」而成立「一切法」。

「唯識學派」的「修行方法」，是依「妄分別識」的「有」，遮遣「外境」的「非有」；再依「外境」的「非有」，了悟「識」也不可得，然後「境空心寂，契入眞如。」。

「唯識學派」的根本經典爲《瑜伽師地論》和《解深密經》，重要的「論師」還有「陳那、護法、安慧、法稱」等，「印度」的「那爛陀寺」一度是重要的根據地。

「唯識學派」後來分爲二派，一派和「如來藏學派」合流成爲「眞心派」，另一派爲「妄心派」。「唯識學派」傳入「中國」後，分爲三派：地論師（眞心派）、攝論師、唯識師（妄心派）。

「唯識學派」與「中觀學派」並列爲「大乘佛教」的理論基礎之一，在「漢傳佛教」的傳統「判教理論」中，「唯識學派」被稱爲「有宗」或「法相宗」，而「中觀學派」被稱爲「空宗」或「破相宗」。

「唯識學派」的發展歷史，最早起源於「瑜伽行派」。「瑜伽」意爲「相應」，即是在「禪定」修行中，心境相應，這原本是「印度教」的修行方法之一。根據《薄伽梵歌》的記載，「瑜伽」是一種「個人靈魂」與「宇宙靈魂」合一（梵我）的修行方法。在「古印度教」中，由《奧義書》與《薄伽梵歌》傳統，發展出「瑜伽派、勝論派」與「數論派」等。

「佛教」沿用「瑜伽」這個名詞，來作爲「禪定」或「止觀」的代名詞。所謂「瑜伽行」，就是修行種種「禪定觀行」，這個修行方法，最常被「上座部部派」用來修習「數息觀」與「不淨觀」。

修習種種「觀行」的「佛教僧侶」，被稱爲「瑜伽師」或「觀行師」，這些「瑜伽行者」，即是「唯識學派」的前身。

在「部派佛教時期」的「說一切有部」中，出現被稱爲「瑜伽師」的小流派，隨後出現了「瑜伽行派」。「瑜伽師」何時發展爲「瑜伽行派」，其歷史不明，「瑜伽行派」的主要學說，在《瑜伽師地論》出現後完成，《瑜伽師地論》因此被認爲是「瑜伽行派」的根本論。

傳統上認爲，《瑜伽師地論》的創始祖師爲「彌勒菩薩」，由傳「彌勒菩薩」傳給「無著」，由「無著」所寫成。「彌勒菩薩」也因此被尊爲「瑜伽行派」之祖。古代相傳，「無著」在「禪定」中上升「兜率天內院」，聽「彌勒菩薩」講學，回人世間後，寫成《瑜伽師地論》。

「瑜伽行派」的學說，貫通「部派佛教」與「大乘佛教」。《瑜伽師地論》中的〈本地分〉主要引用《雜阿含經》，〈聲聞地〉中討論了「部派佛教」的《阿毗達摩論典》，但是到了晚期加入的〈攝決擇分〉中，則引用了「大乘佛教」的《解深密經》。

「瑜伽行派」隨後爲「無著」繼承，「瑜伽行派學說」經「無著」及其弟弟「世親」整理及發揚後，成爲一個純粹「大乘」的宗派。「世親」將「唯識無境」作爲根本宗義。

此後，這個宗派開始被稱爲「唯識學派」，與「中觀學派」並舉，成爲「大乘佛教」中的兩大主流學派。

另外，在印度「那爛陀寺」中，屬於「瑜珈唯識派」的「護法、戒賢」等人，依據《解深密經》與《瑜伽師地論》等經典，建立「法相宗」；而屬於「中觀學派」的「清辯、智光」等人，建立「破

相宗」。「空宗、有宗」二宗，形成「那爛陀寺」中的兩大宗派，這個分類隨後傳入「中國」。

「唯識學派」的主要理論是「三性」，「三性」是「唯識學派」的重要主張，也是中國「法相宗」的根本教義。「唯識學派」的「主體思想」，卽是「唯識無境」，「三界萬法」皆由「有情」各自本具之第八識「阿賴耶識」所變現；亦卽「唯識學派」把「宇宙萬法」分爲三種性質，「釋迦牟尼佛」在許多「經典」中，都說提到「三性」。

「三性」是指一切「有情」，生命中的三種重要「法性」，此「三性」必須依第八識「阿賴耶識」爲前提，才能存在。「遍計所執性」爲因「執著」而產生的「幻象」，「依他起性」爲「自條件構成」的現象，「圓成實性」爲「絕對的眞實」。

「三性」謂一切存在之「本性」與「狀態（性相），從其「有無」或「假實」之立場分成三種，稱爲「三性」。

「三性」又稱作「三自性、三性相、三種自相、三相」等。此三者卽：「遍計所執性、依他起性、圓成實性」，三者略稱「遍依圓」，簡述如下：

①遍計所執性：又稱作「虛妄分別相、分別性」。對於無「實體」之存在，計執爲「實我」、「實法」而生起「妄執之心」，此爲「能遍計」；其被「識」所計度之「對境」，稱爲「所遍計」。換言之，由此「識」與「境」，而誤認心外有「實體」存在，稱爲「遍計所執性」。

②依他起性：又稱作「因緣相、依他性」。「他」卽指由「各種緣」，所生起之法。因爲是「緣合則生，緣盡則滅」之法，故如虛如幻，而非固定永遠不變之實在，故說「如幻假有」、「假

有實無」，然此並非「遍計所執」而有之迷情，而是藉「種種助緣」而生起者，亦即「離妄情而自存」之「理有情無」。

此性有「染分依他起性」與「淨分依他起性」之別，「染分」指「有漏的一切法」；「淨分」指「無漏有爲的一切法」。可是，「淨分依他」是從「遠離煩惱」之意義而言，「淨分依他起性」則包含在「圓成實性」中，故「染分依他」卽是「依他起性」。

③圓成實性：又稱作「第一義相、眞實相」。是「依他起性」的「眞實之體（眞如）」，乃遍滿一切法（圓滿）、不生不滅（成就）、體性眞實（眞實）者，故稱「圓成實」。「眞如」離「一切相（無相）」，「一切法之本體」悉皆眞實，故爲「眞空妙有」；又此性僅能由「覺悟眞理之智慧」而得知，故爲「理有情無」。

以上「三性」具有「不卽不離」之關係。

若以「蛇、繩、痲」三種東西來做比喻，則「愚人（能遍計）」於黑夜中看見「繩」，信以爲「眞蛇（實我相之遍計所執性）」，遂心生恐怖；後來經由「覺者（佛、菩薩）」教示，而知「非蛇（生空）」，僅爲「似蛇之繩（指依他起性之假有）」。而且，更進一步了解實際所執著之「繩（實法相之遍計所執性）」亦不具「實體」之意義（法空），其本質爲「痲（圓成實性）」；「繩（依他起性）」僅爲「因緣假合」，由「痲」製成之形態。

再舉個例子，三者的比喻爲看見「月亮」，認爲上面有「嫦娥」（遍計所執性）、「月亮」是由「太陽光」的反射才發光（依他起性）、「月亮」原本就是「圓的」（圓成實性）。

另外，說明「三性」之各別爲「無自性空」之道理，則稱爲「三無性」。「三無性」是以《解深密經》卷二之「一切法相品」爲根據而說者，爲印度「唯識學派」所主張，後來成爲中國「法相宗」的根本教義之一，亦爲「華嚴宗」等所採用。

「三無性」乃根據「佛之密意」所立，卽基於「三性之說」，又恐「衆生」執著「有」，故顯示「三性」各具「空義」。

「三無性」又稱作「三種無自性、三無自性、三種無性」等。三者卽：相無性、生無性、勝義無性。

根據《成唯識論》卷九，「三無性」卽：

①相無性：針對「遍計所執性」而立。「衆生」既於世間之相處處計著，執爲實有；爲除此「妄執」，遂立「相無性」，謂「一切法皆無自性」。

②生無性：針對「依他起性」而立。「萬法」乃從「衆緣」而生，爲虛假之存在（緣生），故其「性質」不定。而不若「佛教」以外之「學派」，或「凡夫」認爲是「自然生」，故亦無如彼等所執之「體性」，例如「幻化之事物」。

③勝義無性：針對「圓成實性」而立。「眞如」乃根本無「分別智」之對象（殊勝之眞理），故雖爲「一切存在」之「眞本質」，卻不受任何「特定之性質」所規定，已離「我執、法執」，猶如「虛空」一般。

「唯識學派」還有一些重要理論，例如「五位百法」。根據《百法明門論》，「唯識學派」對一

切「萬有諸法」進行的分類，簡稱「五位百法」。其分爲五類：「心法、心所法、色法、心不相應行法、無爲法」。共計有百種法，所以稱爲「五位百法」。

所謂「五位百法」，卽：

⑴心法（心王）：眼、耳、鼻、舌、身、意等六識，加上末那識、阿賴耶識，共計八種。

⑵心所有法（心所）：凡五十一種，概分爲：

①遍行：無善惡之性格而普遍現起於各場合之心，有作意、觸、受、想、思等五種。

②別境：有特定對象所引起之心，有欲、勝解、念、定、慧等五種。

③不定：由共同所起之心以分善惡，然其自體則無一定之性格，有悔、睡眠、尋、伺等四種。

④善：卽善心所，有信、慚、愧、無貪、無瞋、無癡、勤、輕安、不放逸、行捨、不害等十一種。

⑤根本煩惱：有貪、瞋、癡、慢、疑、惡見等六種。

⑥隨煩惱：上述煩惱與事相違時所應現而較輕之煩惱，有忿、恨、覆、惱、嫉、慳、誑、諂、害、憍、無慚、無愧、掉舉、惛沉、不信、懈怠、放逸、失念、散亂、不正知等二十種。

⑶色法：可變化，且有一定之空間，而與其他之物不能相容者，有眼、耳、鼻、舌、身等「五根，」與色、聲、香、味、觸等「五對境」，及意識對象之法處所攝色者，凡十一種。

⑷心不相應法：不存於以上所述各法之中，有得、命根、衆同分、異生性、無想定、滅盡定、無想報、名身、句身、文身、生、老、住、無常、流轉、定異、相應、勢速、次第、方、時、

數、和合性、不和合性等二十四種。

(5)無爲法：不假造作之法，有虛空、擇滅、非擇滅、不動滅、想受滅、眞如等六種。

上記「五位百法」中，除「無爲法」外，其餘四類均屬「有爲法」。其分類是根據大乘《百法明門論》、《成唯識論》等所立者，而與「諸論」之說略異。

「唯識學派」還有一個重要理論，就是「轉識成智」，這也是「唯識學派」修行的心法。「轉識成智」是轉「凡夫」「有漏的八識」成爲「佛的四智」，即轉第八識「阿賴耶識」爲「大圓鏡智」，轉第七識「末那識」爲「平等性智」，轉第六識「意識」爲「妙觀察智」，轉「前五識」爲「成所作智」。

依據《成唯識論》卷十記載：「『智』雖非『識』而『依識轉識』爲主，故說『轉識得』。又『有漏位智』劣識強，『無漏位中智』強識劣，爲勸『有情』『依智舍識』，故說『轉八識』而得『此四智』。」如是轉「有漏的八識」，成「無漏的四智」，稱爲「轉識得智」，又稱爲「轉識成智」。

「唯識學派」認爲，經過「特定的修行」，至「證得佛果」時，即可轉「有漏的八識」爲「無漏」，從而得到「四智（種智慧）」。即：

(1)轉「前五識（眼識、耳識、鼻識、舌識、身識）」得「成所作智」，此智爲欲利樂「諸有情」，故能於十方以「身、口、意」三業爲衆生行善。「成所作智」又稱作「作事智」，蓋「自證化他」之二利應作，故稱「所作」；「大悲」隨類應同之妙業必得成就，故稱「成」。

⑵轉第六識「意識」得「妙觀察智」，此智善觀「諸法」的「自相、共相」，無礙而轉，能依「衆生」不同的「根機」自在說法，斷一切「疑惑」，教化衆生。「妙觀察智」卽巧妙「觀察諸法」，而「自在說法」之智。

⑶轉第七識「末那識」得「平等性智」，此智觀「一切法」，「自己」和「他人」，悉皆平等。恆與「大慈悲」相應，隨「諸有情」所樂，示現「受用身土」，能平等普度一切衆生。「平等性智」又稱作「平等智」，指體悟「自己」和「他人」悉皆平等之智。卽轉第七識「末那識」所得之智慧，依「此智慧」而了知「一切事相」及「自己、他人」皆平等，乃生起「大慈悲心」。

⑷第八識「阿賴耶識」轉至「無漏」時，轉變爲「淸淨智」，得「大圓鏡智」，此智離「諸分別」，所攀緣「行相（指『心王』及『心所』所具有之『認識作用』或『所映現之影像狀態』。）」微細難知，不妄不愚，一切境相，性相淸淨，離諸雜染，如「大圓鏡」之光明，能遍映萬象，纖毫不遺。「大圓鏡智」卽指可如實「映現一切法」之「佛智」。此種「佛智」，如「大圓鏡」之可映現一切形像，「密教」稱爲「金剛智」。

「唯識學派」所依據的十一論是：《瑜伽師地論》、《顯揚聖教論》、《大乘莊嚴論》、《集量論》、《攝大乘論》、《十地經論》、《分別瑜伽論》、《觀所緣緣論》、《唯識二十頌》、《辨中邊論》、《阿毗達磨集論》，其中，以《瑜伽師地論》爲正依。

十一論當中，以《瑜伽師地論》最重要，簡稱《瑜伽論》。《瑜伽師地論》是「彌勒菩薩」講述，由「無著菩薩」記錄撰寫，是「唯識學派」的基本論書，亦爲「法相宗」最重要的典籍，更爲「中國佛教史」上的重要論書。

《瑜伽師地論》的內容，記錄作者「無著菩薩」，在「兜率天內院」聽聞「彌勒菩薩」說法之經過。其中，詳述「瑜伽行觀法」，主張「客觀對象」乃人類「根本心識」的第八識「阿賴耶識」所假現的現象，必須遠離「有與無、存在與非存在」等對立的觀念，才能悟入「中道」，爲研究「小乘佛教」與「大乘佛教」思想的一大寶庫。

由於《瑜伽師地論》廣釋「瑜伽師」所依所行之「十七地」，故又稱爲「十七地論」。又「十七地」之中，尤以「菩薩地」爲最重要。

《瑜伽師地論》的「漢譯本」有數種，以「玄奘」所翻譯之《瑜伽師地論》一百卷爲最著。全書分爲「五分」：

⑴本地分：廣說「瑜伽禪觀」境界「十七地」之義，內容可以歸納爲「境、行、果」三相。爲百卷中之前五十卷，乃本論之主體。

⑵攝決擇分：顯揚「十七地」之深義，爲其次之三十卷。

⑶攝釋分：解釋諸經之「儀則（法則）」，特別是《阿含經》的「說法」和「儀則」。初明說「法」應知的「五分」，次明解「經」的「六義」，爲卷八十一、卷八十二。

⑷攝異門分：闡釋經中所有諸法之「名義」差別，特別是《阿含經》所有「諸法」的「名義」和「差別」，爲卷八十三、卷八十四。

⑸攝事分：明釋「三藏」之要義，特別是《雜阿含經》等衆多「要義」，初「明契經事」，次「明調伏事」，後「明本母事」，爲最後之十六卷。

在「五分」當中，以《本地分》爲中心所在，「後四分」主要是解釋其中的義理。主旨爲揭示根本心識，第八識「阿賴耶識」總持眼耳等「六識」及所知「境界」的作用，「禪觀漸進」的各種「境界」及修習所得「果位」，借分析名相，斥「有無二見」，而使人悟入「中道」；其餘四分，只是《本地分》的補充說明。

《瑜伽師地論》可以說是最殊勝、全面性、有次第的介紹「佛法」，它是一部很詳細、很深入性「開示佛法」的論典，這部「根本論著」含蓋「三乘」理事圓融的修行次第，以此修行才能圓滿「菩薩道」五十二位階的修證。

《瑜伽師地論》內容的範圍，涵蓋「害怕生死轉迴、急於解脫出離三界」的「聲聞小乘佛法」、「緣覺的中乘佛法」，以及「不畏生死、行菩薩道上求下化」的「菩薩」，所修的「大乘佛法」。

因爲，「衆生」對於「修學佛法」的「發心、根器」不同，而有「三乘菩提」的差異。如此，對於「修習佛法」這件事，特別是在「佛菩提道」與「解脫道」這兩方面，更符合佛所說的「唯一佛乘」，而方便分析出「三乘菩提」的原理；符合佛所說的「正知正見」，能夠通達「修行」的終極道路。

九、「印度」的「現代佛教」

（一）「阿育王」之後的「印度佛教」

「印度佛教」的興衰，要從「阿育王時代」開始談起。前面有討論過「阿育王時代」的向外傳教情形，「阿育王」大弘佛法之後，三百年間，「佛教」在「中亞各國」建立許多弘揚「佛法」的根據地，更向東方發展，而傳到「中國」，流傳的地域非常廣大。

但是，在「印度」境內，「佛教」卻遭遇了厄運。「阿育王」逝世後不到五十年，「孔雀王朝」被「巽伽王朝」所代替。公元前一八五年，「孔雀王朝」的最後一任國君「堅車王」被手下將軍「華友」刺殺，「華友」受到「婆羅門教」國師的助力，而建立「巽伽王朝」，自立爲「巽伽王」。「巽伽王」因此信仰「婆羅門教」，而嚴厲地排斥「佛教」，毀壞塔寺，殺戮僧衆，使「印度佛教」一時陷於黑暗的時代。

不過，幸運的是「巽伽王朝」的統治權力僅限於「中印度」一帶，「排佛運動」並沒有波及到「西北印度」與「南印度」。因爲，當時的「西北印度」有「大夏國」，「南印度」有「案達羅國」。

當時，「佛教徒」大多避難於「西北印度」，也有逃到「南印度」的，因而促進了「西北印度佛教」的興盛，和「南印度佛教」的發展。

當時，統治「西北印度」的是「大夏國」希臘籍的「彌蘭陀王」，「彌蘭陀王」受了「那先比

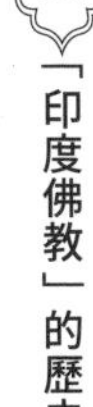

丘」的教化，歸依了「佛教」。「彌蘭陀王」的信奉「佛教」，是在與「那先比丘」的一番議論之後。

「佛教史」上著名的聖僧「那先比丘」與「彌蘭陀王」之間的智慧議論，收錄於北傳《那先比丘經》及南傳小部經典《彌蘭陀王問經》。這一部經在「佛教文學史」上極爲重要，「那先比丘」在回答「彌蘭陀王」的問題上，關於「緣起、無我、業報、輪迴、涅盤、善事」等「佛教基本教義」，均以各種善巧的譬喻說明，使「彌蘭陀王」歡喜地信服了「佛教」的眞理。

當時，「南印度佛教」的「佛法」盛行，因爲「阿育王」派到「南印度」去傳教的是「大衆部僧衆」，所以「大衆部學說」在「南印度」盛行，而爲興起於南方的「達羅維荼人」所接受，「達羅維荼人」在「南印度」建立的「案達羅國」。

公元前七十五年，統治「東印度」的「甘婆王朝」，推翻了「中印度」的「巽伽王朝」的末代君主「提婆菩提」。而「東印度」的「甘婆王朝」，最後於公元前二十八年，被「南印度」的「案達羅國」所滅，並且併吞其土地。

此後，「中印度」的「佛教」，因爲「案達羅國」信仰「佛教」而有了起色。因爲，當時「案達羅國王」信仰「佛教」，對「龍樹菩薩」十分尊重的緣故。

與「案達羅人」入主「中印度」的同時，「大月支人」滅了「西北印度」的「大夏王朝」而創立「貴霜王朝」。

「貴霜帝國」盛行於公元一世紀至三世紀，在「迦膩色伽一世」和其「承繼者」的統治之下達至鼎盛。「貴霜帝國」曾經擁有人口千萬，被認爲是當時「亞歐四大強國」之一，與「漢朝、羅馬、安息」三個同一時期的帝國並列。「西北印度」的「佛教」，則在西元二世紀的「迦膩色迦王」時期最爲興盛。

「迦膩色伽一世」是「貴霜帝國」最著名的君主，在護持「佛教」方面，他有「阿育王第二」的稱號。「迦膩色迦王」對「佛教」最大的貢獻，就是在他發起和護持下舉行了一次重要的結集。據說，在初期他也像「阿育王」那樣多所殺伐，後來得到「脅尊者」的教化，歸依「佛教」。

「脅尊者」又寫爲「脇尊者」，還稱爲「長老脇、勒（肋）比丘」，他是「印度佛教」著名出家僧侶，屬於「說一切有部」。傳說他是「馬鳴菩薩」的老師，其最著名的事蹟，是勸請「貴霜帝國」的「迦膩色伽一世」進行「第四次結集」。「禪宗」尊其爲「西方第十祖」。

「北傳佛教」記載，在佛滅六百餘年後（或佛滅四百年後），在「犍陀羅國」「貴霜王朝」的「迦膩色迦王」時期，以「迦膩色迦王」爲施主，由「脅尊者」發起，於「迦濕彌羅國」，選拔「五百比丘」結集「三藏」，造《毘婆沙論》。在不承認各部派在「阿育王時代」第三次結集的文獻中，將此次「結集」稱爲「第三次結集」。若承認「阿育王時代」的第三次結集，此次「結集」則爲「第四次結集」。

他爲什麼叫做「脅尊者」呢？原來，自從他少年出家之後，便一直勤於修行，堅持不懈，刻苦的程度超出了人們的想像。據說，他一生未曾「以脇（ㄒㄧㄝˊ，胸部兩側，由腋下至肋骨盡處的部位。亦指肋骨。）臥地」休息，除了遊行傳法之外，不曾解「跏趺坐姿」。人們推崇他的這種勇猛精神，便賜給他「脇尊者」的雅號。

「迦膩色迦王」對「佛教」發展的另外一個貢獻，就是由「中印度」羅致當時的「佛教」的大文學家「馬鳴菩薩」到「迦濕彌羅」，使「佛教文學」獲得輝煌的發達。從這些事實中，可以想見「佛教」在這個時代興盛的情況。

「貴霜帝國」時期，也是「佛教」開始發生重大變化的時間，由於皇家鼓勵「書面寫作」和「文字文學」，大量之前一直以「口誦傳承」的「經典」開始書面化，這爲「大乘佛教」的傳播打下基礎。

此時，「大乘佛教」的興起，成爲「佛教主流」。可是，「迦膩色伽王」對「佛教」採取「各派兼容」的政策。其中，「世友尊者」就是「說一切有部」的佛教學者，「馬鳴菩薩」則是「大乘佛教」學者，「佛教」從「貴霜帝國」傳入「中國」時，也是「說一切有部」和「大乘佛教」一同傳入。不過，總而言之，以後「大乘佛教」主要是從「北印度」傳入「中國」，再進而傳到「朝鮮」和「日本」，而「上座部佛教」則向南傳入「斯里蘭卡」，再而進入「東南亞諸國」。

「迦膩色迦王」所尊事的「馬鳴菩薩」是「大乘佛教」學者，這個時期可以說是，「大乘學說」經過長期醞釀而趨於成熟的時期，但是「大乘佛教」的大興，還有待於稍後一個時期的「龍樹菩薩」。

由於「貴霜帝國」，本身不是一個「高度集中統一」的政治實體，而是要靠著「經常的反覆征服」來維持。「迦膩色伽王」晚年時欲北進，可是國內人民已對「戰爭」無法容忍，相傳當他臥病在

床時，人們用棉被悶死了他。

「迦膩色伽王」死後，「貴霜帝國」實力大減，在公元二世紀時，「貴霜帝國」仍勉強維持統一。到了公元三世紀時，受到「薩珊王朝」的攻擊和「北印度」的地方勢力興起，而漸漸衰弱，最終「貴霜帝國」瓦解成若干小邦。現在的「印度賈特人」，就是「貴霜帝國」的後人。

「薩珊王朝」也稱「波斯第二帝國」，「薩珊王朝」取代被視爲西亞及歐洲兩大勢力之一的「安息帝國」，與「羅馬帝國」共存超過四百年，後來被「伊斯蘭教」滅亡。

「案達羅國」和「貴霜帝國」時期，「印度歷史」自此進入「南北朝時代」，直到西元四世紀「笈多王朝」崛起時，「印度」才再度統一。

三世紀以後，「貴霜帝國」逐漸衰落，「印度」的西北部和北部地區，分裂成許多小國。這些小國一部分被「笈多王朝」統一，另一部分則被「北疆」境外來的「嚈噠人（大月氏王寄多羅的後裔）」所滅。

「笈多王朝」大約出現在公元三二〇年到五四〇年，在「中印度」興建起來的，是以「恆河流域」中下游爲基地的大帝國，是「中世紀」統一「印度」的第一個封建王朝，被稱爲「印度的黃金時代」，疆域包括「印度」北部、中部及西部部分地區，首都爲華氏城（今巴特那），在「印度史」上是與「孔雀王朝」媲美的一個王朝。

「笈多王朝」著名的國王有：海護王「沙摩陀羅．笈多」及超日王「旃陀羅．笈多二世」。

「笈多王朝」的創始者是「月護王」「旃陀羅笈多一世」，公元四世紀初，「北印度」小國林

立，「月護王」占據「華氏城」，建立「笈多王朝」。

第二代「海護王」「沙摩陀羅．笈多」，他向海上發展勢力，遠至馬來半島、蘇門答臘和爪哇等地，都有他的使臣的足跡，遠及埃及諸地。隨著政治與經濟的興隆，當時「印度」的「文化學術」，也呈現著燦爛的光彩。最後統一了「五印度（東印度、西印度、南印度、北印度和中印度）」，國勢大盛。

第三代「超日王」「旃陀羅．笈多二世」時期，「北印度」盡入「笈多王朝」版圖，「笈多王朝」至此達到鼎盛時期。

四世紀的梵語詩人「迦梨陀娑」認爲，「笈多王朝」打敗了約二十一個王國，有在「印度」境內的，也有在其他地區的，這些王國包括「塞族王國、胡那人、柬埔寨、在阿姆河谷東西的部族、緊那羅王國、吉羅陀人」等。

「笈多王朝時代」的「佛像雕刻」，被認爲是「印度」歷代雕刻中，最完美的作品。其他藝術、文學方面，也都有很高的成就。

中國「法顯法師」五世紀初，西遊「印度」時，正是「海護王」在位時期，在他的《佛國記》中，曾記載他當時見聞的盛況。

「笈多王朝」時期，「大乘佛教」盛行，「婆羅門教」興起。

「佛教」在這時期，也有了重要的建樹，出了不少大學者，其中「無著」和「世親」兩兄弟，是最爲特出的人物，他們就是「瑜伽系（唯識學）」的創立者。「大乘佛教」的中心「那爛陀寺」，成爲「印度」中世紀前期的宗教和學術文化中心。

「眞諦」翻譯的《婆藪盤豆傳》中說到，「世親菩薩」很得「正勤日王」和「新日王」兩代的信仰，特別是「新日王」跟「世親菩薩」受過戒，「正勤日王」的「妃子」，隨「世親菩薩」出了家，後來「新日王」和他「母親」，又請「世親薩」常住於「阿逾陀」。

另外，信仰「婆羅門教」的「毗濕奴、濕婆」和「梵天」等三大主神的三大教派，也廣泛流行。「笈多」諸王雖然都信奉「婆羅門教」，但是爲了緩和民族及教派之間的矛盾，採取「宗教兼容政策」，放任各派宗教自由發展。

「超日王」之子「鳩摩羅．笈多一世」在位期間，國內矛盾激發，但是帝國人口達到峰值三千二百五十萬。「訥爾默達河」流域的「普士亞密多羅人」叛亂，國王派太子「塞建陀．笈多」率軍鎮壓，幾乎被擊敗，戰爭間，「鳩摩羅．笈多一世」逝世，太子「塞建陀．笈多」繼位，並成功鎭壓叛亂。未幾，「嚈噠人（大月氏王寄多羅的後裔）」來襲，「塞建陀．笈多」再度率兵擊退敵人。

「塞建陀．笈多」死後，「內部分化」及「外敵入侵」更盛，當時「嚈噠人」滅了「印度河」上游殘餘的「貴霜的國」勢力，「嚈噠國王」「頭羅曼」以「犍陀羅」爲據點，大舉入侵「印度」，「笈多王朝」的地方統治者，反而與「嚈噠人」結盟，「嚈噠人」在公元五百年前後，進占「朱木拿河」及「恆河」流域。

公元五一七年，「頭羅曼」出征回朝中死去，其子「大族王」「摩醯邏矩羅」繼位，於公元五三一年，再度入侵「印度」。但是，在公元五三三年，被「摩臘婆」的「耶輸陀曼」和「笈多王朝」的國王擊敗，退至「印度河」以西地區，導致「嚈噠人」對「印度」的統治瓦解。

公元五五七年，「波斯」的「埃蘭沙赫爾」與「突厥汗國」的聯合下，更滅了「嚈噠國」。「嚈噠國」的入侵對「印度」的「經濟政治」造成嚴重的毀壞，「笈多王朝」的地方長官自我稱王，「笈多王朝」滅亡，「印度」又再次分成小國。

從「七世紀」中葉開始，便有信奉「伊斯蘭教」的「突厥族」，由「中亞細亞」侵入「印度」的西北部。

到了「十世紀」後半期，「突厥族」逐漸進展到「五河地區」，並向內地侵略。所到之處，「印度」原有的宗教，都遭受到破壞。到「十一世紀」的「波羅王朝」末期和繼起的「斯那王朝」時期，侵略勢力漸達「東印度」各地。

「佛教」的「上師們」星散避難，大多經歷「尼泊爾、迦濕彌羅」等地來到「西藏」。最後，「斯那王朝」的王室，也改變了信仰，「超巖寺」等重要學府先後被毀，留存的「僧人」寥寥無幾。

於是，「佛教」的殘餘勢力，不久便絕跡於「印度本土」，這大約是在公元「十二世紀」末葉的時候。

(二)「印度佛教」的滅亡原因

①「佛教」過於依賴「權貴」的支持：

「佛教」的發展，過於依賴「權貴」的支持，「阿育王、迦膩色伽王」以權力強制推行「佛教」，使「佛教」達到發展興盛。「佛教」依靠城市，寄生生存，一旦失去了「帝王」的庇護，「佛教」的地位，就一落千丈。

②「佛教」的「吠陀化」：

「佛教」本來是以「反吠陀文化」而創始，最後卻以「融入吠陀文化」而滅亡。

爲了吸引「信衆」，「大乘佛法」吸收了「印度教」的諸多「教義」與「傳說」。最後，卻因爲「佛教」與「印度教」的界限越來越模糊，失去「核心教義」，「佛教」反被「印度教」吸納，成爲「印度教」的附屬。

③「比丘」學問的退墮：

「佛教僧團」能夠受人尊敬，都有賴於組成「僧團」中心的「知識分子」。但是，在公元七、八世紀的時候，從這些「佛教學術中心」出來的「比丘」，都不博學，都在非佛教的「作家」和「辯論家」的辯論攻擊下，敗下陣來。

「辯論失敗」是「印度人」生活中的嚴重事件，可以引起一個「宗教、教派」和「論師」的衰亡。由於「僧伽（大衆；指出家團體）」的懈怠，或由於「僧伽（僧團）」不能夠吸收最好的「知識分子」，「佛教」的「學術中心」，逐漸失去君王和國人的信仰。

④「佛教僧團」日漸腐化：

「佛教」成爲「印度國教」之後，到處建立「寺廟」，「寺院經濟」迅速壯大。由於數百年來「王室」的推崇，一部分「僧侶」不願再乞食、苦行，而向民衆宣稱，「捐獻財物」可以「換取功德」。「僧侶」放棄苦行，貪圖安逸，再加上「戒律」鬆懈，滋生了「貪圖安逸」的風氣。「僧團」自身的腐化，使得民眾敬而遠之。

「佛教」後期的「僧人」不諳「佛事」，卻精於「聚斂錢財」，以至不擇手段，正如「玄奘」所寫「欲見如來頂骨者，稅一金錢。若取印者，稅五金錢。」。再加上「派系」對立嚴重，互相攻擊，弄得名聲狼藉。

「佛教僧人」的「現實狀況」與「宗教教義」的脫節越來越大，群眾把自己珍貴的情感逐漸轉移到革新的「印度教」上去，「佛教」出家的「僧尼」銳減，信奉的人也日益減少。

⑤「印度」的「種姓制度」：

「印度」是一個「種姓階級」的社會，「社會秩序」嚴密，各人各有自己的定位，不容超越，整個「社會機器」也就得以順利運轉。這種不平等的「社會制度」，在今日看來，簡直匪夷所思，甚至非常不合理、不合乎人性，但是在民智不發達、交通不便的古代社會，卻是安定社會的最大力量。每一個人從出生到老死，都有既定的社會角色，根本不必為自己的前途而煩惱。

雖然「釋迦牟尼佛」反對「婆羅門教」的「種姓制度」，但是他沒有為「印度社會」提供另一套可行、可替代的健全制度，導致「印度人民」仍然遵循「婆羅門教」的「種姓制度」。

「佛教」是反對「種姓制度」的，它想要人人平等，「佛教」的「眾生平等理論」，在今日是正確的事情。但是，在當時的社會，卻是一種「異端邪說」，一般老百姓的智慧，根本還不足以接受「眾生平等理論」，更何況屬於「既得利益者」的「婆羅門」和「剎帝利（戰士和統治者）」階級，

必然誓死抵制。所以，「佛教」始終無法在「印度」的人民群衆中向下紮根。

⑥「印度密宗」的興起：

「印度佛教」在初期和「梵文佛典」中，都有「咒語」或「陀羅尼」，這是「印度密宗」興起的前兆。「印度密宗」的作品出現於公元四到八世紀，「印度密宗」本來是一種「禪定哲學」，在「修習禪定」的時侯，要利用「手印、坐姿、咒語」來輔助「集中意識」。

但是，「印度密宗」的修持法，被許多「宗教騙子」挪用了，因而「印度密宗」走向頽廢，毀滅原本高尚的教義，也成爲「印度佛教」滅亡的原因之一。

例如：「超巖寺」是「印度密宗」專門的道場，所說的多半是「左道派」。「左道派」是由「印度教性力派」衍變而來，以「淫欲卽是道」，提倡「男女雙修法門」，含有很多卑俗低級的成分。

在「印度密宗」中，稱爲「金剛乘、大樂乘」的修道法門，都爲「左道派」，「左道派」有許多行徑，是呈現出頽廢與靡爛的。

「印度密宗」興起之後，使得「佛教」趨向於「婆羅門教化」，最終被「婆羅門教」所融合兼納。

西元一二〇三年，「伊斯蘭教」的將軍「巴古代那・克里基」焚毀了「超巖寺」，迫害殺戮所有的「佛教徒」，殘餘的「佛教徒」，有些遁隱、還俗，有些逃到「尼泊爾」等邊境，從此「佛教」的形蹤消失。

⑦「鳩摩利羅」和「商羯羅」辯倒「佛教高僧」：

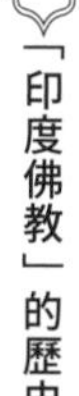

在「印度歷史」上，「印度教」連續出現「鳩摩利羅」和「商羯羅」兩位大思想家，論戰中擊敗「佛教高僧」。導致「佛教」大量的「寺院」和「信徒」改宗，甚至絕跡。時間就在唐朝「玄奘大師」在「那爛陀寺」留學歸國後，五十年內發生。

在西元八世紀，「印度教」的奇才「商羯羅」以及「鳩摩利羅」公開舌戰「佛教高僧」，不只是打得「佛教群僧」兵敗如山倒，而且許多「寺廟」，因此被國家沒收，賜給「印度教」改爲「印度教廟宇」，許多「佛教僧侶」不是四處流亡，就是隱藏身分，而衆多「佛教徒」卻因此改宗，又變成了「印度教徒」。這可以說是，在「印度」，「佛教」的「基本教義」和「精神層面」的滅亡。

「鳩摩利羅」是「印度教」「彌曼差派」的學者，他從正統「婆羅門主義」的立場，致力排擊那些不承認《吠陀》權威的思想，特別是「佛教」。爲了對抗「瑜伽行唯識學派」「世親論師」的門徒「陳那」的佛教論理學，他曾經鑽研「直接知」與「推理」的定義，並借用「佛教論理學」，而將「直接知」分類爲「無分別知」與「有分別知」，並稱「無分別」的「直接知」爲「直觀」體系。

「鳩摩利羅」登門挑戰，讓「佛教」的最高學府「那爛陀寺」，從「公開講學」，變爲「閉門授課」。從「顯宗」，變成「密宗」。

「商羯羅」是「印度」中世紀最大的「經院哲學家」，「吠檀多不二論」的著名理論家，屬於「婆羅門」種姓。

「商羯羅」少年時，隨「印度」著名的「吠檀多不二論」者「喬奈波陀」的弟子「喬頻陀」，學習「婆羅門」的經典。以後遍遊「印度」各地，在「貝納勒斯」曾與其他「哲學派別」進行辯論。在

「印度」的四個方位建立了「四大修道院」。

「不二吠檀多」最爲關切的問題是對「梵」的探究，由於人們的「無明」和「對客觀存在的誤解」，因此對「梵」也有「妄執偏見」。「不二論」最關切的就是「怎樣除去無明，得到正智。」

「商羯羅」吸收了「佛教」中的許多「哲學因素」，將過去「神學理論」發展不足的「婆羅門教」，改造爲「神學理論」比較發達的「印度教」，他的「純粹不二論」，實際上就是「一神論」的主張，這也使「印度教」容易接受「伊斯蘭教」的「一神論」。

「滅佛者」「商羯羅」死時很年輕，才三十二歲。但是，他給「佛教理論」的打擊是致命的。「商羯羅」把「梵天」一分爲二，「上梵」和「下梵」。「商羯羅」認爲「佛教」認識到的「梵」，只是「下梵」。所以，談空說幻。而「上梵」是眞實不虛，「凡人」難以認識的。所以，「商羯羅」認爲「釋迦牟尼佛」並沒有「覺悟」。

「商羯羅」的理論，很有「包容力」，可以相容所有「佛教理論」於「下梵」範圍之內。等於「佛教」所有的「空、中觀、八識」等觀點，他都可以借用，也可以批判。而「上梵理論」又壓住「下梵」。「印度」多元宗教的包容力，對「佛教」來說，是毀滅性的。

「商羯羅」以雄辯的口才，在論戰中擊敗「佛教高僧」，把「佛教大師」一個個辯的啞口無言，讓「佛教」的最高學府「那爛陀寺」，從公開講學變爲閉門授課。最後，「商羯羅」改良後的「印度教」，獲得空前的成功，一時「印度教」風起雲湧，很快占據了幾乎整個「印度」。而「佛教」則從此一蹶不振，幾近消失。

事實上，「商羯羅」以「思辨義理」取勝，當然還在「大腦的層次」。「商羯羅」是「大哲學家」，是「大雄辯家」，自己把「梵天」一分爲二，創造「上梵」和「下梵」之說，辯倒了當時的「佛教高僧」。但是，「商羯羅」根本沒有解脫，他只是在意識上的雄辯，辯倒了當時的「佛教高僧」。

那爲什麼這些「佛教高僧」會被辯倒，導致印度佛教衰亡的浩劫呢？因爲，當時這些「佛教高僧」，都還沒有「悟道」，都只是在「語言文字」上辯解。

一個「悟道」的修行人，「般若智慧」大開，轉有漏的第六識「意識」得到的無漏的「妙觀察智」，這個智善於觀察「一切諸法」的「自相」及「共相」，無礙自在，斷世間一切疑惑。

其實，「辯論的內容」是什麼？是「知識」，是對「知識」的執著。「眞理、實相」是超越了「知識」和「大腦」的。「辯論」是「大腦」的熱愛和運行，而「開悟」是超越「大腦」的，不在「大腦層次」的。

「佛教」的「核心宗旨」是「覺悟、悟道、悟自性」，是以追求「覺悟」爲根本目的。結果，「佛教」在印度「辯論教義風氣」盛行的環境下，就從追求「覺悟」，變成了追求輸贏的「佛法知識辯論賽」。把超越「大腦」的「般若智慧」，變成了一堆「證明自我的語言文字」，「強大自我」的工具。打造了一個新的「牢房」，用「佛法知識」搭建的「佛法牢房」。

所以，「商羯羅」能夠將「佛教」趕出了「印度」，究其根本原因，是因爲當時的「佛教」內部，沒有眞正「悟道」之人所導致，而不是「佛法」不正確，敗給「印度教」的教義。

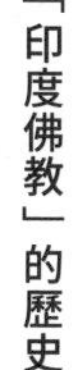

⑧「伊斯蘭教」的迫害：

信仰「伊斯蘭教」的「突厥人」入侵「印度」，對「印度佛教」的迫害，是「印度佛教」在「印度本土」消失的主要原因。

十二世紀末，西北部的「伊斯蘭」軍隊，不斷侵襲偏安於「印度東部」的「佛教」，所到之處屠僧毀寺。到了十三世紀初，「印度佛教」的「三大寺廟」遭到摧毀，被視爲「印度佛教」滅亡的標誌，然而「佛教」在「印度東部」，還殘存了約一個世紀，此後便是「佛教」的「空白時期」。

「伊斯蘭教」主張「聖戰」，任何「異教徒」如不改信「伊斯蘭教」，即行殺戮。當「伊斯蘭教徒」到達一個「城市」的時候，他們包圍了它，攻擊它，這個「城市」立即陷於慘境。「伊斯蘭教徒」攻入「城市」，禁止人民崇拜「偶像（佛陀的塑像）」，「偶像」都被「伊斯蘭教」教徒焚撓了。

被「伊斯蘭教徒」占領處，「伊斯蘭教」被立爲「國教」，強迫百姓信仰。「佛教」的「僧侶、學者、信徒」紛紛逃往「尼泊爾」和別的國家。當僅存的佛教中心「超巖寺」毀於戰火之中，等同宣告「佛教」在「印度本土」裡消失了。

其實，「伊斯蘭教」早在公元八世紀就已傳入「印度」，當時「阿拉伯帝國」占領了「印度」西部的「信德地區」，並以此爲基地向「印度」內陸滲透。但是，「伊斯蘭教」大規模傳入「印度」，是從「突厥人」開始的。

公元十一世紀，已經接受「伊斯蘭教」的「突厥人」入侵「北印度」，當時「北印度」已經長期分裂，小國林立，在曠日持久的戰爭中耗盡了國力，也使人民蒙受深重的災難。

「突厥人」在「印度」的侵略行爲，他們大肆燒殺搶掠，摧毀「佛教寺院」和「印度教廟宇」，強迫「異教徒」接受「伊斯蘭教」。

當時，「印度」各地的「宗教信仰」情況，大部分國家都支持「印度教」，只有「孟加拉」的「統治者」還推崇「佛教」。「佛教」失去了來自「上層的保護」；而在「民間」，「佛教」要麼被「印度教」驅逐，要麼與「印度教」融合，失去了自己原有的教義。

所以，當時的「佛教」既無「下層根基」，又無「上層支援」，在「伊斯蘭教」面前，又缺乏最起碼的「自衛能力」。而「佛教」的「非暴力教義」，也使得「佛教徒」不可能自己拿起武器來反抗「突厥人」的入侵。

公元一二〇二年，「突厥人」攻入「比哈爾邦」和「孟加拉」，「印度」最後殘存的佛教大寺「飛行寺、那爛陀寺」和「超巖寺」都被洗劫一空。許多「佛教學僧」，要麼被殺，要麼帶著「佛典」逃亡別國，在「印度」傳承一千七百多年的佛教，正式滅亡。

「讀者們」會不會覺得奇怪，「印度」除了「佛教」之外，不是還有「印度教」嗎？「佛教」和「印度教」同時受到了嚴重打擊，但是爲什麼「印度教」能夠不被連根拔除，甚至經過調整和反抗之後，與「穆斯林征服者」妥協，並且繼續生存發展；而「佛教」卻無法倖免於難，最終在「印度」消失呢？

這是因爲「印度教」比較有「彈性」，無所不可。其實，根據「歷史學者」的研究，認爲「印度

佛教」從來不曾取代過「婆羅門教」的地位，卽使像「阿育王、迦膩色迦王」，以「國家的力量」支持「佛教」，但是「婆羅門教」仍在「民間」具有相當的勢力。

「佛教」崇尚「寬容」，未曾壓迫過其他的宗教，甚至在後期也採納其他宗教的精神和教理，因而喪失「佛教」本來的固有宗旨。因此，「婆羅門教」能夠翻身爲「印度教」來復興，而「佛教」卻變成「印度教化」，遇到「伊斯蘭教」一迫害，「佛教」就整個消聲匿跡了。

當「印度教徒」與「突厥人」堅持對抗；當「印度教群衆」此起彼落的「起義」；當「印度教」依靠「上層王公」和「下層平民」的「武裝組織」對抗「突厥人」，使「穆斯林統治者」不得不放寬「宗教政策」，被迫向「印度教」做出讓步時，「佛教徒」卻沒有任何的反抗，只有少數「僧侶」遠走國外，保存了一些古代「印度佛教經典」。

許多「印度教神廟」和「佛教寺院」，都在「突厥人」劫掠一空後被焚燒，並且在其原址上建立起「清眞寺」。

但是，這種燒殺搶掠，對「佛教」的打擊更大，因爲「佛教」主要集中在「北印度」和「東印度」的少數繁華地區。「突厥人」只要占領這些地區，就可以徹底摧毀「佛教寺院」，消滅「佛教徒」；而「印度教神廟」則遍佈於「印度」各地，從「大城市」到「小村莊」無處不在，「突厥人」無法控制「印度」的每一個城市和鄉村，自然也就無法根除「印度教」。

「印度教」在「民間的根基」和「在上層得到的支持」，遠非「佛教」可比，「穆斯林徵服者」很快就發現，要消滅「印度教」是不可能的。

因此，「穆斯林統治者」對「印度教徒」採取了一定的「寬容措施」，改變了開始時的「殘暴政策」，從「強迫改信伊斯蘭教」改爲對「印度教徒」徵收「人丁稅」。

反觀「佛教」，「佛教」主張「和平、戒殺、反暴力」，剛好成爲「伊斯蘭教徒」殺害的對象。再加上當時的「佛教」，太過於「哲學化」，它的傳統中心是在各「佛教大學」，而不在「民間百姓」之中。當「佛教大學」被毀，它的傳統力量也就破滅了。

我們總觀「伊斯蘭教」向「中亞、南亞、東南亞」擴張的歷史，可以說就是一部「蠶食打擊佛教」的歷史。

西元八世紀起，「阿拉伯帝國」的勢力範圍擴張到「中亞」，「中亞」大部分「佛教國家」和「遊牧部落」都皈依了「伊斯蘭教」。

公元九到十三世紀，「阿拉伯人、突厥人」前仆後繼地入侵「北印度」，最終導致「佛教」在「印度」的絕跡。

到了西元十五世紀，「東印度群島（今印尼）、馬來亞」的「穆斯林國家」又通過武力徵服，將「佛教」和「印度教」趕出這一個地區，在「東南亞」建構了一個「伊斯蘭文化圈」。在與「伊斯蘭教」的對抗過程中，「佛教」因爲「戒殺」的教義，都會遭遇失敗。

總之，如果不是佛教過於依賴「權貴」的支持；如果不是「印度密宗」的興起；如果不是「佛教」的「吠陀化」；如果不是「比丘」學問的退墮；如果不是「佛教僧團」日漸腐化；如果不是「印度」的「種姓制度」；如果不是「鳩摩利羅」和「商羯羅」辯倒「佛教高僧」，佛教是不會在這麼短

的時間內滅亡的，「穆斯林征服者」只是給了「佛教」最後的致命一擊。

(三)「印度佛教」的復興

今天「印度本土」的「佛教」，是公元十九世紀後期，才由「斯里蘭卡」重新傳入的。在此之前的七百年中，「印度本土」沒有「佛教」。

公元十二至第二十世紀初期，「佛教」消失於「印度本土」，卻持續活動於周邊地區。公元十九世紀開始，因爲許多「印度」周邊國家和地區的「僧侶」和「佛教徒」的努力，「佛教」在「印度本土」開啟了復興大門。

下面介紹三位，最重要的現代「印度佛教」的「復興先鋒者」。

第一位「佛教復興先鋒者」是「印度籍」的「阿馬爾．辛格（Amar Singh）」，他是「印度」「比哈爾省」「伽格帝斯浦爾（Jagadishpur）地區」首長「昆瓦爾．辛格（Kunwar Singh）」的兄弟。「阿馬爾」不但是第一批參加「印度獨立運動」的英雄，也是積極參與「佛教復興」的一位先鋒。

公元一八五七年，「印度獨立運動」失敗後，「阿馬爾」逃到「斯里蘭卡」的一座「寺院」避難。在公元一八九〇年，他在「那耶克法師」座下受戒爲「比丘」，法號「大雄」。他先在「斯里蘭卡」學習「巴利語」和「佛教義理」，然後再到「緬甸」接受「佛教禪修訓練」。

公元一八九一年，「阿馬爾」從「緬甸」回到「印度」，定居於「釋迦牟尼佛」涅槃之地「拘尸那迦」，並在那裡成立了現代「印度」第一個宣揚「佛教」的組織，這是「佛教復興」的第一道曙光。

第二位「佛教復興先鋒者」是「斯里蘭卡籍」的「達摩波羅（Anagarik Dhammapala）」，被稱爲「法護法師」或「法護尊者」，他是「斯里蘭卡」「僧伽羅人」，是「非暴力僧伽羅佛教」民族主義的奠基人之一，也是領導「斯里蘭卡」獨立運動，反對「英國」統治的主要人物。「達摩波羅」不僅致力於「斯里蘭卡」的「佛教復興」，還使得「印度佛教」在滅絕了數個世紀之後，得以恢復。

「達摩波羅」於公元一八九一年，從「斯里蘭卡」的「科倫坡」來到「印度」。在同年一月二十二日到「釋迦牟尼佛」的「悟道成佛處」「菩提伽耶（Bodha Gaya）」朝聖。當他看到這裡破敗蕭條的景象，他堅定了「復興印度佛教」的心願。此後，他輾轉斡旋，請求「錫蘭、緬甸」和「印度」的「僧人」幫助重建「菩提伽耶」的「僧團」。

當「達摩波羅」五月回到「斯里蘭卡」之後，立刻在五月三十一日成立「菩提伽耶摩訶菩提協會（Buddha Gaya Maha-Bodhi Society）」，爲「現代印度佛教復興運動」的基地。這個「協會」的「總部」設立在「科倫坡」的「智增學院（Vidyodaya Parivena）」。學院的大和尚，也就是「達摩波羅」的精神導師「蘇曼伽羅比丘（Hikkaduwe Siri Sumangala Nayaka）」，爲「協會」的第一位「終身主席」。

這個「協會」的宗旨，是出版「佛教」的英文和印度語文獻、建立佛教寺院、成立佛學院，以及設法從把持「菩提伽耶」的「印度教濕婆派」的手中，贖回「了摩訶菩提寺」的管理權。他也在印度

各地成立「摩訶菩提協會」分會來宣揚「佛教」。

「達摩波羅」根據「協會」的宗旨，在公元一八九二年五月，開始發行《摩訶菩提期刊》（Maha Bodhi Journal）。他自稱「法護」，因此人們稱他爲「出家人法護」。

公元一八九三年七月，「達摩波羅」奔赴美國「芝加哥」，參加「世界宗教會議」，在會議上演講，引起了轟動。「紐約」哲學專業學生C.T.Struss，受其影響皈依「佛教」，成爲美國第一名「佛教徒」。

公元一九二九年，在全球爲復興佛教奔走呼告的「達摩波羅」，因勞累致使胃病和心臟病病發。

公元一九三一年，「達摩波羅」正式依止Boruggamuwe Rewata長老受戒，出家爲「比丘僧」，法名「提婆彌陀．達摩波羅（Devamitta Dhammapāla，吉祥天．法護）」。

公元一九三三年，四月二十九日，「達摩波羅」在祥和寧靜中，因病示寂，世壽七十歲，他的「骨灰舍利」，被安放在「鹿野苑」的「根本香舍寺」。

第三位「佛教復興先鋒者」是「印度籍」的「安貝德卡」，他是「印度」的「法學家、經濟學家、政治家」和「社會改革家」，啟發了達利特佛教運動，並反對各界對達利特人的社會歧視。他是獨立後第一位印度法律和司法部長，也是印度憲法的首席設計師。

「安貝德卡」獲得了「哥倫比亞大學」和「倫敦經濟學院」的「經濟學博士」學位，其在「法律、經濟學」和「政治學」方面的研究，亦獲得了學者的聲譽。在「早期的生涯」中，他是「經濟學家、教授」和「律師」，到了「後期生涯」，則致力於「政治活動」，參與了「印度獨立運動」並進行競選和談判，並出版了期刊，爲「達利特人」倡導「政治權利」和「社會自由」，亦爲建立「印度共和國」做出了重要貢獻。

「安貝德卡」的家庭，屬於「賤民種姓」，所以受到歧視。他的「父親」曾經在「英屬印度軍隊」服役，作爲「印度教徒」，他在父親的鼓勵下，閱讀「印度教經典」。

儘管，因爲是「賤民」而受到歧視，但是「安貝德卡」的「父親」，仍用自己在軍隊中的關係，使孩子們進入「政府學校」學習。

雖然「安貝德卡」能夠上學，但是包括他在內的「賤民兒童」，都被與其他同學隔離，「老師」也很少關心他們。他們被禁止坐在教室，他們被要求坐在一個「麻袋」上，下課後他必須將「麻袋」帶回家，以免「汙染」其他種姓的兒童。

當今的「印度社會」，仍然有難以撼動的「種姓制度」。大約距今三千五百年，「雅利安人」入侵「印度」，征服原住民，成了「高階種姓」，「被征服者」成爲「低階種姓」。「種姓」指的是「在社群內嚴格的社會階級體系」，其來源可溯自「婆羅門教」經典的宗教神話。

在《梨俱吠陀》中，有一篇〈原人歌〉，提出了「原人」的概念。「原人」可翻譯爲「神我、內在我」，它既是宇宙之「至大」，也是「至小」，故有「至大無外、至小無內」的說法。

到了公元前二世紀起，出現的《摩奴法論》與《瞿曇法經》，正式把「四種種姓」記載於書中，亦由「原人」的概念建構而來。它說：「婆羅門」由「原人的口中」出生、「剎帝利」由「原人的雙臂」出生、「吠舍」由「原人的腿部」出生、「首陀羅」由「原人的腳中」出生。至於「達利特（俗

稱賤民）」，則被排除在「原人」的身體之外。

由於中文翻譯「賤民」，帶有「歧視」意味，「學術界」呼籲不要再使用，寧可直譯「達利特」或說「不可觸者」。

「四種種姓」簡述如下：

①最高階的「婆羅門」：如國王、貴族、僧侶等。他們享有許多特權。

②第二階的「剎帝利」：如軍人、武士。

③第三階的「吠舍」：如商人、平民或從事農耕畜牧者。

④第四階的「首陀羅」：出身卑微、靠勞力維生，奴僕之屬。

排除在「原人」身體之外的「達利特（不可觸者、賤民）」，大多屬於罪犯、戰俘或是「跨種姓婚姻者」。他們擔任鋤糞、扛屍、屠宰、接生等工作，禁止與其他階級的人一起喝水、洗衣、進食、身體碰觸，故「西方人」更精準地翻譯成「不可觸族（Untouchables）」，因為一旦碰觸了，「不潔」與「厄運」會隨之上身。

這是一種「家族世襲、職業分工、充滿宿命、以血統論優劣」的制度，一出生即決定了你的貧富貴賤，幾乎難以翻身。這種觀念是當初位居最上層的「婆羅門」首創，主宰了「印度文化」三千多年，再由現在的「印度教」承襲。即使「佛教」與「耆那教」反對這種「種姓制度」，印度國父「甘地」也大聲疾呼，甚至《印度憲法》第四十七條法律條文，明令廢除「不可觸族」，「種姓制度」的觀念，仍然在民間不可撼動。

「安貝德卡」就是在這種環境下，長大的「不可觸族」。幸好他的「父親」曾經在「英屬印度軍隊」服役，所以享有較好的待遇，讓孩子可以接受教育。

「安貝德卡」於「孟買大學」畢業後赴國內、國外繼續攻讀，十年之內竟然得到四個「博士學位」。「安貝德卡」畢業之後，除了是「大學教授」，他還是「印度」獨立之後，第一位司「法部長」，也是《印度憲法》的設計者。但是，他一路走來，受到的「歧視」與「霸凌」從沒少過。

「安貝德卡」徹底覺醒「種姓制度」是個禍源，於是轉向「社會改革」。首先在公元一九二七年十二月二十五日，他率領上萬人，公開焚燒了「印度教」的《摩奴法典》，正式向「印度教」宣戰。

當時，「印度佛教」早於公元一二〇三年，因爲「伊斯蘭教」入侵而滅亡。但是，公元一九五一年起，「安貝德卡」陸續編寫了《成佛之道（Buddha Upasana Patha）》與《佛陀及其正法（The Buddha and His Dharma）》等書，徹底改信仰「佛教」。原因無他，因爲「佛教」講求「四眾平等（僧、俗、男、女）」，這是合乎「安貝德卡」的「社會改革」理念。

公元一九五六年十月十四、十五兩日，「安貝德卡」號召「全印度」的「不可觸族」集合至「龍城（Nagpur）」，一起參加放棄「印度教」信仰，而歸依「佛教」的「皈依大典」，參加人數高達五十萬人，寫下驚人的歷史新頁。

不過，就在「皈依大典」舉行後，不到七個星期，「安貝德卡」因爲積勞成疾而逝世，享年六十五歲，震驚各界。

雖然「安貝德卡」突然逝世，但是「改信仰佛教運動」不但沒有停止，反而掀起了澎湃浪潮，向

「印度」全國各地發展，成千成萬的人相率歸依「佛教」。

根據公元一九六二年五月《世界佛教》雜誌的報導，「印度」七千萬「不可觸種姓」人民中，已經有二千萬人改信仰「佛教」。而且，這個「改信仰佛教運動」，目前還在繼續發展中。

當前的「新印度佛教徒」，除了「對抗貧窮」之外，他們正積極努力地「學習佛法」和建立一個「公正社會」。他們相繼在許多地方建造「寺廟、禪修中心」，以及從事「社會服務活動」，並以「釋迦牟尼佛」的教導爲依歸和實踐「安貝德卡」公正社會的願景。

至於三千多年的「種姓制度」，當然不是一朝一夕可以改變成功的，期待「衆生平等」的理念，有朝一日能在「印度」的各個角落落實。

第五單元 「佛教」的修行心法

一、「唯識論」心法

(一)看不懂「佛經」的原因

我剛開始接觸的第一本「佛經」，也可以說是我的「佛法啟蒙老師」，就是《般若波羅蜜多心經》。但是，一開始研讀，我就覺得困難重重。

我用《佛學辭典》，查閱每一個「名相(專有名詞)」，也到各大書局，蒐羅各「法師」和「居士」的白話解釋書籍，但是仍然看不懂《般若波羅蜜多心經》到底在說什麼？究其原因有兩個，不是只做「經文」字面上的解釋，就是講的太深奧，難以理解。

爲什麼會看不懂《般若波羅蜜多心經》呢？

比如說，《般若波羅蜜多心經》有一段經文寫道：「是諸法空相，不生不滅，不垢不淨，不增不減。」意思是說：「世間萬法，都是不生不滅，不垢不淨，不增不減。」

這就把我考倒了，我在想：「任何東西都有『生、滅』，『垢、淨』，『增、減』的相對現象，不是『生』，就是『滅』，怎麼可能不是『生』，也不是『滅』呢？『不生不滅』是什麼意思？那是一個什麼樣子的狀態？」

接著，經文又說：「是故空中『無』色。『無』受想行識。『無』眼耳鼻舌身意。『無』色身香味觸法。『無』眼界。乃至『無』意識界。『無』無明。亦『無』無明盡。乃至『無』老死。亦『無』老死盡。『無』苦集滅道。『無』智。亦『無』得。」

經文的意思是否定下列諸法：

(1)「無」色、受、想、行、識（五蘊）。

(2)「無」眼、耳、鼻、舌、身、意（六根）。

(3)「無」色、身、香、味、觸、法（六塵）。

(4)「無」眼界，乃至「無」意識界（六識）。

(5)「無」無明。亦「無」無明盡。乃至「無」老死。亦「無」老死盡。

（無明、行、識、名色、六處、觸、受、愛、取、有、生、老死等十二因緣）

(6)「無」苦集滅道（四聖諦）。

(7)「無」智（般若智慧）。亦「無」得。

以上諸法，都是「釋迦牟尼佛」教導眾生修行的「佛法」。但是，《般若波羅蜜多心經》卻完全否定，並且推翻這些「佛法」的存在。對於這一點，實在無法理解。

「釋迦牟尼佛」教導我們的「佛法」不是很好嗎？爲什麼要學習最高層的「佛法」，「釋迦牟尼佛」卻又說：「根本沒有『佛法』。」這不是自相矛盾嗎？

在《般若波羅蜜多心經》的經文中，「無」字居然出現二十一次之多。我當時在想：「這本《般

若波羅蜜多心經》，應該取名爲《無字眞經》才貼切。」我內心藏著極大的苦惱，甚至開始懷疑「佛法」的正確性。

接著，在「佛友」的介紹下，我遇到了《金剛般若波羅蜜經》。我很開心的又去買一堆翻譯經文的書，我想從《金剛般若波羅蜜經》中，找到答案。結果，看完之後，我更加迷糊了。

例如以下《金剛般若波羅蜜經》的經文：

⑴時長老須菩提在大衆中，即從座起，偏袒右肩，右膝著地，合掌恭敬。而白佛言：「希有！世尊，如來善念諸菩薩，善付囑諸菩薩。世尊！善男子、善女人、發阿耨多羅三藐三菩提心，應云何住？云何降伏其心？

⑵是故須菩提，諸菩薩摩訶薩應如是生清淨心，不應住色生心，不應住聲、香、味、觸、法生心，應無所住而生其心。

簡單的說：

⑴長老「須菩提」問「釋迦牟尼佛」說：「要如何降伏我們這個整天思考不停的心呢？」

⑵「釋迦牟尼佛」回答說：「諸菩薩摩要生『清淨心』，不應『住』色生心，不應『住』聲、香、味、觸、法生心，『應無所住』而生其心。」

我查閱了《佛學辭典》，裡面解釋說：「『清淨心』是指『無疑淨信之心、遠離煩惱之無垢心、自性清淨之心』，又《金剛經》說『諸菩薩摩訶薩應如是生清淨心』，即指『無執著之心』。」另外再查閱「住」的意思，解釋說：「指心不執著於一特定之對象。」

所以，「釋迦牟尼佛」說：「應無所住而生其心」，就是要我們學佛的人，應該要隨時保持一顆「不執著的心」。可是，「釋迦牟尼佛」並沒有解釋說，要如何修行，才能夠保持一顆「不執著的心」？

「釋迦牟尼佛」只是在經文中，接著強調說明，保持一顆「不執著的心」的重要性：

⑴佛告須菩提：「凡所有相，皆是虛妄。若見諸相非相，卽見如來。」

⑵須菩提！如來悉知悉見，是諸衆生得如是無量福德。何以故？是諸衆生，無復我相、人相、衆生相、壽者相，無法相，亦無非法相。何以故？是諸衆生，若心取相，卽著我、人、衆生、壽者。若取法相，卽著我、人、衆生、壽者。可以故？若取非法相，卽著我、人、衆生、壽者。是故不應取法，不應取非法。以是義故，如來常說：汝等比丘！知我說法，如筏喻者；法尚應捨，何況非法？

⑶如來所說法，皆不可取、不可說。

⑷非法、非非法。所以者何？一切「賢聖」，皆以「無爲法」，而有差別。

⑸離一切諸相，卽名諸佛。

⑹若菩薩心住於法，而行布施，如人入闇，卽無所見。若菩薩心不住法，而行布施，如人有目，日光明照，見種種色。

⑺爾時，世尊而說偈言：「若以色見我，音聲求我，是人行邪道，不能見如來。」

看完《金剛經》，不但沒有找到我要的答案，心裡反而更加鬱悶。

後來，我又讀到《六祖大師法寶壇經》，當中有一段經文，我也是百思不解：

惠能曰：「汝（惠明）既爲法而來，可屏息諸緣，勿生一念，吾爲汝說。」明（惠明）良久，惠能曰：「不思善，不思惡，正與麼時，那個是明（惠明）上座本來面目？」

惠明言下大悟。

惠能大師說：「不思善，不思惡，正與麼時，」我在想像，當人在「不思善，不思惡」那個當下，到底是什麼狀況？還有！要怎麼修行呢？「惠能大師」又沒說方法。

再後來，我接觸到《佛說阿彌陀經》，經文中說：「舍利弗。若有善男子善女人，聞說阿彌陀佛，執持名號，若一日、若二日，若三日，若四日，若五日，若六日，若七日，一心不亂，其人臨命終時，阿彌陀佛，與諸聖衆，現在其前。是人終時，心不顛倒，卽得往生阿彌陀佛極樂國土。」

這段經文有兩個修行重點：一個是「執持名號」到「一心不亂」的境界；另一個是「心不顛倒」的境界，這樣才能夠去「阿彌陀佛」的「西方極樂世界」。

問題是：「釋迦牟尼佛」並沒有提到，如何達到「一心不亂」和「心不顛倒」的修行方法？只是一味的唸「阿彌陀佛」的佛號，是沒有用的。因爲，一般人達不到這兩種境界。

最後，當我讀到《指月錄》時，我對「修行佛法」的「挫折感」到達頂點，幾乎想要放棄學習「佛法」。因爲，實在無法理解「如何修行」，才能夠達到「釋迦牟尼佛」所說的境界。

《指月錄》第一卷：入正「三昧」。至八日明星出時。廓然大悟。成等正覺。乃歎曰。奇哉一切衆生。具有「如來智慧德相」。但以「妄想執著」不能證得。

經文的白話解釋：「釋迦牟尼佛」於「菩提樹」下，進入「禪定」的境界，到了「第八天」看到「明星」，突然「悟道」成「正覺」，就感嘆的說：「奇怪啊！一切的衆生，都具備有「如來」的「智慧德相（自性佛）」，但是因爲有「妄想執著」，所以不能證得。

天啊！怎麼都是這樣，這又是一段不說明「修行方法」的經文，要如何修行，才能夠除去「妄想執著」呢？

我後來發現，「佛經」都是這樣的。只講「情況」，不講「修行方法」，這眞是令人苦惱的地方。而坊間各「法師」和「居士」所撰寫的書，不是只有字面上的解釋，就是深奧的讓人看不懂。我這種一心想要學習「佛法」，卻又「不得其門而入」的情況，一直到有一天我邂逅了「唯識學」，才完全改變。

看完「唯識學」，我終於懂了！原來如此！感恩「諸佛菩薩」，皇天不負苦心人，我終於找到學習「佛法」的「心法」，眞是太開心了！

在與各位「讀者」分享這個心得之前，我必須先簡述什麼是「唯識學」。「佛教」的「唯識學」，是一門「佛法心理學」，而「修道」的過程，其實就是我們「心理」的變化過程。因此，唯有借助「唯識學」的學理，我們才能夠看懂各種「佛經」的「修行心法」。

（二）「佛教」的「唯識學」

我早年研究閱覽各種「佛經」時，都很難「看懂」，原因出在於，我們修煉時，不懂我們「心

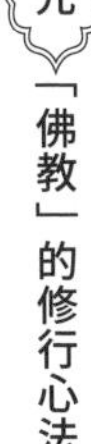

理」的變化過程，「佛經」都只是述說「佛法」，而沒有說明「修行的方法」，也就是「心法」，所以就會覺得很難「看懂佛經」。

直到我研究「佛教」的「唯識學」時，我才如夢初醒，恍然大悟，了解原來如此。有興趣深入了解「佛教唯識學」的「讀者」，請參閱拙作《看懂心經》和《看懂禪機》，裡面有精闢的解釋。

「佛教」的「唯識學」是一門博大精深的學問，是談論我們凡夫的「心理狀態」。所謂的「禪定修練」，就是要改變我們平常「心猿意馬、胡思亂想」的「心理狀態」，固定在一種「心不動」的「心理狀態」下。

下面我先簡述「唯識學」的基礎概念：

⑴人類的心理有八個「心識」，卽眼識、耳識、鼻識、舌識、身識（以上合稱五識）、意識、末那識及阿賴耶識。

⑵人往生後，「靈魂」就脫離肉體，佛法稱爲「中陰身」，第八識「阿賴耶識」跟隨著「中陰身」，在「業力」的引導下，到「六道（天人道、阿修羅道、人道、畜生道、餓鬼道、地獄道」去投胎轉世。

⑶假如投胎到「人道」，「中陰身」會尋找有緣的男女做父母。「中陰身」和父精（精子）、母血（卵子）三者結合，才能在母親的子宮裡成爲「胎兒」。成爲胎兒之後，「中陰身」裡的第八識「阿賴耶識」開始運作，陸續生出七個「心識」。胎兒長出眼睛、耳朵、鼻子、舌頭、身體（以上合稱五根）之後，就生出眼識、耳識、鼻識、舌識、身識（以上合稱五識）。

(4)胎兒一出生，成爲「嬰兒」。這個時候，「五根（眼睛、耳朵、鼻子、舌頭、身體）」接觸到外界的五種環境，稱爲「五境（色境、聲境、香境、味境、觸境）」，就產生「五識（眼識、耳識、鼻識、舌識、身識）」，進而生出第六識「意識」。「五識」必定是與外境、外境接觸而後產生的。此「五識」本身單獨並不能產生任何功能，必須與第六識「意識」相結合，才能產生作用。

(5)第六識「意識」的功能有「尋伺（尋求觀察）、作意（卽突然警覺而將心投注某處以引起活動之精神作用）、判斷、記憶、決定」和「引發喜怒哀樂的情緒作用」。只要「前五識」一起作用，第六識「意識」就跟著起作用，進行了別、思惟、作意等功能。

第六識「意識」還有另外一個功能，叫做「獨頭意識」。它是單獨生起，不與「前五識」俱起。「獨頭意識」可分爲四種：「夢中、禪定中、精神錯亂中」和「精神疾病中」。

我們的「見聞覺知、思想判斷」，都是以第六識「意識」爲主，第六識「意識」是心理活動的綜合中心。牽引我們去受「業報」的，也是第六識「意識」的功能。

(6)第七識「末那識」是第六識「意識」的根，它又把第八識「阿賴耶識」當成「我、自己」，而牢執不捨。第七識「末那識」的作用，是經常的審慮思量，執著自我，但是不能夠做「分析判斷」，它是一個以「自我」爲中心的心識，是自私的心識。

(7)第八識「阿賴耶識」的功能非常大，前面七個「心識」的「種子」，都儲存在第八識「阿賴耶識」中，就像「電腦」的「資料庫」與「存取」一樣。第八識「阿賴耶識」能夠把所有「業識

種子」儲存下來，不論多少，永遠不會滿，就像一顆無限量的「硬碟」一樣。

我們出生到人間，雖然是帶著我們「前世」第八識「阿賴耶識」的「業識種子」而來。但是在「今世」，也自然會造出各種新的「業識種子」，又將新的「業識種子」儲存到第八識「阿賴耶識」裡去。第八識「阿賴耶識」到了下一世，「業識種子」成熟了，成爲「果報」。我們就這樣，生生世世把「業識種子」儲存進第八識「阿賴耶識」，生生世世的「果報」，也從第八識「阿賴耶識」的「業識種子」顯現出來。

最後，總結「佛教」的「修行心法」。「唯識學」告訴我們一個原理，唯有透過「靜坐禪定」的練習，停止自己第六識「意識」的「分析判斷功能」，讓第六識「意識」無法傳遞「分析判斷的結果」，給第七識「末那識」做決定，第七識「末那識」就會停止作用。

一旦第七識「末那識」停止作用，我們的思想活動就停止，「妄想執著」當然就不存在。這時候，你的「如來智慧德相（自性佛）」，就顯現出來，這就是所謂的「見性成佛」。

（三）「佛教」的修行心法

簡單的說，只要停止自己第六識「意識」的「分析判斷功能」，第七識「末那識」就會停止作用，我們的「思想活動」就會停止。當下就沒有「妄想執著」，就沒有「分別心」，只有自己的「覺知心」，淸淸楚楚，明明白白，與宇宙間的「大道」頻率相連結，這就是所謂的「見性成佛」。

原來，這就是「佛教」的修行心法。

了解了這個「佛教」的修行心法，我們再回頭來解讀，困擾我多年的佛經經文。

(1)《般若波羅蜜多心經》：

①【原文】「是諸法空相，不生不滅，不垢不淨，不增不減。」

【解析】當你停止自己第六識「意識」的「分析判斷功能」，「諸法」當然是「不生不滅，不垢不淨，不增不減。」因爲，世間的「生滅、垢淨、增減」，這些相對的概念，都是你自己第六識「意識」的「分析判斷結果」。當你進入「禪定」狀態中，你自己的第六識「意識」，就停止「分析判斷」，當下當然就沒有「生滅、垢淨、增減」的概念。

②【原文】「是故空中『無』色。『無』受想行識。『無』眼耳鼻舌身意。『無』色身香味觸法。『無』眼界。乃至『無』意識界。『無』無明。亦『無』無明盡。乃至『無』老死。亦『無』老死盡。『無』苦集滅道。『無』智。亦『無』得。」

【解析】這段經文的意思是否定下列諸法：

㈠「無」色、受、想、行、識（五蘊）。

㈡「無」眼、耳、鼻、舌、身、意（六根）。

㈢「無」色、身、香、味、觸、法（六塵）。

㈣「無」眼界，乃至「無」意識界（六識）。

㈤「無」無明。亦「無」無明盡。乃至「無」老死。亦「無」老死盡。

（無明、行、識、名色、六處、觸、受、愛、取、有、生、老死等十二因緣）

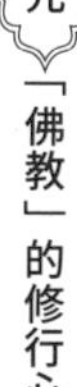

㈥「無」苦集滅道（四聖諦）。

㈦「無」智（般若智慧）。亦「無」得。

以上「諸法」，都是「釋迦牟尼佛」教導衆生修行的「佛法」。但是，當你停止自己第六識「意識」的「分析判斷功能」，這些「諸法」當然都不存在了。因爲，平時你都在學習思考「諸法」，一旦停止「思考」，那還有什麼「諸法」，所以才說「無」。

(2)《金剛般若波羅蜜經》：

①【原文】「是故須菩提，諸菩薩摩訶薩應如是生清淨心，不應住色生心，不應住聲、香、味、觸、法生心，應無所住而生其心。」

【解析】「釋迦牟尼佛」回答說：「諸菩薩摩要生『清淨心』，不應『住』色生心，不應『住』聲、香、味、觸、法生心，『應無所住』而生其心。」

「清淨心」是指「無執著之心」，諸菩薩不應該「住（執著）」色生心，不應該「住（執著）」聲、香、味、觸、法生心，應該「無所住（執著）」而生其心。

而要讓自己不生起「執著心」，只有一個方法，就是停止自己第六識「意識」的「分析判斷功能」，一旦停止「思考」，哪來的「執著心」呢？

②【原文】「佛告須菩提：『凡所有相，皆是虛妄。若見諸相非相，即見如來。』」

【解析】「凡所有相，皆是虛妄。」因爲，當你停止自己第六識「意識」的「分析判斷功能」，一旦停止「思考」，「所有相」都是無意義的，都是虛妄的。

能夠學會「禪定」，停止自己第六識「意識」的「分析判斷功能」，讓第六識「意識」無法傳遞「分析判斷的結果」，給第七識「末那識」做決定，第七識「末那識」就會停止作用。一旦第七識「末那識」停止作用，我們的思想活動就停止，「妄想執著」當然就不存在，「見諸相非相」。這時候，你的「如來智慧德相（自性佛）」，就顯現出來，你就可以見到自己的「如來（自性）」，這就是所謂的「見性成佛」。

③【原文】「須菩提！如來悉知悉見，是諸衆生得如是無量福德。何以故？是諸衆生，無復我相、人相、衆生相、壽者相，無法相，亦無非法相。何以故？是諸衆生，若心取相，卽著我、人、衆生、壽者。若取法相，卽著我、人、衆生、壽者。可以故？若取非法相，卽著我、人、衆生、壽者。是故不應取法，不應取非法。以是義故，如來常說：汝等比丘！知我說法，如筏喻者；法尚應捨，何況非法？」

【解析】修行人能夠達到「無復我相、人相、衆生相、壽者相，無法相，亦無非法相。」的境界，是因爲「心不取相」，卽「心不執著」，卽停止自己第六識「意識」的「分析判斷功能」。

④【原文】「如來所說法，皆不可取、不可說。」

【解析】學佛的人，對於「釋迦牟尼佛」所說的「佛法」，要全心全意地學習。了解「佛法」的意思之後，對於「佛法」，就要「不可取、不可說」。因爲，了解「佛法」之後，又執著「佛法」不「放下」，是無法修持好「禪定」，是無法停止自己第六識「意識」的「分析判斷

功能」的。

⑤【原文】「非法、非非法。所以者何？一切「賢聖」，皆以「無爲法」，而有差別。」

【解析】「賢人」和「聖人」程度上的差別，「賢人」還在「有爲法」的境界，「聖人」在「無爲法」的境界。「聖人」懂得停止自己第六識「意識」的「分析判斷功能」的原理。

⑥【原文】「離一切諸相，卽名諸佛。」

【解析】「諸佛」都懂得停止自己第六識「意識」的「分析判斷功能」的原理。透過「靜坐禪定」的練習，停止自己第六識「意識」的「分析判斷功能」，讓第六識「意識」無法傳遞「分析判斷的結果」，給第七識「末那識」做決定，第七識「末那識」就會停止作用。

一旦第七識「末那識」停止作用，我們的思想活動就停止，「妄想執著」當然就不存在。這時候，你的「如來智慧德相（自性佛）」，就顯現出來，這就是所謂的「見性成佛」。「諸佛」都是「離一切諸相」，才成佛的。

⑦【原文】「若菩薩心住於法，而行布施，如人入闇，卽無所見。若菩薩心不住法，而行布施，如人有目，日光明照，見種種色。」

【解析】若「菩薩」心「住（執著）」於法，而行「布施」，就會執著「布施的功德」，自己第六識「意識」的「分析判斷功能」，不停地在運作，這樣是不對的；若「菩薩」心不「住（執著）」法，而行「布施」，就不會執著「布施的功德」，因爲已經停止自己第六識「意識」的「分析判斷功能」，這樣才能繼續修行，最後「成佛」。

⑧【原文】「爾時，世尊而說偈言：「若以色見我，音聲求我，是人行邪道，不能見如來。」

【解析】若想要見到佛，想要發出音聲求佛，是「人行邪道」，不能見自己的「如來（自性佛）」。因爲，不停止自己第六識「意識」的「分析判斷功能」，一切都是自己的「妄想執著」。

(3)《六祖大師法寶壇經》：

【原文】惠能曰：「汝（惠明）既爲法而來，可屏息諸緣，勿生一念，吾爲汝說。」明（惠明）良久，惠能曰：「不思善，不思惡，正與麼時，那個是明（惠明）上座本來面目？」惠明言下大悟。

【解析】「惠能大師」說：「不思善，不思惡，在那個當下，停止自己第六識『意識』的『分析判斷功能』，停止思考活動，連自己（惠明）這個我，都不見了，就會見到自己本來的眞面目（自性佛）。」

(4)《指月錄》第一卷：

【原文】入正「三昧」。至八日明星出時。廓然大悟。成等正覺。乃歎曰。奇哉一切衆生。具有「如來智慧德相」。但以「妄想執著」不能證得。

【解析】「釋迦牟尼佛」感嘆的說：「奇怪啊！一切的衆生，都具備有『如來』的『智慧德相（自性佛）』，但是因爲有『妄想執著』，所以不能證得。」

我們的「智慧德相（自性佛）」被「妄想執著」所蒙蔽，所以不能「證得」。「妄想執著」是第七識「末那識」的產物，而第七識「末那識」要產出「妄想執著」，必須要有第六識「意識」，把從「前五識」傳來的訊息，加以「分析判斷」之後的結果傳給它才行。

所以，要證得「智慧德相（自性佛）」，必須要讓第七識「末那識」停止產出「妄想執著」，而要停止第七識「末那識」的運作，則必須要讓第六識「意識」，停止「分析判斷功能」。所以，這就說明了「修行佛法」，爲什麼一定要「禪定」。因爲，「禪定」正是讓第六識「意識」，停止運作「分析判斷功能」的方法。

（四）致修行「淨土法門」的「佛友」

首先，我先向各位修行「淨土法門」的「佛友、師兄、師姐」們，說一聲抱歉。因爲，你們看完這個小單元，可能會以爲我在批評現在的「淨土宗」，我鄭重聲明，我很尊重修行「淨土法門」的「佛友們」，因爲我們同樣是「佛弟子」。雖然，你們要去「阿彌陀佛」的「西方極樂世界」，而我要去「彌勒佛」的「兜率陀天淨土」，但是我們都有個共同的師父「釋迦牟尼佛」。

我會想撰寫這個單元，是因爲在網路上，看太多對「淨土法門」不正確的說法，甚至有許多錯誤的觀念，居然是「法師」在提倡的。爲了「修佛衆生」不斷慧根，以及糾正錯誤的觀念，所以我才不吐不快。

雖然，我不是什麼「大德」，但是在浩瀚的「佛海」裡，我鑽研了三十多年，還是有一些微不足道的心得，想和各位「佛友」分享。不認同的「佛友」，就請多包涵。

下面是我個人的見解，和心得分享，各位「佛友」們看完，若覺得有道理，就拾取來用；若不認同，就當作我胡說八道，並且請勿見怪，感恩！

●《佛說阿彌陀經》：

【原文】「舍利弗。不可以少善根福德因緣得生彼國。舍利弗。若有善男子善女人，聞說阿彌陀佛，執持名號，若一日、若二日，若三日，若四日，若五日，若六日，若七日，一心不亂，其人臨命終時，阿彌陀佛，與諸聖衆，現在其前。是人終時，心不顛倒，即得往生阿彌陀佛極樂國土。」

【解析】這段經文有三個修行重點：第一個是「不可以少善根福德因緣」；第二個是「執持名號」到「一心不亂」的境界；第三個是「心不顛倒」的境界，這樣才能夠去「阿彌陀佛」的「西方極樂世界」。

我在網路上，看到一位「法師」，在自己的「網頁」上，解釋這段經文的意思。他說：「第一點，專念『彌陀名號』就是『多善根、多福德』。依照《佛說阿彌陀經》之意，一日乃至七日執持彌陀名號而能一心不亂者，稱爲『多善根』，其他諸善，則稱『少善根』；第二點，專念『彌陀名號』就是『一心不亂』；第三點，不是我們自己先能夠『心不顛倒』，佛才來接我們，是我們平時念佛，佛就一定來接我們；佛來接我們，我們才『心不顛倒』。」

我看完這位「法師」的解釋，心裡爲之氣結，心想：「怎麼可以這樣亂解釋一通，這樣會斷了衆生的『慧根』。」

下面我就來解析，這位「法師」的解釋，錯在哪裡。

第一點，專念「彌陀名號」就是「多善根、多福德」。依照《佛說阿彌陀經》之意，一日乃至七日執持彌陀名號而能一心不亂者，稱爲「多善根」，其他諸善，則稱「少善根」。

「佛法」所謂的「善根」，就是產生「諸善法」的根本，是指合乎於「善」的一切道理，卽指「五戒、十善、三學、六度」。其中，「五戒（不殺生、不偷盜、不邪淫、不妄語、不飲酒）」和「十善（不殺生、不偷盜、不邪淫、不妄語、不兩舌、不惡口、不綺語、不貪欲、不瞋恚、不愚癡）」是「世間的善法」；而「三學（戒、定、慧）」和「六度（布施、持戒、忍辱、精進、禪定、智慧）」是「出世間的善法」。

不過，在「諸善根」裡，最難做到的是「不貪、不瞋、不癡」，又稱爲「三毒」。「佛陀」在《長阿含經》卷八裡，特別強調這三項的重要性，「佛陀」說：「諸比丘！如來說三正法，謂三不善根：一者貪欲，二者瞋恚，三者愚癡。復有三法，謂三善根：一者不貪，二者不恚，三者不癡。」

另外，所謂「福德」，是「福分」和「德行」的意思，是指「過去世」及「現在世」所做的「一切善行」，以及由於「一切善行」所得到的「福利」。《金剛般若波羅蜜經》上說：「須菩提！菩薩於法，應無所住，行於布施，所謂不住色布施，不住聲香味觸法布施。須菩提！菩薩應如是布施，不住於相。何以故？若菩薩不住相布施，其福德不可思量。」

所以，這位「法師」說：「專念『彌陀名號』就是『多善根、多福德』。依照《佛說阿彌陀經》之意，一日乃至七日執持彌陀名號而能一心不亂者，稱爲『多善根』，其他諸善，則稱『少善根』」這種說法，偏離「佛陀」的教導。想要往生最殊勝的「阿彌陀佛淨土」，是沒有那麼容易的，不是只

念念佛號就可以，你還必須修行累積「善根福德因緣」。

第二點，專念「彌陀名號」就是「一心不亂」。

這一點這位「法師」說對了一半，什麼叫做「一心不亂」呢？就是「專注一事，使心不散亂、不動搖。」就像修行「念佛法門」，必須以「至誠的信心」持誦「彌陀名號」，令心不散亂，達到「忘我」的境界，與「南無阿彌陀佛」的稱念合而爲一，這就稱爲「一心不亂」。

我爲什麼說，這位「法師」說對了一半呢？因爲他說：「專念『彌陀名號』。」專心念「彌陀名號」是對的。但是，他並沒有說明「要專心念到什麼程度」，一般的信衆會誤以爲「我只要常念『彌陀名號』，就一定可以去西方極樂世界。」

其實，要想把「南無阿彌陀佛」這句佛號，念到「一心不亂」的境界，是要有方法的。一般修行「淨土法門」的「佛友、師兄、師姐」們，都誤以爲「我有常念佛號就可以了，這是很嚴重的錯誤觀念。

我先解說「一心不亂」的原理，這是我在「唯識學」裡所學習到的心得。「唯識學」可以說是「佛法心理學」，想修行佛道，第一步要先理解自己內心的八個「心識」的作用，否則你不知道要如何修行，包括如何專念「彌陀名號」。

「佛教」的「唯識學」是一門博大精深的學問，是談論我們凡夫的「心理狀態」。所謂的「禪定修練」，就是要改變我們平常「心猿意馬、胡思亂想」的「心理狀態」，固定在一種「心不動」的「心理狀態」下。

「唯識學」說，人類的心理有八個「心識」，卽「眼識、耳識、鼻識、舌識、身識（以上合稱『前五識』）、第六識「意識」、第七識「末那識」及第八識「阿賴耶識」。

若我們「前世」的「中陰身」，被「業力」牽引，帶著「前世」的第八識「阿賴耶識」投胎到「人道」。「胎兒」一出生，成爲「嬰兒」。這個時候，「五根（眼睛、耳朵、鼻子、舌頭、身體）」接觸到外界的五種環境，稱爲「五境（色境、聲境、香境、味境、觸境）」，就產生「前五識（眼識、耳識、鼻識、舌識、身識）」，進而生出第六識「意識」。「前五識」必定是與「外境」接觸之後，才會產生的，此「前五識」本身單獨並不能產生任何功能，必須與第六識「意識」相結合，才能產生作用。

第六識「意識」的功能有「尋伺（尋求觀察）、作意（卽突然警覺而將心投注某處以引起活動之精神作用）、判斷、記憶、決定」和引發喜怒哀樂的「情緒作用」。只要「前五識」一起作用，第六識「意識」就跟著起作用，進行「了別、思惟、作意」等功能。

第六識「意識」還有另外一個功能，叫做「獨頭意識」。它是單獨生起，不與「前五識」俱起。「獨頭意識」可分爲四種：「夢中、禪定中、精神錯亂中」和「精神疾病中」。

我們的「見聞覺知、思想判斷」，都是以第六識「意識」爲主，第六識「意識」是心理活動的綜合中心。牽引我們去「受業報」的，也是第六識「意識」的功能。

第七識「末那識」是第六識「意識」的根，它又把第八識「阿賴耶識」當成「我、自己」，而牢執不捨。第七識「末那識」的作用，是經常的審慮思量，執著自我，它是一個以「自我」爲中心的

「心識」，是「自私的心識」。

第八識「阿賴耶識」的功能非常大，前面「七個心識」的「業識種子」，都儲存在第八識「阿賴耶識」中，就像「電腦」的「資料庫」與「存取」一樣。第八識「阿賴耶識」能把所有「業識種子」儲存下來，不論多少，永遠不會滿，像一顆無限量的「硬碟」一樣。

我們出生到人間，雖然是帶著我們「前世」的第八識「阿賴耶識」的「業識種子」而來。但是在「今世」，也自然會造出各種新的「業識種子」，又將新的「業識種子」儲存到第八識「阿賴耶識」裡去。我們「過世」以後，第八識「阿賴耶識」附隨在「中陰身」裡，一起到了下一世，「業識種子」成熟了，成爲「果報」。我們就這樣，生生世世把「業識種子」儲存進第八識「阿賴耶識」，生生世世的「果報」，也從第八識「阿賴耶識」的「業識種子」裡顯現出來。

最後，總結「佛教」的「修行心法」。「唯識學」告訴我們一個原理，唯有透過「靜坐禪定」的練習，停止自己第六識「意識」的「分析判斷功能」，讓第六識「意識」無法傳遞「分析判斷的結果」，給第七識「末那識」做決定，第七識「末那識」就會停止作用。

一旦第七識「末那識」停止作用，我們的「思想活動」就停止，「妄想執著」當然就不存在。這時候，你的「如來智慧德相（自性佛）」，就顯現出來，這就是所謂的「見性成佛」。

簡單的說，只要停止自己第六識「意識」的「分析判斷功能」，第七識「末那識」就會停止作用，我們的「思想活動」就會停止。當下就沒有「妄想執著」，就沒有「分別心」，只有自己的「覺知心」，清清楚楚，明明白白，與宇宙間的「大道」頻率相連結，這就是所謂的「見性成佛」，也是所謂的「一心不亂」的狀態。

所以，要想要達到「一心不亂」的境界，是需要長時間不斷的練習。一般修行「淨土法門」的「佛友、師兄、師姐」們，都誤以爲「我有常念佛號就可以了」，這是很嚴重的錯誤觀念。

一般修行「淨土法門」的「佛友、師兄、師姐」們，都只是口唸「彌陀名號」，但是心裡卻是「胡思亂想」的一塌糊塗，這種「念佛號」的方式，念一輩子，都不會達到「一心不亂」的境界，更別想說，我只要常唸佛號，我以後一定可以去「西方極樂世界」，這是一種典型的「妄想執著」。

你必須在念「南無阿彌陀佛」的時候，一個字，一個字，慢慢的念，要隨時警覺「心識」有沒有跑掉。若「心識」有跑掉，表示你的第六識「意識」開始在做「分析判斷的功能」，產生「分別意識心」，開始要「胡思亂想」。這時候，你要趕快把「心識」收回念「南無阿彌陀佛」的狀態。如此用功，一直到有一天，當你發現你念的「南無阿彌陀佛」，突然間不見了，你就眞正進入「一心不亂」的境界裡，「禪宗」稱爲進入「初禪」的境界。」

第三點，不是我們自己先能夠「心不顚倒」，佛才來接我們，而是我們平時念佛，佛就一定來接我們；佛來接我們，我們才「心不顚倒」。

這種說法，是不對的，而且是嚴重的錯誤。

什麼是「心不顚倒」呢？

所謂「顚倒」，是指違背常道、正理，例如以「無常」爲「常」，以「苦」爲「樂」等，違反「眞理」的「妄見」。

「佛陀」在《大品般若經》卷十一裡說：「以無相故，是菩薩將無顛倒。無常謂常，想顛倒、心顛倒、見顛倒，若菩薩摩訶薩念諸佛及僧善根取相，取相已，迴向阿耨多羅三藐三菩提。菩薩如是名爲想顛倒、心顛倒、見顛倒。」

簡單的說，人在「臨終」前，假如心生「取相」，就是「心顛倒」。「取相」是「取執於生死、涅槃、二邊之相」的意思。

「佛陀」說：「以無相故，是菩薩將無顛倒。」，「無相」是「一切諸法」無「自性」，「本性」爲空，無「形相」可得。簡單的說，「心不顛倒」就是「無相」，既不執著「人世間」，也不執著「西方淨土」。

「讀者們」可以設想，在「臨終」前，當下你的心還在「念佛號」，是處於接近「一心不亂」的境界裡，哪來「阿彌陀佛來接我了」和「我要去西方淨土」的念頭呢？所以說，要去殊勝的「西方淨土」，是不簡單的事情，千萬不要認爲，我平常有念「南無阿彌陀佛」，就「保證」我一定可以去「西方淨土」，這是一種「妄想」。結果，又墮入「六道輪迴」裡，不知道又投胎到哪一道去了？

我覺得現在修行「淨土法門」的「佛友、師兄、師姐」們，把希望都寄託在這段經文：「其人臨命終時，阿彌陀佛，與諸聖衆，現在其前。是人終時，心不顛倒，卽得往生阿彌陀佛極樂國土。」

大家都認爲，只要自己每天常念「南無阿彌陀佛」，自己命終時，「阿彌陀佛，與諸聖衆，現在其前。」然後「卽得往生阿彌陀佛極樂國土」。

這眞是個天大的「妄想執著」，我告訴各位「佛友、師兄、師姐」們，一個天大的祕密，應該你

們的「師父」也不會告訴你們實情，就是我們每個人往生的過程。

要知道當我們要往生時，「佛經」告訴我們：首先，我們的「眼識、耳識、鼻識、舌識、身識」的感覺逐漸消失；接著，肉身逐漸敗壞；然後，「五蘊」身體分解；最後，呼吸斷絕。這時，你的第八識「阿賴耶識」，脫離肉體，變成「中陰身（靈魂）」。注意！這個時候，不是「鬼」喔！當「中陰身」投胎到「餓鬼道」時，那時候才稱爲「鬼」。

有興趣了解更多資訊的「讀者」，請參考拙作《看懂心經》裡，第十四單元「臨終時會見到自性光」，「二、死亡過程的三個階段」。

一般人在將要死亡的時候，內心是非常驚恐無助的，你會非常害怕。到那個時候，你的腦袋一片空白，思緒非常混亂，連「南無阿彌陀佛」的佛號，都「當機」念不出來。所以，爲什麼平時要練習「禪定」；爲什麼平時要專念「南無阿彌陀佛」，這些「定力」的功夫，在「臨終」前，就派得上用場，你才不會慌亂。

讓我們再仔細地閱讀這段經文。

《佛說阿彌陀經》原文：「舍利弗。『不可以少善根福德因緣』得生彼國。舍利弗。若有善男子善女人，『聞說阿彌陀佛，執持名號』，若一日、若二日，若三日，若四日，若五日，若六日，若七日，『一心不亂』，其人臨命終時，阿彌陀佛，與諸聖衆，現在其前。是人終時，『心不顚倒』，卽得往生阿彌陀佛極樂國土。」

所以，「平時，多積善根福德。」、「執持阿彌陀佛名號，一心不亂。」、「命終時，心不顚倒。」這三個重點，才是修行「淨土法門」的關鍵方法。

(五) 一生只有二次機會見到自己的「自性光」

還記得前面提到過，「釋迦牟尼佛」初證「佛道」時，所說的第一句話嗎？「奇哉一切衆生。具有如來智慧德相。但以妄想執著不能證得。」

所以，要見到你的「自性」，只有在第七識「末那識」暫時停止作用的時候，不生起「妄想執著」心念的狀況下，才有機會見到。

「讀者」應該想不到，在我們人的一生當中，只有二次機會，可以見到自己的「自性光」。一次是經由「禪定靜坐」，另外一次是在你「臨終」的時候：

(1)透過「禪定靜坐」，當你的第七識「末那識」暫時停止作用的時候，你的「自性光」就會顯現。

(2)你在「臨終」的時候，當你的身體進入「死亡」的最後一個階段，也就是你的第七識「末那識」消失了，你的「自性光」就會顯現。這個時候，你的「中陰身(靈魂)」尚未出現，假如你能夠把握這個千載難逢的機會，把你的「覺知心」定在你的「自性光」裡，投入你的「自性光」的懷抱，那你就能夠脫離「六道輪迴」，去到「佛的世界」裡。

當你透過「靜坐冥想」，「凝神」到一個程度時，你在「閉著眼睛」的狀態下，你會感受到「眉間」會麻麻脹脹的，然後會跳動，接著會不斷的跳動，最後會逐漸的看見一道「很亮的光芒」，由腦內發射出來。這時候，你要靜靜的注視著「這道光芒」，不可以「起心動念」，生起「歡喜心」，否則會「靈光乍現」，倏忽一閃，在眼前消逝無蹤。

這道光芒，就是你的「自性光」。記住！你的「自性光」會出現，只有在一種狀況下，就是「惠能大師」所說的「屏息諸緣，勿生一念」和「不思善不思惡」的那個時候，你就可以見到你的「本來眞面目」，也就是你的「自性」（嚴格來講，只是見到「自性光」，還沒有眞正見到「自性」）。

「讀者」可知道，事先見到自己的「自性光」這件事情，有多重要嗎？根據《西藏度亡經》和《西藏生死書》中的描述，人一旦死亡，在第八識「阿賴耶識」離肉身後，會陷入昏迷，昏迷時間的長短隨個人的狀況而有不同，有人很短，有人會昏迷好幾天。在第八識「阿賴耶識」甦醒之前，會見到一道「自性」強光，其時間也很短暫，只有數分鐘之久。假如「亡者」害怕逃避「這道強光」，「自性光」就消失，「神識」又陷入昏迷，再次醒過來之後，就轉化成「中陰身」。「中陰期」存在的時間最長可達四十九天之久。

所以，平時有長期修練「禪定靜坐」的人，以及長期「專念佛號」的人，就有機會在「生前」見到這道「自性強光」。等到「死後」，再度見到這道「自性強光」時，你一定不會驚恐，反而是歡喜地迎向這道「自性光」，因此你死亡時，是面帶微笑的。

一般人沒見過這道「自性強光」，所以都會害怕逃避，而這道「自性強光」就會消失。一旦這道「自性強光」消失後，你的第八識「阿賴耶識」就會轉變爲「中陰身」，而你的「累世業力」，就在這個時候出現，開始牽引去「六道輪迴」。

再強調一次！「自性光」的出現，共有二次的機會。「自性光」第一次沒有被認出來，立卽消失，眼前一片黑暗。這個時候，「自性光」隨卽又生起，假如又沒有被認出來，又立卽一閃卽逝，又變成黑暗，進入了「中陰期」。

好啦！限於篇幅的關係，就簡介到此。對自己的「自性光」有興趣，想要多了解更多資訊的「讀者」，請參考拙作《看懂心經》裡，第十四單元「臨終時會見到自性光」。

二、「釋迦牟尼佛」傳授「安那般那守意法」給他的獨生子「羅雲」

「釋迦牟尼佛」在出家證道以前，有個獨生子「羅雲」。後來，「羅雲」也成爲「釋迦牟尼佛」的弟子。有一天，「羅雲」來請教「釋迦牟尼佛」，要如何修習禪定？「釋迦牟尼佛」就傳授「安那般那守意法」給他。

我先來介紹「羅雲」的生平。

「羅雲」又譯爲「羅睺羅、羅怙羅、羅護羅」，是「釋迦牟尼佛」的獨生子，後來成爲佛的「十大弟子」之一，以「密行第一」著稱。

「羅睺羅」是梵語，意思是「覆障」，「覆」是覆蓋，「障」是障礙。覆蓋什麼呢？覆蓋「智慧」，「智慧」就顯現不出來；障礙什麼呢？障礙「修道」，「道業」就不容易成就。

「羅睺羅」被稱爲「密行第一」，所謂「密行」，是說他都是默默無聲的修行，沒有引起任何人的注意。他隨時隨地都在用功，時時刻刻都不懶惰放逸，都在修習「禪定」，但是沒有人知道他用功。他是專門「用功精修」，專門「持戒苦練」，是一個嚴肅於「密行持戒」的人。

在《增一阿含經》卷第七《安般品第十七》裡，記載著「釋迦牟尼佛」教他的獨生子「羅雲（羅睺羅）」「安那般那守意法」的法門：

是時，尊者「羅雲」復作是念：「今云何修行『安般』，除去愁憂，無有諸想？」是時，「羅雲」卽從坐起，便往「世尊」所。到已，頭面禮足，在一面坐。須臾退坐，白「世尊」曰：「云何修行『安般』，除去愁憂，無有諸想，獲大果報，得『甘露味』？」

（「甘露味」者，「救生善巧」之勝味。「甘露」意譯作「不死、不死液、天酒」。卽「不死之神藥」，天上之「靈酒」。《吠陀經》中謂「蘇摩酒」爲「諸神」常飲之物，飲之可以「不老不死」，其味甘之如蜜，故稱「甘露」。亦以「甘露」比喻「佛法之法味與妙味」，長養衆生之身心。）

「世尊」告曰：「善哉！善哉！『羅雲』！汝乃能於如來前而『師子吼』，問如此義：云何修行『安般』，除去『愁憂』，無有『諸想』，獲『大果報』，得『甘露味』？』汝今，『羅雲』！諦聽！諦聽！善思念之。吾當爲汝具分別說。」

對曰：「如是，『世尊』！」爾時，尊者「羅雲」從「世尊」受教。

「世尊」告曰：「如是，『羅雲』！若有『比丘』樂於『閑靜無人之處』，便『正身正意』，結『跏趺坐』，無他『異念』，『繫意鼻頭』，『出息長』知息長，『入息長』亦知息長；『出息短』

亦知息短，『入息短』亦知息短；『出息冷』亦知息冷，『入息冷』亦知息冷；『出息暖』亦知息暖，『入息暖』亦知息暖。盡觀身體『入息、出息』，皆悉知之。有時『有息』亦復知有，又時『無息』亦復知無。若『息從心出』亦復知從心出。若『息從心入』亦復知從心入。如是，『羅雲』，能修行『安般』者，則『無愁憂惱亂之想』，獲『大果報』，得『甘露味』。」

爾時，「世尊」具足與「羅雲」說「微妙法」已，「羅雲」即從坐起，禮佛足，遶三匝而去。往詣「安陀園」，在一樹下，「正身正意」，結「跏趺坐」，無他「餘念」，「繫心鼻頭」，「出息長」亦知息長，「入息長」亦知息長；「出息短」亦知息短，「入息短」亦知息短；「出息冷」亦知息冷，「入息冷」亦知息冷；「出息暖」亦知息暖，「入息暖」亦知息暖。盡觀身體「入息、出息」，皆悉知之。有時「有息」亦復知有，有時「無息」亦復知無。若「息從心出」亦復知從心出。若「息從心入」亦復知從心入。

爾時，「羅雲」作如是思惟，欲心便得解脫，無復衆惡。有覺、有觀，念持喜安，遊於「初禪」。有覺、有觀息，內自歡喜，專其一心，無覺、無觀，三昧念喜，遊於「二禪」。無復喜念，自守覺知身樂，諸賢聖常所求護喜念，遊於「三禪」。彼苦樂已滅，無復愁憂，無苦無樂，護念清淨，遊於「四禪」。

彼以此「三昧」，心清淨無塵穢，身體柔軟，知所從來，憶本所作，自識宿命無數劫事。亦知一生、二生、三生、四生、五生、十生、二十生、三十生、四十生、五十生、百生、千生、萬生、數十萬生，成劫、敗劫，無數成劫、無數敗劫，億載不可計，我曾生彼，名某姓某，食如此食，受如此苦樂，壽命長短，彼終生此，此終生彼。彼以此「三昧」，心清淨無瑕穢，亦無「諸結」。亦知眾生所起之心，彼復以「天眼」清淨無瑕穢，觀眾生類：生者、逝者，善色、惡色，善趣、惡趣，若好、若醜，所行、所造，如實知之。

或有眾生，身行惡、口行惡、意行惡，誹謗賢聖，行邪見，造邪見行，身壞命終，入「地獄」中。或復眾生，身行善、口行善、意行善，不誹謗賢聖，恒行正見、造正見行，身壞命終，生「善處天上」。是謂「天眼」清淨無瑕穢，觀眾生類：生者、逝者，善色、惡色，善趣、惡趣，若好、若醜，所行、所造，如實知之。復更施意，成「盡漏心」，彼觀此苦，如實知之。復觀苦習，亦知苦盡，亦知苦出要，如實知之。彼以作是觀，欲漏心得解脫，有漏、無明漏心得解脫，已得解脫，便得解脫智：生死已盡，梵行已立，所作已辦，更不復受有，如實知之。是時，尊者「羅雲」便成「阿羅漢」。

是時，尊者「羅雲」已成「羅漢」，便從坐起，更整衣服，往至「世尊」所，頭面禮足，在一面住，白「世尊」曰：「所求已得，『諸漏』除盡。」

這段經文有個重點，就是「釋迦牟尼佛」教導「羅雲」如何修行「安般」，方法如下：「如是，『羅雲』！若有『比丘』樂於『閑靜無人之處』，便『正身正意』，結『跏趺坐』，無他『異念』，『繫意鼻頭』，『出息長』知息長，『入息長』亦知息長；『出息短』亦知息短，『入息短』亦知息短；『出息冷』亦知息冷，『入息冷』亦知息冷；『出息暖』亦知息暖，『入息暖』亦知息暖。盡觀身體『入息、出息』，皆悉知之。有時『有息』亦復知有，又時『無息』亦復知無。若『息從心出』

亦復知從心出。若『息從心入』亦復知從心入。如是，『羅雲』，能修行『安般』者，則『無愁憂惱亂之想』，獲『大果報』，得『甘露味』。」

這段經文的白話解釋如下：

假如有「比丘（和尙）」，喜歡在「安靜無人的地方」，端身正心，結「跏趺坐」。

①什麼是「正身」？就是身體坐正，脊椎挺直，端正不歪斜。

②什麼是「正意」？就是靜心思惟，心念純正，無邪念。

③什麼是「結跏趺（ㄐㄧㄚ ㄈㄨ）坐」？「跏」是雙足交疊而坐，「趺」同「跗」，是腳背、足上的意思。「結跏趺坐」是盤腿端坐的姿勢，是一種佛教禪定坐法，有減少欲念、集中精神的功用。

《大毘婆沙論》解釋說：「問：結加趺坐義何謂耶？答：是相周圓，而安坐義。聲論者曰：以兩足趺（ㄈㄨ，腳背），加致兩髀（ㄅㄧˋ，大腿），如龍盤結，端坐思惟，是故名爲結跏趺坐。」

「跏趺坐」有以下的種類：

①「雙跏趺坐」，俗稱「雙盤」。如果坐時先左足（腳掌）安右髀（ㄅㄧˋ，大腿）上，再右足安左髀上，呈右押左，稱爲「吉祥坐」。因爲釋迦牟尼佛成道時，是以「吉祥坐」修行，因此佛教以「吉祥坐」爲最佳的修行方法。

②如果「雙跏趺坐」坐時，先右足安左髀上，再左足安右髀上，呈左押右，稱爲「降魔坐」。

③如果只單以左腿置於右腿上，或右腿置於左腿上，則稱爲「跏趺坐」，俗稱「單盤」。

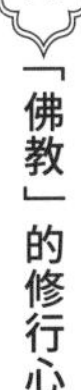

④若初學因爲身體因素無法「單盤」或「雙盤」，也可以隨意而坐。

「釋迦牟尼佛」接著說明，「禪坐修行」的心法：

①「無他異念，繫意鼻頭。」：

修行禪坐的方法，先「正身」，再「結跏趺坐」之後，「無他異念」，心裡不要有什麼念頭，這就是「正意」。然後，「繫意鼻頭」，把意識集中聚焦在鼻頭上。這裡要注意的是，不是看著鼻頭，而是去注意鼻孔呼吸出入的氣息，目的是要使意念和呼吸配合爲一，也就是「心息相依」的第一步。

②「出息長知息長，入息長亦知息長。」：

你的意念（「正意」）要跟著呼吸，呼氣出去有多長，以及吸氣進來有多長，你自己都要清楚的知道。我們的「思想」要和「呼吸」融合爲一，「呼吸」就像是一條繩子，可以拴住「妄念」。因爲我們的大腦不能「一心二用」，一次只能想一件事情，所以我們只要注意著「呼吸」這件事情，其他的「妄念」，就無法再被思考想起，如此修行便可以專一。

③「出息短亦知息短，入息短亦知息短；」

「呼氣出去」有「多短」，以及「吸氣進來」有「多短」，你自己也都要清楚的知道；

④「出息冷亦知息冷，入息冷亦知息冷。」

「呼氣出去」覺得是「冷的氣息」，以及「吸氣進來」是「冷的氣息」，你自己要清楚的知道。

⑤「出息暖亦知息暖，入息暖亦知息暖。」

「呼氣出去」覺得是「暖的氣息」，以及「吸氣進來」是「暖的氣息」，你自己也要清楚的知道。

⑥「盡觀身體入息、出息，皆悉知之。」

「盡」是「極端、達到極限」的意思，「觀」是「察看、審視」。要集中全部的心力，去觀察自己身體的「呼氣」和「吸氣」，「一呼一吸」的所有過程，都要一心不亂的仔細觀察。

⑦「有時有息亦復知有，又時無息亦復知無。」

當用功一段時間之後，會感覺到，有時候「有呼吸氣息」，有時候「沒有呼吸氣息」，這種狀況，你自己也要清楚的知道。

⑧「若息從心出亦復知從心出。若息從心入亦復知從心入。」

這裡的「心」，不是指「心臟」，而是「心念」。假如，用功到了一個境界，感覺到「氣息」是從「心念」放射出去，也會感覺到「氣息」是從「心念」攝入進來，這種狀況，你自己也要清楚的知道。

⑨「如是，羅雲，能修行安般者，則無愁憂惱亂之想，獲大果報，得甘露味。」

就是這個修行方法，「羅雲」！能修行「安般」功夫的人，就沒有憂愁、煩惱、心亂這些想法，能夠獲得很大的果報，得到「甘露味」。「甘露味」的原意是甜美的雨露，佛教中的「甘露」，用來比喻「佛法的法味、涅槃」等。

在上面這段經文裡，記載著「釋迦牟尼佛」傳授「安般」的法門，給他的獨生子「羅雲（羅睺羅）」，也詳細的描述「羅雲（羅睺羅）」依照這個方法，修成「羅漢」果位的經過。

那什麼是「安般」的法門呢？

釋迦牟尼佛傳授給「羅雲」的「安般」法門，「佛經」稱爲「安那般那念」或「安那般那守意法」。

什麼是「安那般那念」？《雜阿含》云：「『阿難』！何等爲『微細住多修習』，隨順開覺，已起、未起惡不善法能令休息，謂『安那般那念住』。」「世尊」說「安那般那念」，即「心念」專心「安住」於「微細出入息」。

「安那般那念」義譯爲「入出息念、入出息觀、數息觀、安般守意」，是以「觀察呼吸」作爲修習「禪那」的方法。「安那般那念」是集中「注意力」於「出入息」上的「瞑想」方法。

「安那般那」是梵語，「安那」意思是「入息（吸氣）」，而「般那」意思是「出息（呼氣）」，即「氣息」進入和離開身體。「念」即是「心念安住」之「念」。

「禪定」在中國「佛教」裡，占了非常重要的地位。因爲「修行」沒有「定」，跟本就不可能成就「般若智慧」。而「安那般那念」的修法，直接而且具體，一向是最受歡迎的「禪定」方法。

傳譯到中國的《禪經》，是在「東漢」時期，由「安士高」法師在「洛陽」所翻譯出來的《安般守意經》。自「東漢」到「東晉」所流行的「禪定修法」，都是以《安般守意經》爲基礎的「念安般法門」。

《安般守意經》云：「聽說『安般守意』，何等爲『安』？何等『般』？『安』名爲『入息』，『般』名爲『出息』，『念息不離』是名爲『安般』。」

此經所論，首在透過控制數「出入息」，以達到「守意」的目的。

此經的基本觀念：

①入息：吸氣到呼氣之間的身心狀態。

②出息：呼氣到吸氣之間的身心狀態。

此經的重要觀念：

①守意：以守住「呼吸」的「意念」，來排除各種「妄想」，使內心達到「一心不亂」。

②六事：「守意」的法門，分別爲：數息、相隨、止、觀、還、淨，又稱爲「六妙門」。

③數息：重覆的數呼吸，從一到十。

④相隨：隨著「呼吸出入」，「注意力」集中在「呼吸的運行」上。

⑤止：「注意力」停止在「鼻頭」不動，使自己不受外物的干擾。

⑥觀：觀察「五陰」而領悟「非常、苦、空、無我」。

⑦還：棄身「七惡」、還「五陰」，以斷除人生的「貪與愛」。

⑧七惡：殺、盜、淫、妄言、兩舌（搬弄是非）、惡口（罵人）、綺語（花言巧語的言詞）。

⑨淨：卽無爲（安世高法師把「涅槃」翻譯爲「無爲」），無欲無想，不受五陰之境。

⑩十六特勝：「數息觀」中最爲殊勝的十六種觀法，對「六妙門」有詳細解說。

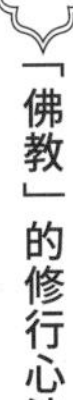

結論：「安般法」是學習「禪定」的一種簡易方便法門，這個法門沒有複雜的理論，只要能「專心的守住呼吸」，漸漸將「氣息」調順，便可以進入「止靜」的境界。這個方法適合所有的人，男女老少都可以學習。

三、《楞嚴經》「二十五位菩薩」的修行心得

《楞嚴經》全名為《大佛頂如來密因修證了義諸菩薩萬行首楞嚴經》，又稱為《首楞嚴經》、《大佛頂經》、《大佛頂首楞嚴經》、《中印度那爛陀大道場經》，是佛教的一部極為重要的經典。《楞嚴經》是一部破魔大全的寶典，是「諸魔」的剋星，有人說它是「末法時期」的一面「照妖鏡」；一切「佛法修行人」，欲免於「魔事」，必須參究《楞嚴經》。

在《法滅盡經》上說：「末法時期」，法欲滅時，這部《首楞嚴經》最先滅，其餘的「經典」跟著就滅了。因為，《楞嚴經》一滅，「諸魔」橫行，即無人能制，一切「邪魔外道、邪師邪說」便能肆無忌憚，橫行無阻。

在《楞嚴經》中，有兩卷很稀有的經文，就是談論「修行的心法」，而且是一次性，由「二十五位菩薩」依次談論的「修行心得」。最後，「釋迦牟尼佛」還請「文殊師利菩薩」評論「何方便門得易成就？」，這兩卷就是「第五卷」和「第六卷」。

第五卷，憍陳如五比丘、優波尼沙陀、香嚴童子、藥王藥上二法王子、跋陀婆羅等十六開士、

摩訶迦葉及紫金光比丘尼等，阿那律陀、周利槃特迦、驕梵缽提、畢陵伽婆蹉、須菩提、舍利弗、普賢菩薩、孫陀羅難陀、富樓那彌多羅尼子、優波離、大目犍連、烏芻瑟摩、持地菩薩、月光童子、琉璃右王子、虛空藏菩薩、彌勒菩薩、大勢至菩薩等，「二十四位菩薩」各各自說最初得道的「方便法門」以顯圓通。

第六卷，即是第二十五位菩薩「觀世音菩薩」說的「耳根圓通法門」，以聞熏聞修「金剛三昧無作妙力」，成「三十二應」，入諸國土。獲「十四種無畏功德」，又能善獲「四不思議無作妙德」。「文殊師利」以偈讚嘆「觀世音爲最」。

以下是「二十五位菩薩」向「釋迦牟尼佛」報告的「學習心得」，最後「文殊師利菩薩」評鑑「觀世音菩薩」的「耳門圓通法門」，爲第一方便法門。「二十五位菩薩」的學習心得，值得我們「佛弟子」參考學習。

首先，「釋迦牟尼佛」請在場的「二十五位菩薩」，談談自己的「修道心得」。

●《楞嚴經》卷五：

【原文】爾時「世尊」，普告衆中「諸大菩薩」，及「諸漏盡①大阿羅漢」。汝等「菩薩」及「阿羅漢」，生我法中，得成「無學②」。吾今問汝，最初發心悟「十八界③」，誰爲「圓通④」，從何方便入「三摩地⑤」。

【註釋】

①漏盡：「漏」是「煩惱」之異稱，以「聖智」斷盡「煩惱」，稱爲「漏盡」。

②無學：又稱「無學位」，指斷盡一切煩惱，已得「阿羅漢果」者。若已知「佛之教法」，但未「斷惑」，尚有所學者，稱為「有學」；反之，已究竟「佛之教法」，無惑可斷，亦無可學者，則稱為「無學」。在「聲聞四果」中，唯有「阿羅漢」果為「無學」，其餘三果為「有學」。

③十八界：指在我人一身中，「能依之識」、「所依之根」與「所攀緣之境」等十八種類之法。「界」為「種類、種族」之義。謂十八種類，「自性」各別不同，故稱「十八界」。卽「眼、耳、鼻、舌、身、意」等「六根（能發生認識之功能）」，及其所對之「色、聲、香、味、觸、法」等「六境（為認識之對象）」，以及「感官（六根）」攀緣「對境（六境）」所生之「眼、耳、鼻、舌、身、意」等「六識」，合為十八種，稱為「十八界」。「十八界」中，除去「六識」，則為「十二處」。

④圓通：謂遍滿一切，融通無礙；卽指「聖者妙智」所證的「實相之理」。由「智慧」所悟之「眞如」，其存在之「本質」圓滿周遍，其作用自在，且周行於一切，故稱為「圓通」。另外，以「智慧」通達「眞如」之道理或實踐，亦可稱「圓通」。

⑤三摩地：意譯為等持、正定、定意、調直定、正心行處。卽遠離「惛沉掉舉」，心專住一境之精神作用。

【白話翻譯】

這個時候，「世尊」對「法會」中各位「大菩薩」和各位「無漏阿羅漢」說：你們各位「大菩薩」和「無漏阿羅漢」，在我的「佛法」中，已經證得「無學果位」。我問你們，你們最初發心修行，並且已領悟了「十八界」之「圓通」。那麼，哪一種「法門」最能夠「圓通」，從哪一個「法門」入手，最能方便證入「三摩地（正定）」呢？

接著，「二十五位菩薩」就依次起來報告「修行心得」。

●《楞嚴經》卷五：

1.第一位「憍陳那五比丘」：

【原文】「憍陳那五比丘」。卽從座起。頂禮佛足而白佛言。我在「鹿苑」。及於「雞園」。觀見「如來」。最初成道。於佛「音聲」。悟明「四諦①」。佛問「比丘」。我初稱解。如來印我。名「阿若多」。『妙音②密圓③』。我于『音聲』。得『阿羅漢』。佛問『圓通』。如我所證。『音聲』為上。

【註釋】

①四諦：卽指「苦、集、滅、道」四種正確無誤之眞理。此四者皆「眞實不虛」，故稱「四諦」。「四諦」是「佛陀」成道之後，於「鹿野苑」為「五比丘」初轉法輪之說，為「佛教」中之基本教義，並為「生死解脫」之唯一方法。「四諦」卽：

㈠苦諦：「苦」泛指逼迫身心苦惱之狀態。審實世間事物，不論「有情、非情」悉皆為苦；亦卽對人生及環境所作之價值判斷，認為世俗之一切，本質皆苦。「苦諦」卽關於生死實是苦之眞諦。

㈡集諦：「集」是「招聚」之義。審實一切「煩惱惑業」，實能招集「三界」生死苦果。「集諦」卽關於世間人生諸苦之生起及其根源之眞諦。

㈢滅諦：審實斷除苦之根本「欲愛」，則得苦滅，可入於「涅槃」之境界。「滅諦」卽關於滅盡「苦諦、集諦」之眞諦。

㈣道諦：「道」是「能通」之義。審實「滅苦之道」，乃「正見、正思惟」等「八正道」，若依此而修行，則可超脫「苦、集」二諦，達到「寂靜涅槃之境」。「道諦」卽關於「八正道（正見、正思惟、正語、正業、正命、正精進、正念、正定）」之眞諦。

②妙音：指「釋迦牟尼佛」所說的高深義理。

③密圓：「眞如體體」本無所執著，所觀的「妙音」與「眞如本體」深奧隱密又圓滿的性質，本無二致。

【白話翻譯】

「憍陳那等五位比丘」從座位上站起，頂禮佛足對「釋迦牟尼佛」說：「我們在『鹿苑』和『雞園』修道時，觀見『如來』最初在『菩提樹下』悟道，『如來』爲我們『五位比丘』說法，我們聆聽到『佛的聲音』，而悟解了『苦、集、滅、道』四諦法門。當時佛問我們明白了沒有，我們都完全理解了，『如來』就授印我們，稱『阿若多』，卽『最初解』的意思，『如來』所說的高深義理，與『眞如本體』深奧隱密又圓滿的性質，本無二致。我於『如來的聲音』，證得『阿羅漢果位』。佛問哪個法門最爲『圓通』，依照我們所修證的心得，以『聲音』爲最上。」

2.第二位「優波尼沙陀」：

【原文】「優波尼沙陀」卽從座起。頂禮佛足。而白佛言。我亦觀佛。最初成道。觀「不淨相①」。生「大厭離」。悟「諸色性②」。以從「不淨」。「白骨微塵」。歸於「虛空」。「空、色」二無。成「無學道③」。「如來」印我。名「尼沙陀」。「塵色」既盡。「妙色④」「密圓⑤」。我從「色相」。得「阿羅漢」。佛問「圓通」。如我所證。「色因⑥」為上。

【註釋】

①不淨相：「佛法」教導修習「不淨觀」，觀人死後身軀的「不淨相」，從而生起「厭離色塵之心」。「不淨觀」又作「不淨想」，為「五停心觀（不淨觀、慈悲觀、緣起觀、界分別觀、數息觀）」之一。卽觀想自己和他人肉體之骯髒、齷齪，以對治「貪欲煩惱」之觀法。人的屍體隨時間而變化為醜惡之形狀，故在諸經典中皆舉有多種「不淨」之「觀屍法」，觀「死屍」臭爛不淨，以治「貪欲之心」。

②色性：「色」的性質，廣義之色，為「物質存在之總稱」。狹義之色，專指「眼根所取之境」。

③無學道：又稱「無學位」，指斷盡「一切煩惱」，究竟「佛之教法」，無惑可斷，亦無可學者，已得「阿羅漢果」者。

④妙色：「色」，是現象、形態、物質等義，而非色彩之色。指殊妙的物質現象。

⑤密圓：「眞如體體」本無所執著，所觀的「妙色」與「眞如本體」深奧隱密又圓滿的性質，本

無二致。

⑥色因：指修習「不淨觀」，觀「色（物質）」毀壞的「因（因緣）」。

【白話翻譯】

「優波尼沙陀」從座位站起，頂禮佛足對「釋迦牟尼佛」說：「我也曾親見佛最初成道的情形，覺悟到『一初色性』終歸於『白骨微塵』與『虛空』。色既是空，空既是色，『空、色』無二差別。因此得以修證『無學阿羅漢果』。佛授印我名爲『尼沙陀』，即是『色性空』的意思。虛妄『色塵』既然已經滅盡，所觀的『妙色』與『眞如本體』深奧隱密又圓滿的性質，本無二致。於是我們從觀想『色相』證得『阿羅漢果位』。

佛問哪個『法門』最爲『圓通』，依我的修證心得，以『色因』爲最上。」

3.第三位「香嚴童子」：

【原文】「香嚴童子」。卽從座起。頂禮佛足。而白佛言。我聞「如來」。教我「諦觀①」。諸「有爲②相」。我時辭佛。「宴晦③淸齋④」。見「諸比丘」。燒「沈水香⑤」。香氣「寂然⑥」。來入鼻中。我觀此氣。非木非空。非煙非火。「去無所著⑦」。「來無所從⑧」。由是「意銷⑨」。「發明⑩」「無漏⑪」。「如來」印我。得「香嚴⑫」號。塵氣倏滅。「妙香⑬」「密圓⑭」。我從「香嚴」。得「阿羅漢」。佛問「圓通」。如我所證。「香嚴」爲上。

【註釋】

①諦觀：審視，仔細看。

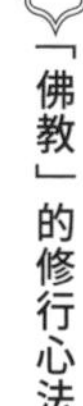

②有爲：謂「有所作爲、造作」之意，又稱「有爲法」。泛指由「因緣和合」所造作之現象；狹義而言，亦特指「人的造作行爲」。亦卽一切處於「相互聯繫、生滅變化」中之現象，而以「生、住、異、滅」之「四有」爲相，爲其特徵。「因緣造作」稱爲「爲」，「色、心」等法，從「因緣」生，有「因緣」之造作，故稱爲「有爲」，因此「有爲」亦爲「緣起法」之別名。相對於此，永遠不變而絕對存在者，則稱爲「無爲法」。

③宴晦：「宴」是「安逸、安閒」，「晦」是「不顯明」。這裡的「宴」，是指「宴坐」，「安身正坐」之意，指「坐禪」，又爲「坐禪」的代名詞。這裡的「晦」，是指處在一個沒有吵雜的寂靜處所。「宴晦」就是找一個地方靜坐，讓這個「色身」安穩地放下一些「塵勞的世務」。

④清齋：指的是內心顯現出一種「清淨而無雜念」的狀態，卽「禪定」現前。

⑤沈水香：卽「沉香」，指以「沉香」製作的香。

⑥寂然：無聲無息。

⑦去無所著：「著」是「附著、接觸」的意思，「因緣和合」的「假相」，是附著在什麼地方呢？它沒有一個「附著處」，這表示它是「不滅」。

⑧來無所從：「因緣和合」的「假相」，是從什麼地方而來呢？它沒有一個來處，這表示它是「不生」。

⑨意銷：「銷」是「除去」，指「心識意念」消亡。

⑩發明：「發」是「產生」；「明」是「無漏之聖慧」，即灼照透視。意指破除愚癡之闇昧，而悟達眞理之神聖智慧。

⑪無漏：「漏」爲「漏泄」之意，乃「煩惱」之異名。貪、瞋等煩惱，日夜由眼、耳等「六根門」漏泄不止，故稱爲「漏」。又「漏」有「漏落」之意，「煩惱」能令人落入於「三惡道」，故稱「漏」。因之稱「有煩惱之法」爲「有漏」；稱「離煩惱垢染之淸淨法」爲「無漏」，如「涅槃、菩提」，與一切能斷除三界煩惱之法，均屬「無漏」。

⑫香嚴：香潔莊嚴。

⑬妙香：殊妙的香氣。

⑭密圓：「眞如體體」本無所執著，所觀的「妙香」與「眞如本體」深奧隱密又圓滿的性質，本無二致。

【白話翻譯】

「香嚴童子」從座位上站起，頂禮佛足，對「釋迦牟尼佛」說：「『如來』教導我『審諦觀察一切『有爲相』，我那時告別『如來』，居處靜室養晦，坐禪自修。

看到『衆比丘』燒起『沉水香』，『香氣』無聲無息地侵襲入我的鼻子，我仔細的靜觀『香氣』，這股『香氣』既不是從『木頭』而來，也不是從『空』而來，也不是從『煙』而來，也不是從『火』而來，它竟然是『無所而來』，也『無所而去』，當下我領悟到『當體是空』，因此『心意消亡』，產生『明（無漏之聖慧）』，成就了『無漏阿羅漢果』。

『如來』授印我以『香嚴（香潔莊嚴）』的名號。虛妄香氣塵相，忽然消滅，所觀的『妙香』與『眞如本體』深奧隱密又圓滿的性質，本無二致。所以，我是從『觀想香氣』而證得『阿羅漢果位』的。

佛問哪個法門最爲『圓通』，依我的修證，以『香嚴』爲最上。」

4.第四位「藥王藥上二法王子並在會中五百梵天」：

【原文】「藥王藥上①」。二「法王子②」。並在會中。五百「梵天③」。卽從座起。頂禮佛足。而白佛言。我「無始④劫⑤」。爲世「良醫」。口中嘗此。「娑婆世界⑥」。「草木金石」。名數凡有。「十萬八千⑦」。如是悉知。苦酢鹹淡。甘辛等味。並「諸和合」。俱生變異。是冷是熱。有毒無毒。悉能遍知。承事「如來」。了知「味性」。非空非有。非卽身心。非離身心。分別「味因⑧」。從是開悟。蒙「佛如來」印我「昆季⑨」。「藥王」「藥上」。二菩薩名。今於會中。爲「法王子」。因「味」覺明。位登「菩薩」。佛問「圓通」。如我所證。「味因」爲上。

【註釋】

①藥王、藥上：爲施與良藥，救治衆生身、心兩種病苦之菩薩。爲「阿彌陀佛」二十五菩薩之一。根據《觀藥王藥上二菩薩經》記載，過去無量無邊「阿僧祇劫」，有佛號「琉璃光照如來」，其國名懸勝幡。彼佛「涅槃」後，於「像法」中，有「日藏比丘」，聰明多智，爲大衆廣說「大乘如來」之「無上清淨平等大慧」。時衆中有「星宿光長者」，聞說「大乘平等大慧」，心生歡喜，以「雪山之良藥」，供養「日藏比丘」及「衆僧」，並發願以此功德回向

「無上菩提」，若有衆生聞己名者，願其得滅除「三種病苦」。時長者之弟「電光明」，亦隨兄持「諸醍醐良藥」供養「日藏」及「諸僧衆」，亦發「大菩提心」，願得成佛。其時，大衆讚嘆「星宿光長者」爲「藥王」，「電光明」爲「藥上」，後卽爲「藥王、藥上」二位菩薩。同經並載「此二菩薩」久修「梵行」，諸願已滿，「藥王菩薩」於未來世成佛，號「淨眼如來」；「藥上菩薩」亦成佛，號「淨藏如來」。

②法王子：是「菩薩」之別名。菩薩爲佛位之繼承者，「佛」爲「法王」，故總稱「菩薩」爲「法王子」。「菩薩」與「如來法王」之關係猶如世間「王子」與「國王」之關係，故稱「法王子」。

③梵天：梵名，意譯清淨、離欲。印度思想將萬有之根源「梵」，予以神格化，爲婆羅門教、印度教之創造神，與濕婆、毘濕奴並稱爲婆羅門教與印度教之三大神。根據《摩奴法典》所記載，「梵天」出自「金胎（梵卵）」，原有五頭，其一頭傳爲「濕婆」所毀，餘四頭，具四手，分別持《吠陀經典》、蓮花、匙子，念珠。佛教將其列爲「色界」之「初禪天」。一般分爲三種，卽「梵衆天」、「梵輔天」與「大梵天」，總稱爲「梵天」。其中，「大梵天王」統御「梵衆之人民」、「梵輔之輔弼臣。」。又通常所稱之「梵天」，大都指「大梵天王」，又稱「梵王」，名爲「尸棄」或「世主」。「印度」古傳說中，爲「劫初」時從「光音天」下生，造作萬物，「佛教」中則以之與「帝釋天」同爲「佛教」之「護法神」。

④無始：沒有開始。一切世間如「衆生、諸法」等，皆無「有始」，如「今生」乃從「前世之因

緣」而有，「前世」亦從「前世」而有，如是輾轉推究，故「衆生」及「諸法」之「原始」皆不可得，故稱「無始」。「佛教」認爲一切事物，如衆生、生死、時間等都是「沒有開始」的，「因果關係」即建立在「無始」的理論基礎上。

⑤劫：梵語，意譯分別時分、分別時節、長時、大時、時。原爲古代印度「婆羅門教」極大時限之時間單位。「佛教」沿之，而視之爲「不可計算之長大年月」

⑥娑婆世界：「娑婆」是梵語的音譯，意譯爲「堪忍」。「娑婆世界」是「釋迦牟尼佛」所教化的三千大千世界的總稱，一般視爲「地球」。

⑦十萬八千：這是「虛數詞」的用法，表示多數的「數詞」。雖然「數字」是表示數目的詞類，但是很多時候，「數字」並非指「實際的數目」，而是一種「虛數」的用法，這種詞就稱爲「虛數詞」。

⑧味因：「味道」的原由。

⑨昆季：兄弟。「長」爲「昆」，「幼」爲「季」。

【白話翻譯】

「藥王」和「藥上」二位「法王子」以及同來「法會」的眷屬五百位「梵天」從座位上站起，頂禮佛足，對「釋迦牟尼佛」說：「從『無始劫』以來，我們就在世間做『良醫』，口中嚐遍了這『娑婆世界（地球）』裡的『草、木、金、石』等種種『藥性』，可作爲『藥用』的，多達『十萬八千』種。

所以，我們遍知它們的『苦、酸、鹹、淡、甜、辣』的味道，以及它們的種種『搭配混和』的功效，知道它們的『藥性』是冷是熱，知道它們哪些『有毒』，哪些『無毒』。自從跟隨『如來』學法以來，更知道了『藥的味性』，既非空，亦非有，既不是因『舌根、舌識』而有，也離不開『舌根、舌識』。

詳審細察之下，辨明了『味因（味道的原由）』無『體性（指實體，即事物之實質爲體，而體之不變易稱爲性。）』，是虛妄的『味塵』，於是開悟成就了『無漏之學』，承蒙『如來』授印我們『兄弟』兩人以『藥王菩薩、藥上菩薩』的名號，現在法會中爲『法王子』。所以，我們是因爲『觀見味塵』而覺悟『妙明眞性』，從而證得到『菩薩果位』的。

佛問哪個法門最爲『圓通』，依我們的修證心得，以『味因（味道的原由）』爲最上。」

5.第五位「跋陀婆羅並其同伴十六開士」：

【原文】「跋陀婆羅」。並其同伴。十六「開士①」，即從座起，頂禮佛足。而白佛言。我等先於。「威音王佛②」。聞法出家。於「浴僧③」時。「隨例入室④」。忽悟「水因⑤」。既不「洗塵」。亦不「洗體」。中間安然。得無所有。「宿習⑥」無忘。乃至今時。從佛出家。令得「無學」。彼佛名我。「跋陀婆羅」。妙觸宣明。成「佛子住⑦」。佛問「圓通」。如我所證。「觸因⑧」爲上。

【註釋】

①開士：音譯「菩提薩埵」，「開」是「明達」之意，指開正道，以引導「衆生」者；特指「菩

薩」。因爲「菩薩」明解一切眞理，能開導「衆生」悟入「佛之知見」，故有此尊稱。

②威音王佛：又作「寂趣音王佛」，是過去「莊嚴劫」最初之佛名。

③浴僧：僧人沐浴。

④隨例入室：按照「僧制」於「法會」前，進入浴室沐浴。

⑤水因：水的原由。

⑥宿習：「前世」具有的「習性」。

⑦佛子住：卽「眞佛子」，指「菩薩果位」。

⑧觸因：接觸的原由。

【白話翻譯】

跋陀婆羅和他的十六位菩薩同伴從座位上站起，頂禮佛足，對「釋迦牟尼佛」說：「我們最先是跟從『威音王佛』出家修學佛法。當時，我按『僧制』於『法會』前沐浴時，忽然就悟解到『水因（水的原由）』，水既不『洗塵』，也不是『洗體』。

那麼，『冷暖濕滑』的『觸覺』沒有來處，一時間『根塵』皆滅，沒有分別，所以安然無礙，無執著，無所得。那些『過去世』的『業識種子』，歷世並沒有忘記，『善根』仍在，直到現在跟從『如來佛』出家修行，修成了『無學果位』。佛爲我取名『跋陀婆羅』，卽『堅守』的意思。

我既已滅盡了『妄觸塵緣』，那麼，『妙觸』卽現爲『如來眞性』，既然不是有，又不是空，只是『如來藏性』，隨心『現量』，循業發現而已。因此，得成『佛子位』，卽『菩薩果位』。是『眞佛子』。

佛問哪個法門最爲『圓通』，依照我的修證心得，以『觸因（接觸的原由）』爲最上。

6.（第六位「摩訶迦葉及紫金光比丘尼等」：

【原文】「摩訶迦葉①」。及「紫金光②」。比丘尼等。卽從座起。頂禮佛足。而白佛言。我於往劫。於此界中。有佛出世。名「日月燈③」。我得親近。聞法修學。佛滅度後。供養「舍利④」。然燈續明。以「紫光金」塗佛形像。自爾已來。世世生生。身常圓滿「紫金光」聚。此「紫金光比丘尼」等。卽我「眷屬」。同時發心。我觀世間「六塵⑤」變壞。唯以「空寂⑥」修於「滅盡⑦」。身心乃能度「百千劫」。猶如「彈指」。我以「空法⑧」成「阿羅漢」。「世尊」說我「頭陀⑨」爲最。妙法開明。銷滅諸漏。佛問「圓通」。如我所證。「法因⑩」爲上。

【註釋】

①摩訶迦葉：又被稱爲「大迦葉、迦葉」，爲「釋迦牟尼佛」的「十大弟子」之一，和「佛教」創始人，被稱爲「頭陀第一」。在「釋迦牟尼佛」入滅後，「大迦葉」成爲「僧團」的領袖，在「王舍城」召集「第一次結集」，「禪宗」尊他爲「第一代祖師」。

②紫金光：原爲「摩訶迦葉」的妻子，後來出家爲尼。

③卽「日月燈明佛」，又稱作「燈明佛」。是於「過去世」中，出現宣說《法華經》之佛。其光明在天如「日月」，在地如「燈」，故得此名。

④舍利：梵語，卽「死屍、遺骨」之意，意譯「體、身、身骨、遺身」。通常指「佛陀之遺

骨」，而稱「佛骨、佛舍利」，其後亦指「高僧」死後，焚燒所遺之骨頭。

⑤六塵：指「色塵、聲塵、香塵、味塵、觸塵、法塵」等六境，又作「外塵、六賊」。衆生以「六識」攀緣「六境」而遍污「六根」，能昏昧「眞性」，故稱爲「塵」。此「六塵」在心之外，故稱「外塵」。此六塵猶如「盜賊」，能劫奪「一切之善法」，故稱「六賊」。

⑥空寂：謂遠離「諸法相」之「寂靜狀態」。

⑦滅盡：卽「滅盡定」，又作「滅受想定、滅盡三昧」。「心不相應行法」之一，「俱舍七十五法」之一，「唯識百法」之一。卽滅盡「心、心所（心之作用）」而住於「無心位」之定。此定爲「佛」及俱解脫之「阿羅漢」遠離「定障」所得。

⑧空法：觀見「法空」。

⑨頭陀：謂去除「塵垢煩惱」，苦行之一。意卽對「衣、食、住」等棄其貪著，以修鍊身心、亦稱「頭陀行、頭陀事、頭陀功德」。

⑩法因：「法塵」的原由。

【白話翻譯】

「摩訶迦葉」和他的妻子「紫金光比丘尼」從座位上站起，頂禮佛足，並對「釋迦牟尼佛」說：「我於過去劫時中，住在這『娑婆世界』，那時，有佛出世，名叫『日月燈明佛』，我天天跟從他學佛修習，佛滅度後，我亦供養他的『舍利』，燃上燈光，日夜長明，又用『紫金光』來塗飾佛像，從那以後，我的身上就常常圓滿聚集『紫金光芒』。

那位起願佛像飾金的『貧家女』，就是『紫金光比丘尼』，我們結成了『眷屬』，一起發心修證『佛果』。我觀察『世間法塵』，念念遷變，時時壞滅，於是我以悟解『法塵空寂』而修『滅盡定』，因此入了『滅盡定』。所以，身心達致自在，度過『百千劫』時間，就好像『彈』指之間一樣。我以『觀見法空』修成『阿羅漢果』。『如來佛』說我是『頭陀第一』。微妙法性，明了遍在，能滅盡虛妄『諸漏』。

佛問哪個法門最爲『圓通』，依照我的修證心得，以『法因』爲最上。」

7.第七位「阿那律陀」：

【原文】「阿那律陀①」。卽從座起。頂禮佛足。而白佛言。我初出家。常樂「睡眠」。「如來」「訶②」我。爲「畜生類」。我聞「佛訶」。啼泣自責。七日不眠。失其雙目。「世尊」示我。樂見「照明③」。「金剛三昧④」。我不因眼。觀見十方。「精眞洞然⑤」。如觀「掌果⑥」。「如來」印我成「阿羅漢」。佛問「圓通」。如我所證。「旋見循元⑦」。斯爲第一。

【註釋】

①阿那律陀：意譯爲「無滅、如意、無障、無貪、隨順義人、不爭有無、無滅如意、如意無貪」。「釋迦牟尼佛」的「十大弟子」之一。父親是「迦毗羅衛城」「淨飯王」的兄弟「無界飯王」。因此，爲佛之「從弟（堂弟）」。「阿那律陀」生於「武士階級」，受「武士階級」的教育。

②訶：ㄏㄜ，大聲斥責、怒罵。

③照明：照亮

④金剛三昧：爲能通達一切諸法之「三昧（卽定）」。因其堅固能斷破「一切煩惱」，猶如「金剛」堅固能摧破他物，故稱「金剛三昧」。涅槃經卷二十四：「菩薩摩訶薩！修大涅槃，得金剛三昧，安住是中，悉能破散一切諸法。」

⑤精眞洞然：精粹純眞，淸楚明瞭。

⑥掌果：手掌中的「菴摩羅果」，「菴摩羅果」是一種「印度」果實的名字。中國稱爲「餘甘子」，是一種藥用和食用皆有較高附加值的植物，被「聯合國衛生組織」指定爲在全世界推廣種植的三種「保健植物」之一。

⑦旋見循元：向內觀照，亡妄現眞。將向外的那一個「念頭」，迴轉來去觀看自己內在，所動之心的根本（本元、本心），以「妄念」內觀「本心」，久而久之，「妄念」漸息，「本心」現前，就是圓通成道的法門。

【白話翻譯】

「阿那律陀」從座位上站起，頂禮佛足，對「釋迦牟尼佛」說：「當初我剛出家時，貪圖睡眠，如來呵責我與『畜牲』一般，我聽後就哭泣自責，自此七天七夜不敢睡覺，終於導致『雙目失明』。『世尊』教我修持，樂見照亮『金剛三昧法（金剛禪定）』，返觀本心，照見自己的『本性』，原來是『不動』，一時間就開啓了『金剛正眼』，由此證得『天眼通』照明，不必依靠『眼根』，就能看見『十方世界』，精粹純眞，淸楚明瞭，就像看手掌中的『菴摩羅果』一樣淸楚。『如來』授印我得到『阿羅漢果位』。

佛問哪個法門最爲『圓通』，依我的修證心得，以『向內觀照，亡妄現眞』爲第一。」

8.第八位「周利槃特迦」：

【原文】「周利槃特迦①」。即從座起。頂禮佛足。而白佛言。我闕誦持。無多聞性。最初值佛。聞法出家。憶持如來。一句「伽陀②」。於一百日。得前遺後。得後遺前。佛愍我愚。教我安居。調「出入息③」。我時觀息。微細窮盡。「生住異滅④」。諸行刹那。其心豁然。得「大無礙⑤」。乃至「漏盡」。成「阿羅漢」。住佛座下。印成「無學⑥」。佛問「圓通」。如我所證。「反息循空⑦」。斯爲第一。

【註釋】

①周利槃特迦：爲「十六羅漢」中的第十六尊。意譯爲「小路、路邊生」。是佛在世時，「舍衛城」的一位「婆羅門」之子，後與兄「摩訶槃特」同爲「佛陀」弟子，兄聰明，弟愚鈍。「周利槃特迦」稟性魯鈍愚笨，凡學習之教法，誦過卽忘，故時人稱之爲「愚路」。其後，「佛陀」教示簡短之「拂塵除垢」一語，令其於拂拭「諸比丘」之鞋履時，反覆念誦，遂漸除業障。某日，忽然開悟而證得「阿羅漢果」。證悟之後，具大神通，能示現各種形像，嘗現大神力爲六群「比丘尼」說法。

②伽陀：梵語的譯音，爲十二部經之一。意譯諷誦、諷頌、造頌、偈頌、頌、孤起頌、不重頌偈。「伽陀」一詞，廣義指「歌謠、聖歌」，狹義則指於「教說之段落」或「經文之末」，以

「句子」聯結而成之「韻文」，內容不一定與前後文有關。

③出入息：「出息」與「入息」之合稱。「出息」爲「呼氣」，「入息」爲「吸氣」。

④生住異滅：指「有爲法」之「四相」，即：生相（起事物）、住相（安事物）、異相（衰事物）、滅相（壞事物）。有此「四相」者爲「有爲法」，無此「四相」者爲「無爲法」。

⑤大無礙：自在通達而無礙。

⑥無學：爲「有學」之對稱。雖然已經知道「佛教之眞理」，但是未斷「迷惑」，尚有所學者，稱爲「有學」。相對於此，「無學」指已達「佛教眞理」之極致，無「迷惑」可斷，亦無可學者。「聲聞乘」「四果」中之「前三果」爲「有學」，「第四阿羅漢果」爲「無學」。

⑦反息循空：調息而入空。

【白話翻譯】

「周利槃特迦」尊者，從座位站起，頂禮佛足，對「釋迦牟尼佛」說：「我不足誦唸在誦持如來經文並且持守之，所以沒有多少佛學知識。當初我遇到佛，聽到佛法而出家。回憶當時持誦「如來」所教導的一句偈頌，在一百天當中，誦到前句就忘了後句，記得後句又忘了前句。佛哀憫我的愚笨，便教我於靜室中以「數息」來調攝身心。

我詳觀細審「出入氣息」，到了出入極爲微細之時，忽然覺得生、住、異、滅「四相」，刹那間「生滅」都沒有了，「本心」一時間就豁然開啟，自在通達而無礙，從而「煩惱」漏盡，成就了「阿羅漢果」，住持「如來佛座」下，由佛印記我的「無學果位」。

佛問哪個法門最爲「圓通」，依照我的修證心得，以「調息而入空」爲第一。

9.第九位「憍梵鉢提」：

【原文】「憍梵鉢提①」。即從座起。頂禮佛足。而白佛言。我有「口業」。於過去劫。輕弄「沙門」。世世生生。有「牛呵病②」。如來示我。一味清淨。心地法門。我得滅心。入「三摩地③」。觀味之知。非體非物。應念得超。世間「諸漏」。內脫身心。外遺世界，。遠離「三有④」。如鳥出籠。離垢銷塵。「法眼⑤」清淨。成「阿羅漢」。「如來」親印。登「無學道」。佛問「圓通」。如我所證。「還味旋知⑥」。斯爲第一。

【註釋】

①憍梵鉢提：意譯爲「牛跡」，他精通佛法，信仰堅定，是「釋迦摩尼佛」的「十大弟子」之一。「憍梵鉢提」尊者出家之後，有一次外出化緣，在經過一處稻田時，他看見成熟的稻子，黃橙橙非常可愛，就摘了一束拿在手中玩耍。他一邊走一邊拿著瞧。因爲，稻子已經成熟，顆粒不斷掉落下來，灑了一路。突然天上雷聲轟鳴，一位「天神」從空中現身，怒吼道：「身爲和尚卻不知道珍惜糧食，現在罰你世世爲牛，償還你遺落的五百顆穀粒。」「天神」的話剛剛說完，「憍梵鉢提」立刻變成了一頭「耕牛」。變成「耕牛」之後，「憍梵鉢提」每天在稻田主人家耕地，勤懇幹活，並不斷向佛懺悔，終於得到「釋迦摩尼佛」的垂憐，使他變回人形，只是他的腳依然還是「牛蹄」。「憍梵鉢提」後來拜「舍利弗」爲師，認眞研習佛法，終於修成正果。

②牛呞病：「胃病」的一種。指人把食物吃進胃裡，又吐了出來，猶如「牛反芻」一樣的病症。

③三摩地：梵語，七十五法之一，百法之一。又作「三昧、三摩提、三摩帝」。意譯為「等持、正定、定意、調直定、正心行處」。即遠離惛沉掉舉，心專住一境之精神作用。

④三有：指「欲有、色有、無色有」，義同「三界」。

⑤法眼：指徹見「佛法」正理之「智慧眼」，是「五眼」之一。此眼能見「一切法之實相」，故能分明觀達「緣生」等「差別法」。

⑥還味旋知：歸味還覺。

【白話翻譯】

「憍梵缽提」即從座位上站起，頂禮佛足，並對「釋迦牟尼佛」說：「我有口業，在過去無數劫之中，我輕慢『沙門（出家的佛教徒）』的戒律，所以生生世世犯有如『牛反芻』的毛病。『如來』啟示我，『一味清淨』的『心地（指戒）法門』，我由此修證而能滅心，證入『三摩地（正定）』。我觀察到『味道』原來是無體無物，從而得以超越世間的種種『欲求煩惱』，解脫『身心束縛』，離棄『塵物世界』，並遠離『色界、欲界、無色界』。此時，我眞像出籠的鳥，塵垢銷盡，『法眼』清淨，而成就了『阿羅漢果位』。『如來』印證我得登『無學大道』。佛問哪個法門最為『圓通』，依照我的修證心得，以『歸味還覺』為第一。」

10. 第十位「畢陵伽婆蹉」：

【原文】「畢陵伽婆蹉①」。即從座起。頂禮佛足。而白佛言。我初發心。從佛入道。數聞「如

來」。說「諸世間」。不可樂事。乞食城中。心思法門。不覺路中。「毒刺」傷足。舉身疼痛。我念有知。知此深痛。雖覺覺痛。覺淸淨心。無痛痛覺。我又思惟。如是一身。寧有雙覺。攝念未久。身心忽空。三七日中。「諸漏」虛盡。成「阿羅漢」。得親「印記」。發明「無學」。佛問「圓通」。如我所證。「純覺遺身②」。斯爲第一。

【註釋】

①畢陵伽婆蹉：「畢陵伽婆蹉」是佛弟子，意譯「餘習、惡口」。「畢陵伽」爲姓，「婆蹉」爲名。「畢陵伽婆蹉」爲「舍衛城人」，「婆羅門」種。初學「隱身咒術」而聞名，後見佛而失咒力，遂出家爲佛弟子。

②純覺遺身：遺身純覺。

【白話翻譯】

「畢陵伽婆蹉」從座位上站起，頂禮佛足，並對「釋迦牟尼佛」說：「當我初發心跟從佛修習『佛法』時，曾多次聽『如來』說世間種種不可樂道的事，卽使是在城中乞食，心裡仍然想著『修證的法門』，而不經意被路上的『毒刺』刺傷了腳，一時全身疼痛難忍。

我卽以『心念』去感知，但是只感知到劇痛。此時，我覺得了我的『痛覺』，我又覺得了『淸淨本心』並無痛覺。那時我想，難道我只此一個身體，卻有兩種感覺嗎？如此『攝聚心念』，沒多久，身心忽然入空。從此二十一天當中，我的『煩惱妄塵』隨之一一銷盡，成就了『阿羅漢果位』。『如來』視印了我的『無學果位』。

佛問哪個法門最爲『圓通』，依照我的修證心得，以『遺身純覺』爲第一。」

11.第十一位「須菩提」：

【原文】「須菩提①」。卽從座起，頂禮佛足。而白佛言。我「曠劫」來。心得無礙。自憶受生。如「恒河沙」。初在「母胎」。卽知「空寂」。如是乃至。十方成空。亦令衆生。證得「空性②」。蒙「如來」發。性覺眞空。空性圓明。得「阿羅漢」。頓入「如來」。寶明空海。同「佛知見③」。印成「無學」。解脫性空。我爲無上。佛問「圓通」，。如我所證。諸相入非。非所非盡。「旋法歸無④」。斯爲第一。

【註釋】

①須菩提：「須菩提」是古印度「拘撒羅國」「舍衛城人」，出生「婆羅門教」家庭。是「舍衛城」長者「鳩留」之子，「釋迦牟尼佛」的「十大弟子」之一，以「恆樂安定、善解空義、志在空寂」著稱，號稱「解空第一」。

②空性：指「空之自性、空之眞理」，是「眞如」之異名。

③佛知見：指「諸佛如來」照見諸法「實相妙理」之「知見慧解」。

④旋法歸無：以「空」去「意根」。

【白話翻譯】

「須菩提」從座位上站起，頂禮佛足，對「釋迦牟尼佛」說：「我從很久劫時以來，就『意根』清淨，心身自在，無有罣礙，已經歷了無數量的生，所以在母胎之中，就已經知道『四大本空』。出

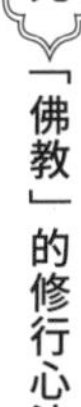

胎之後，因此能悟解到『十方世界』無不『空寂』，出家以後，又宣說『一切法空』，以至能令衆生證得『空性』。

直到『如來』啟示我，悟解到『覺性』才是眞正的空，眞空妙性，圓融靈明，因此而證得『阿羅漢果』，得入『如來眞空性海』，證得和佛一樣的『知見』，佛印證我已成就『無學道』。我雖證得『空性』，但又不住於空，所以得到『無上解脫』，佛稱我爲『解空第一』。

佛問哪個法門最爲『圓通』，依照我的修證心得，諸相是空，『能、所』俱滅，旋轉『虛妄生滅』，復歸『本元覺性』。所以，『以空去意根』爲第一。」

12.第十二位「舍利弗」：

【原文】「舍利弗①」。即從座起。頂禮佛足。而白佛言。我「曠劫②」來。「心見清淨③」。如是受生。如「恒河沙」。世出世間。種種變化。一見則通。獲「無障礙」。我於路中。逢「迦葉波」。兄弟相逐。宣說因緣。悟心無際。從佛出家。見覺明圓。得「大無畏」。成「阿羅漢」。爲「佛長子」。從「佛口」生。從「法」化生。佛問「圓通」。如我所證。「心見發光。光極知見」。斯爲第一。

【註釋】

①舍利弗：「舍利弗」是「釋迦牟尼佛」的「十大弟子」中，號稱「智慧第一」的「大阿羅漢」。「舍利弗」較「釋迦牟尼佛」年長，並先於佛涅槃。「藏傳佛教」中，祂以騎乘或腳踏「獅子」，象徵「佛教智慧」的「獅子吼」，並與「目犍連」常被雕塑成「釋迦牟尼佛」的隨

侍。

②曠劫：「久遠」之意；「劫」是古代「印度」表示極大時限之時間單位。謂久遠之時期，即無窮盡之彼時。

③心見清淨：「心見」即「眼識」，不染「色塵」叫「清淨」。

【白話翻譯】

「舍利弗」從座位上站起，頂禮佛足，對「釋迦牟尼佛」說：「我從很久劫以來，『心見（眼識）』就得到了清淨，所以經歷了無數次的投胎，都無『昏昧迷惑』，我看『世間』和『出世間』的事物的種種『變化』，都是一經看見，即時就能通達了悟，從未有障礙不明白的事。

有一日，我在路上遇見「迦葉波」兄弟在宣說佛的『因緣深義』，聽完後我頓然明悟到『如來藏心』周遍法界，沒有邊際。因此跟從『如來』出家，我的心更顯圓明，無障無礙，得到了『大無畏力』，成就了『阿羅漢果』，成爲佛的『首座弟子』。我親蒙佛的口授，我彷佛就是從『佛法』裡化生出來。

佛問哪個法門最爲『圓通』，依照我的修證心得，『心見』生出『無礙智光』，『無礙智光』達致極點，成爲『佛的知見』，我認爲這是第一。」

13.第十三位「普賢菩薩」：

【原文】「普賢菩薩①」。即從座起。頂禮佛足。而白佛言。我已曾與。恒沙「如來」。爲「法王子」。十方「如來」。教其弟子。「菩薩根」者，修「普賢行②」。從我立名。世尊。我用心聞。

分別眾生。所有「知見③」。若于他方。恒沙界外。有一眾生。心中「發明④」。「普賢行」者。我于爾時。乘「六牙象⑤」。分身百千。皆至其處。縱彼障深。未得見我。我與其人。暗中「摩頂⑥」。擁護安慰。令其成就。佛問圓通。我說「本因⑦」。「心聞發明。分別自在」。斯為第一。

【註釋】

①普賢菩薩：是中國佛教「四大菩薩」之一，與「文殊師利菩薩」為「釋迦如來」之「脅士（侍立在佛兩旁的菩薩）」。即「文殊師利菩薩」駕「獅子」侍「如來」之「左側」，「普賢菩薩」乘「白象」侍「右側」。若以此「二脅士」表法，「文殊師利菩薩」顯「智、慧、證」，「普賢菩薩」顯「理、定、行」，共詮「本尊如來」的「理智、定慧、行證」之完備圓滿。「文殊師利菩薩」和「普賢菩薩」共為一切菩薩之「上首」，常助成宣揚「如來」之化導攝益。以此菩薩之身相及功德遍一切處，純一妙善，故稱「普賢」。

②普賢行：即「普賢十大行願」，出自《入不思議解脫境界普賢行願品》。「普賢菩薩」為大眾揭示，若欲成就「如來」殊妙功德門，應修「十種廣大行願」：禮敬諸佛、稱讚如來、廣修供養、懺悔業障、隨喜功德、請轉法輪、請佛住世、常隨佛學、恆順眾生及普皆迴向。「普賢菩薩」即是以此「十大行願」，證入「不可思議解脫」境界。

③知見：「知」為「意識」，「見」為「眼識」，意謂「識別事理、判斷疑難」。即「十六知見」，未見「正道」之人，於「五陰」等法中，強立主宰，妄計「有我、我所，計執我」之心歷諸緣，而有十六種「知見」之別。即：我、眾生、壽者、命者、生者、養育、眾數、人、

作者、使作者、起者、使起者、受者、使受者、知者、見者。此「十六知見」皆爲「我」之別名。

④發明：研練自心，發明本有之「眞性」。

⑤六牙象：卽「六牙白象」，指全身純白之象。以象有大威力而性情柔順，故「菩薩」入母胎時，或乘「六牙白象」，或作「白象形」，表示「菩薩」性善柔和而有大勢；且「白象之六牙」表示「六度」，「四足」表示「四如意（四種之禪定）」。「普賢菩薩」乘「六牙白象」，卽比喻其「大慈力」。

⑥摩頂：「頂」是「頭頂」。指佛爲囑付「大法」，以手摩弟子之頂，或爲預示當來作佛之授記。

⑦本因：指「因地」，修行佛道之位。

【白話翻譯】

「普賢菩薩」從座位上站起，頂禮佛足，並對「釋迦牟尼佛」說：「我在過去生中，已經跟從無數量的『如來』弘揚佛法，爲『法王子』，十方的『如來』，都教導有菩『薩善根』的弟子們修習『普賢行』。這『普賢行』，就是隨我的名而安立的。

『世尊』！我用心聞，就能分別所有衆生的種種『知見』，如果遠在無數世界之外，有一個衆生發心修『普賢行』，我就能卽時乘『六牙白象』到他身邊去護持他。

如果有百千億衆生，同時發心修『普賢行』，我也能化爲百千億身，乘百千億『六牙白象』，頃

刻就能到他們身邊。縱然他們因爲『業障深重』，不能看見我，我也會暗中爲他們『摩頂』，安慰他們並爲他們護持。

佛問哪個法門最爲『圓通』，依照我的『本因』，以『心聞發起智慧光明，能於一切法分別自在』，所以爲第一。」

14.第十四位「孫陀羅難陀」：

【原文】「孫陀羅難陀①」。卽從座起。頂禮佛足。而白佛言。我初出家。從佛入道。雖具「戒律」。於「三摩地②」。心常散動。未獲「無漏」。「世尊」教我。及「拘絺羅③」。觀「鼻端白」。我初諦觀。經三七日。見鼻中氣。出入如煙。身心內明。圓洞世界。遍成虛淨。猶如「琉璃」。「煙相」漸銷。「鼻息」成白。心開漏盡。諸「出入息」。化爲光明。照十方界。得「阿羅漢」。「世尊」記我。當得「菩提」。佛問圓通。我以「銷息」。「息久發明。明圓滅漏」。斯爲第一。

【註釋】

①孫陀羅難陀：爲「摩訶波闍波提夫人」與「淨飯王」之子，「佛陀」同父異母的弟弟，簡稱「難陀」。「難陀」並非「佛陀」的侍者「阿難」，「阿難」是「白飯王」之子，「提婆達多」之弟，「佛陀」的「堂弟」。此兩人因中文翻譯相似，故常有混淆。

②三摩地：「七十五法」之一，「百法」之一。又作「三昧、三摩提、三摩帝」。意譯爲「等持、正定、定意、調直定、正心行處」。卽遠離「惛沉掉舉」，「心專住一境」之精神作用。

③拘絺（ㄔ）羅：梵名，意譯「大膝、大肚持、大勝」。「難陀」的「母舅」，隨「佛陀」出家後，專修習「鼻端白」，得「阿羅漢果」，證得「五蘊皆空之理」，故稱「悟空」。

【白話翻譯】

「孫陀羅難陀」從座位上站起，頂禮佛足，對「釋迦牟尼佛」說：「我初出家時、雖然能夠嚴守戒律，但是修持『禪定』澄心靜慮時，常有『散亂』，『定力』常失，所以還不能成就『無漏果位』。

『世尊』就教我和我的母舅『拘烯羅』，一起『觀視鼻端的白氣』，以此來收攝『散亂心念』。觀視二十一天之後，我看到鼻子中『出入的氣息』像『白煙』一樣，從此得到『定力』，身心一概圓明透徹，洞觀一切世界，遍照無遺，清淨無染，就像看『琉璃』一樣內外分明。

『白煙』漸漸銷逝之後，『出入的氣息』竟然都是白色的，都化濁爲清。這時候，我眞心開朗，煩惱漏盡，所有的『出入氣息』都化成『智慧光明』，遍照在『十方世界』，由此我成就了『阿羅漢果位』。『世尊』授記我很快就獲得了『菩提佛道』。

佛問哪個法門最『圓通』，我認爲，『觀息止息而成白息』，發智慧光明，圓滿明照，漏盡煩惱，這應是第一法門。」

15.第十五位「富樓那彌多羅尼子」：

【原文】「富樓那彌多羅尼子①」。卽從座起。頂禮佛足。而白佛言。我「曠劫」來。辯才無礙。宣說「苦空」。深達「實相」。如是乃至。恒沙「如來」。祕密法門。我於衆中。微妙開示。得

「無所畏②」。「世尊」知我。有「大辯才」。以「音聲輪」。教我發揚。我於佛前。助佛「轉輪③」。因「師子吼④」。成「阿羅漢」。「世尊」印我。說法無上。佛問「圓通」。我以「法音」。降伏「魔怨」。銷滅「諸漏」。斯爲第一。

【註釋】

①富樓那彌多羅尼子：簡稱「富樓那」，意譯爲「滿慈子、滿祝子、滿願子」。「迦毗羅衛人」，爲「釋迦牟尼佛」的「十大弟子」之一，被譽爲「說法第一」。

②無所畏：卽四種「無所畏」。「四無所畏」又作「四無畏」，卽：一切智無所畏、漏盡無所畏、說障道無所畏、說盡苦道無所畏。

③轉輪：卽「轉法輪」，又作「轉梵輪」，爲「八相成道」之一。「釋尊」一代化儀總有八種相，其中，「轉法輪」卽指「釋尊」爲令衆生得道而說法。「轉輪」一詞本爲「印度」古代之「戰車」，以「迴轉戰車」卽可粉碎敵人，譬喻「佛陀」所說之「教法」，於「衆生」之中迴轉，卽可破碎「衆生之迷惑」。又「轉輪聖王」轉動「金輪」，以降伏「怨敵」；而「釋尊」以「說法」降伏「惡魔」，故稱「轉法輪」。

④師子吼：又作「獅子吼」。謂佛以「無畏音」說法，如「獅子之咆吼」。「獅子」爲「百獸之王」，「佛」亦爲「人中之至尊」，稱爲「人中獅子」，故用此譬喻。又當「佛說法」時，「菩薩」起「勇猛心」求「菩提」，因而「外道、惡魔」生怖畏；猶如「獅子吼」時，「小獅子」亦增威，百獸怖伏。

【白話翻譯】

「富樓那彌多羅尼子」從座位上站起來，頂禮佛足，對「釋迦牟尼佛」說：「我從『無量劫』以來，就『辯才』無所阻礙，所以常爲衆生宣說『苦、空』的『小乘道理』，從而明白了『眞如實相』的妙義，卽使是無量『如來佛』的『祕密法門』微妙深義，我都能巧妙的爲大衆們宣說，我因此而得到一切『大無畏』的力量。

『世尊』知道我有『大辯才』，就教導我用『說法的音聲』推轉『法輪』，我就常隨佛的左右，以『音聲』轉『法輪』，幫助佛弘揚大法，教化衆生。由於我說法時有『大無畏力』，有如『獅子吼』。所以，我就得成就了『阿羅漢果』。『世尊』印證我是『說法無上』。

佛問哪個法門最爲『圓通』，依我所證的心得，以『說法的無畏聲音』能降伏『三界妖魔怨賊』，銷盡『諸漏』爲第一。」

16.第十六位「優波離」：

【原文】「優波離①」。卽從座起。頂禮佛足。而白佛言。我親隨佛。「踰城」出家。親觀「如來」。六年勤苦。親見「如來」。降伏「諸魔」。制諸「外道②」。解脫世間。貪欲諸漏。承佛教戒。如是乃至。「三千威儀。八萬微細③」。「性業④」「遮業⑤」。悉皆清淨。身心寂滅。成「阿羅漢」。我是「如來」。衆中綱紀。親印我心。持戒修身。衆推爲上。佛問「圓通」。我以「執身⑥」。身得自在。「次第執心⑦」。心得通達。然後身心。一切通利。斯爲第一。

【註釋】

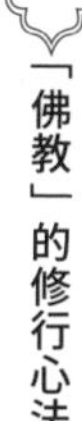

①優波離：梵名，「佛陀」的「十大弟子」之一，意譯作「近執、近取」。古印度「迦毗羅衛國人」。出身「首陀羅種」，爲宮廷之「理髮師」。「佛陀」成道第六年，王子「跋提、阿那律、阿難」等七人出家時，「優波離」亦隨同出家。實爲「佛陀」廣開門戶，「四姓」平等攝化之第一步。「優波離」精於「戒律」，修持嚴謹，譽爲「持律第一」；後於「第一次經典結集」時，誦出「律部」。

②外道：又作「外教、外法、外學」。指「佛教」以外之「一切宗教」。與「儒家」所謂「異端」一語相當。

③三千威儀八萬微細：卽「三千威儀八萬細行」，爲「佛弟子」持守日常威儀之作法。「坐作進退」有「威德儀則」，稱爲「威儀」。「比丘」所應持守之「二百五十戒」，配以「行住坐臥四威儀」，合爲「一千戒」，循轉「三世（一說『三聚淨戒』）」，卽成「三千威儀」。再配以「身口七支（殺、盜、淫、兩舌、惡口、妄言、綺語）、「貪、瞋、癡」三毒及「等分等四種煩惱」，共成「八萬四千」。

④性業：五戒之「殺、盜、淫、妄」是「性罪」，「本性」就是罪，不論你有沒有「受戒」，若犯了就是有罪。任何人都不應做的叫「性業」。「業」是行動，如口之一言一語，心的「思想」。亦卽，「性業」是「體性已惡」，不得制止，一犯就成業，如犯「殺、盜、淫、妄」等根本戒。

⑤遮業：「遮業」之意，「遮」是「不准你做」。一般人可以做，但是「佛教徒」不應該做，叫

做「遮業」。例如「飲酒戒」就是「遮業」，受過「五戒」的「佛弟子」不准飲酒，但是社會上的人可以飲酒。亦卽，「遮業」是「體性非惡」，而能引導作惡，故要「遮止」，不可令犯。如「飲酒、食葷、開墾」等。

⑥執身：持戒修身。

⑦執心：持戒修心。

【白話翻譯】

「優波離」從座位上站起，頂禮佛足，對「釋迦牟尼佛」說：「我曾親隨『如來』越過城牆出家，親見『如來』修行六年中的種種勤勞辛苦，也親見『如來』降伏各種『天魔』，制伏種種『外道』，從此深知『貪欲』爲『諸漏（煩惱）』之本，狂心頓歇，一時便解脫了世間種種『貪欲煩惱』。

佛教導我嚴守戒律，直至持守『三千威儀八萬細行』，一時『微細罪業』等等，都被滅除。身心清淨，靜定寂滅，由此而成就了『阿羅漢果』。現在我在『如來』信衆中，專事『整肅綱紀』，總領佛衆，『如來』親自印可我，衆人也推舉我爲『持戒第一』。

佛問哪個法門最爲『圓通』，依我修證的心得，『持戒修身』使身得『大自在』，『持戒修心』使心得『大光明』，身心一切都得圓通，這應當是第一法門。」

17.第十七位「大目犍連」：

【原文】「大目犍連①」。卽從座起。頂禮佛足。而白佛言。我初于路。乞食逢遇。「優樓頻

螺」。「伽耶」「那提」。「三迦葉波②」。宣說「如來」。因緣深義。我頓發心。得「大通達」。「如來」惠我。「袈裟」著身。鬚髮自落。我遊十方。得「無罣礙」。「神通」發明。推爲「無上」。成「阿羅漢」。寧唯「世尊」。十方「如來」。歎我神力。圓明清淨。自在無畏。佛問「圓通」。我以「旋湛」。心光發宣。如澄濁流。久成清瑩」。斯爲第一。

【註釋】

①大目犍連：又稱爲「目犍連」，是「釋迦牟尼佛」的「十大弟子」之一，「佛教」、「道教」及「民間傳說」的創作故事《目連救母》中的「目連」就是指「目犍連」。「目犍連」與「舍利弗」兩人是好友，皈依「釋迦牟尼佛」之前，是「六師外道」中，「散若夷」的弟子。後，來二人一起改投「釋迦僧團」，皆成爲「釋迦牟尼佛」身邊的「十大弟子」之一，「目犍連」並以「神通第一」著稱。

②三迦葉波：「迦葉三兄弟」，又稱「三迦葉」，兄弟三人是「佛陀」的弟子，。原本祀奉火神「阿耆尼」，後率領一千名弟子，皈依「佛陀」，成爲「釋迦牟尼常」的隨眾一千二百五十人其中一眾。長兄名「優樓頻羅迦葉」，本爲國師。《阿含經》提到：「優樓頻羅迦葉」，將護「四眾」，供給「四事」，令無所乏，最爲第一；次者名爲「伽耶迦葉」，《阿含經》提到：了觀諸法，皆無所著，「善能教化」，最爲第一；老三名「那提迦葉」，《阿含經》提到：心意寂然，降伏諸結，「精進第一」。

【白話翻譯】

「大目犍連」從座位上站起，頂禮佛足，對「釋迦牟尼佛」說：「當初我在路上乞食，遇到了『迦葉家三兄弟』，即『優樓頻螺』、『伽耶』、『那提』，他們正在宣說『如來佛』所說『因緣』的深密奧義，我聽聞之後，即刻發心『無上覺智』，從而身心都得『自在通達』。

我投奔『如來』出家，『如來』親自爲我演說佛法，我聽完就鬚髮脫落，袈裟著身，當下成爲『比丘』。我得『大神通力』，遍遊『十方世界』，沒有一點障礙，大家都說我是『神通第一』，由此而成就了『阿羅漢果』。不僅僅是『世尊』，連『十方世界』的『如來佛』都欣嘆我的『神通力』是如此清淨圓明，有如此的『大自在』和『大無畏』。

佛問哪個法門最爲『圓通』，依我的修證心得，我以爲『發揚湛然不動的心體，以致心光發宣，得大神通，使濁流清瑩澄澈』爲第一。」

18.第十八位「烏芻瑟摩」：

【原文】「烏芻瑟摩①」。於「如來」前。合掌頂禮。佛之雙足。而白佛言。我常先憶。「久遠劫」前。性多「貪欲」。有佛出世。名曰「空王②」。說「多淫人」。成「猛火聚」。教我「遍觀」。百骸四肢。諸冷暖氣。「神光③」內凝。化「多淫心」。成「智慧火」。從是諸佛。皆呼召我。名爲「火頭」。我以「火光。三昧④」力故。成「阿羅漢」。心發大願。諸佛成道。我爲「力士」。親伏「魔怨⑤」。佛問「圓通」。我以「諦觀」。身心暖觸。無礙流通。「諸漏」既銷。生「大寶焰⑥」。登「無上覺」。斯爲第一。

【註釋】

①烏芻瑟摩：「明王」的名字。譯爲「不淨潔，穢跡，火頭」等。有「轉不淨爲清淨之德」，因之於「廁所」中祭此「明王」。台密等佛教宗派，將「烏芻瑟摩明王」視爲「金剛夜叉明王」，卽「北方不空成就佛」的「忿怒化身」，是「禪宗」與「密宗」主要的「金剛護法神」之一，不畏污穢，有轉「不淨」爲「清淨」之德，甚至能「安胎助產」，在各種「不淨之場所」皆能誦念其號，有掃滅種種「污穢」之功用，不爲不敬。故此常於「廁所」前奉祀，或視之爲「廁神」。其本誓是噉盡一切「不淨之物」。

②空王：古佛名，又作「空王佛」，是「空劫時期」出現之佛，「空劫」之前，則萬物未發生，故「禪林」中，每以「空王以前」一語表示超越人類生命意識之境界，與「本來面目」、「父母未生以前」、「空劫以前」等爲同類用語。

③神光：「禪宗」稱「自己本來之光明」爲「神光」。

④火光三昧：卽「第四禪定」，與「火光定（出火之禪定）」同。

⑤魔怨：「惡魔者」佛之怨敵，故云「魔怨」。

⑥大寶焰：卽「火光三昧」。

【白話翻譯】

「烏芻瑟摩」站在「如來」座前，頂禮佛足，並對「釋迦牟尼佛」說：「我常常憶想起在『久遠劫』以前，我的個性很『貪欲』，後來有佛現示在世間，名叫『空王』，他說『淫欲過度』的人，就會『猛火聚集』，教我看遍了人身『百骸四肢』的種種『冷熱穢濁』不淨之相。

遍觀之中，我得以『神光（自己本來之光明）』向內心聚集、將那『貪淫之心』化爲了『智慧之火』。從此以後，『諸佛』稱我爲『火首金剛』，以此彰揚我有將『不淨穢惡』化成『清淨的德能』。

我是以『火光三昧力』成就『阿羅漢果』的。我曾發『大誓願』，爲了『諸佛成道』，我願爲『金剛大力士』，我將爲『諸佛』，降伏『惡魔』。

佛問哪個法門最爲『圓通』，依我所修證的心得，我認爲『觀察身心冷暖觸覺』，成爲『智慧光』，燒盡『惑業』，故得『無礙』，能消滅『諸漏』。「諸漏」既然銷消滅，從而生出『大寶火焰』，卽『火光三昧』，得登『無上覺位』最爲『圓通』。」

19.第十九位「持地菩薩」：

【原文】「持地菩薩」。卽從座起。頂禮佛足。而白佛言。我念往昔。「普光如來①」。出現於世。我爲「比丘」。常于一切。要路「津口②」。田地險隘。有「不如法」。妨損車馬。我皆平塡。或作橋梁。或負沙土。如是勤苦。經「無量佛」。出現於世。或有衆生。於「闤闠處③」。要人「擎物④」。我先爲「擎」。至其所詣。放物卽行。不取其值。「毗舍浮佛⑤」。現在世時。世多饑荒。我爲「負人⑥」。無問遠近。唯取一錢。或有車牛。被於泥溺。我有神力。爲其推輪。拔其苦惱。時國大王。延佛設齋。我于爾時。平地待佛。「毗舍如來」。「摩頂」謂我。當平「心地⑦」。則世界地。一切皆平。我卽心開。見身微塵。與造「世界」。所有微塵。等無差別。微塵自性。不相觸摩。乃至刀兵。亦無所觸。我於「法性⑧」。悟「無生忍⑨」。成「阿羅漢」。回心今入。「菩薩位」

中。聞「諸如來」。宣「妙蓮華⑩」。「佛知見⑪」地。我先證明。而爲上首。佛問圓通。我以諦觀。「身界」二塵。等無差別。本「如來藏⑫」。虛妄發塵。塵銷智圓。成無上道。斯爲第一。

【註釋】

①普光如來：佛名，「勝鬘夫人」當來正覺之佛號。勝鬘經曰：「過二萬阿僧祇劫當得作佛，號普光如來。」。

②津口：船隻渡口。

③闤闠（ㄏㄨㄢˊㄏㄨㄟˋ）處：街市；街道。

④擎物：持、拿物品。

⑤毗（ㄆㄧˊ）舍浮佛：意譯「日遍現佛、全現佛」。過去「七佛」的「第三尊佛」。姓「拘利若」，生於「剎帝利」家庭。

⑥負人：背負人或背負物。

⑦心地：「心」爲「萬法」之本，能生一切諸法，故曰「心地」。

⑧法性：又名「實相眞如、法界、涅槃」等，指諸法之眞實體性。亦卽宇宙一切現象所具有之眞實不變之本性。

⑨無生忍：又稱爲「無生法忍」，安住於「無生無滅之理」而不動，稱爲「無生忍」，於「初地」或「七、八、九地」「菩薩」所得之悟。

⑩妙蓮華：譬喻眞明之「佛知見」，在染亦不污，故謂爲「妙蓮華」。

⑪佛知見：指「諸佛如來」照見「諸法」「實相妙理」之「知見慧解」。此是「二智（『一切智』與『一切種智』）」中「一切種智」之用，故就「智體」而言「知」；亦為「五眼」中「佛眼」之用，故就「眼」而言「見」。蓋所謂「佛之知見」，乃透徹了達「諸法實相」之「眞知眞見」。而「如來」出世之「一大事因緣」，卽在為衆生而「開啟」佛之「知見」，「示導」佛之「知見」，欲令衆生「了悟」佛之「知見」，並令「證入」佛之「知見」，還其「本來清淨面目」而不復迷失。

⑫如來藏：梵語，指於一切「衆生」之「煩惱」身中，所隱藏之本來清淨（卽自性清淨）的「如來法身」。「如來藏」雖覆藏於「煩惱」中，卻不為「煩惱」所污，具足本來「絕對清淨」而「永遠不變」之「本性」。又一切「染污」與「清淨」之現象，皆緣「如來藏」而起之教法，卽稱「如來藏緣起」。

【白話翻譯】

「持地菩薩」從座位上站起，頂禮佛足，對「釋迦牟尼佛」說：「我回想起從前『普光如來』出現在世間，我還是一個『比丘』，常常在『道路隘口』和『河流津渡』等，地形險隘的地方，看到有不宜車馬通行，或者有危險的地方，我就舖設道路，架設橋樑，從不厭煩辛勤艱苦。

又經過了『無量佛』出現世間，要是有衆生在『街市』，無法持物，我就會去幫助他們拿東西背物件，隨他們要我送到那裡都行，從不要別人的報酬。在『毗舍浮佛』出現於世間之時，那時飢饉遍地，我就去作『背負人』或『背負物』的事，不管要走多遠，我只收一文錢。有時看見牛車，陷入泥濘中，我有神力，幫助他們推車，拔去他們的苦惱。

那時，國王設齋宴請佛說法，我就平整道路，等待佛的光臨。『毗舍如來』爲我『摩頂』，並且告訴我，『心地』平整，則『世界一切地』都會平整。我聽完之後，我的『心地』就開悟了。覺察到『人身』猶如『微塵』，與能造『世界』所有的『微塵』並無差別。領悟到『微塵的本性』，在於它們本來『不相抵觸』，『不相摩擦』。

以至於用種種『兵器』，都不能觸及到它們。我於『法性』中，覺悟到了『無生法忍』，安忍『不動心』，從而成就『阿羅漢果』。現在再回『小乘心』，入『大乘菩薩位』了。假如我知道有『如來佛』，要宣講『妙蓮花』，爲一切眾生，開示『佛之知見地』。我就會先爲證明，和大眾來修，作爲他們的『首座』。

佛問哪個法門最爲『圓通』，依照我的修證心得，我以爲諦觀『自身』與『世界』兩種『微塵』本無差別，都是『如來藏』，都是『自性眞如』，一切『塵物』都是虛妄生發，滅掉『妄塵』便『智慧圓滿』，以至成就『無上覺道』，這堪稱爲最上法門。」

20.第二十位「月光童子」：

【原文】「月光童子①」。卽從座起。頂禮佛足。而白佛言。我憶往昔。恒河沙劫。有佛出世。名爲「水天」。教「諸菩薩」。修習「水觀②」。入「三摩地」。觀於身中。「水性」無奪。初從「涕唾」。如是窮盡。「津液精血」。「大小便利」。身中旋復。「水性」一同。見水身中。與「世界」外。「浮幢王刹③」。諸「香水海④」。等無差別。我於是時。初成此觀。但見其水。未得無身。當爲「比丘」。室中安禪。我有弟子。窺窗觀室。唯見「清水」。遍在室中。了無所見。童稚無知。取一「瓦礫」。投于水內。激水作聲。顧盼而去。我出定後。頓覺心痛。如「舍利弗。遭違害鬼⑤」。我自思惟。今我已得。「阿羅漢道」。久離「病緣」。云何今日。忽生「心痛」。將無退失。爾時「童子」。捷來我前。說如上事。我卽告言。汝更見水。可卽開門。入此水中。除去「瓦礫」。「童子」奉教。後「入定」時。還復見水。「瓦礫」宛然。開門除出。我後「出定」。身質如初。逢「無量佛」。如是至於。「山海自在。通王如來⑥」。方得「亡身」。與「十方界」。諸「香水海」。性合眞空。無二無別。今于如來。得「童眞」名。預「菩薩」會。佛問「圓通」。我以「水性」。一味流通。得「無生忍」。圓滿「菩提」。斯爲第一。

【註釋】

①月光童子：又作「月明童子、月光菩薩、月光兒」。爲佛世時，「王舍城」長者「申日」之子。依《月光童子經》所載，「申日」聽信「不蘭迦葉」等「六師外道」之言，設「火坑」欲加害於「佛」，「月光童子」諫之而不聽。及「佛」至，「火坑」忽變作「浴池」，「申日」大爲驚悔，歸佛開悟，得「不退轉法忍」。另據《申日經》所述，佛謂於己「般涅槃」千歲之後，「月光童子」當生於「秦國（中國）」作「聖君」，持守經法，興隆道化。

②水觀：「觀水」之意，又稱「水三昧、水輪觀」。一心觀想水，觀法成就，則在水得自然，于身之內外，現出水，亦得隨意，是爲「水定」。

③浮幢王刹：「幢」是「帳幕、傘蓋、旌旗」之義；「刹」者「土」之義。「須彌山」微塵數

「風輪」，最在上者名「殊勝威光藏」能持「普光摩尼莊嚴香水海」。此「香水海」，有「大蓮華」，名種種「光明蕊香幢」。華中有「十佛剎」及無量數「香水海」，一一海中各有「一剎種」，每「一剎種」，皆有二十重「佛剎」，壘壘高如「法幢」一樣。這就是「佛剎之王」，故名「浮幢王剎」。所以，「浮幢王剎」，就是這二十層「虛空法界」，堆疊在一起的一個「空間範圍」，因爲是「二十層」羅在一起，就像「幢」那樣高高聳立的樣子；而「浮」是指漂浮在「香水海」裡；「王剎」是區別於一般的「佛剎（佛土；佛國）」。

④香水海：「香水」之海。圍繞「須彌山」之「內海」，盡「香水」也。《華嚴經》八曰：「彼『須彌山』微塵數『風輪』，最在上者名『殊勝威光藏』能持『普光摩尼莊嚴香水海』。此『香水海』，有『大蓮華』。」《探玄記》三曰：「爲異彼染土鹹烈海故，云『香水海』也。」。

⑤「舍利弗」遭「違害鬼」：猶如「舍利弗」遭遇「違害鬼」傷害一樣。「舍利弗」在「闍崛山」入定的時候，有「違害鬼」和「復害鬼」二鬼從「虛空」走過。「違害鬼」用拳打「舍利弗」的頭。然後，大地裂開，「違害鬼」就墮入「阿鼻地獄」。「舍利弗」出定後，頓覺頭痛，便往問「世尊」。「世尊」說：「有個『伽羅鬼』，打你的頭。那個鬼，氣力無比，若打『須彌山』，亦會打成兩半，幸虧你有『定力』護身，要不然便會粉身碎骨。現在那個『伽羅鬼』，惡有惡報，已經墮入『阿鼻地獄』了。」

⑥山海自在通王如來：全名「山海慧自在通王如來」，是「阿難」當來成佛時之名。《法華經》

人記品曰：「佛告阿難：汝於來世當得作佛，號山海惠自在通王如來。」

【白話翻譯】

月光童子從座位上站起，頂禮佛足，對「釋迦牟尼佛」說：「我想起在無數劫時以前，有『水天佛』出現世間，教各位『菩薩』修習『水觀定』而證得『三摩地（正定）』。觀察自身之中的『水性』，與其他『諸大（地大、火大、風大）』並無衝突陵奪。

首先，從自身中的『鼻涕、唾沫』開始，然後窮盡觀想『津液、精血、大便、小便』等等，它們在身體內漩流往復，與水沒有什麼不同。『身內』是這樣，『外部世界』的『浮幢玉刹、種種香水海』等等，其『水性』都是一樣，沒有什麼差別。

我在那時，還只是初步修得『水觀』。『入觀』之時，不見『有人』，只見『有水』，以水爲身。但還未能得到『無相』，未能得到『無身』。當時我已經出家，故常在『靜室』裏『坐禪』，修習『水觀』。

我有一個『弟子』，隔窗窺視，只見到滿室的『清水』，沒有看到其它東西。『弟子』年少無知，拿一塊『石頭』，投入室內的『清水』之中，濺水有聲，左顧右盼，前後觀望，然後離去。

我從『禪坐』中，『出定』之後，頓時感覺到『心痛』，就像當初『舍利弗』在『禪定』中，遭遇『違害鬼』傷害一樣。當時我在想，我已經證得『阿羅漢果』，脫離『病緣』很久了，爲什麼今，忽然會『心痛』呢？難道『阿羅漢果』有所退失了嗎？

這時候，『弟子』快速前來告訴我，他剛才所做的事情。我就告訴『弟子』，如果你再看到『室內清水』，就開門進來，進入此水中，把水中的『石塊』撿走。『弟子』後來照辦了，當我『禪坐入定』之後，他又看到『滿室清水』，『石塊』就在水底，於是就開門進來，撿去了水底的『石塊』。我『出定』之後，感覺身體安然如初，不再感覺『心痛』。

經過『無量劫』，亦遇見『無量佛』，一直到『山海自在通王如來』現示世間時，我才能證到『亡身』，能和『十方世界』所有的『香水海』，合而為一，『眞心』和『水性』相合，無二差別。現在我在佛的座下，得到『童貞』之名，預告我的『菩薩之位』。

佛問哪個法門最爲『圓通』，依照我的修證心得，我認爲『觀想水性』，一味流通無礙，由此證得『無生忍』，成就『圓滿菩提』，是第一法門。」

21.第二十一位「琉璃光法王子」：

【原文】「琉璃光法王子①」。卽從座起。頂禮佛足。而白佛言。我憶往昔。經恒沙劫。有佛出世。名「無量聲②」。開示「菩薩」。「本覺③」妙明。觀此世界。及衆生身。皆是「妄緣」。「風力」所轉。我于爾時。「觀界」安立。「觀世」動時。「觀身」動止。「觀心」動念。「諸動」無二。等無差別。我時覺了。此群「動性」。來無所從。去無所至。十方微塵。顚倒衆生。同一「虛妄」。如是乃至。三千大千。一世界內。所有衆生。如一器中。貯百蚊蚋。啾啾亂鳴。於分寸中。鼓發狂鬧。逢佛未幾。得「無生忍」。爾時心開。乃見東方。「不動佛國」。爲「法王子」。事「十方佛」。身心發光。洞徹無礙。佛問「圓通」。我以觀察。「風力」無依。悟「菩提心」。入「三摩地」。合「十方佛」。傳一妙心。斯爲第一。

【註釋】

①琉璃光法王子：「琉璃」是一種青色的寶物，這位菩薩，因爲過去的「福德、智慧」兩種資糧力的招感，他身上經常放出「青色的光明」，內外明徹，所以叫「琉璃光」，「法王子」是「菩薩」的意思。

②無量聲：「密教」「胎藏界」「釋迦院」「釋尊」之右第五位，密號爲「妙響金剛」。主說「法之德」。或有無邊音聲，無邊聲，妙音，遍昭（遍聲之意）之名。黃色，左手持蓮，上有法螺。右手立無名小三指，餘二指屈而當胸，坐於赤蓮。

③本覺：指本有之「覺性」。爲「始覺」之對稱。經過「後天」之修習，次第斷破「無始」以來之「迷惑」，徐徐覺知、啟發「先天之心源」，稱爲「始覺」；「先天本有」而不受「煩惱污染」等「迷相」所影響，其「心體本性」乃本來清淨之「覺體」，稱爲「本覺」。

【白話翻譯】

「琉璃光法王子」從座位上站起，頂禮佛足，對「釋迦牟尼佛」說：「我憶想起在恆河沙數劫以前，有佛出現在世間，叫做『無量聲佛』。此佛開示『菩薩們』，『本覺』是『靈明妙用』的，而這個『娑婆世界』和『衆生的身心』，都是『妄念攀緣』的結果，都被『妄念風力』所轉動。

那時，我就觀察『這個世界』是如何安立的，我諦觀到『這個世界』依『空間』而立，依『時間』而遷流，我諦觀到『身心』是『外止而內動』，諦觀到『心』隨『念想』而搖動。我觀見到這些『種種動』，並沒有什麼差別，一時我就覺悟到這些『種種動靜』，都是『無處而來，無所而去』

的。

覺悟到『十方微塵世界』一切『顛倒衆生』，以至於『三千大千世界』裡的『一切衆生』，都像是盛在一個容器裡的百千隻『蚊蟲』，在那裡面哄哄亂鳴，分寸之間竟能狂鳴如雷響。沒有多久，我就得到『無生法忍』，能於『不生不滅之法』中『安忍不動心念』了。

開悟之時，我看到『東方不動佛國』，作爲『法王子』，我侍奉『十方如來佛』，身心俱發『智慧光芒』，能洞澈一切而無阻礙。

佛問哪個法門最爲『圓通』，我以爲，觀察『妄念風力』本來無所依持，能悟得『菩提心』，證入『三摩地（正定）』，能應和『十方如來』傳播唯一『妙明眞心』，這應當是最上法門。」

22.第二十二位「虛空藏菩薩」：

【原文】「虛空藏菩薩①」。卽從座起。頂禮佛足。而白佛言。我於「如來」。「定光佛②」所。得「無邊身③」。爾時手執。「四大寶珠」。照明「十方」。微塵「佛刹」。化成「虛空」。又於自心。現「大圓鏡④」。內放十種。微妙「寶光」。流灌「十方」。盡「虛空」際。「諸幢王刹⑤」。來入鏡內。涉入「我身」。身同「虛空」。不相妨礙。身能善入。微塵「國土」。廣作「佛事」。得「大隨順」。此大神力。由我諦觀。「四大」無依。「妄想」生滅。「虛空」無二。「佛國」本同。于同發明。得「無生忍」。佛問「圓通」。我以觀察。「虛空」無邊。入「三摩地」。妙力圓明。斯爲第一。

【註釋】

①虛空藏菩薩：「虛空藏」即「福、智」二藏無量，等如「虛空」，廣大無邊之意。此菩薩流出無量之法寶，普施所欲者，利樂衆生。是「密教」「胎藏界」「曼荼羅」「虛空藏院」之主尊，現圖「胎藏曼荼羅」「釋迦院」之「釋迦右方脅侍」，「金剛界曼荼羅」「賢劫十六尊」之一。

②定光佛：梵名「提洹羯佛」，譯言「錠光佛」，或「然燈佛」。《智度論》九曰：「如然燈佛生時，一切身邊如燈，故名然燈太子。作佛亦名然燈，舊名錠光佛。」

③無邊身：佛之「身量」無邊際。

④大圓鏡：卽「大圓鏡智」，卽指可如實「映現一切法」之「佛智」。此種「佛智」，如「大圓鏡」之可映現「一切形像」，「密教」稱爲「金剛智」。依「唯識宗」所說，成佛以後，「煩惱」卽轉變爲「智慧」。此種「智慧」可分四種，其第四種（卽第八識『阿賴耶識』）轉變爲「清淨智」，此卽「大圓鏡智」。

⑤諸幢王刹：卽所有的「浮幢王刹」。「幢」是「帳幕、傘蓋、旌旗」之義；「刹」者「土」之義。「須彌山」微塵數「風輪」，最在上者名「殊勝威光藏」能持「普光摩尼莊嚴香水海」。此「香水海」，有「大蓮華」，名種種「光明蕊香幢」。華中有「十佛刹」及無量數「香水海」，一一海中各有「一刹種」，每「一刹種」，皆有二十重「佛刹」，壘壘高如「法幢」一樣。這就是「佛刹之王」，故名「浮幢王刹」。所以，「浮幢王刹」，就是這二十層「虛空法界」，堆疊在一起的一個「空間範圍」，因爲是「二十層」羅在一起，就像「幢」那樣高高聳

立的樣子；而「浮」是指漂浮在「香水海」裡；「王刹」是區別於一般的「佛刹（佛土；佛國）」。

【白話翻譯】

「虛空藏菩薩」從座位上站起，頂禮佛足，對「釋迦牟尼佛」說：「我和『如來佛』曾在『定光佛』那裡，我修得『無邊身虛空相』，能以『虛空』證知『一切法』爲『虛空』所印。那時，我手持『四大寶珠』，照明如十方微塵多的『佛刹（佛土）』，一齊化成『十方虛空』。

我又在『自心』中間，現示『大圓鏡智』，『大圓鏡智』內放射十種微妙『寶光』，『寶光』能流灌『十方』，盈盡『無邊虛空』，並能將所有的『浮幢王刹』攝入鏡內，涉入我的『無邊身』中，因爲我的身軀如同『虛空』一般，所以、並沒有什麼障礙。

我的『身軀』又能散入到和『微塵』一樣多的『國土』裡去，以便廣行『佛事』，同時也達到了『大隨順心』，能應機通感一切而不有染，妙用與佛一樣。這等大神力，是由我諦觀到『四大』本來無依，一切皆是『妄想生滅』，與『虛空』並無差別，與佛國原來一致而得到的。如此諦觀之時，我就証得了『無生忍』，能於『不生不滅』的『法性』之中，安忍不動『一切心念』。

佛問哪個法門最爲『圓通』，依我所證的心得，我以爲諦觀『虛空無邊』，證入『三摩地』，生發『無上妙力』是第一法門。」

23. 第二十三位「彌勒菩薩」：

【原文】「彌勒菩薩①」。卽從座起。頂禮佛足。而白佛言。我憶往昔。經「微塵劫」。有佛

出世。名「日月燈明②」。我從彼佛。而得出家。心重「世名」。好遊「族姓」。爾時「世尊」。教我修習。「唯心識定③」。入「三摩地（正定）」。歷劫已來。以此「三昧④」。事「恒沙佛」。求世名心。歇滅無有。至「然燈佛」。出現於世。我乃得成。「無上妙圓」。「識心三昧」。乃至「盡空」。「如來」國土。淨穢有無。皆是我心。變化所現。「世尊」。我了如是。「唯心識」故。「識性」流出。無量「如來」。今得「授記⑤」。次「補佛處⑥」。佛問「圓通」。我以諦觀。十方「唯識」。「識心」圓明。入「圓成實⑦」。遠離「依他⑧」。及「遍計執⑨」。得「無生忍」。斯為第一。

【註釋】

①彌勒菩薩：「彌勒」，是梵名，意譯作「慈氏」。「彌勒」出生於「婆羅門」家庭，後為佛弟子，先佛入滅，以「菩薩身」為「天人」說法，住於「兜率天」。據傳「彌勒菩薩」欲成熟諸「眾生」，由「初發心」即「不食肉」，以此因緣而名為「慈氏」。「釋尊」曾預言授記，當其壽四千歲（約人間五十七億六千萬年）盡時，將下生此世，於「龍華樹」下成佛，分「三會」說法。以其代理「釋迦牟尼佛」說教之意，稱作「一生補處菩薩、補處菩薩、補處薩埵」；至彼時已得「佛格」，故亦稱「彌勒佛」。

②日月燈明：即「日月燈明佛」，又稱作「燈明佛」。是於「過去世」中，出現宣說《法華經》之佛。其光明在天如「日月」，在地如「燈」，故得此名。

③唯心識定：就是將「依他起性」和「遍計所執性」這兩種「種子識」，轉變成「識心圓明，入

圓成實」的「種子識」。

④三昧：梵語之音譯，意譯爲「等持、定、正定、定意、調直定、正心行處」等。卽將心定於一處（或一境）的一種安定狀態。

⑤授記：專指未來世「證果」及「成佛名號」之預言。

⑥補佛處：卽「一生補處」，爲「最後之輪迴者」之義。謂經過此生，「來生」定可在世間「成佛」。略稱「補處」。卽指「菩薩」之最高位「等覺菩薩」。一般皆稱「彌勒」爲「一生補處菩薩」。根據《彌勒上生經》等記載，「彌勒菩薩」現居於「兜率天」，待此生盡，則下生於人間，以補「釋迦牟尼佛」之佛位。

⑦圓成實：卽「圓成實性」，唯識宗所立「三性」之一。指「眞如」具有「圓滿、成就、眞實」等三種性質。

⑧依他：卽「依他起性」，「唯識宗」所立「三性」之一。指依於「他緣」而生起一切「如幻假有」等現象之諸法。此「依他起性」乃屬「有爲之法」。

⑨遍計執：卽「遍計所執性」，「唯識宗」所立「三性」之一。「凡夫」於「妄情」上，遍計「依他起性」之法，乃產生「實有我、實有法」之「妄執性」。由此一「妄執性」所現之相，僅能存於「妄情」中，而不存於「實理」之中，故稱「情有理無」之法、「體性都無」之法。此種「分別計度」之「妄執性」，乃周遍於「一切境」者，故以「遍計」稱之。

【白話翻譯】

「彌勒菩薩」從座位上站起，頂禮佛足，對「釋迦牟尼佛」說：「憶想過去無數劫時，有佛出現在世間，叫做『日月燈明佛』，我跟從此佛出家後，卻仍然追逐世間榮名，攀附高貴種姓。後來，『世尊』教我修習『唯心識定』，證入了『三摩地（正定）』。又經歷了無數劫以後，我以此『三昧（正定）』，侍奉隨順『恆河沙數諸佛』，追求『世間榮名的心念』，歇滅無有。又到了燃燈佛出現於世間時，我就成就了『無上妙圓識心』，直到成就了『盡空一切』的境界。此時，我已明悟，無盡的『如來國土』，不論是『穢』是『淨』，是『有』是『無』，都是『識心』變現而成。

『世尊』，由於我了知『唯心識』的緣故，所以，從我的『識心』裡，能湧流出無數量的『如來佛』。現在我已得到『如來』授記，候補『佛位』，作『賢劫』中『第五尊佛』，來『娑婆世界』說法教化衆生。

佛問哪個法門最為『圓通』，依我修證的心得，我認為諦觀『十方世界』只是『識心』所成，『識心』一旦圓明，就能證入『圓明眞實之性』，從而遠離『依他起性』和『遍計執心』，從而能得『無生忍』，能於『不生不滅』之『法性』中，『安忍不動心念』，這應該是第一法門。」

24.第二十四位「大勢至法王子與其同倫五十二菩薩」：

【原文】「大勢至法王子①」。與其「同倫②」。「五十二菩薩。」即從座起。頂禮佛足。而白佛言。我憶往昔。恒河沙劫。有佛出世。名「無量光③」。十二「如來」。相繼一劫。其最後佛。名「超日月光」。彼佛教我。「念佛三昧④」。譬如有人。一專為憶。一人專忘。如是二人。若逢不逢。或見非見。二人相憶。二憶念深。如是乃至。從生至生。同於形影。不相「乖異⑤」。十方「如來」。憐念衆生。如母憶子。若子「逃逝⑥」。雖憶何爲。子若憶母。如母憶時。母子歷生。不相違遠。若衆生心。憶佛念佛。現前當來。必定見佛。去佛不遠。不假方便。自得「心開⑦」。如「染香人」。身有香氣。此則名曰。「香光莊嚴⑧」。我本「因地⑨」。以「念佛心」。入「無生忍」。今於此界。攝念佛人。歸於「淨土」。佛問「圓通」。我無選擇。都攝「六根」。淨念相繼。得「三摩地」。斯爲第一。

【註釋】

①大勢至法王子：卽「大勢至菩薩」，「大勢至」意譯作「得大勢、大精進」。此菩薩以「智慧光」普照一切，令衆生離「三塗」，得「無上力」；又彼行時，十方世界一切地皆震動，故稱「大勢至」。「大勢至菩薩」與「觀世音菩薩」，同爲「西方極樂世界」的「阿彌陀佛」之脅侍，世稱「西方三聖」。

②同倫：同類。

③無量光：卽「無量光佛」，「十二光佛」之一。《無量壽經》上曰：「無量壽佛、號無量光佛、………、超日月光佛。」

④念佛三昧：「禪觀」之一。指以「念佛」爲「觀想內容」之一種「禪定」方法。亦卽「觀念佛德」或「稱念佛名」之「三昧（證定）」。

⑤乖異：特異反常。

⑥逃逝：逃亡，逃跑。
⑦心開：心靈開悟。
⑧香光莊嚴：指「念佛三昧」之作用。「念佛」能「莊嚴行者」，譬如「香氣之染人」，故稱「香光莊嚴」。
⑨因地：爲「果地」之對稱。「地」者，「位地、階位」之意。指修行佛道之階位。亦卽指由「因行」至「證果」間之階位。與「因位」同義。

【白話翻譯】

「大勢至法王子」和同道的「五十二位菩薩」從座上站起，頂禮佛足，對「釋迦牟尼佛」說：「憶想過去無數劫時，有佛出現於世，叫做『無量光佛』，『十二位如來』前後相續，共『一個劫』時，其中最後一個佛叫『超日月光佛』，這佛教我『念佛三昧』的法門。

譬如有人，能『擅記憶』，有人『擅忘卻』，這兩個人，不論是『能遇在一起』，還是『不能遇在一起』，或者『能相見』，還是『不能相見』，只要兩人間相互生起『憶想』，心念深切，『憶念的力量』自然加深，就能夠在『生生世世』之中，『如影隨形』一樣，不相分離，他們之間也不會有任何相互『抵觸分別』的事情發生。

『十方如來』憐憫『衆生』的心，就像『母親』憶念『孩子』一樣。假若『孩子』逃跑不見了，這個『憶念』又有什麼用處呢？假如『孩子』憶念『母親』，也像『母親』想念『孩子』那樣，兩個『憶念』深切，那麼，『母親』與『孩子』就能夠生生世世，都不會分離。

如果『衆生』對『佛』心生『憶念』，那麼『憶念』一起，必能見佛，如此則離『佛』不會遙遠，則可以不假借任何方便，自然得到『心開（心靈開悟）』。這就好比專事『染香的工匠』，身上必定有『香氣』溢出，這就叫做『香光莊嚴』。

我的修習「本因地」，是以「憶念佛的心」，證入「無生法忍」。現在我在這個「娑婆世界」，能攝受所有「憶念佛的衆生」，統統歸於「佛國淨土」之中。

佛問哪個法門最爲『圓通』、依我所修證的心得，我沒有別的選擇，而是收攝起全部『六根』，心心念念，相續不斷，離於『分別心』，如此清淨念佛，必能證入『三摩地（正定）』，我以爲，這應是第一法門。」

25.第二十五位「觀世音菩薩」：

●《楞嚴經》卷六：

【原文】爾時。「觀世音菩薩①」。卽從座起。頂禮佛足。而白佛言。世尊。憶念我昔。無數「恒河沙劫」。于時有佛。出現於世。名「觀世音」。我於彼佛。發「菩提心」。彼佛教我。從「聞思修」。入「三摩地」。初于聞中。「入流亡所②」。所入既寂。動靜二相。了然不生。如是漸增。聞所聞盡。盡聞不住。覺所覺空。「空覺」極圓。空所空滅。生滅既滅。寂滅現前。忽然超越。世出世間。十方圓明。獲「二殊勝」。一者上合。十方諸佛。本妙覺心。與佛如來。同一慈力。二者下合。十方一切。「六道衆生」。與諸衆生。同一悲仰。……。佛問「圓通」。我從「耳門」圓照「三昧」。緣心自在。因入流相。得「三摩提」。成就「菩提」。斯爲第一。

【註釋】

①觀世音菩薩：名號意爲「觀察世間音聲覺悟有情」，又譯爲「觀音菩薩、觀自在菩薩、光世音菩薩，手持蓮花的觀音菩薩」，也被稱爲「蓮花手菩薩」或「持蓮觀音」。「漢地佛教」自「唐代」開始，主要是以「蓮華部母白衣觀音」，爲所有「觀世音菩薩」的本尊；在「民間信仰」中常被尊稱「觀音佛祖、觀音大士、觀音娘娘、觀音媽、白衣大士」。在「密教」中，祂爲「蓮華部尊」；在「淨土宗」則是「西方淨土」的「大菩薩」，與「大勢至菩薩」分別爲「阿彌陀佛」的「左、右脅侍菩薩」，並稱「西方三聖」，與「地藏王菩薩」分別爲「釋迦牟尼佛」的「左、右脅侍菩薩」，並稱「娑婆三聖」，同時祂也是「四大菩薩（觀音菩薩、文殊菩薩、普賢菩薩、地藏菩薩）」之一。

②入流亡所：先解釋「能所」，「能所」就是「能」與「所」的並稱。某一動作之主體，稱爲「能」。其動作之客體（對象），稱爲「所」。「能」就是「能聽的這個念心」，「所」就是「所聽外面的境界」。例如：能見物的「眼睛」，稱爲「能見」；被眼睛所見之「物」，稱爲「所見」。「能」與「所」具有「相即不離」與「體用因果」之關係，故稱「能所一體」。「入流亡所」是指「入流」和「亡所」，「入流」的「入」是表示「人的各器官」與「外界」接觸的現象。此處的「入」則是「耳入」，是外界的「聲音波動」震動著「耳膜」，使人發生有「聲音的感覺」現象。「入流」是一個「耳朵」聽進去，從另一個「耳朵」出來，意指「入進去」就「流掉」，不停留在心裡面；「流」的意思是「不住」，就是說不要將「入」留停下

來，要讓它一接觸「立卽流出」。「亡所」的「亡」是「亡失、消除」的意思；「所」是「所聽到的對象」及「因聽到而引起的一切對象」的簡稱。所以，「亡所」是說在修行中，亡失了「聽到的對象」及「因此對象而產生的一切對象」。簡單的說，「入流亡所」就是：在「聞性」中，「耳入不住，亡失對象。」」。

如果我們用這個功夫，把心往裡面收，最後外界的聲音你都聽不見，這就是「亡所」。能夠「亡所」，「定力」的功夫就會慢慢深厚。

【白話翻譯】

那時，觀世音菩薩從座上起身，頂禮佛足，向「釋迦牟尼佛」說：「世尊，回想起從前我經歷的那些『不可勝數的劫』時，當時有一位名叫『觀世音佛』出現在這個世界上。我向他發露要修習覺『菩提』的心願，『觀世音佛』教導我從『聽聞思維』入手修持，然後進入『三摩地（正定）』。

最初，在『聞性』中修時，『耳入聲音不住，亡失聲音』，此時一切都空寂了，『動和靜』兩種現象了然不生，然後逐漸增加『定力』，不但所聞的『動靜』二相不復存在，『耳根』能聞的『聞性』，也同時俱盡。此時，所『覺知』的一切皆是空，『空覺』是極其圓融的。『一切空』歸於『寂滅』，『生滅』也歸於『寂滅』。當『空滅』呈現於前時，忽然超越了『入世』與『出世』之間的界線，『十方世界』都是『圓通明朗』的。

從而獲得了兩種特別無上的妙用：一是向上應合了『十方世界』的『衆佛們』具有的『根本覺悟心』和『佛的慈力』，二是向下應合了『十方世界』身處『六道輪迴』中的『衆生』，向佛的『悲仰之心』。………。

佛問我如何得到『圓通』的法門，我是從『耳根法門』得以圓照『正覺三昧』，『本心』得到『解脫煩惱』，進退無礙的自在，依持流轉中的種種相，得到『正定』，成就了『菩提妙心』，這應該是第一法門。」

以上「二十五位菩薩」，談完自己的「修道心得」之後，「釋迦牟尼佛」請被視爲「三世古佛、七佛之師」，又被稱爲「智慧第一」的「文殊師利菩薩」，來爲這「二十五位菩薩」的「修道法門」做評鑑，看哪一位「菩薩」的「修道法門」比較適合「末法時期」的衆生，來修習，比較容易得到成就？

●《楞嚴經》卷六：

【原文】：於是「如來」。告「文殊師利法王子」。汝今觀此。「二十五無學」。諸「大菩薩」。及「阿羅漢」。各說最初。成道方便。皆言修習。「眞實圓通」。彼等修行。「實無優劣」。前後差別。我今欲令。「阿難」開悟。「二十五行」。誰當其根。兼我滅後。此界衆生。入「菩薩乘」。求「無上道」。何方便門。得易成就。

【白話翻譯】

於是「釋迦牟尼佛」告訴「文殊師利菩薩」說：「你今天見到這二十五位『無學大菩薩』，以及『阿羅漢』，各自說出自己最初成道的『方便法門』，所說的都是修習眞實『圓通法門』。他們的修行，其實並沒有『優劣之分』，也沒有『前後的差別』。

現在我想讓『阿難』悟解到，在『二十五種菩薩行』中，什麼是這些『修行法門』的『根本法門』。並且在我『滅度』之後，世間的衆生，如要得到進入『菩薩乘』，追求『無上的正道』，哪一種『方便法門』更容易得到成就？

●《楞嚴經》卷六：

【原文】「文殊師利法王子」。奉佛慈旨。卽從座起。頂禮佛足。承佛威神。說偈對佛。……。今各入「圓明」。未來「修學人」。當依如是法。我亦從中證。非唯「觀世音」。誠如「佛世尊」。詢我「諸方便」。以救「諸末劫」。求出世間人。成就「涅槃心」。「觀世音」爲最。

【白話翻譯】

「文殊師利法王子」，奉佛的慈旨，卽從座上起身，對佛深行大禮，承仰佛的神威，對佛說了如下「偈語」……。

現在諸位菩薩，已經得到『圓滿寂明』，『未來的修道人』，亦應該依照這『耳根法門』來修習。

我（文殊師利菩薩）也是從『耳根反聞』而『證得圓通』的，不是只有『觀世音菩薩』。確實像『佛世尊』詢問我，在『諸法門』中，哪一種法門最容易成就？以拯救『末劫衆生』，出離生死苦海，勤求『無上菩提』，成就『涅槃心』。唯有『觀世音菩薩』的『耳根圓通法門』，是爲第一。

國家圖書館出版品預行編目資料

看懂印度佛教／呂冬倪著. --初版.--臺中市：白象文化事業有限公司，2023.12
面； 公分
ISBN 978-626-364-167-9（平裝）
1.CST: 佛教 2.CST: 佛教修持 3.CST: 印度
220.91 112017529

看懂印度佛教

作　　者　呂冬倪
校　　對　呂冬倪
發 行 人　張輝潭
出版發行　白象文化事業有限公司
412台中市大里區科技路1號8樓之2（台中軟體園區）
出版專線：（04）2496-5995　傳真：（04）2496-9901
401台中市東區和平街228巷44號（經銷部）
購書專線：（04）2220-8589　傳真：（04）2220-8505
專案主編　李婕
出版編印　林榮威、陳逸儒、黃麗穎、陳媁婷、李婕、林金郎
設計創意　張禮南、何佳諠
經紀企劃　張輝潭、徐錦淳、張馨方、林尉儒
經銷推廣　李莉吟、莊博亞、劉育姍、林政泓
行銷宣傳　黃姿虹、沈若瑜
營運管理　曾千熏、羅禎琳
印　　刷　基盛印刷工場
初版一刷　2023年12月
定　　價　500元